교육의 이해

박춘성 · 홍성두 · 노철현 · 박숙희 · 조한익
이주영 · 권창미 · 백정하 · 최돈민 · 윤종혁
공저

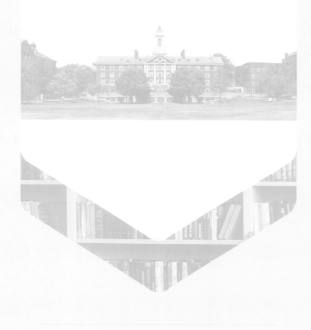

INTRODUCTION TO EDUCATION

학지사

머리말

이 책은 교육학을 처음 접하는 대학생의 필요를 충족하기 위해 집필되었다. 저자들은 그동안의 교육학 개론서가 학생들에게 너무 쉽거나 너무 어렵다는 점, 저자의 주관적인 판단에 따라 내용을 구성한다는 점 등의 문제점이 있다고 판단했다. 더욱이 최근 대학생들은 텍스트보다는 그래픽에 익숙하다는 점에서 교육학 개론서가 대학생들의 눈높이에 맞게 기술되어야 함을 저자들이 합의하고, 서로 같은 인식 속에서 이 책을 준비하였다. 또한 저자들은 이 책이 최근의 변화를 반영하여야 함을 깊이 공감하였는데, 개인, 환경, 교실, 학교 등 교육과 직접적으로 관련된 영역뿐만 아니라 미래사회의 변화까지 포함하기로 하였다. 이로써 이 책으로 공부한 학생들이 교사가 되어 학생을 가르칠 몇 년 후의 변화한 교실에 적응이 용이할 것이라고 생각했기 때문이다.

최근 메타버스를 포함한 가상공간을 교육인프라로 보아야 한다는 지적 등 새로운 문제가 제기되고 있다. 그뿐만 아니라 대학에서 학생들에게 흔히 부과되는 보고서 과제가 ChatGPT의 등장으로 더 이상 고등정신 능력을 측정하기 불가능한 과제로 변하고 있는 현실을 고려할 때, 저자들은 이전과 달리 새로운 교육이 필요함을 이 책에 반영하고자 노력하였다.

이러한 문제의식에 따라 이 책을 집필하면서 학생들이 변화에 적응하고 선도하는 자세를 키우도록 목표를 잡았다. "하나 혹은 적은 수의 생명체에 처음으로 생명이 깃들고 이 행성이 중력의 법칙에 따라 도는 동안 너무나도 간단한 기원으로부터 끝없는 생명들이 가장 아름답고 가장 놀랍도록 존재해 왔고, 존재하고 있으며, 진화해 왔다." 이 문장은 1895년 찰스 다윈(Charles Darwin)의 『종의 기원』에 적힌 한 구절이다. 현재 벌어지는 변화가 태초부터 이어진 변화의 연장이기 때문에 교직을 준비하는 학생들은 변화에 능동적이고 적극적으로 적응해야 할 뿐만 아니라, 변화를 주도해야 할 것이다. 그러나 이렇듯 강조되는 변화를 이해하려면 그동안 이어진 역사와 정의방식, 시대별 의미 등을 이해해야 하기 때문에, 저자들은 과거, 현재의 교육을 구술하는 노력도 병행했다.

이 책이 나오는 데에는 3년의 시간이 걸렸으며, 출판사가 교체되는 등 여러 일이 있었다. 첫 기획은 마인드포럼의 이규환 대표와 함께하였고, 집필진 중 일부 필진의 교체, 출판사 이관 등 난관이 있었지만, 학지사를 통해 세상의 빛을 보게 되었다. 특히 이 저서의 방향을 함께 설정해 준 이규환 대표에게 감사의 인사를 드린다. 그가 없었다면 이 책은 세상에 존재하지 못했을 것이다.

이 저서는 너무나 많은 인적자원의 협력과 소통의 결과이다. 이 책을 교재로 사용하는 학생들의 미래 교직 적응을 돕는 데 유용하게 사용되길 희망한다.

2024년
공동저자 모두가 함께 씀

차례

◉ 머리말 _ 3

 교육은 무엇인가 / 13

I. 교육의 뜻 · 15
  1. 교육의 의미 _ 15   2. 교육의 정의 _ 19
II. 교육의 목적 및 요소 · 23
  1. 교육의 목적 _ 23   2. 교육의 요소 _ 24
III. 미래사회와 교육의 변화 · 25

교육의 역사와 철학 / 29

I. 교육사의 분류 영역 · 31
II. 세계 교육의 변화와 발전 · 31
  1. 고대 그리스·로마 사회의 교육 _ 32
  2. 중세 기독교 사회의 교육 _ 33
  3. 근대 국가 중심의 대중교육체제 _ 35
  4. 20세기 이후 새로운 세계 교육동향 _ 38
  5. 새천년시대 이후 최근 교육동향 _ 40

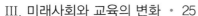

III. 한국 교육의 변화와 발전 · 43

1. 고대 사회의 교육체제와 사상 _ 43

2. 고려 · 조선 시대의 교육체제와 사상 _ 45

3. 개항 이후 근대 150년 교육체제의 변화 _ 49

IV. 학교교육현장에서 교육철학의 역할과 과제 · 52

V. 새로운 교육과제 · 54

교육심리 / 59

I. 교육심리학의 성격 · 61

1. 교육심리학의 역사 _ 61

2. 교육심리학의 정의와 학문적 성격 _ 63

II. 학습자의 발달 · 64

1. 지능 _ 65   2. 창의력 _ 70

3. 성격 _ 72   4. 학습동기 _ 73

III. 학습이론 · 74

교육사회학 / 79

I. 교육사회학의 성립과 발달 · 81

1. 교육사회학의 성립 _ 81   2. 교육사회학의 발달 _ 82

II. 교육사회학 이론 · 84

1. 기능주의 이론 _ 84   2. 갈등이론 _ 86

3. 해석적 접근 _ 88

III. 교육과정의 사회학 · 92

IV. 교육기회균등 · 93

1. 허용적 기회균등 _ 93   2. 보장적 기회균등 _ 94

3. 교육여건의 균등 _ 95   4. 교육결과의 균등 _ 95

V. 사회계층과 교육 · 96

    1. 사회 이동 _ 98   2. 교육과 사회 이동 _ 99

VI. 교육과 사회평등 · 101

VII. 교육격차의 현상과 원인 · 104

VIII. 교육의 사회경제적 지위 · 106

 교육과정의 이해 / 109

I. 교육과정의 의미와 성격 · 111

    1. 교육과정의 의미 _ 111   2. 교육과정의 학문적 성격 _ 118

II. 교육과정의 사상적 추이 · 122

    1. 형식도야와 교과 중심 교육과정 _ 122

    2. 실용주의와 경험 중심 교육과정 _ 125

    3. 지식의 구조와 학문 중심 교육과정 _ 130

    4. 수행능력과 역량 중심 교육과정 _ 133

III. 우리나라 국가교육과정의 이해 · 139

    1. 교육에 대한 긴급조치 시기(1945)～교수요목 시기(1946) _ 139

    2. 제1차 교육과정 시기(1954)～제7차 교육과정 시기(1997) _ 140

    3. 2007 개정 교육과정 시기(2007)～2009 개정 교육과정 시기(2009) _ 143

    4. 2015 개정 교육과정(2015～현재) _ 143

교육평가 / 149

I. 교육평가의 정의 · 151

    1. 교육평가의 정의와 목적 _ 151   2. 측정, 평가, 총평 _ 152

II. 교육평가의 유형 · 153

    1. 교수학습 절차와 관련된 평가: 진단, 형성, 총괄평가 _ 153

    2. 가치판단과 관련된 평가: 규준지향, 준거지향, 능력지향, 성장지향평가 _ 155

III. 교육평가의 절차 · 157
    1. 교육목표분류학의 이해 _ 157   2. 교육목표 설정 _ 161
    3. 이원목적분류표 작성 _ 162   4. 지필평가 도구 제작 _ 163
    5. 수행평가 도구 제작 _ 166
    6. 문항분석: 고전검사이론과 문항반응이론 _ 169

IV. 교육평가에서 타당도 신뢰도 · 174
    1. 검사의 타당도 _ 174   2. 검사의 신뢰도 _ 176

V. 교육평가모형 · 178
    1. 목표 중심 평가 _ 178   2. 운영 중심 평가 _ 179
    3. 참여자 중심 평가 _ 180   4. 전문가 중심 평가 _ 180

 교육행정의 이해 / 183

I. 교육행정의 개념 · 185
    1. 법규해석적 접근 _ 185   2. 조건정비적 접근 _ 186
    3. 정책실현적 접근 _ 186   4. 행정행위론적 접근 _ 187

II. 교육행정의 원리와 성격 · 187
    1. 법제 측면에서의 원리 _ 187   2. 운영 측면에서의 원리 _ 189
    3. 교육행정의 성격 _ 192

III. 교육행정의 조직 · 194
    1. 조직의 개념 _ 194   2. 조직의 유형 _ 195
    3. 중앙교육행정조직과 지방교육행정조직 _ 197
    4. 학교제도 _ 199

IV. 장학 · 200
    1. 장학의 개념 _ 200   2. 장학의 유형 _ 202

V. 학교경영 및 학급경영 · 205
    1. 학교경영 _ 205   2. 학급경영 _ 206

CHAPTER 08 교육공학 / 215

I. 교육공학의 개념과 교육방법 · 217

  1. 교육공학의 개념 _ 217   2. 교육공학과 교육방법 _ 219

II. 교육공학의 발달과정 · 220

  1. 교수매체 관점의 교육공학 발달과정 _ 220

  2. 교수설계 관점의 교육공학 발달과정 _ 221

III. 교육공학의 영역 · 222

  1. 설계 _ 222   2. 개발 _ 223

  3. 활용 _ 224   4. 관리 _ 224

  5. 평가 _ 224

IV. 교수설계와 교육공학 · 225

CHAPTER 09 생활지도와 상담 / 231

I. 생활지도와 상담 · 233

  1. 생활지도와 상담의 필요성 _ 233

  2. 생활지도와 상담의 목적 _ 235

  3. 생활지도와 상담의 정의 _ 235

  4. 생활지도와 상담의 관계 _ 236

II. 생활지도와 상담의 영역 · 237

  1. 학업 _ 237   2. 진로 _ 240

  3. 사회성 및 인성 _ 241   4. 비행행동 _ 242

III. 학교상담 관련 제도와 기관 · 243

  1. 전문상담교사자격제도와 위(Wee) 프로젝트 _ 243

  2. 또래상담 _ 245   3. 관련 기관 _ 246

CHAPTER 10 평생교육론 / 249

Ⅰ. 평생교육의 대두 · 251
Ⅱ. 평생교육의 개념과 영역 · 254
Ⅲ. 평생학습이론 · 259
　　1. 경험학습 _ 259　　　　　　2. 자기주도적 학습 _ 261
　　3. 안드라고지 _ 263　　　　　4. 전환학습 _ 265
　　5. 여유이론 _ 266
Ⅳ. 학습도시론 · 269
Ⅴ. 학습사회론 · 273

CHAPTER 11 특수교육 / 281

Ⅰ. 특수교육의 뜻 · 283
Ⅱ. 장애의 개념 · 284
　　1. 장애 개념의 변화 _ 284
Ⅲ. 특수교육 대상자인 장애 유형 · 286
Ⅳ. 특수교육과 통합교육의 이해 · 289
　　1. 특수교육에 대한 이해 _ 289　　　2. 통합교육에 대한 이해 _ 290
Ⅴ. 특수교육 대상 학생을 위한 교수학습전략 · 295
　　1. 통합학급에서의 교수학습전략 _ 295　　2. 교과별 교수학습전략 _ 300

CHAPTER 12 교사론 / 309

Ⅰ. 교사의 의미 · 311
Ⅱ. 교직의 의미 · 313
Ⅲ. 교직관 · 314

Ⅳ. 교직의 전문성과 교직윤리 · 315
　1. 교직의 전문성 _ 315　　　　　2. 교직윤리 _ 316

Ⅴ. 교직과 관련 이슈 · 320
　1. 교육정책의 변화 _ 320　　　　2. 학습자 변화 _ 321
　3. 교실붕괴 _ 321　　　　　　　4. 학교평가 및 교원평가 _ 322
　5. 사회의 변화를 반영한 교직의 변화 _ 323
　6. 교직 주기 _ 323
　7. 미래사회 변화와 교직 _ 324

◉ 참고문헌 _ 329
◉ 찾아보기 _ 343

CHAPTER
01

교육은 무엇인가

• 주요 질문

Q1 제시한 사진은 교육에 대한 모습입니다. 과거와 비교해서 현재는 어떠한 변화가 있나요? 앞으로는
    어떠한 변화가 있을까요?

Q2 교육의 모습이 변하면 본질은 변할까요?

Q3 그렇다면 교육의 본질은 무엇일까요?

교육은 무엇인가

I 교육의 뜻

1. 교육의 의미

반려동물의 예를 들면, 인간에게 길들여지고, 함께 사는 방법을 터득한 동물이 그렇지 않은 반려동물보다 더 나은 동물임을 알 수 있다. 야생동물이라는 용어보다 반려동물이라는 용어를 사용하는 순간, 인간의 생활에 더 적응적인 동물이 무엇인지를 알 수 있듯이 교육의 의미를 살펴보면 그 의미를 이해하는 데 도움이 될 것이다.

교육의 어원을 살펴볼 때, 동양에서는 한자의 어원대로 '가르치고 기르는 일', 서양에서는 '능력을 끌어낸다'는 의미를 가졌다(안병환 외, 2018; 이신동 외, 2020; 이지현 외, 2018; 최금진 외, 2015). 동양의 경우 어른이 아이에게 무엇인가를 가르쳐서 깨닫게 함이라면, 서양의 경우 아이가 능력을 끌어내게 하는 데 중점을 둔다고 볼 수 있다. 그러나 현대에 와서는 두 가지 의미가 모두 사용되고 있기 때문에 이러한 구분은 중요한 의미가 없다. 이와 같이 어원에 따른 교육의 이해는 교육을 이해하기 위한 중요한 방법이므로 어원에 대한 설명과 비유에 대한 설명을 하고자 한다.

1) 교육의 어원

교육의 어원은 동양의 어원과 서양의 어원으로 나누어 살펴볼 수 있다. 이렇게 살펴보는 중요한 이유는 동양 문화권과 서양 문화권에서 교육의 의미에 차이가 있을 뿐만 아니라 전개 양상에서도 어원의 차이를 반영하며, 현재의 교육에도 영향을 미치기 때문이다.

동양의 어원은 교육(敎育), 가르치다(ㄱ ㄹ치다)가 대표적이다(이경숙, 2017). 교육은 맹자의 『진심장』에서 처음 제시되었고, 지금까지 사용되고 있다. 가르칠 교(敎), 기를 육(育)으로 구성한 교육(敎育)은 윗사람이 베풀고 아랫사람이 본받는다는 의미가 있다. 이를 해석해 보면, 부모 또는 교사인 윗사람이 자녀 또는 학생이 성장하여 올바른 삶을 살도록 의미 있고 필요한 것을 가르치고, 자녀와 학생은 이러한 내용을 학습하는 것을 의미한다.

한글 어원인 '가르치다(ㄱ ㄹ치다)'는 ㄱ ㄹ + 치다로 분리되는데, 'ㄱ ㄹ'는 가라사대 왈(曰)을 의미하며, 교훈이나 교시 또는 가르기, 나누기의 의미가 있고, '치다'는 기르는 일, 길들이는 일, 자라나게 하는 일을 의미한다(이경숙, 2017). 따라서 '가르치다'는 알게 한다는 의미로, 가르치는 사람이 배우는 사람에게 처음에는 갖지 못했던 능력을 알려 주는 의미가 있다.

한자와 한글의 어원으로 살펴보면, 동양에서의 교육의 어원은 대체적으로 윗사람이 아랫사람을 가르치고, 아랫사람은 윗사람에게 배우는 관계를 의미한다. 이러한 의미는 주형(鑄型)의 의미를 반영하는데, 교육의 의미에서 좀 더 자세히 다룰 예정이다. 동양적 어원은 가르치는 사람과 배우는 사람 사이를 종속·관속의 관점으로 보는 것이 특징이다.

서양의 어원으로는 영어 '페다고지(pedagogy)', '에듀케이션(education)', 독일어 '페다고긱(pädagogik)', '에어치훙(erzeihung)'이 대표적인데, 이는 모두 라틴어와 고대 그리스어에서 유래하였다(이경숙, 2017; 이신동 외, 2020).

영어의 어원 '페다고지(pedagogy)'는 그리스어 '파이다고고스(paidagogogs)'에서 유래하였는데, 이는 어린이(paidos)를 이끈다(agogos)는 용어로, 그리스시대에 자녀를 학교나 체육관에 데리고 다니면서 가르치는 교육노예인 가정교사를 지칭하였다. 페다고지에는 미성숙한 아동을 가르치고 양육한다는 의미가 내포되어 있고, 외적인 문화유산을 학습자가 습득하도록 이끌어 준다는 의미였지만, 현재는 교육학이라는 학문을 지칭한다.

에듀케이션(education)은 라틴어의 '에듀카레(educare)'와 '에듀케레(educere)'에서 유래하였는데, 각각은 밖으로(e) 양육하다(에듀카레: ducare), 밖으로(e) 꺼내다(에듀케레: ducere)를 의미한다. 에듀카레는 미성숙한 아래 상태에 있는 자녀를 성숙시켜 위의 상태로 끌어올리는 것을 의미하는 것으로, 교사 또는 부모가 교육을 주도하는 의미이다. 여기에 비하여 에듀케레는 아동이 스스로 잠재력을 발휘하는 것을 의미한다.

이와 같이 교육에 대한 동서양의 어원에는 공통점과 차이점이 존재한다. 공통점은 성숙한 윗사람이 미성숙한 아랫사람을 가르치고 이끌어서 잠재력을 발휘하도록 돕는다는 것이다. 즉, 교육이란 미성숙한 피교육자를 이끌어 그들의 잠재 가능성을 교육자인 어른이 교육을 통해 개발한다는 점이다. 차이점은 동양의 어원은 학습자의 내면보다는 교사에 의해 이끌어지는 데 의미를 두는 반면, 서양은 학습자 스스로 깨우치는 것에 의미를 둔다는 것이다. 그러나 교육의 실제에서는 어원의 차이를 그대로 반영하지는 않는다는 점을 명심해야 한다. 실제 교육에서 나타나는 모습은 어원이 반영된 것이 아니라 다양한 상황이 반영되어 이루어진다.

2) 교육의 비유

비유를 통해 교육을 설명하는 것은 교육을 이해하게 하는 좋은 방법이다. 예컨대 짐볼은 공처럼 생겼다는 비유가 짐볼을 모르는 이에게 짐볼의 생김새를 이해하는 데 도움을 줄 수 있는 것처럼, 교육을 이해하기 위해서 비유를 들어서 설명하고자 한다. 교육을 무엇에 비유할 수 있는지 고민해 볼 때, 대체로 네 가지 비유를 들

교육(教育)이란 말은 본래 맹자의 '得天下英才而教育之(득천하영재이교육지)'라는 글에서 유래하였다. 각 한자의 기원을 살펴보면, '가르칠 교(教)' 자는 회초리로 아이를 배우게 한다는 뜻이고, '기를 육(育)' 자는 갓 태어난 아이를 기른다는 뜻이다. 영어의 'education', 독일어의 'Erziehung', 프랑스어의 'éducation'은 모두 라틴어 educare 또는 educatio에서 유래하였다. 라틴어 educare는 '양육한다'라는 의미로, 이는 능력을 끌어낸다는 뜻의 educere, 지도한다는 뜻의 ducere와 관련이 있다. (위키백과 2020)

고 있다. 바로 주형(舟形), 성장(成長), 성년식(成年式), 예술(藝術)의 네 가지 비유이다(성태제 외 2018; 이신동 외, 2020; 이지헌 외, 2018).

(1) 주형의 비유

주형은 일정한 모양의 틀에 쇳물 등을 부어서 원하는 모양을 만드는 것으로, 교육에 대한 주형의 비유는 전통적 의미의 교육을 가장 잘 나타낸다. 주형은 교사를 의미하고, 쇳물은 학생이나 변화를 필요로 하는 것을 의미한다. 즉, 원하는 형태를 만들기 위하여 주입식 교육을 강조하고, 과정보다는 결과를, 흥미보다는 노력을 중요하게 여긴다.

주형의 비유를 가장 먼저 소개한 이유는 이러한 형태의 교육이 가장 오랫동안 광범위하게 영향을 미쳤기 때문이다. 경우에 따라선 교사 주도적인 교육상황을 의미하기도 하는데, 교사가 학생을 가르치고 변화를 준다는 점에서 목표가 뚜렷하고 경제적이라는 장점이 있다. 하지만 4차 산업혁명 등으로 개인 중심의 융합교육이 강조되는 상황에서는 주형의 비유는 적절치 못하다고 볼 수 있는데, 미래의 교육은 개인 맞춤형으로 진행될 것이 예고되기 때문이다.

(2) 성장의 비유

성장은 식물이나 동물이 그들만의 고유한 특성으로 자라나는 것처럼 자연법칙에 따라 스스로 성장한다는 의미이다. 이러한 비유에서 알 수 있듯이, 씨앗이 자연에서 부여받은 특성을 꽃피우듯이 교육은 타고난 잠재력을 특정 목적을 따라 순서대로 만들어 가는 것으로 본다. 성장의 비유를 가장 잘 보여 준 예로는 서머힐 학교 등이 있다. 서머힐 학교는 학생의 자발성과 주도성에 근거해서 운영되는 학교이다.

(3) 성년식의 비유

성년식은 만 19세가 되는 날을 기념하여 성인으로서의 책임을 다하는 식을 의미하는데, 교육이란 학생을 문명화된 삶의 형식, 즉 인류에 입문하는 일이라고 보는 관점이다. 성년식의 관점은 인류문화 유산을 강조한다.

주형, 성장의 비유는 교육내용과 교육방법의 불일치를 극복하기 위한 비유 방법이지만, 성년식의 비유는 문화전달자가 성인이란 점에서 주형관의 관점과 유사하다. 또한 가르칠 내용인 문화유산이 무엇인가에 따라 교육방법상의 원리가 정해지기 때문에 주형의 변형으로 보는 시각도 있다(이경숙, 2017).

(4) 그 밖의 다양한 비유

교육에 대한 비유로 예술이나 만남도 흔히 활용된다. 예술의 비유는 교육을 예술가가 예술품을 빚는 것에 빗대어 교사가 학생의 고유한 특성을 활용하여 결과를 낸다는 비유이고, 만남의 비유는 교사와 학생의 만남을 통하여 성장한다는 비유이다. 하지만 모든 비유가 교육을 완벽하게 설명하지 못한다는 점을 염두에 둘 필요가 있다.

더 알아보기

서머힐 학교

서머힐 학교(Summerhill School)는 영국의 교육학자 알렉산더 닐(Alexander Neill)이 1921년에 세운 사립 기숙형 대안학교로, 서포크주의 레이스턴에 있다. 학생의 자유를 최대한 존중하고, 그 자유 안에서 총체적이고 조화로운 사람으로 성장하게 함을 목표로 하며, 6세부터 18세까지의 학생을 받는다.

서머힐 학교는 민주교육과 대안 교육의 한 예로 알려져 있다. 서머힐 학교는 직접민주제로 운영되는데, 학교의 운영을 결정하는 학교 회의에는 교직원과 학생 누구나 참여할 수 있으며 모두가 동일한 1표를 행사한다. 설립자 닐이 세운 원칙인 '방종이 아닌 자유'에 따라 학교의 구성원은 자신의 행동이 남에게 피해를 주지 않는 한 자유롭게 행동할 수 있다. 학생은 이 원칙에 따라 어느 수업을 들을지 결정할 수 있다.

2. 교육의 정의

정의는 어떤 개념의 본질을 명확하게 규정하거나 그것의 범위를 뚜렷이 한정하여 설명하는 방법이다. 다시 말해, 정의는 어떤 개념의 범주를 규정지어서 그 범주에 포함되는 다른 것들과 구별되는 특징을 드러내는 것이다. 정의는 낱말의 뜻에 대한 것이지, 낱말이 지시하는 사물에 대한 것은 아니다. 만약 연필을 나무로 된 필기구로 정의하면 플라스틱 연필은 연필로 분류할 수 없는 것처럼 정의는 범주화된 것이 무엇인지를 밝힐 수 있는 기준이 된다.

교육을 정의하는 것이 중요한 이유는 훈련, 연습, 학습 등 유사 용어와의 차이점을 알 수 있기 때문이다. 정의를 통해서 애매성이 제거되고, 모호성이 감소할 수 있는데, 이는 이론적 또는 설득적으로 정의할 수 있기 때문이다. 그러한 이유로 교육의 의미를 분명하게 하기 위해 교육을 정의하려는 다양한 시도가 이루어졌다. 예를 들어, 루소(Jean-Jacques Rousseau)는 에밀에서 교육을 자연성에 중심을 두고 정의하였고, 칸트(Immanuel Kant)는 이상주의적이고 인격교육에 바탕을 둔 본질적 교육관으로 인간이 이상을 향해 도덕적·인격적으로 도야하는 활동으로 정의하였다.

여기서는 국내에서 가장 많이 언급되는 교육의 정의와 외국에서 많이 언급되는 교육의 정의를 구분해서 알아보고자 한다. 교육학을 배우는 학생이라면 이 두 가지 정의를 반드시 숙지하여야 한다. 이 정의는 교육과 교육이 아닌 것을 구분하는 기준으로 작용하기 때문이다.

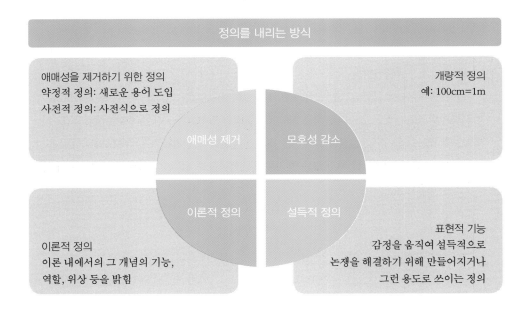

정의를 내리는 방식

애매성을 제거하기 위한 정의
약정적 정의: 새로운 용어 도입
사전적 정의: 사전식으로 정의

개량적 정의
예: 100cm=1m

애매성 제거 | 모호성 감소

이론적 정의 | 설득적 정의

이론적 정의
이론 내에서의 그 개념의 기능,
역할, 위상 등을 밝힘

표현적 기능
감정을 움직여 설득적으로
논쟁을 해결하기 위해 만들어지거나
그런 용도로 쓰이는 정의

(1) 교육은 인간 행동의 계획적 변화이다

우리나라에서 가장 많이 활용되는 정범모(1968)의 정의는 교육을 '인간행동의 계획적인 변화'로 정의하였다. 정범모에 의하면 교육은 바깥으로 드러나는 행동의 변화, 관찰 가능한 행동이 있어야 한다.

이 정의는 우리나라에서 가장 많이 활용되는 정의이지만, 관찰 불가능한 태도, 심리, 정서뿐만 아니라 교육과정에서 생기는 변화(결과가 아닌 과정) 등은 포괄하지 못하는 한계가 있다.

정범모의 교육의 정의가 제시되던 시기에 우리나라에 행동주의가 주요한 이론체계로 기능하였단 점을 알면 이 정의가 우리교육을 대표하는 정의로 기능하는 것이 이해가 된다.

정범모는 우리나라 교육의 초석을 만들었으며, 2022년 별세하실 때까지 교육 발전을 위해 왕성한 활동을 펼치셨다.

(2) 가치 있는 내용이 도덕적으로 온당한 방법으로 의도적으로 전달하는 과정 또는 전달된 상태

외국에서 많이 사용되는 교육의 정의는 피터스의 정의로, 그는 『윤리학과 교육』이라는 책에서 교육을 정의하였다. 피터스에 의하면 교육은 '내재적 가치'를 추구하며, '지식, 이해, 인지적 안목'을 내용으로 하여 도덕적으로 온당한 방법으로 제시하는 것이다. 이를 종합하면 '가치 있는 내용을 도덕적으로 온당한 방법으로 의도적으로 전달하는 과정'으로 정리할 수 있다.

피터스(Peters, R. S.)는 『윤리학과 교육』이라는 저서에서 교육을 정의하고 있다. 영국의 교육철학자로 심리학적 문제에 대한 철학적 관점을 주요한 연구 주제로 다루고 있다.

앞에서 살펴본 두 가지 교육에 대한 각각의 정의는 한계가 있다. 정범모의 정의는 인간행동을 변화시키는 교육의 힘을 간과했다는 한계가, 피터스의 정의는 교육의 의미를 외재적으로 규정하는 것에 대한 한계가 있다. 따라서 가장 많이 인용되는 이 두 가지 정의가 교육을 완벽하게 정의하는 것이 아님을 이해해야 하며, 교육에 대한 학습의 과정에서 교육에 대한 정의를 각자의 방식으로 내려 보는 것도 의의 있는 활동이다.

생각해 보기

능력 있는 교사는 누구인가? 좋은 교사는 어떤 사람인가? 능력 있는 교사와 좋은 교사는 같은 것인가? 임용고사를 통과한 교사는 그렇지 않은 교사보다 좋은 교사인가? 이런 질문에 전혀 대답하지 않으면서 누군가 정해 놓은 교육과정을 저항 없이 충실하게 이행하거나 누군가가 만든 시험을 통과한 이들에게 자격이 있다고 믿는 것은 적절하지 않다.

나아가 시험을 통과하지 않거나 정해진 코스에 저항하는 이들을 향해 자격 없는 이들이 생떼를 부린다며 부도덕한 존재로 낙인찍는 것은 과연 도덕적인지 돌아볼 필요가 있다. 교장 자격증이 아예 없는 나라들도 있는데 교장 자격증이 있어야 교장을 할 수 있다거나 외국 유명 대학의 박사학위가 있어야 교수를 할 수 있다고 믿는 사람들의 주장도 비슷하다.

마이클 영(Michael Young)은 『능력주의』라는 책의 후반부에서 능력주의에 저항하는 사람들이 주장하는 '첼시 선언'을 소개한다. 이 선언 속에 그가 하고 싶은 이야기가 담겨 있다. 다음은 선언 일부이다.

> 우리가 사람들을 지능과 교육, 직업과 권력만이 아니라 친절함과 용기, 상상력과 감수성, 공감과 아량에 따라서도 평가한다면 계급은 존재할 수 없으리라. 어느 누가 아버지로서 훌륭한 자질을 갖춘 경비원보다 과학자가 우월하며, 장미 재배하는 데 비상한 솜씨를 지닌 트럭 운전사보다 상 받는 일에 비상한 기술이 있는 공무원이 우월하다고 말할 수 있겠는가?(유강은 역, 2020: 268)

그런데 이 주장은 넬 나딩스(Nel Noddings)의 다음 주장과 매우 비슷하다.

> 우리가 지성(intelligence)과 지적(intellectual) 활동을 동일시한다면, 학교에서 가르치는 대수학이 요리나 오토바이 수리보다 본질적으로 더 지적인 것은 아니다(심성보 역, 2016: 112).

'능력'이라는 핑계를 달아 사람을 가르고 차별하며 혐오하는 '능력주의' 사회는 우리가 지향하는 민주주의와 거리가 멀다. 학교와 교육 분야는 '능력주의'라는 이름을 달고 있는 엘리트주의가 깊게 뿌리박혀 있는 곳이며, 사회에 퍼뜨리는 숙주 역할을 하고 있다. 엘리트 지배와 불평등을 정당화하며 민주주의를 파괴하는 '능력주의'를 없애지 않고는 교육 혁신은 제대로 된 시작도 어렵다. '능력주의' 신화에서 벗어나는 것이 교육 혁신의 진정한 출발이다.

우리는 이제 묻고 또 물어야 한다. 왜 국어, 영어, 수학은 '일정 수준 이상의 기초학력'을 갖추어야 한다고 주장하면서 요리나 공차기, 노래 부르기, 세상을 바꾸는 용기에 대해서는 아무런 이야기를 하지 않는지? 영어와 수학 성적이 높으면 똑똑하다고 말하면서 왜 고장난 책상이나 자전거를 잘 고치는 학생은 그렇게 부르지 않는지? 자격증이 있는 의사나 변호사는 열심히 노력하고 능력 있는 사람이라고 치켜세우면서 왜 일상생활 속 삶을 통해 터득한 놀라운 기술과 지혜를 가진 이들은 그렇게 생각하지 않는지? 누가 '능력'은 가르고 평가할 수 있는 것이라고 정한 것인지?

출처: 오마이뉴스(2021. 1.5). 교육 과연 능력은 객관적으로 평가할 수 있는 것인가?
(http://www.ohmynews.com/NWS_Web/View/at_pg.aspx?CNTN_CD=A0002708407)

Ⅱ 교육의 목적 및 요소

1. 교육의 목적

인간은 동물과 달리 오랜 기간의 돌봄이 필요하다. 이 기간 동안 교육을 통하여 사회화, 개인의 인격 도야, 지식의 습득 등을 위한 활동을 하게 된다. 따라서 교육은 개인의 삶을 결정할 힘을 가졌을 뿐만 아니라, 사회적 발전을 가져올 수 있는 힘이 있다. 이러한 힘을 생각한다면, 이를 실현할 수 있는 목적의 교육학을 생각할 수 있을 것이다.

이러한 관점에서 교육학의 목적은 내재적인지 외재적인지를 구분해서 살펴볼 수 있다. 교육의 내재적 목적은 교육을 통하여 생기는 변화 자체에 의미를 두는 것이다. 예컨대, 농구를 배우는 것에 의미를 둔다면 내재적인 목적인 데 비해, 농구를 통하여 대회에서 우승을 하는 것에 의미를 둔다면 외재적인 목적이라고 할 수 있다. 이처럼 내재적 목적은 교육 자체에 내포된 가치와 의미이며, 외재적 목적은 교육을 통하여 어떠한 목적 달성을 위한 수단이나 도구가 되는 것이다. 내재적 목적이든, 외재적 목적이든 교육은 유의미한 목적을 지니는데, 많은 경우 교육의 내재적 목적보다는 외재적 목적을 추구하는 경향이 있다. 현재 대학을 비롯한 대부분의 고등교육은 교육의 내재적인 목적인 배움의 즐거움을 아는 교양인의 양성 등 본질적인 교육의 목적보다는 취업, 각종 시험 통과 등 외재적인 목적을 지향하는 경향이 있다. 그러나 궁극적으로는 교육의 내재적 목적을 달성할 때, 취업, 부와 명예 등 외재적 목적이 저절로 달성되는 것이 가장 바람직하다. 외재적 목적을 실현한 많은 사람 중 인간적으로 부족하거나 인품 때문에 사회적인 물의를 일으키는 사람도 있기 때문이다.

2. 교육의 요소

교육의 요소란 교육을 실시하기 위해 필요한 것을 의미한다. 교육을 하기 위해서는 교사, 학생, 교육내용, 이들이 만날 수 있는 교육의 장이 필요하다. 이러한 교육의 요소도 시대의 변화와 함께 변화해 왔다.

전통적으로 교사는 교육의 내용을 전달하는 사람을 의미하며, 교육내용뿐만 아니라 인격적인 결합, 민주주의의 학습 등 인지적 · 정서적 영향을 미치며, 따라서 학생과의 관계에서 교육의 성패가 가름된다. 그러나 전통적인 의미의 교사는 기술의 발전과 함께 다양한 형태로 변화하고 있다. 예를 들어, 인공지능, 유튜브 등등의 방식이 새롭게 나타났는데, 이는 교육의 내용만을 전달하는 주체로서의 교사의 의미는 갖지만, 민주주의 시민의식, 정서적 영향을 주지 못한다는 점에서 교사로서의 의미는 불충분하다. 이러한 점을 고려할 때, 인격체로서의 교사의 역할 및 생활지도 등 부수적인 업무로 여기던 활동의 중요성이 더 증대되는 추세이다.

학생은 교육의 객체로서 미성숙한 존재라고 볼 수 있다. 이것이 의미하는 바는 모방을 통하여 학습한다는 의미이지만, 한편으로는 자기주도적 학습 등 주체적인 학습이 가능하기 때문에 객체로서의 의미로 한정하기 어렵다. 학생은 미성숙한 존재이기 때문에 부모나 교사의 도움을 받아야 하지만, 한편으로는 자기주도적인 학습을 할 수 있는 존재로 만들어야 할 필요성도 제기된다.

교육내용은 교사와 학생 간의 상호작용을 위한 수단이다. 흔히 교과서, 교재 등으로 불리는 매개체인데, 이에는 교육과정도 포함되어 있다. 일례로 우리나라 교과서는 크게 국정, 검정, 인정 교과서로 나눈다. 국정교과서는 국가가 직접 개발, 집필, 편집, 발행 등 전체 제작과정을 책임지는 교과서를 의미하고, 검정교과서는 출판사

(민간 또는 사기업)에서 발행하고, 국가기관이 심의하는 형식으로 발행된다. 인정교과서는 교육부에서 인정하고, 시도교육감이 승인한 교재를 의미한다.

교육의 장으로 대표적인 형태는 전통적으로 학교이다. 그러나 코로나 시대 이후에 온라인, 사이버 등으로 교육의 장이 옮겨 가는 추세에 있다.

Ⅲ 미래사회와 교육의 변화

우리나라뿐만 아니라 전 세계적으로 교육에 대한 기대가 높다. 이는 교육에 대한 사회수요와 인력수요가 급격히 증대하고 사회의 격동과 불확실성의 시대에 직면하여 교육을 받는 것보다 더 확실한 대비책이 없다는 개인적 · 사회적 인식이 커졌기 때문이다. 그러나 교육의 변화는 사회의 변화를 반영한 것이고, 미래사회의 변화에 따라 교육도 변화가 나타날 것으로 보인다. 산업혁명 이후 만들어진 교육 시스템이 오늘날까지 큰 변화 없이 이어지고 있지만, 미래사회의 변화가 가져올 교육의 변화를 살펴보면 다음과 같다.

첫째, 4차 산업혁명에 따른 교육의 변화가 예고된다. 최근 교육의 장의 변화는 다른 변화에 비해 두드러지는데, 전통적인 교실에서 이루어지는 오프라인 중심의 수업에서 온라인 수업으로 변화하였을 뿐만 아니라, 대량생산 중심의 교육과정이 폐기되고, 맞춤형 교육과정의 등장이 예고되고 있다(최연구, 2021).

둘째, 학교의 기능 약화를 들 수 있다. 이미 학교 밖 청소년, 위기 청소년 등으로 명명되는 학생의 지속적인 증가뿐만 아니라, 교사들의 번아웃 등 기존의 학교체계에서 해결이 불가능한 문제가 지속적으로 증가하고 있다.

셋째, 저출산에 따른 학령인구의 감소 및 다문화 아동의 증가 등의 변화가 나타나고 있다. 이러한 변화를 수용하기 위하여 돌봄영역이 교육에 포함되는 추세이며, 대학 신입생의 정원 축소, 다문화 국가로의 전환 등의 변화가 이루어지고 있다.

이러한 변화 이외에 다양한 변화가 나타나고 있으며, 이러한 변화가 교육의 변화를 촉진할 것이다. 따라서 교육에 나타날 변화를 예의주시하면서 적응적인 태도를 취하는 것이 바람직하다.

정리 및 요약

1 교육의 의미를 확인하기 위하여 어원 및 비유를 통하여 알아보았다. 교육의 의미는 동양적 어원, 서양적 어원을 중심으로 확인하였고, 주형의 비유, 성장의 비유, 성년식의 비유, 그 밖의 비유로 다양하지만, 교육의 본질을 확인하기 위한 접근이라는 공통점이 있으며, 바라보는 시각이 다르다는 차이점이 있다.

2 교육의 정의로 가장 대표적인 정의인 정범모의 정의와 피터슨의 정의를 알아보았다. 정범모의 정의는 우리나라에서 가장 많이 활용되는 정의이며, 피터슨의 정의는 전 세계적으로 활용되는 교육의 정의이다.

3 교육학의 목적은 내재적 목적과 외재적 목적으로 구분할 수 있으며, 최근에는 외재적 목적이 강조되는 추세이다.

4 교육의 요소는 교사, 학생, 교육내용, 이들이 만날 수 있는 교육의 장으로 구분이 가능한데, 사회의 변화에 따라 교육의 요소도 변화하는 추세에 있다.

5 교육은 많은 변화가 예고되고 있는데, 4차 산업혁명, 학교의 기능 약화, 학령인구 감소 등의 변화를 보일 것이다.

토론 과제

1 철수와 영희는 애견의 대소변 가리기 훈련을 시키기로 하였다. 철수는 '대소변 가리기 교육', 영희는 '대소변 가리기 훈련'이라고 명명했는데, 이 경우 '교육'이 적절한지, '훈련'이 적절한지에 대해 교재 내용을 근거로 자신의 생각을 밝히시오.

2 교육의 요소는 교사, 학생, 교육내용, 교육의 장으로 구분할 수 있는데, 비대면 수업이 일상화된다면 교육의 요소에는 어떠한 변화가 있을 것인지 자신의 생각을 밝히시오.

3 사회의 변화는 교육의 변화를 촉진하는 중요한 원인인데, 사회의 변화가 교육과 어떻게 관련되었는지를 사례를 들어서 설명하시오.

0.099

 관련 사이트

한국교육학회(http://www.ekera.org/)
한국교육에 대한 전반적인 연구와 분과학회를 두고 있는 교육학의 모학회의 역할을 하
고 있다. 1953년 출범하여 25개의 분과 학회, 전국에 10개의 지회 등 조직이 확장되었다.
국내외 교육 및 연구기관들과 유기적인 협력체제를 구축·운영하고 있으며, 교육학의 심오한 학문
적 탐구와 더불어 한국교육의 발전을 위해 다양한 활동을 전개하고 있다.

 관련 자료

■ 죽은 시인의 사회(1989)

어떠한 교육이 바람직한 교육인가, 바람직하지 않은 교육이 우리 교육에
얼마나 만연되었는지는 알 수 있는 영화로, 등장하는 선생님 및 교장 선생
님의 모습을 통하여 우리의 교육 현실에 대해 반성할 수 있다.

■ 지상의 별처럼(2012)

교사의 역할과 학생의 변화를 볼 수 있는 영화로, 교육이 무엇인가를 반성
적으로 생각해 볼 수 있다.

■ 디태치먼트(2014)

〈아메리칸 히스토리 X〉로 미국 내 인종차별 문제에 주목했던 토니 케
이 감독이 새로운 문제작 〈디태치먼트〉를 통해 교육현장을 생생하게 묘
사한다. 〈디태치먼트〉는 학생, 학부모, 교사, 그리고 어른들의 '무관심
(detachment)'이 초래한 교육 시스템의 붕괴에 대해 이야기하며, 서로를
향한 따뜻한 '관심(attachment)'이 필요하다는 메시지를 전한다.

CHAPTER

02

교육의 역사와 철학

• 주요 질문

Q1 이 그림은 18세기 후반 한국의 대화가 김홍도가 그린 서당의 모습입니다. 이 그림을 통해 알 수 있는 바와 같이, 한국의 서당교육이 같은 시기 서양 열강의 초등교육과 유사한 점은 무엇일까요? 그리고 서당과 서양의 초등학교는 어떤 측면에서 가장 큰 차이가 있을까요?

Q2 우리 학교교육 현장에서 교사와 학생이 함께 교육을 실천한다는 것이 어떤 의미일까요? 그림을 보면서 자유롭게 생각해 봅시다.

교육의 역사와 철학

I 교육사의 분류 영역

교육사는 인류가 출현한 이후 축적된 물적 환경과 지식, 인간의 심성 등을 복합적으로 고찰하고, 이에 따라 인간의 성장과 변화, 교육의 변화를 상세하게 제시하고 성찰하는 대표적인 영역이다. 교육사는 세계 인류의 대표적인 교육과 인간 변화를 서술하고 있지만, 지역과 국가 등을 주로 구분하여 연구하는 국가별 교육사, 동서양 교육사 등의 권역 연구로 분류할 수 있다. 또 상황에 따라서는 교원, 학교교육, 교육제도, 기타 교육인프라 중심으로 전문화하여 연구할 수도 있다. 일단 이 장에서는 동서양을 아우르는 세계 교육의 변화를 소개하고, 세계사적인 흐름 속에서 한국 교육의 변화와 교육철학적인 문제 그리고 미래 교육의 쟁점 등을 간략하게 검토하고자 한다.

II 세계 교육의 변화와 발전

대체적으로 시대적인 변화 흐름을 종합적으로 구성하는 것이 교육사의 기본적인 특징이라고 할 수 있다. 원시사회에서 생존을 위해 다양한 생활을 습득 · 계승한 인간의 지혜를 기록으로 남기는 시기부터 본격적인 문명이 발전했다. 이 절에서는 이와 같이 문명사의 시대적인 흐름에 따라 교육 사상과 제도의 변천에 대해 살펴보고자 한다.

1. 고대 그리스 · 로마 사회의 교육

인류가 출현한 이후 축적된 생활경험이 세대별로 계승되는 것 자체가 최초의 교육 흔적 혹은 유산이라고 이해할 수 있다. 어린 자녀가 건강하게 탄생하여 원시 부족공동체의 구성원이 될 수 있도록 배려하고 지원하는데, 모든 부족구성원이 함께 협력하여 노력하는 모습 자체가 교육이라고 할 수 있다. 대표적인 원시 부족공동체의 교육유산은 '성인식'에서 찾을 수 있다. 원시수렵사회가 지닌 어려운 상황을 한 사람의 구성원으로서 극복할 수 있는지를 검토하고 결정하는 성인의식을 통해서 인격적으로 완전한 공동체 소속 구성원으로 인정하는 것이라고 할 수 있다. 어찌 보면 원시사회의 성인식은 근대 자본주의 교육체제의 사회화 과정, 즉 사회구성원을 선발 · 분류하는 각종 시험선발제도(대입경쟁, 입사시험, 전문자격시험 등)의 '본모습'인 것이다.

고대 그리스 · 로마사회를 보면, 생산경제의 중심축으로서 귀족과 군인, 산업가가 노예를 활용하여 국가 경제와 사회 구조를 발전시키는 계층사회로서의 특성을 보인다. 생산과 지식을 독점 소유한 전문가 그룹으로서 귀족을 중심으로 하는 학교교육을 번성시킨 것이 이 시기의 특징이다. 당시 고대사회의 교육내용은 주로 3학4과, 인문학 연구의 핵심 역량을 기를 수 있는 문법학, 수사학, 논리학(변증론) 등의 3학과 학문 교육과정의 핵심 교과인 산술, 천문학(점성술), 기하학, 음악 등의 4과가 핵심 내용이었다. 3학4과를 통칭하여 7자유과(Seven Liberal Arts)라고 부르듯이, 이는 오늘날에도 대학의 교양학부, 인문학 교육과정의 핵심 내용을 이루고 있다. 이와 같은 7자유과를 통해서 고대 그리스 사회는 철학자를 양성하고, 로마 사회는 웅변을 통한 설득력이 뛰어난 정치가를 양성하는 데 교육목적을 두었다.

2. 중세 기독교 사회의 교육

일반적으로 유럽의 중세시대를 '암흑기(Dark Age)'라고 표현하듯이, 교육사에서도 가톨릭교 중심의 종교적 세계관을 주입식 교육으로 강요한 측면을 부정적으로 평가한다. AD 476년 서로마제국이 멸망한 이후에 새로운 주체 세력으로 등장하는 게르만족은 당시 선진적인 로마가톨릭문명을 적극 수용하고, 게르만족이 원래 가지고 있던 종교문화 특성을 결합하고자 하였다. 당시 평민 자녀를 중심으로 하는 기독교 교화기관으로서 문답학교가 주요한 활동을 하였는데, 이 학교의 교육내용은 성서 암기위주의 교리문답이 핵심이었다. 이는 이후 평민교육기관의 생산적 효율성과 교육적인 즉각 효과에 초점을 맞추어서 주입식 암기교육을 강조하였다. 중세 기독교 사회는 게르만족의 고대 공동체의식과 기독교의 박애주의(사해동포주의)가 조화로운 교육체제를 운영하였다. 게르만족의 전통적인 공동체교육은 주로 주군과 기사 사이에 이루어진 계약제 방식의 견습교육(무술과 성서 강습 등)이 핵심적인 교육체제이며, 이런 교육방식은 이후 도시를 중심으로 번성한 길드교육체제로 변화하였다.

원래 고대 로마제국은 라인강 이북지역의 게르만족을 노예와 용병으로 고용하였다. 이들 게르만족은 동방에서 온 훈족(흉노족)을 피해서 로마제국으로 진격하는 등 로마제국의 기반을 흔들었다. 그러나 무력으로 제국을 점령하였지만 특별한 종교,언어, 문화가 없었던 게르만족은 로마가톨릭교회가 제공하는 기독교문화를 수용하면서 로마가톨릭교회에 귀의하였다. 로마가톨릭교회는 게르만족 영주들의 충성 서약을 통해 권위를 유지할 수 있었으며, 봉건 영주들은 자신의 권력 보장을 위해 기독교신앙을 적극 활용하였다. 이후 1천 년 이상 중세 봉건사회가 기독교 중심 체제로서 교황과 봉건영주의 양대 세력을 중심으로 종교를 통한 교육 문화가 주류를 이루었다. 그러나 로마가톨릭의 세속적 포교정책에 반발하는 일파가 정통 교회를 수호하고자 분리되었는데, 바로 이것이 동로마지역의 정교회(Orthodoxy)이다.

한편 중세 기독교 사회를 주도하는 성직자 양성을 위해 수도원과 본산학교를 중심으로 하는 종교교육이 지배계급의 중요한 교육수단으로 활용되었다. 성직자 수련방법으로 활용된 '문서 베끼기 위주의 필사 활동'을 통해서 고대 그리스의 소중한 인문주의 사상과 철학 서적들이 온전하게 보전된 것은 의도치 않았던 중요한 성과이다. 중세 봉건체제의 라틴어 성서 중심 종교교육은 일반 민중이 라틴어를 읽고 쓰지 못하는 한계로 인해서 엘리트주의적인 특징을 지니고 있다. 그래서 로마가톨릭 교황체제는 기독교 교리에 대한 구술문답 방식으로 일반 평민 자녀에게 종교교육을 강제하였는데, 바로 이것이 '문답학교'를 포함하여 다양한 기독교 교육기관이 탄생하는 계기가 되었다.

10세기 이후로는 유럽 동방지역의 비잔틴제국과 중동 지역의 이슬람문명권 사이에서 교류·충돌이 빈번하면서 중세 기독교문명에 많은 변화를 일으켰다. 십자군전쟁과 흑사병(페스트), 자연재해 등으로 봉건영주체제가 위기에 처하면서 새로운 사회경제체제로서 도시길드(조합)가 번성하기 시작하였다. 이 길드 중에서 이탈리아를 중심으로 학문을 조직적으로 연구하는 전문집단으로서 교사와 학생 간에 신학 이외의 새로운 학술영역을 배우고 가르치는 계약조직이 생겨났다. 현대적인 방식으로 표현하면, 특정 학문을 이수하고 싶다는 학점제 계약이라고 할 수 있는데, 주로 이슬람 지역에서 수입된 의학, 자연과학, 천문학, 연금술 등과 함께 로마의 전통학문인 법학과 수사학 등이 대표적인 선호 학문이었다. 당시 이런 신흥 학문연구조직을 '우니베르시타스(Universitas)'라고 불렀는데, 이는 '학생과 교수 사이에 계약을 맺고 함께 나아가는 공동체'라는 의미로서, 오늘날의 'University'의 유래가 되었다.

그런데 우니베르시타스의 자유로운 분위기는 중세 신학체계를 위협할 수 있기 때문에 가톨릭교황체제도 이에 대한 대책을 마련하였다. '콜레기움(Collegium)'은 원래 '사람 중심의 협동체 혹은 기숙사'라는 의미가 있는데, 수도원의 기숙사 교육방식을 신학 교육기관에 적용한 것이다. 콜레기움은 주로 가톨릭체제를 이론적·종교적으로 옹호하는 학자 양성에 힘쓴 기관으로서 신학을 주로 가르쳤는데, 바로 이에서 'College'가 유래하였다. 결국 중세봉건체제를 수호하고자 하는 교육기관이 'College', 새로운 학문을 통해 신학 이외의 연구영역으로 확대하였던 기관이 'University'라고 할 수 있으며, 여기에서 오늘날의 '종합대학'과 '단과대학(전문학부)'이 등장하였다(백형찬, 2019; 우메네 사토루, 1990).

대학과 단과대학: 유니버시티와 칼리지

중세대학은 교황이나 황제로부터 대학헌장을 수여받으면 대학(studium generale)으로 인정받았다. '스투디움 게네랄레'는 나라와 민족, 지역을 막론하고 '누구나 와서 공부할 수 있는 곳'이란 뜻이다. 따라서 스투디움 게네랄레는 장소로서의 대학을 의미한다. 프랑스 파리 대학, 이탈리아 볼로냐 대학, 영국의 옥스퍼드 대학은 대학헌장을 받은 대학들로, '스투디움 게네랄레'라고 불렸다. 유니버시티(university)의 어원이라고 할 수 있는 우니벨시타스(universitas)는 라틴어로 '하나'를 뜻하는 우눔(unum)과 '방향'을 뜻하는 베르토(verto)가 합쳐져서 생긴 말로 '하나의 목적을 향해 나아가는 공동체'를 뜻했다. 그 후 우니벨시타스는 대학의 제도를 의미하는 말로 사용됐다. 따라서 유니버시티는 장소로서의 스투디움 게네랄레와 제도로서의 우니벨시타스를 포함하고 있는 말로 '학생과 교수 공동체'라는 뜻이 담겨 있다.

많은 학생이 중세대학으로 모여들었고, 수많은 교수가 곳곳에서 신학, 의학, 법학을 가르쳤다. 학생들은 대학헌장을 소유한 대학을 졸업하면 어디서나 가르칠 수 있는 교수면허장을 받았다. 점점 졸업생 수가 증가하자 이들은 중세 사회의 세력이 됐다. 세력이 점차 커지자 교황을 비롯해서 황제 그리고 도시 당국과 싸우며 대학의 자치와 특권을 확보해 나가기 시작했다. 중세대학은 하나의 국가와 같았으며 교수나 학생은 대학의 국민이었다.

칼리지(college)의 본래 뜻은 콜레기움(collegium)으로, '사람 중심의 협동체'를 의미한다. 그런데 대학의 역사를 살펴보면 '칼리지'라는 말에는 '공부하고 먹고 자는 곳', 즉 학사(學舍)라는 의미가 있다. 중세대학 초기에는 일정한 건물에서 교육을 한 것이 아니라 곳곳을 떠돌아다니며 가르치고 배웠다. 따라서 칼리지 제도는 획기적이었다. 학생들은 칼리지 제도로 이곳저곳을 떠돌아다니지 않고 숙소에 기거하면서 안심하고 공부에 전념할 수 있게 됐다. 대학 초기 학생들은 외부세력과 늘 투쟁하며 자신들의 권익을 지켰다. 그래서 학생들은 공격적으로 될 수밖에 없었다. 그런데 칼리지 제도가 학생들을 온순하게 만들어 면학에만 집중할 수 있게 했다.

출처: 한국대학신문 홈페이지 (http://news.unn.net)
http://news.unn.net/news/articleView.html?idxno=211054 (2021년 12월 31일 최종검색)

3. 근대 국가 중심의 대중교육체제

수도원에서 보존된 그리스문화와 철학을 중심으로 르네상스 이후 인간의 본질을 새로 찾는 인문주의 교육이 발전하였다. 대략 13~14세기 이후 신 본위의 교육체제, 학문 주입식 교육에 대하여 새로운 대안교육이 등장하였다. 기본적으로 인간이 가지고 있는 본성으로서의 자연적인 성장, 특히 아동이 지닌 본성을 계발하고 자유로운 신체적·정신적 성장에 주목하였다. 라블레(Francois Rabelais)와 에라스무스(Desiderius Erasmus) 등이 아동 중심 교육을 강조하는 관점에서 출발하여 루소(Jean-Jacques Rousseau), 페스탈로치(Johann Pestalozzi), 코메니우스(Johann Comenius) 등이 사실주의와 인본주의 시각에서 유아교육과 초등교육을 중시하였다.

유아·초등 교육을 국민적 보편교육으로 확충하는 계기를 마련한 것은 종교개혁에서 비롯한 것으로 볼 수 있다. 마르틴 루터(Martin Luther)가 제안한 종교개혁(Reform)의 핵심은 부패한 가톨릭 교황체제를 대체하여 모든 신자가 신의 말씀에 직접 교류하는 방식, 즉 성서를 직접 읽고 성서 속의 교리를 생활 속에 실천하는 방식(성서주의)이었다. 이에 따라 모든 유럽인을 위해 기존 라틴어판 성서를 각자의 모국어로 번역하는 작업을 본격적으로 실시하였다. 그리고 초등학교는 성서 속의 교리를 배우고 실천하기 위한 종교적인 목적에서 모국어 교육이 핵심과목으로 강조되었다. 이와 같이 성서 번역을 핵심으로 하는 종교개혁은 곧바로 국어 중심 교육을 강조하는 국가주의(Nationalism)를 정착시키는 배경이 되었다. 이에 교황체제는 종교개혁에 대항하고 가톨릭교회의 권위를 회복하기 위한 움직임에 나섰으며, 가톨릭 교육계도 반종교개혁(Counter-Reform)의 일환으로서 종교가를 양성하기 위하여 '예수회교단'을 창설하였다. 엄격한 훈련과 금욕주의를 강조하는 예수회교단은 가톨릭 교리를 실천하는 선교사를 양성하고자 하였다. 예수회교단 선교사는 포교활동 전략으로 아프리카, 중남미, 아시아 지역까지 가톨릭교를 전파·보급하였는데, 그 이면에서는 아프리카 노예사냥, 서양의학의 보급, 신식 총포무기 등을 활용한 식민지 개척활동이 이루어졌다.

종교개혁 이후로 국가주의 교육은 성서를 직접 읽을 수 있는 아동을 기르기 위해 사실상의 강제적인 의무교육을 강조하였다. 국가와 민족, 국어 등을 강조하는 측면에서 근대 유럽 국가별로 의무교육제도가 발전하였다. 영국은 산업혁명으로 인해서 계층분화가 극심하고, 공장제 운영방식이 급속도로 발전하면서 필요한 공장노동인력이 절대 부족하였다. 그래서 학생을 위해서 공장노동자로서 필요한 기본능력만을 기르는 학교기능에 치중하여 일요학교, 교회학교 등 대량 학급체제로 운영하였다. 특히 부족한 교사 인력수요에 대응하는 방안으로서 분단별 교육조직, 조교

더 알아 보기

일요학교와 자선학교 등의 모니터시스템법(조교법)

영국은 산업혁명 시기부터 인력수요 문제로 인해서 소년노동과 부랑소년 문제 등 빈민계층 자녀에 대한 치안과 안전, 교육지원대책이 시급한 상황이었다. 이를 예방하는 차원에서 공장에 다니는 소년노동자를 위해서 일요학교, 특별히 할 일이 없는 부랑소년 등 학교밖청소년을 위해서 자선학교를 운영하였다. 이는 민간경영 학교로서 모든 성인이 산업인력으로 투입되고 열악한 교사처우 상황에서 교사를 확보하기가 어려운 실정이었다. 그래서 벨(A. Bell)과 랭카스터(J. Lancaster) 등은 학생 중에서 고학년 학생을 별도로 조교로서 선발하여 이들이 교사 수업을 도와서 학생들의 학습지도를 모니터링하거나 개별 지도하는 방식으로 교실수업을 실행하였다. 이런 방식으로 1인 교사가 1천 명 혹은 2천 명 정도 되는 학생을 가르칠 수 있는 효율성을 보여 주었다. 물론 학습의 질이 보장되기는 어려웠으며, 당시 산업혁명기 대량생산체제에 빗대어서 '대량교육체제'라는 자본주의 교육체제의 약점을 가장 잘 보여 주었다.

출처: 우메네 사토루 저, 김정환, 심성보 역(1990). 세계교육사. 풀빛사. pp. 323-335

법 등이 등장한 것도 이런 연유에서이다.

한편, 프랑스는 1789년 대혁명으로 인해서 구체제(Ancient Regime)가 붕괴된 이후 나폴레옹이 제정한 학제(이른바 '나폴레옹 학제')를 통해 국가가 책임지는 중앙집권적인 교육체제를 구축하였다. 그러나 혁명정부가 실패하고 보수정권의 왕정복고가 이루어진 후로는 일반 인민을 대상으로 하는 교화사업이 중시되었다. 정부는 국가 왕정체제에 대한 충성심과 신성한 교회권력을 뒷받침할 수 있는 인간으로 기르기 위해 도덕·종교 교육을 강조하였다. 간단하고 초보적 수준의 '읽고 쓰고 셈하기(3R's)'와 도덕교육을 통해서 체제에 안정적으로 헌신하며, 혁명보다는 타협과 순응, 복종의 기조를 강조하는 계몽적 관점의 교화정책을 추진하였다.

반면, 독일은 나폴레옹의 유럽정복전쟁을 겪으면서 당시까지의 공국연합체제를 통일하고, 독일어와 독일 민족을 중심으로 국민통합을 이루기 위해 국가의무교육이 필요하다고 보았다. 그래서 프로이센을 중심으로 절대주의 왕정체제를 통해 산업화를 이루고, 역사교육과 도덕교육을 강조하는 게르만 민족주의와 연계한 공교육을 추진하였다. 독일의 국가주의 교육은 니체(Friedrich Nietzsche)의 '초인론'과 같은 민족공동체이론과 융합하였으며, 20세기 이후로는 전체주의, 군국주의 교육으로 변질된 측면에서 국가주의 교육이 지닌 양면성을 대표적으로 보여 준 사례라고 할 수 있다.

　근대 이후 국가주의가 등장한 배경은 중세 기독교 중심 체제에 반발하고, 국가와 국어, 민족을 강조하는 종교개혁에서 출발하였다. 본격적으로 종교적인 목적에서 강제의무교육을 실천하였는데, 이후 산업혁명을 계기로 하여 빈민계층 자녀에 대한 안전과 교육적인 보호기능까지 담당하였다. 근대 이후로 학교교육을 통해서 국가구성원으로 발전시킬 수 있는 사회화 기능, 기본·기초 능력과 도덕교육을 강조하는 것도 국가주의 교육체제를 통해서 확립되었다. 이와 같이 국가 재원을 활용하여 공교육을 실천하고, 국가가 원하는 노동력을 갖춘 인재를 확보하며 사회화 기능을 강조하여 체제 유지와 치안 안정에 초점을 둔 점에서 '경찰교육(Police Education)'이라는 개념으로 국가주의 교육을 이해할 수 있다.

4. 20세기 이후 새로운 세계 교육동향

　1791년 프랑스의 헌법은 '모든 이에게 필요한 무상의 공교육'을 분명하게 제시하였고, 프랑스 혁명과 미국독립전쟁을 통해서 모든 인민을 위한 공공성으로서 교육을 강조하였다. 19세기 이후로는 기존의 영국, 프랑스, 독일, 미국 등의 세계열강이 주도하여 산업혁명에 따른 과학기술 발전과 자본주의 체제가 급속하게 발전하였다. 이 과정에서 체제 안정과 국력 팽창을 위한 인력 수요가 급격하게 늘어났는데, 이에 필요한 인재를 육성하는 공교육제도가 경제, 군사력과 함께 중요하게 부각하였다. 근대 이후 공교육을 국가가 주도하는 방식으로 진행하는 과정에서 교육의 주체인 아동의 발달가능성 등을 중시하면서도, 국가 수준의 총체적인 교육성과와 지원체제, 즉 교육경쟁력을 새롭게 주목하였다.

　그러므로 20세기의 세계 교육은 교육에 대한 평등과 수월성 논쟁에서 출발하였다. 즉, 누구나 교육을 받을 수 있는 권리가 보장된 평등한 교육체제와 교육을 통해 능력과 적성에 따라서 학생을 차별적으로 기르고 역할을 부여하는 선발체제 간의 제도적·이념적 선호도에 대한 논쟁이 치열하였다. 대표적인 논쟁은 1957년 소련에서 스푸트니크 우주선을 미국보다 먼저 발사하여 성공한 사태를 계기로 하여 미국 교육에 대한 재검토, 즉 진보주의 교육의 평등과 아동 흥미를 중시하는 개념에 대한 논쟁에서 출발하였다. 달리 표현하면, 교육으로 모든 국가문제를 해결할 수 있으며 국가가 원하는 인재를 육성할 수 있다는 자신감, 즉 '교육만능주의'를 재검토하였다.

　교육만능주의는 19세기 중반 이후 자본주의 열강을 중심으로 아시아·아프리카 지역을 식민지로 점령하기 시작한 서구 자본주의문명에 대한 우월의식에서 출발하였다. 당시 사회진화론적인 관점에서 스펜서(Herbert Spencer)가 주창한 사회 속의 '약육강식과 적자생존' 원리에 따라서 식민지 점령정책과 인종차별주의 편견이 정당화되었으며, 학교 현장도 학력 서열화와 학생 등급에 따른 학교차별화 정책, 복선형 학제를 합리화하였다. 스펜서는 지식, 체력과 도덕성을 완전하게 갖춘 학생을 육성하여 산업개발에 기여하고 식민지정복전쟁을 수행할 노동인력과 군인이 되어야 함을 중시하였다. 이런 배경 속에서 19세기 후반 이후 서구문명주의 관점의 교육제도와 교육과정, 교육정책이 총체적으로 정비된 제국주의 교육체제를 완성하였다. 서구 열강의 교육체제는 우월한 체제라는 고정관념 속에서 동양의 중국, 일본, 인도 등도 이와 같은 학력중시 사회로 나아갔다. 당시 학력 중심 체제는 복선형 학제와 공교육을 통해 인재를 육성한다는 약육강식의 국력 경쟁을 강조하였다. 그래서 동양사회도 서구화를 지향한다는 측면에서 이른바 '뉴욕, 파리, 런던을 동경하는' 모더니즘 콤플렉스, 주변부 콤플렉스를 반영하는 대학입시제도, 대학예비학교와 명문고전어학교를 갖춘 복선형 학제 등과 같은 새로운 서구식 교육제도가 도입·운영되었다.

　그러므로 20세기 교육은 공교육을 복지, 안전과 결합하는 아동의 세기이며, 교육개혁의 세기라고 평가하기도 한다. 20세기 전반에 자본주의 열강은 미국, 영국, 프랑스 등의 선발제국주의 국가와 독일, 일본 등의 국가사회주의 국가로 분열되었다. 그런데 전자는 산업교육과 엘리트교육을 결합하는 공교육체제를 정비하였고, 후자는 인종주의와 편협한 국수주의 기반의 국가사회주의 교육체제를 구축하였다. 또한 1917년 러시아 볼셰비키 혁명을 계기로 하여 소비에트 교육체제를 강조하는 사회주의 교육개혁이 수행되었다. 러시아의 교육개혁은 듀이(John Dewey)의 아동 중심 사상과 비고츠키(Lev Vygotsky)의 심리학, 전통 공동체주의 교육을 결합하여 종합 10년제 교육, 즉 노동과 교육을 병행하는 노작교육을 적극 실천하였다. 러시아(구소련)의 교육은 이후 사회주의체제로 전환한 중국, 동유럽국가, 쿠바 등의 새로운 교육체제에 많은 영향을 미쳤다.

　1945년 제2차 세계대전이 끝난 이후 전 세계는 미국과 구소련 중심의 자본주의

대 공산주의 체제로 양분되었다. 미국의 아동 중심, 흥미 중심의 진보주의 교육체제
는 전 세계 신생독립국의 기본교육제도로 채택 · 보급되었다. 그러나 1957년 구소
련이 인공위성 스푸트니크 1호를 우주에 발사하는 데 성공함으로써 미국의 교육력,
과학기술 역량이 재검토되어야 한다는 논의가 확산되었다. 이후 미국의 교육체제
는 아동 중심 교육체제를 유지하면서도 학문적 구조, 과학기술을 중시하는 교육과
정으로 개편되었다. 이후 미국과 영국을 중심으로 하는 자본주의체제는 학교교육
에 대한 공적 재원을 투입한 성과까지 검증하는 새로운 교육개혁을 추진하였다. 교
육의 수요자, 즉 학생과 학부모, 기타 교육고객이 만족할 수 있는 학교를 구축하기
위해 교육경쟁과 선발체제 등 시장자본주의 원리를 교육체제에 적용하였다. 이와
같은 시장경제 원칙을 교육에 적용한 신자유주의 교육개혁이 1990년 구소련 붕괴
이후로 전 세계 교육동향을 주도하는 새로운 패러다임으로 정착되었다. 지난 100년
동안 자본주의 교육체제는 시장원리와 효율성을 강조하면서도 아동의 성장과 경험
이라는 진보주의 철학기조를 조화시키려는 미국 주류 교육의 영향력이 여전히 강
력하다고 볼 수 있다.

5. 새천년시대 이후 최근 교육동향

1) 국제기구와 새로운 교육동향

1945년 이후 세계 교육은 미국과 소련의 체제 대립과 함께 유네스코(UNESCO) 등
의 국제기구가 교육운동과 교육협력에 적극 참여하였다. 유네스코는 진보적인 교육
운동을 통해서 공교육을 국제적으로 변화시키고자 하였다. 이런 관점에서 1948년
세계인권선언을 발표하였는데, 제26조에서 "모든 인민은 교육에 대한 권리를 가진
다. 교육은 인격의 완전한 발달, 인권 및 기본적인 자유를 존중하고 강화함"을 주장
하고, 기존 의무교육도 권리 측면에서 무상으로 개편해야 한다고 보았다. 유네스코
는 무상교육과 문맹퇴치 등의 성인교육을 전 세계의 신생독립국, 특히 아시아 · 아
프리카 지역을 중심으로 적극 장려하였다. 1960년대 이후로는 유네스코를 통해서
아프리카 신생독립국에 대해 미국, 일본, 중국 등을 중심으로 교육지원사업이 활발
하게 전개되면서, 아시아 · 아프리카 지역의 교육이 급속하게 발전하였다. 그러나

1980년대 이후 글로벌 경제 침체에 따라 미국을 중심으로 교육지원사업에 대한 관심이 줄어들면서 아시아·아프리카 지역 개발도상국의 교육위기가 최고조에 달하기 시작하였다.

이 과정에서 유네스코 외에 OECD가 경제전략을 촉진하기 위한 방편으로서 교육개혁에 관심을 가지기 시작하였다. 유네스코가 주로 인권 육성 측면의 교육협력을 강조하였다면, OECD는 글로벌 교육경쟁력을 갖추고 선진국과 개발도상국의 협력체제 속에서 세계 교육체제 구상을 전개하였다. 상대적으로 범세계 평화조직기구인 유네스코에 비해서, OECD는 특정 선진국그룹 중심의 이해관계가 작용한다는 비판을 받고 있다. OECD는 특히 2000년대 이후로 학교교육과 다양한 교육훈련을 통해서 육성한 인적자원을 적극 활용하는 실천사업에 중점을 두었다. 실제로 2010년대 이후 4차 산업혁명과 인공지능사회라는 새로운 미래 교육비전을 설계하는 데는 OECD, 세계은행 등이 더 큰 관심을 보였다.

상대적으로 조직과 재원 측면에서 어려움을 겪고 있는 유네스코는 개발도상국에 대한 교육회복 전략을 통해서 글로벌 교육체제를 통합시키고자 하였다. 1990년 태국 좀티엔 세계회의를 통한 세계인권선언에서 밝힌 '만인교육(Education for All)'을 재확인하였고, 2000년 다카르 선언은 개발도상국의 남녀취학평등을 실천할 것을 강조하였다. 그리고 2015년 인천 세계교육선언을 통해 양질의 교육과 평생교육을 보장하는 지속가능발전목표 2030(SDGs 2030)의 교육의제를 완성하였다. 2015년 인천 선언은 개발도상국과 최빈국에 대한 성인문해지원이 절대적으로 필요하며, 2030년까지 전 세계가 합심하여 완전하고 보편적인 초·중등 교육체제를 달성할 것을 천명하였다.

2) 신자유주의 교육체제와 새로운 도전과제

1990년대 미소 양국을 중심으로 하는 냉전체제가 붕괴되면서 전 세계는 미국이 주도하는 신자유주의 교육질서에 주목하였다. 신자유주의 교육체제는 기존 학교현장의 주체와 혁신동력에 대한 문제제기를 통해서 교육의 비효율적인 요소를 개선하는 원칙을 강조하였다. 학교교육은 교육의 수요자, 즉 학생과 학부모 혹은 정부, 민간기업과 같은 교육고객을 위해서 공공적인 헌신을 하고 책임감 있게 봉사하였는가를 질문하기 시작하였다. 1980년대부터 영국과 미국에서 처음 시작하였던 학교에 대한 평가, 즉 교사의 역량에 대한 평가와 학생의 학업성취도 등이 중요한 교육요소로 등장하였다. 세계화가 진행되고 지식기반경제가 중요한 교육개혁 과제로 인식되었으며, 미국 중심의 선진국이 주도하는 교육개혁을 차츰 전 세계가 공유하고 정보를 소통, 실천하였다. 자연스럽게 세계적 기준의 교육, 글로벌 교육의식과 시민을 육성하는 것은 창의적이며 역량 있는 인재를 개발하는 국가개발전략 자체라고 주장하기 시작했다. 이제는 교사가 책임의식을 가지고 학교현장의 주체로서 역할을 다하기보다는 교육에 투입된 요소 이상으로 학생의 역량과 성취도를 끌어올려야 한다는 효율성과 책무성을 강조한다. 세계는 어느덧 교육의 주체가 교사 혹은 학생인가 하는 시각 차이로 인해서 책임의식, 평등, 공공성과 효율성, 책무성, 생산성 간의 교육이념을 둘러싼 논쟁이 여전히 벌어지고 있다.

그런데 2000년대 이후 교육의 공공성, 평등 대 효율성, 책무성을 둘러싼 미국식 교육체제의 대안적 성공사례가 주목받기 시작하였다. 서구 선진국 이외에 새롭게 등장한 교육강국은 아시아 지역의 한국, 일본, 싱가포르와 핀란드, 캐나다, 쿠바 등의 서구사회 신흥국가라고 할 수 있다. 전자는 미국의 민주주의 교육과 동양식 유교윤리를 결합한, 이른바 '유교자본주의' 교육전략을 통해서 학생의 학력 등 개인역량 성취에 성공하고 교육개혁을 안정적으로 실천한 국가이다. 반면, 후자는 서구 특유의 학생의 자율성과 인권을 보장하는 공동체의식을 통해서 보편교육을 달성한 국가라고 할 수 있다. 이 신흥교육국들은 학교교육을 성공시키기 위해 공공예산을 교육에 집중적으로 투자하고, 정부, 지역사회, 학교공동체가 상호연계하여 협력하는 교육지원망과 교육풍토가 조성되었다는 특징이 있다. 나아가서 한국, 핀란드, 쿠바 등은 높은 교육 수준과 자질을 갖춘 교원을 확보한 것이 결정적이라고 진단하기도 한다. 이런 신흥국가들의 교육성공 사례는 여전히 교육을 진흥시키는 데 많은 어려움을 겪고 있는 아시아 · 아프리카, 중동, 중남미 지역 개발도상국의 벤치마킹 사례로 주목받고 있다.

향후 세계 교육은 유네스코, 세계은행, OECD 등의 국제기구가 중심축이 되는 방식으로 교육혁신을 실천할 것이다. 국제기구들은 미국, 영국, 독일, 일본 등 기존 선진국의 교육실천 사례 이외에 한국, 싱가포르, 핀란드 등의 교육개혁 노하우와 성과를 전 세계 개발도상국에 공유 · 확산하는 계획을 실천한다. 지속가능개발목표

2030(SDGs 2030)은 이런 계획의 한 사례인 것이다. 이미 UN을 중심으로 "교육비전 2050"을 통해서 새로운 변혁교육(Transforming Education) 과제를 실천하고 있다. 인류에게 미치는 세계 문제, 즉 기후 변화, 평화 회복, 양성평등, 경제 성장 등에 긴급 대처하기 위한 '공동선(Common good)'이 새로운 교육변혁의 과제가 되고 있다. 또 다른 사례로 미국 중심의 시장경제와 교육경쟁력을 강조하는 포스트코로나 교육뉴딜체제가 이후 교육복지안전망과 인공지능사회의 디지털교육시스템을 더욱 확산시키고 있다. 이는 인공지능사회를 토대로 하는 지구촌 사회에서 교육을 특정 국가의 독점물이 아니라 공유할 수 있는 공공재라는 측면에서 새롭게 바라보는 패러다임으로 정착될 것이다.

Ⅲ 한국 교육의 변화와 발전

한국 교육의 흐름은 전통적인 문무일치사상에서 학문 중심주의로 변화한 특성, 즉 학문과 무예 교육을 차별 없이 실천하는 풍토에서 유교적 전통에 기반을 두는 관료제 중심 학력주의로 변화하는 과정으로 이해할 수 있다. 이런 유교적 기풍에 따른 교육열이 긍정적으로 작용하여 교육 구국, 실력양성론 등을 낳기도 하였지만, 부정적인 측면에서 입신출세를 지향하는 개인주의 풍토를 고착시키기도 한다. 그런 측면에서 볼 때, 현재 한국 교육은 국가 발전의 기반을 마련했다는 사실 자체가 세계 교육에서 귀감이 되고 있다는 평가에 주목하면서, 다른 한편으로는 교육의 본질과 목적이 왜곡된 현실을 개선해야 하는 개혁비전에 대해서도 검토해야 할 것이다.

1. 고대 사회의 교육체제와 사상

한국 교육을 세계 교육에 대한 시각과 공통적으로 비교해 볼 때, 건국신화를 중심으로 인간을 기본적으로 기르는 교육철학을 자연친화적인 관점에서 찾는 것으로 이해할 수 있다. 단군신화는 「교육기본법」 제2조에서 제시한 교육이념, 즉 '홍익인간'을 직접 담아낸 교육사상이라고 할 수 있다. 단군조선의 '곰 신앙'은 광대한 국가를 다스리기 위해 인간사회의 최대 유력자 집단이 생존하는 방식을 '홍익인간'으로 재해석하였다. 그리고 단군신화에 등장하는 '비, 구름, 바람'을 통해 농경문화를 발전시키고, 형벌, 의술, 도덕 등의 360가지 제도를 도입하여 인간세상을 이롭게 할 수 있는 삶의 교육을 실천하였다. 즉, 자연을 배경으로 인간을 규제하고 관리하며 건강과 도덕을 중시하는 공동체교육을 구상하였다. 삼국의 건국신화에서도 비슷한 낭가사상, 자연 속에서 수련하고 경서와 무예훈련으로 단련하며 성장하는 교육생활을 강조하였다. 신화의 시조들은 주로 가족 내에서 지혜와 지식을 습득하며, 활쏘기, 검법, 무예 등의 심신단련과 전통예절을 배우고 이를 국가 경영에 활용하는 공동체주의 교육으로 발전시켰다.

삼국시대의 전통 교육사상은 주로 건국신화를 포함하여 '교육이 곧 생존법칙'이라는 관점에서 자연친화적 존재로서의 인간을 기르는 사상으로 전개되었다. 고구려의 경당(扃堂)과 선인(仙人)제도로 상징되는 '풍월도(風月道)'는 산천을 훈련장으로 삼아 교육수련에 전념하며, '바람을 쐬면서 자연 속에서 무리를 지어 배우는' 방식의 대표적인 활동주의 교육인 것이다. 풍월도와 선인제도는 고구려의 평민교육기관인 경당 이외에 신라 화랑도, 백제의 군사집단 '싸울아비'의 교육훈련에도 그 흔적이 남아 있다. 주로 문과 무를 겸하여 교육과 일상생활이 일치하는 공동체 중심의 집단주의 교육을 실천하였다. 즉, 삼국시대의 교육기관은 주로 불교적·유교적 성향과 전통적 민속성향의 교육과정과 교육내용을 융합·일치시켜 국가에 충성하는 생활인, 군인을 양성하고자 하였다.

이와 같이 삼국의 건국신화에서 보인 공동체 중심의 유교경전과 무술교육을 함께 실시하는 공동체주의 교육의 사례로 고구려의 경당과 신라 화랑도제도가 대표적이다. 고구려의 경당은 지역사회 중심의 공동교육기관으로서 평민 자제들이 농번기에 농경생활에 종사하고, 농한기에 군사훈련과 경전암송을 교육하는 공간이며 조직이었다. 신라 화랑도는 외래 유교·불교 사상과 전통 낭가사상을 결합하는 문무일치 교육특성을 실천하였다. 이와 같이 화랑도를 중심으로 이루어진 문무일치 경향의 낭가 전통주의 교육은 통일신라 이후 국학에서 공부하여 독서삼품과를 통해 인재를 등용하는 새로운 선발제도로 인해서 점차 쇠퇴하였다. 낭가 전통주의 교육이 쇠퇴하면서 사병조직에 의존하는 지방군벌을 약화시키고 강력한 중앙집권제를 추진하기 위해 관료제와 관료선발장치가 중요한 제도로 등장하였다. 통일신라

더 알 아 보 기

삼국시대의 공동체주의 교육: 고구려의 경당과 신라의 화랑도

고구려의 경당(扃堂)은 전국의 미혼 자제를 교육시키는 사학기관으로서 수도에서는 귀족 및 평민 자제, 지방에서는 주로 평민 자제를 대상으로 유교경전과 군사학, 산학 등을 가르쳤다. 〈구당서〉와 〈신당서〉 등 중국의 고대 기록에 따르면, 마을마다 큰 집에 모여서 경서를 암송하고, 활쏘기를 연습한 것으로 나타난다. 고구려의 산골 청년이던 온달이 교육을 받고 장군으로 성공한 것도 경당의 성과라고 할 수 있다. 경당의 교육활동과 교육내용은 주로 여섯 가지 기예, 즉 예·악·사·어·서·수 등의 육예(六藝)로서 예법(禮), 음악(樂), 활쏘기(射), 말타기(御), 서예(書), 산술학(數)을 포함한다. 이런 '육예' 중심의 교육내용은 신라 '화랑도(花郎道)'에서도 그대로 나타난다. 신라 화랑제도는 당초 여성인재를 선발하는 제도에서 출발하였으며, 무리를 지어 산천을 다니면서 도의교육과 무술, 경서교육 등을 받고 서로 협력하며 우의를 쌓는 유교, 불교, 도교가 결합한 제도이다. 화랑도의 사상적 기반은 원광법사가 제시한 '세속오계'에 두고 있는데, 충효와 신의, 임전무퇴의 정신과 살생을 가려서 한다는 불교정신 등이 혼용되었다. 백제는 정확한 기록이 없지만, 〈삼국사기〉 열전에 나오는 '계백장군과 결사대'의 일화를 볼 때, 화랑도 혹은 경당과 유사한 교육기관이 있었을 것으로 추정된다. 삼국의 교육은 문무의 구별이 있었지만, 문무 차별이 없이 국가 혹은 지역공동체 속에서 자연과 조화된 교육이라는 측면에서 풍류사상이나 선인제도와 같은 우리 고유의 낭가사상이 잘 드러난다.

출처: 이만규(1988). 조선교육사 I. pp. 41-52.; 홍희유, 채태형(1998). 조선교육사 I. 박이정. pp. 16-35.; 윤종혁(1995). 한국 고대사회의 공동체주의 교육사상(1). 교육문제연구 1995년 8집. 고려대학교 교육문제연구소.

이후 고려, 조선에 이르기까지 왕권을 강화하고 무인의 권력을 견제하는 최소 전략으로서 과거제도와 유학교육기관이 대표적인 전통교육제도가 되었다.

2. 고려 · 조선 시대의 교육체제와 사상

1) 고려시대의 유교교육

교육사 측면에서 고려 · 조선 시대는 서당과 향교라는 대중적인 유교 교육기관을 설치하고, 최고 수준의 유교 교육기관으로서 고려는 국자감, 조선은 성균관을 운영

했다는 공통점이 있다. 고려 사회는 비교적 불교 중심의 지배체제를 구축하였지만, 정치 지배원리로는 공자ㆍ맹자의 유학사상을 적용하였다. 유교적 지배관료를 선발하는 제도로서 광종 때부터 과거제도를 도입하였으며, 국가 수준에서 향교와 국자감 등의 교육기관을 설립하여 과거 준비 교육을 하였다. 향교는 공자 이후 유교 성현을 모시는 문묘와 명륜당, 동서양재(兩齋)라는 기숙사를 운영하여 학생을 교육하였다. 조선시대에는 향교 안에 동서양무(兩廡)도 추가 설치하여 유학자의 제사실로 운영하였다. 또한 향교의 상급기관으로서 수도 개경에 설립한 국자감은 문묘와 명륜관 외에 7재(七齋)를 운영하였다. 7재는 주역, 상서, 모시, 주례, 대례, 춘추, 무학을 각각 전문교과로 교육하는 기숙사학교의 특성을 지니고 있다.

더 알 아 보 기

국자감의 7재 교육

　고려 예종은 관학을 진흥하기 위해서 장학재단으로 양현고를 설치한 후에, 국자감 내에 전문 강좌인 7재를 설치하였다. 7재는 당시 사학으로 융성하던 최충의 9재 학당을 모방한 것으로, 문무 양학의 주요 과목을 독립 강좌로 설치한 것이다. 7재의 성립으로 국자감 학생은 종래부터 있어 온 일반 국학생과 재생(齋生)으로 분리되었으며, 그중 상위를 차지한 것은 7재에 소속된 재생이었다. 즉, 국자감은 최고 학부인 7재와 그 예비 과정인 일반 학생의 이중 구조로 이루어졌음을 알 수 있다. 7재의 구성을 보면, 여택재(麗澤齋)ㆍ대빙재(待聘齋)ㆍ경덕재(經德齋)ㆍ구인재(求仁齋)ㆍ복응재(服膺齋)ㆍ양정재(養正齋)가 유학재였으며, 강예재(講藝齋)가 무학재였다.

　특히 주목할 점은 문신 중심의 고려 귀족사회에서 무학재가 설치되었다는 점이다. 이는 당시 북방 여진족과의 긴장이 계속되어 무인 관료군을 양성해야 한다고 보았고, 송나라 국자감에 문무 양학제도가 있음을 고려한 것이기도 하였다. 예종은 1116년(예종 11년)에 7재의 교육목표를 "장래의 장수와 재상의 등용에 대비하는 것"이라고 밝혔으며, 1119년(예종 14년)에는 문신 귀족의 반발에도 불구하고 유학재의 정원을 60명으로 이전보다 10명 줄이는 대신에, 무학재에는 9명을 더하여 17명으로 증원하였다. 무학 교육은 이후 문신들의 반대로 1133년(인종 11년)에 폐지되었지만, 문신 중심의 고려 귀족사회에서 문ㆍ무를 함께 추구하려 한 7재의 교육방침은 당시의 전통적인 정치이념에 대한 변화를 반영하고 있다.

국사편찬위원회 홈페이지: 우리역사넷
http://contents.history.go.kr/front/hm/view.do?treeId=010404&tabId=03&levelId=hm_066_0040
(2022년 1월 1일 최종검색)

한편 고려사회는 최충 등의 대학자가 별도로 학생을 모집하여 유학교육을 실행하였던 '문헌공도' 등 12개의 도(徒)가 사학교육기관으로 발달하였다. 이 기관은 과거에 대비하는 유학교육을 전문으로 하였는데, 공립기관인 향교와 국자감보다 많은 인기를 끌었다. 특히 12도 중심의 사학기관의 장은 과거시험 출제 및 관리직 경력이 많다는 배경을 살려서 과거제 준비교육에 상당히 장점을 지니고 있었다. 실제로 당시 고려 사회에서 사학기관 출신 학생과 시험관 간의 직간접적인 관계는 은문, 좌주 등의 파벌을 형성하는 논란까지 발생하였다. 중앙정부는 과거제도에 대한 쇄신대책으로서 과거응시자 시험답안의 성명을 가리는 방식으로 공정하게 채점하는 호명시식(糊名試式) 등 시험부정행위 방지대책을 마련하기도 하였다(이만규, 1947; 홍희유, 채태형, 1998). 한편 고려 후기 예종은 사학이 지나치게 팽창하는 것을 막고 관학교육을 부흥시키기 위해 국자감을 국학으로 개편하여 7재 중심의 교육체제를 정비하고, 학생교육을 지원하기 위한 장학재단으로서 양현고를 설치하였다. 그러나 고려 말에는 이런 양현고의 기금이 고갈됨에 따라 안향이 관리들의 갹출금으로 장학기금을 마련하였는데, 바로 이 기금을 섬학전(贍學錢)이라고 하였다.

더 알아보기

고려시대 과거제도와 사학의 융성

고려 최고의 관학기관 국자감은 귀족 자제를 위해 국자학, 태학, 사문학이라는 학교를 통해 유학을 교육하였고, 중인 자제를 위한 학교로서 별도로 율학, 서학, 산학 등을 두었다. 그러나 개경의 귀족계층은 12도를 중심으로 하는 전직 지공거(시험관) 경력의 학자가 세운 사학기관에 자녀를 입학시켰다. 이와 같이 사학이 인기가 많은 이유는 설립자가 지공거 출신으로서 스스로 학생을 선발·추천하여 관직에 등용시키거나 과거 준비교육을 성공적으로 하는 것에서 비롯하였다. 지공거는 자신의 제자를 중심으로 과거급제를 시키고, 이들을 '문생'으로 수용하였는데 문생은 자신을 교육시키고 과거급제까지 시켜 준 지공거를 '좌주' 혹은 '은문'으로 섬기었다. 심지어 고려 후기에는 사학에 입학한 것만으로 과거응시 자격을 주고 어린 나이에 합격시켰는데, 세간에서는 이런 불공정 사례로 합격한 이들을 '분홍방(색동저고리 입은 아이)'이라고 부르며 조롱하기도 하였다. 이와 같은 좌주와 은문이 12도 등의 사학교육기관을 주도함으로써 상대적으로 국자감 등의 관학이 쇠퇴하는 계기가 되었다.

출처: 홍희유, 채태형(1998). 조선교육사 Ⅰ. 박이정. pp. 60-80.

2) 조선 전기의 유교교육: 성균관과 과거제도

조선 왕조는 성리학을 기반으로 하는 천도론(天道論), 즉 하늘이 내린 도를 실천하는 유교적인 정서에서 교육체제를 정비하였다. 천도론은 기본적으로 본연의 성(聖)을 본받고 사물에 대한 체험을 통해서 지식을 쌓는 것 자체가 하늘의 이치라는 성리학적인 정서이다. 이는 백성의 신분, 남녀 구별 모두 하늘의 섭리이며 이치라는 천분론(天分論)으로 발전한다. 조선사회는 이와 같은 천도론과 천분론에 따라서 제사의식, 혼례규범, 손님 접대, 군대의식, 장례의식 등의 오례를 도덕규범으로 중시하고, 소학, 효경, 근사록 등의 유교교육을 필수적으로 공부하였다. 사회 지배원리는 대학에서 강조하는 '수신제가 치국평천하' 원칙, 즉 개인 각자가 심신단련을 통해 수양하고 가정을 화목하게 다스린 후에 나라와 세상에 뜻을 펼치는 종법제도를 강조하였다. 그런 연후에 사회실천적인 문제에 집중하여 교육을 실천하고, 강인한 사상과 의지를 지닌 선비를 양성하고자 하였다.

이를 위해 성리학적인 전통을 강력하게 육성하는 교육기관으로서 성균관을 운영하였다. 성균관은 진사와 생원 등의 유생 200명을 정원으로 운영하였으며, 정원에 미달하는 경우에는 수도 한양에 있던 4부학당 출신자 혹은 명문가 자제 중에서 소학에 능통한 자로서 충원하였다. 성균관 유생은 문과시험 소과(1차 시험) 중에서 제술과(한시 작문 및 논술시험)에 합격한 자를 진사로 칭하고, 명경과(경서 강독시험)에 합격한 자를 생원이라고 불렀다. 성균관 유생은 재(齋)라고 하는 기숙사 생활을 중시하였는데, 재에 기숙하여 300일 이상을 공부하였을 경우에 정규 과거시험인 식년시 문과(2차 시험) 응시자격을 부여하였다.

조선 사회는 주로 과거제도를 통해서 유교경전에 능통하거나 유교 원칙에 따른 정책 구상, 작문 등이 뛰어난 경우 등을 선별하여 인재로 발탁하였다. 과거에 응시하려면 학력, 연령, 본관, 3대 조상의 이력 등 다양한 가정배경과 신분 조회를 거쳐야 했다. 가장 대표적인 과거시험은 대과와 소과를 합친 문과 식년시험인데, 주로 3년에 1회씩 실시하였다. 초시(1차 시험)에 합격하면 성균관 유생으로서 대과(복시) 준비교육을 할 수 있으며, 복시(2차 시험)와 전시(3차 시험)를 거쳐 관리로 등용되었다. 성균관 유생은 식년시(대과 시험) 이외에도 명절 시기에 보는 절일제, 임금이 성균관을 방문할 때 기념으로 보는 알성시, 임금이 진상품으로 받은 귤을 유생들에게 나누어 주면서 보는 황감시(귤시) 등 다양한 과거응시 혜택을 받았다. 사실상 성균관 유생은 국가적인 인재로서 대우받았으며, 유생도 임금의 패륜행위나 실정이 있을 경우에는 유교 이념에 따라 식사를 거부하는 권당, 수업을 거부하는 공재, 동맹휴학과 시위로 맞서는 공관 등을 통해서 선비로서의 기개를 보여 주었다.

3) 조선 후기의 실학교육과 새로운 변화

16, 17세기 일본, 청나라와 전란을 겪으면서 조선의 성리학 중심 지배질서가 흔들리기 시작하였다. 이 시기부터 기존의 국가적인 병폐를 해소하고 새로운 사회체제를 실천하기 위한 근대적 성격의 개혁을 모색하는 바, 바로 그것이 실학사상을 포함한 새로운 서양학문, 천주교 등에 접근하는 경향이 나타났다. 조선 후기 사회는 주로 기존 양반 중심 문벌이 지닌 폐단을 고치고, 유학 일변도의 학교제도와 과거제도를 개편하는 방안을 검토하였다. 혁신적 유학자들은 실증적이고 과학적인 사고를 바탕으로 하여 청나라의 북학 그리고 서양의 천주학 등에 대해 주목하였다. 교육개혁은 주로 신분차별을 완화하고 인재 선발방식을 개혁하며, 인재본위의 관리를 등용하는 등 실사구시 원칙에 따라서 과학기술, 생산교육 등을 강조하였다. 이 시기의 천주학 등은 새로운 세계관과 여성에 대한 인식을 전환시키는 계기로 작용하였다.

3. 개항 이후 근대 150년 교육체제의 변화

1) 개항 이후 서구식 교육개혁 추진과 성과

1860년대 이후 조선은 서양 함선이 출몰하고 계속되는 긴장관계 속에서 서구 열강과 개항조약을 체결하였다. 서구 열강에 문호를 개방하면서 자연스럽게 서구 자본주의 문명론과 사회진화론에 따른 교육 사상과 제도에 관심이 고조되었다. 유길준의 '서유견문'은 이런 교육사상을 직접 소개한 것이며, 근대식 교육은 '한국의 유교적 정서와 서양의 기술문명'을 유기적으로 결합한 문명주의(동도서기) 개혁을 추진하였다. 1880년대 이후 서양문물을 접하면서 정부와 민간 차원의 다양한 신식학교로서 원산학사, 배재학당, 육영공원 등이 설치되었다. 이 시기부터 선교사들의 선교 목적과 민중의 교육열이 맞물려서 서양식 근대학교가 집중적으로 설립되었다.

조선 정부도 서구식 자본주의문명을 본격적으로 수용하고 근대화를 이루기 위해 신식학교를 위주로 하는 학제를 편성하였다. 정부는 1894년 갑오개혁 이후 학부를 중심으로 신식 학제를 구상하였으며, 1895년 고종 황제는 지 · 덕 · 체를 갖춘 인재를 양성하기 위한 교육진흥정책으로서 '교육조서'를 발표하고, 교육조서에 따라 근대 서구식 초등교육, 중등교육, 고등교육 방식의 교육개혁을 추진하였다. 또한 기존의 성균관을 수업연한 3년의 '경학원'으로 개칭하여 당시의 유일한 고등교육기관으로 육성하고자 하였다. 이와 함께 1905년 을사늑약을 통해 한국의 외교권이 박탈되는 국권 위기상황을 극복하기 위한 국권회복운동이 일어났다. 이와 같이 민족 독립과 국권회복을 위해 인재를 키운다는 실력 양성과 교육 구국의 건학이념을 내세운 사립학교가 본격적으로 설립 · 운영되었다.

2) 일제 강점기의 교육정책 변화

일제는 강제병탄 이후 1911년 8월에 조선교육령을 제정하여 학제를 전면적으로 개편하였다. 일본 본국의 학제와 차별하는 조치를 통해서 학교의 계통을 될 수 있는 대로 간단하게 하고, 수업연한을 짧게 줄이며, 아주 간이한 형식만 갖춘 차별학제를 적용하였다. 즉, 시세와 민도에 맞는 교육을 실시한다는 구실로 식민통치에 용이한 저급한 교육체제를 마련하였다. 그러나 1919년 3.1 독립만세운동이 일어나자 일제는 회유정책으로 형식상 한국의 학제를 일본의 학제와 비등한 것으로 개편하였다. 1920년 초등교육기관인 보통학교의 수업연한을 6년으로 연장하였으며, 이른바 '내지(內地) 준거주의'라는 일본 본국의 교육제도에 준하여 한국인을 위한 학제와 한국 거주 일본인을 위한 학제를 별도로 제정하였다. 이에 따라 한국인을 위한 학교는 보통학교, 고등보통학교, 여자고등보통학교라 부르고, 일본인을 위한 학교는 소학교, 중학교, 고등여학교로 구분하였다.

일제는 1931년 만주사변과 중국 침략 등을 계기로 조선인 동화정책으로서 '황국신민화(皇國臣民化)' 교육을 강화하였다. 1938년에는 조선교육령을 재개정하여 일본어만을 교수용어로 강제 사용하는 교육체제를 추진하였고, 중등학교의 수업연한도 5년에서 4년으로 단축하는 등 식민지 노예교육을 강요하였다. 또한 청일전쟁이 태평양전쟁으로 확대된 1943년에는 전시교육체제로 전환하는 4차 조선교육령을 개정·공포하였다. 4차 조선교육령은 그간의 초등교육기관인 보통학교와 소학교 등을 국민학교로 통합하였는데, 일제시대 말기에 시작된 이 '국민학교'라는 용어는 일제 식민지교육의 대표적인 잔재로 1995년까지 우리 학교현장에서 사용되었다. 일제 강점기의 특징은 경성제국대학을 정점으로 하는 국공립학교 우선 중시정책 그리고 선발시험체제와 차별적인 복선형 학제를 통한 입신출세주의이다.

　반면, 식민지교육체제에 대항하는 민족주의 교육운동이 활발해지면서 학생, 지식인, 근로대중이 직접 나서서 노동·농민 야학운동, 학회 및 학술 단체운동, 학생운동 등 다양한 반일교육운동도 전개되었다.

3) 광복 이후 새로운 교육변화와 성과

　1945년 광복 이후 진행된 미군정청의 교육개혁은 듀이가 주창한 진보주의 관점의 새 교육을 보급하였다. 당시 교육개혁기구였던 조선교육심의회는 6-3-3-4제의 단선형 학제를 추진하고, 미국식 대학모형을 활용하여 국립서울대학교 설립계획안(국대안)을 비롯한 4년제 대학정비사업도 단행하였다. 그러나 미군정 3년간 조선교육심의회가 제안한 대체적인 교육개혁 방안은 일제 강점기 말기의 교육제도와 유사하다는 비판을 받는 등 식민지교육 잔재를 남겼다.

　1948년에 공식 수립된 정부는 교육제도를 법률로써 정하는 헌법 제16조의 규정에 따라서 새로운 학제를 정식으로 확정하였다. 1949년에는 교육법을 제정하여 우리 교육의 기본학제를 확정하였으며, '홍익인간'을 기본적인 교육이념으로 제시하였다. 정부 수립 초기에는 중학교와 고등학교의 수업연한 조정과 중·고등학교를 분리 혹은 통합하는 측면이 새로운 과제로 떠올랐다.

　그러나 1950년대 한국전쟁으로 인해서 초등학교 개혁이 미루어지고, 학교교육은 전시교육체제를 통해서 진행되었다. 전쟁이 끝난 이후에는 1954년부터 초등의무교육을 추진하는 6개년 계획을 실천함으로써 1959년에는 98% 이상의 입학률과 이수율을 달성하였다. 1950년대에 초등의무교육이 완성됨으로써 이는 1960년대 산업화 과정에서 필요한 인력자원으로 적극 활용되었다. 1960년대 이후 고도성장이 이루어지고 교육에 대한 수요와 교육열 등이 맞물리면서 1970년대에는 보편적인 중등교육체제를 구축하였고, 자연스럽게 1980년대 이후 고등교육의 급속한 성장까지 이루었다. 이와 같이 교육의 양적 성장을 통해서 1990년대 이후로는 진학예정 학생의 80%에 달하는 세계 최고 수준의 고등교육 진학률을 달성하였고, 2000년대 이후로는 중학교 의무교육까지 달성하였으며, 나아가서 2020년에는 고등학교에 대한 무상교육체제까지 완료하였다.

2000년대 이후 한국 교육은 IMF 금융위기를 극복함으로써 사회·경제 모든 면에서 국제경쟁력을 확보하고, 지식기반경제와 정보화 사회로 변환하기 위한 교육 재구조화 과정을 거치게 되었다. 당시 세계화 추세 속에서 교육경쟁력과 수월성을 확보하기 위하여 선진국의 교육을 벤치마킹하는 시장경제 원리가 학교현장에서 아주 두드러졌다. 한편 평생학습체제를 구축하여 교육을 국가적 수준에서 보장하는 방안에 대해 혁신적인 실천을 강조하였다. 2010년대 이후 급속도로 진전된 디지털교육체제를 중심으로 하는 4차 산업혁명은 교육 현장에 인공지능사회의 틀을 구축하였다. 코로나19 대유행 이후로는 본격적으로 학교현장에서 대면교육과 함께 온라인교육 시스템, 즉 메타버스와 인공지능(AI) 중심의 교육을 선도하는 새로운 개혁이 실천되고 있다.

Ⅳ 학교교육현장에서 교육철학의 역할과 과제

한국의 교육현장은 평등과 수월성을 대립적이면서도 가장 중요한 덕목으로 강조하는 실천의 장이기도 하다. 이런 배경 속에서 교육을 통해 학생이 발현할 수 있는 최고의 원동력, 배려해야 할 덕목으로서 창의성과 협동심을 주목한다. 교육은 창의성을 중심으로 하는 학교를 둘러싼 학습생태계를 통해 다양한 교육주체 간의 지식, 역량, 태도를 길러야 한다.

2015년 유엔(UN)이 제안한 '지속가능발전목표 2030(Sustainable Development Goals 2030: SDGs 2030)' 4번 교육의제에서도 세계시민교육(Global Citizen Education: GCED)과 지속가능발전교육(Education for Sustainable Development: ESD)을 통해서 지구촌 시민으로서 공유해야 할 핵심가치로 개방, 소통, 협력, 참여 등을 강조하며,

핵심역량으로 창의성과 문제해결능력 등에 주목하였다. 즉, 개방과 소통 문화가 활발한 교육현장에서 학생이 즐겁고 자유롭게 상상할 수 있는 창의적인 사고력을 배려하는 풍토가 조성된다고 볼 수 있다. 이와 같이 우리 교육현장에서 세계시민교육과 지속가능발전교육을 통해 실천하는 민주시민의식 그 자체가 학교현장의 자율적인 공동체와 학습생태계를 조성하는 기반으로 작용해야 한다.

학교교육은 창의적이며 실제적인 지식, 기본능력을 다양하게 육성할 수 있다. 창의성은 학생을 대상으로 하는 다양한 교육활동을 통해서 근면성과 성실성, 인내와 끈기 등의 사회정서 역량을 기르는 인성교육을 실천함으로써 더욱 신장될 수 있다. 학교 현장은 교사–학생 간의 상호작용을 중시하고, 학생의 자발적이고 주체적인 참여를 중시하는 교육체제로 전환해야 한다. 학교현장의 교육혁신은 열성적인 교사를 중심으로 학생의 사회정서적인 역량을 계발하기 위한 전략에서 출발해야 한다.

창의적이며 혁신적인 학교공동체를 구축하기 위해서는 다음과 같은 교육개혁 방안을 학교현장에 적용해야 한다. 첫째, 학생이 행복할 수 있고, 학부모의 교육부담을 경감하며 '창의성을 포함한' 인간정서, 협동심, 사회성 등을 키울 수 있는 풀뿌리 민주주의 교육을 실천해야 한다. 둘째, 미래 인공지능 중심의 새로운 교육체제를 준비할 수 있는 전략 측면에서 학부모가 학교 현장에 참여하는 교육활동이 근본적으로 전환되어야 한다. 이를 위해 자녀를 '주입식 공부'에 강제로 몰입시키기보다는 자녀 스스로 열정을 가지고 좋은 공부습관과 인성을 기르기 위해 배려하는 교육분위기를 조성해야 한다. 즉, 학생이 자기 주도적인 학습을 실천할 수 있도록 자발적인 동기와 새로운 배려 시스템을 교육공동체에 융화시켜야 한다.

배려와 창의성, 협동심을 강조하는 학교교육 현장은 교육경쟁, 효율성, 직무 성과 등을 강조하는 책무성(accountability)보다는 만남, 돌봄, 협력에 바탕을 두는 책임성(responsibility)을 중시해야 한다(넬 나딩스, 2016). 특히 글로벌 이념 소양을 확립하기 위하여 협력과 대화를 매개로 하는 의사소통 과정과 열린 마음에 터하여 사물과 현상을 올바르게 보는 비판적 사고가 책임성의 핵심요소라고 할 수 있다. 세계 교육의 변화 속에서 교육목적은 학교교육의 책임성을 매개로 하여 인격과 인성을 확장하는 전인교육과 학생 중심의 교육활동을 달성하는 데 초점을 맞추고 있다. 이것이 지속가능발전목표 2030(SDGs2030)에서 제안하는 양질의 교육이 지닌 본질로서 인성교육, 전인교육, 평화교육과 세계시민교육 등으로 발현되는 생태적인 세계시민주의라고 할 수 있다.

　여기서 생태적 세계시민주의 교육은 포괄적인 교육개념으로 이해해야 한다. 이는 가정에서 자녀를 양육하는 과정을 포함하여 도덕적이며 사회적으로 수용하는 민주적인 자녀양육에서 출발한다(이수광, 2021). 그리고 학교현장에서 돌봄과 역량을 바탕으로 하여 학생의 신체적·정서적 안정은 물론이고, 지적 성장과 도덕적·심미적·사회적 성장에 대해 책임성을 가지는 교육으로 발전시켜야 한다. 교육현장은 신자유주의 시장경쟁 원리와 능력주의 중심의 서열화 체제를 극복하고, 학생의 고유한 자질과 특성을 신장시키며 사회적으로 인정하는 인간 존엄과 생태적인 문해력을 실천해야 한다(이수광, 2021). 그리고 생활 속에서 지식과 지혜를 축적하고 실천하는 새로운 학교교육으로 정립되고, 모든 인간을 위한 평생교육으로 정착되어야 한다. 즉, 미래의 교육철학은 세계시민의식을 길러 주는 생태주의를 기반으로 하여, 모든 학생의 절대적 존엄성과 가치를 배려하고 돌볼 수 있는 학교공동체 민주주의로 재구성해야 한다.

V 새로운 교육과제

　지난 100년 동안 한국 교육은 국가 발전 수준만큼이나 비약적인 성장을 한 것으로 평가받고 있다. 이를테면, 교육의 국제화 전략으로서 1995년 OECD(경제협력개발기구)에 가입한 이후로 회원국으로서 적합한 자격을 요구받는 만큼 교육 수준에서 엄격한 국제기준을 준수해야 했던 것이 교육도약의 계기가 되었다고 볼 수 있다. 특히 OECD가 선진국 기준으로 요청하였던 학생, 교원, 학교 수준에서 달성해야 하는 교육목적과 각종 기준지표, 새로운 교육역량 등은 미래지향적인 바람직한 가치관을 지향하면서도 어느 정도는 미국과 유럽의 주요 선진국 기준에 따른 교육혁신을 벤치마킹 기준으로 권고하였다.

　OECD는 21세기 학교교육의 새로운 교육목표를 제안하고 이를 실천하는 세계적 수준의 교육 사업을 설계하였다. 이에 따라서 OECD는 학생이 성인이 된 후에 사회생활을 적절하게 실행함에 필요한 요건을 갖추었는지에 초점을 맞추는 다양한 사업을 추진하였다. 이의 대표적인 사업이 국제학생성취도검사(Program for International Student Assessment: OECD PISA)라고 할 수 있다. 2000년부터 본격적으로 시작된 이 검사는 전 세계적으로 의무교육을 마치는 연령대에 해당하는 만 15세 학생이 공통학력기준을 이수했는지 여부를 측정하기 위해 3년마다 시행된다. 이 국제성취도검사는 OECD 회원국 및 희망하는 옵저버 국가 약 70개국 이상이 참여하는데, 주로 과학 및 수학 역량, 읽기능력역량 등을 측정하고 있다. 2000년 이후 OECD 회원국 중에서 한국과 핀란드가 두드러진 성과를 내면서 세계적으로 두 나라의 교육상황과 제도에 관심이 쏟아졌다. 그동안 세계 교육역사를 주도하는 미국과 영국, 프랑스, 독일 등의 주요국을 제치고 한국을 비롯한 주변국들이 신흥교육국으로 등장한 것이다.

이런 현상에 대해 한국 내부적으로도 많은 관심과 논란을 빚어냈다. 한국 학생의 교육실적에 대해 '교실붕괴' 혹은 '학교폭력' 등의 어두움과 '입시 중압감' 등의 산적한 과제를 간과한 상태의 왜곡된 성과라는 비판론부터 교육을 통해 국가진흥수단으로서 인적자원 개발에 성공했다는 낙관론까지 다양한 평가 스펙트럼을 보여 주었다. 그러나 해외 주요국과 국제사회는 한국의 의무교육 발전과정과 성과의 우수성을 주목하며, 실제로 중간학생층 성적이 다른 국가보다 우수한 점에서 교육평등을 달성했다는 분석까지 나왔다. 더 나아가서 한국의 교육위상은 개발도상국에 대한 국가적 차원의 개발협력사업(Official Development Assistance: ODA)을 본격적으로 추진하는 OECD 개발원조위원회(Development Assistance Committee: DAC) 회원국으로 가입한 2010년 이후 더욱 뚜렷해졌다. 한국이 제2차 세계대전 이후 식민지 상황에서 독립한 국가 중에서 국제사회의 원조를 받아서 유일하게 선진국에 진입한 사례이며, 이후로는 공여국 위치에서 다른 개발도상국을 도와주는 입장으로 변신한 것에 큰 의의를 두었다. 이는 교육 분야에서도 큰 반향을 일으켰다. 여러 측면에서 PISA 성과가 우수한 교육선진국으로서 다른 개발도상국의 교육혁신을 지원할 수 있을 정도로 우수한 모범국가라는 위상까지 차지한 것이다.

이러한 배경 속에서 2008년 이후 한국의 교육제도와 교육정책, 교육역사에 대해 공부하고 수용하려고 하는 세계적인 흐름이 만들어졌다. 이른바 한국의 발전경험을 개발도상국들이 배우고자 하는 사업, 즉 교육 분야의 발전경험 공유사업(Knowledge Sharing Program: KSP)이 주요한 개혁성공 모델로 포함되었다. 실제로 한국은 DAC 공여국으로서 아시아, 아프리카 및 중동 지역 국가에 대해 학교설립 지원사업을 비롯하여 각종 교사파견사업, 문해교육 지원사업 등을 적극 실천하고 있다. 그중에서도 주목할 만한 사업은 지난 100년 동안 한국의 교육발전 경험을 그대로 배우고 체험하고자 하는 개발도상국가와 국제사회를 위해서 다양한 교육연구 성과를 제공하는 것이었다. 특히 1950년대 한국전쟁 이후 초등의무교육 추진 사례, 4년제 고등교육기관을 통한 교원양성체제 구축, 중등실업교육의 완성, 광복 이후 성인문해교육 등은 전 세계가 주목하는 한국 교육사 연구과정으로서 한국 교육을 사실 그대로 알려주는 계기가 되었다. 한국의 교육변화 그리고 변천과정에서 겪은 다양한 사실과 실패, 새로운 부흥정책과 교육계의 어려움 등을 가감 없이 적용하는 KSP사업이 한국 교육사 연구의 새로운 영역을 열었다고 할 수 있다.

현재 전 세계적으로 UN이 제안한 '지속가능한 개발(발전)목표 2030(SDGs 2030)'을 달성하기 위해 교육 등 17개 세부목표를 달성하고자 노력하고 있다. 그중에서도 교육의제는 '포용적이고 공평한 양질의 교육을 보장하고 모든 사람에게 평생교육 기회 증진'을 큰 목표로 실천하고 있다. 이를 위해 학교현장과 국가적인 수준에서 교육에 대한 평등과 공감성을 적극 실천해야 하며, 교육철학이 새롭게 지향하는 실천과제라고 할 수 있다. SDGs 2030 의제는 2030년까지 지속가능할 수 있는 생활방식, 인권, 양성평등, 평화와 비폭력문화 증진, 세계시민의식, 문화적 다양성 및 문화의 지속가능발전을 위한 기여 등에 대해 검토하고 있다(환경부, 2015). 이것이 바로 세계시민교육이면서 동시에 지속가능 발전교육이며 미래 교육철학 의제로서 개척해야 할 논리라고 할 수 있다. 또한 지속가능한 생활공동체를 정립하기 위한 환경교육과 평화교육, 세계시민교육이 모두 교육철학을 통해서 문제의식을 발전시키고 실천해야 하는 과제로 정착된 것이라고 할 수 있다. 현재 한국의 교육력은 세계 최상위 수준으로 인정받고 있지만, 교육현장에서는 여전히 개인의 창의적 역량과 디지털 교육역량을 끌어올리고 자유로운 학습의 장을 만들어 글로벌 사회를 선도하는 '새로운 교육변혁(Transforming Education)' 과제가 요청되고 있다.

이와 같이, 교육사는 한국의 교육변화와 발전현상, 교육적인 실증성과 등을 그대로 분석하고 이해하는 과정 자체에서 세계 교육 전반에 상당한 역할을 하는 과정으로 성장하였다. 또한 교육철학은 2030년 이후 미래 세계의 교육의제와 관련하여 고심해야 하는 부분에 대해 새로운 방향전환을 모색하는 계기가 되었다. 한국의 교육

현상과 교육정책은 아직 완벽하고 바람직한 모습을 갖추지 못했지만, 나름대로 구미 선진국의 교육을 벤치마킹하며 교육을 통해 식민지 국난을 극복하는 등 보다 나은 삶의 기반을 이루는 동력으로 작용하고 있다. 그러므로 UN이 제안한 미래의제 2030을 한국적 상황에 적용하는 것이 교육철학의 새로운 과제라고 할 수 있다.

2021년 7월 UN무역개발회의(UNCTAD)에서 한국은 정식으로 국제사회가 공인하는 선진국으로 격상되었다. 이제는 우리 교육도 다른 선진국의 우수사례를 벤치마킹하거나 수입하는 과정(Follower-Country Stage)을 지나서 세계 교육에 기여하고 세부교육 분야에 따라서는 선도하는 국가 혹은 새로운 교육영역의 첫발을 내딛는 국가(First Mover)로서 우리 나름의 교육철학과 교육혁신전략을 만들어야 한다(김월회, 2021). 대체로 선진국이라고 하면 성숙한 교육개념과 이론을 갖추고 있어야 하며, 인간과 인권을 존중하는 시민주의 원칙의 교육철학(즉, 세계시민교육과 민주시민교육의 조화로운 성장)과 문화적 가치를 강조한다. 그러므로 상호소통과 열린 의식을 중심으로 새로운 지식과 철학을 만드는 교육상황 자체가 중요한 교육사이며 교육철학의 과정이라고 할 수 있다. 이제 지속가능한 교육학을 발전시키고, 세계가 아직 경험하지 못한 새로운 아이디어와 개념을 중심으로 우리의 교육공동체가 품고 있는 열정과 배려, 소통을 통해 모두가 가고 싶은 즐거운 학교를 만드는 것이 새로운 교육과제가 되어야 한다.

정리 및 요약

1 세계 교육의 흐름은 7자유과를 중심으로 실천한 고대 그리스 • 로마의 교육, 중세 기독교 중심 교육을 통해서 중등교육과 고등교육이 먼저 이루어졌다. 초등교육은 근대 이후 아동을 존중하면서도 효과적으로 통제한다는 산업혁명기 대량교육체제 를 계기로 하여 본격적으로 발전하였다.

2 20세기의 세계 교육 흐름은 교육의 평등과 수월성을 중시하는 논쟁에서 출발하였 다. 미국의 진보주의 교육사상과 유네스코의 '만인교육' 운동은 평등을 중시하는 반면에, 19세기 사회진화론적인 교육관, 20세기 후반 이후 신자유주의 교육론은 상대적으로 자유와 수월성을 주목하였다.

3 한국의 고대 전통교육은 글공부와 무술훈련을 함께 실천하는 교육', 즉 문무일치 경향이 강하였다. 그러나 고려시대, 조선시대 이후로는 유학경전에 대한 교육, 즉 학문 중심주의 교육을 실천하였다.

4 현대 한국교육은 전통적인 교육열, 일제강점기 교육제도, 서구식 교육 개혁이 결 합한 바탕 위에서 압축적인 성장을 이루었다. 현재 한국의 교육력은 세계 최상위 수준으로 인정받고 있지만, 교육현장은 여전히 개인의 창의적 역량과 디지털교육 역량을 끌어올리고 자유로운 학습의 장을 만들어 글로벌 사회를 선도해야 하는 '새로운 교육변혁(Transforming Bducation)' 과제가 요청되고 있다.

토론 과제

한국 교육은 PISA 성취도검사 등에서 항상 우수한 성적을 거두고 있으며, 교육지원시 스템이 체계적이며 효율적이라는 호평을 받고 있다. 결정적인 요인으로는 우수한 교사 의 확보 그리고 국가적 차원에서 지닌 교육열의 전통 등을 거론하기도 한다. 그런 한 편으로 입시 위주 교육을 중심으로 서열화된 학교체제에서 비롯한 학교폭력, 교실붕괴 등의 다양한 학교위기 현상으로 인해서 교육병폐가 극심하다는 비판도 나오고 있다. 이런 양극화된 비평과 비판이 나오게 된 배경은 어디에서 비롯한 것인지에 대해 각자 토론해 보자. 또한 이런 문제점을 극복하고 우리 교육의 장점을 살리기 위한 교육처방 과 대책은 무엇이 있을지에 대해서도 논의해 보자.

CHAPTER

03

교육심리

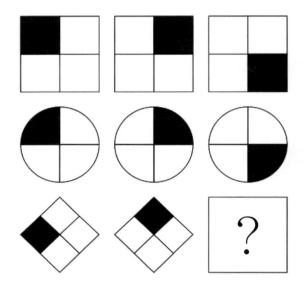

· 주요 질문

Q1 레이븐 검사(Raven's Progressive Matrices) 유형의 IQ 테스트 항목입니다. 주어진 8개의 패턴 다음에 아홉 번째에 적합한 패턴은 어떤 것일까요?

Q2 이 문제를 해결하는 데에 필요한 개인의 능력이 무엇일까요?

교육심리

교육이란 무엇인가에 대해 앞에서 살펴본 바와 같이 정범모(1968)의 견해처럼 '인간행동의 계획적 변화'로 정의할 수 있고, 피터스(Peters, 1966)의 견해처럼 '가치 있는 내용을 도덕적이고, 온당한 방법으로, 의도적으로 전달하는 과정 또는 전달된 상태'로 정의할 수도 있다. 또한 이경화 등(2009)의 견해에 따라 '개인이 사회적으로 필요한 기능을 획득함과 동시에 최대한의 성장과 발달을 꾀하도록 선택되고 통제된 교육환경의 영향을 받으며 발달하는 사회화의 과정'으로 정의할 수도 있다. 교육의 의미에 대해 어떻게 정의하든 교육심리학은 교육의 실천을 위한 학습자의 심리, 개인차, 학습의 원리와 방법에 관심을 두는 학문이다. 여기서는 교육심리학의 역사를 개략적으로 알아보고 교육심리학의 정의 및 학문적 성격과 학습자의 발달 관련 변인에 대해 다루기로 한다.

I 교육심리학의 성격

1. 교육심리학의 역사

교육심리학은 철학, 생리학 및 심리학에 뿌리를 둔 역사를 가지고 있다. 아리스

분트는 철학자이자 근대 심리학의 창시자이다. 독일의 라이프치히대학교에 최초의 심리실험실을 창설했다.

스키너는 미국의 영문학자이자 심리학자이다. 하버드대학교 심리학과 교수도 역임했다.

손다이크는 교육심리학의 창시자로, 행동주의 학습이론을 개발했다. 컬럼비아대학교 교수로 역임했다.

토텔레스(Aristotle), 존 로크(John Locke), 윌리엄 제임스(William James), 존 듀이(John Dewey), 손다이크(Edward Thorndike), 피아제(Jean Piaget), 파브로프(Ivan Pavlov), 스키너(Burrhus Skinner) 등과 같은 철학자나 심리학자의 견해와 연구결과가 교육심리학의 시작에 영향을 미쳤다. 초기에는 영국의 경험주의와 연합주의, 독일의 합리주의적 전통과 빌헬름 분트(Wilhelm Wundt)에 의한 과학적 심리학의 탄생, 개인차 연구의 시작점으로 일컬어지는 『Hereditary Genius』의 저자 프란시스 갈튼(Francis Galton), 스탠리 홀(Stanley Hall)의 아동연구 운동 등이 교육심리학의 발달에 중요한 역할을 하였다(문선모, 2004).

20세기에 들어서면서 통계학적 방법론을 적용하여 인간성 탐구를 시도했던 손다이크는 교육심리학의 창시자로 불리기도 한다. 그는 1903년도에 『Educational Psychology』를 저술함으로써 현대 교육심리학의 체계를 수립하는 데 크게 기여하였다. 또한 1921년에는 교육심리학에 관한 3권의 책을 출간하였는데, 제1권에서는 인간의 생득적 성질에 관해, 제2권에서는 학습심리학에 대해, 제3권에서는 개인차와 그 요인에 대해 다루었다. 여기에 소개된 그의 이론적 체계는 교육심리학이 독립된 학문으로 탄생하게 되는 기초를 마련하였다. 이외에도 현대 교육심리학의 발달에 영향을 준 학자는 다양하다. 특히 위트록(Wittrock, 1967)은 교육심리학이 일반심리학을 교육에 적용하는 응용학문이라기보다는 교육에 있어서의 심리학적 현상을 과학적으로 연구하는 기초학문이라는 관점을 주장하였다. 그리고 스키너의 강화이론은 오수벨(Ausubel, 1968)의 유의미학습에 관한 연구나 브루너(Bruner, 1961)의 발견학습 이론이 탄생하는 데 영향을 미치기도 하였다(이경화 외, 2009).

2. 교육심리학의 정의와 학문적 성격

　교육심리학은 손다이크 이후 독립적인 학문으로서의 영역을 구축하게 된다. 1910년에 미국에서 출판된 『교육심리학 전문학술지(Journal of Educational Psychology)』 창간호에는 교육심리학의 연구영역에 대해 규정함으로써 교육심리학을 정의하였다. 즉, "교육심리학은 실험적이든 통계적이든 사변적이든 특정의 관점에 상관없이 감각, 본능, 주의, 습관, 기억, 학습, 정신발달, 유전, 청년과 아동연구, 개인차, 발달지연, 심리검사 및 측정, 정신건강 등을 다룬다."라고 하였다(Bagley, Seashore, & Whipple, 1910: 1-2; 심우엽, 2001: 14-15 재인용).

　그 후 다수의 학자가 교육심리학의 학문적 성격에 대한 견해를 밝히거나 연구영역을 규정하거나 개념 정의를 시도하였다. 특히 게이트(Gate, 1950)는 교육심리학은 일반 심리학의 단순한 응용 이상으로 독자적인 영역과 방법을 갖는다고 하였으며, 일반적 학설 및 원리가 가지고 있는 실제적인 교육적 의미와 그것을 실천함으로써 생기는 결과들에서 나타나는 논리적 의미를 알아내고 배우기 위해 노력해야 한다고 하였다. 크론바흐(Cronbach, 1954)는 교육심리학 연구에서는 순수한 학문으로만 다룰 것이 아니라 실제 학교교육 문제에 관한 실천적인 학문이 되어야 한다고 강

[그림 3-1] 싱가포르의 한 초등학교 교실에서의 수업 진행 장면

조하였고, 스키너(Skinner, 1958)는 행동주의적인 관점에서 교육심리학에 대해 교육적인 상태에서 반응을 보여 주는 개인의 경험과 행동을 취급하는 학문이라고 정의하였다. 위트록(Wittrock, 1970)도 교육심리학의 학문적 성격에 대해 심리학적 원리를 교육에 적용시키는 진부한 접근이 아니라 교육장면에서 인간행동을 과학적으로 연구하는 학문이라고 하였다. 슬래빈(Slavin, 1994)은 '교육심리학이란 교수, 학습, 그리고 학습자에 대해 연구하는 것'이라고 정의함으로써 교육심리학의 연구 영역을 규정하였다(이경화 외, 2009).

한편, 교육심리학 연구 관련 정통성 있는 국내 학술단체인 한국교육심리학회(http://www.kepa.re.kr)에서는 교육심리학의 학문적 정체성에 대해 학습자의 제 특성, 즉 인간발달과 교수–학습을 근간으로 하는 것이라고 규정하고 있다. 이경화 등(2009)도 동일한 맥락에서 교육심리학에 대해 '교사의 효과적인 교수–학습 지도과정에 도움을 주기 위하여 학습자 및 교수–학습과 관련된 제반 현상을 연구하는 학문'이라고 정의한 바 있다. 이처럼 교육심리학은 철학, 심리학, 교육학과는 차별화되는 독자적인 학문적 영역을 구축하고 있음을 알 수 있다. 지금까지 살펴본 내용을 바탕으로 하여 교육심리학에 대해 '유능한 교사가 되기 위해서 알아야 할 학습자의 심리적 특성 및 개인차에 대한 이해와 교수–학습 과정에 관한 다양한 이론과 실제에 관한 지식을 다루는 학문'이라고 정의할 수 있다.

Ⅱ 학습자의 발달

학습자의 발달(development)은 정자와 난자가 수정된 그 순간부터 태아기를 거쳐 세상에 태어나고 영유아기, 아동기, 청소년기, 성인기, 노년기의 과정을 지나 죽음에 이르기 직전까지 인간에게 일어나는 모든 신체적 · 심리적 변화를 의미한다. 변화의 의미에는 크기나 양적 측면에서의 변화뿐만 아니라 본질이나 구조상에서의 질적 변화가 모두 포함된다.

발달의 영역은 인지적 · 정의적 · 행동적 영역으로 구분하거나 신체운동 발달과 인지 및 언어 발달, 창의성 발달, 성격 발달 등의 발달영역으로 구분할 수 있다. 또한 각각의 영역은 다시 감각과 지각, 언어, 지능, 애착, 동기, 사회성, 정서 발달 등의 세부적인 하위 특성으로 구성되어 있다. 발달의 각 영역별 하위 특성은 개인의 성장과 발달에 독립적으로 작용하기보다는 상호 역동적으로 관련되어 있는 경향이 있다. 여기서는 발달의 각 영역의 몇 가지 특성에 대해 관련 이론이나 주요 이슈를 중심으로 살펴보기로 하겠다.

1. 지능

지능(intelligence)은 인간의 지적 능력을 대표하는 심리적 구인(construct)로서 학교 학습 상황뿐만 아니라 일상생활에서의 문제해결에서도 요구되는 개념이다. 지능에 대한 관심은 개인차 연구와 밀접한 관계가 있으며, 지능 이론은 다음의 〈표 3-1〉과 같이 다양한 관점으로 분류할 수 있는데, 이 중 몇 가지 지능이론에 대해 간략히 살펴보고자 한다.

표 3-1 주요 지능이론의 특징에 따른 관점 분류

관점 ＼ 구분	주요 이론	특징
심리측정학적 관점	심리측정이론 요인위계이론	-지능의 개인차 강조 -환경보다 유전 -지능의 요인별 위계 가정
생물학적 관점	생물학적 이론	-뇌와 신경계통의 활동과 기능 -신진대사
인지적 관점	정보처리이론 인지발달이론	-자극에의 반응시간, 정보처리 양과 기능 -인공지능, 인지발달, 정보처리적 접근
상황적 관점	생물생태학적 이론 ZPD이론	-문화상대주의적 입장 -문화와 상황에 따라 지능 규정 -생태학적 상황 중시
체계적 관점	다중지능이론 3원지능이론	-지능의 다원성 강조 -사회체계와의 관계 -유전보다는 환경 강조

출처: 심우엽(2001: 164)에서 인용하여 일부 수정

1) 심리측정학적 관점의 지능이론

지능이란 무엇인지에 대해 초기의 지능이론가들은 주로 심리측정학적 전통에 기반하여 정의해 온 경향이 있다. 가령 보링(Boring, 1923)이 '지능이란 검사를 통해 측정된 결과'라고 정의한 것이 대표적인데, 이것은 지능이 개념화하기 어려운 구인임을 의미하는 조작적 정의라고 볼 수 있다. 스피어먼(Charles Spearman)은 지능이란 일반적 요인(general factor)과 특수 요인(specific factor)으로 구성되어 있다고 보았다. 서스톤(Louis Thurstone)은 다요인분석을 통해 지능이란 공간인식, 지각속도, 수, 언어의미 이해, 언어유창성, 기억, 추리 등의 일곱 가지 기본적인 정신능력(7 Primary Mental Ability: 7PMA)으로 구성된 것이라고 보았다. 커텔(Cattell, 1971)은 인간의 지적 능력을 유동적 지능(fluid intelligence, Gf)과 결정적 지능(crystallized intelligence, Gc)으로 구분하였다. 이 중 유동적 지능은 비언어적 · 탈문화적이며 주로 상징적 · 도형적 과제를 통한 문제해결에 필요하다. 레이븐 검사(Raven's

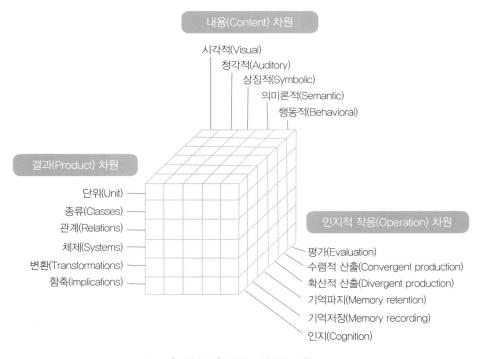

[그림 3-2] 길포드의 SOI 모형

출처: 이병기(2013: 182).

Progressive Matrices)는 만 5세부터 노인에 이르기까지 집단
과 개인을 대상으로 하여 유동적 지능을 측정하는 것으로서
널리 사용되고 있다. 이것은 후천적 학습을 통해 경험해 보
지 않은 새로운 사물이나 사실의 기본적인 관련성을 변별하
고 지각하는 능력이며, 인지 속도, 주의력, 집중력, 신중함
등의 능력이 포함된다. 반면, 결정적 지능은 특정 문화나 후
천적 학습경험의 영향을 비교적 많이 받는 것으로서 어떤
학습된 경험이 개인의 능력으로 결정화되어 간다는 의미를
내포하고 있다. 길퍼드(Guilford, 1988)는 지능에 대해 인지
적 작용(조작, operation), 내용(content), 결과(product)의 3개
의 차원으로 이루어진 입방체(cubic)에 비유한 SOI(Structure
of Intelligence) 모형으로 설명하였다.

길퍼드는 지능의 구조모형을 연구하고
미국심리학회 회장을 역임하였다.

한편, 웩슬러(Wechsler, 1958)는 지능이란 무엇인가에 대
해 '합리적으로 사고할 수 있고, 목적을 가지고 행동하며, 효
과적으로 환경을 다룰 수 있는 포괄적이고도 종합적인 인간
의 능력'이라고 정의하고, 이를 측정하기 위한 지능검사를
개발하기도 하였다. 웩슬러 지능검사는 현재까지도 주기적
으로 업데이트되어 세계 여러 나라에서 사용하고 있다.

웩슬러는 개인용 지능검사를 개발하였다.

2) 체계적 관점의 지능이론

가드너는 다중지능이론의 창시자이자
하버드대학교 교수이다.

체계적 관점(complex systems approach)에서는 지능이 단일요인이 아닌 다양한
요인으로 구성된 복잡한 체계인 것으로 접근하는데, 가드너(Howard Gardner)와 스
턴버그(Robert Sternberg)의 이론이 대표적이다. 특히 가드너(Gardner, 1983)는 종래
의 인간지능에 대한 관점에서 벗어나 완전히 새로운 관점을『마음의 틀(Frames of
Mind)』에서 소개하였다. 1993년도에 출간한『다중지능(Multiple Intelligence)』은『마
음의 틀』에서 소개한 지능에 대한 자신의 새로운 관점에 대한 평가적 내용을 담고
있으며, 전통적 지능관에 담긴 편파성과 심리측정학적 접근에 기초한 지능검사의
문제점을 강조하였다. 그는 언어와 논리-수학적 능력 위주로 지능을 이해하고 신

체운동능력이나 예술적 능력은 지능과는 다르다는 점을 강조하는 의미에서 재능 (talent)으로 명명해 오던 것에 문제제기를 하고 일곱 가지 지능을 소개하였다. 그는 서구의 백인 중심 문화권에서 초래된 일종의 편견으로 인해 어떤 능력은 지능, 혹은 고등 정신능력이고, 또 다른 능력은 재능이라고 명명하는 것은 온당치 않으며, 차별

더 알 아 보 기

웩슬러 지능검사

웩슬러 지능검사(Wechsler Intelligence Scale)는 데이비드 웩슬러가 1939년도에 처음으로 제작한 개인용 지능검사로서, 연령단계별로 만 3세에서 7세를 대상으로 하는 유아용(Wechsler Preschooler & Primary Scale of Intelligence: WPPSI), 만 6세 0개월에서 만 16세 11개월 사이의 아동을 대상으로 하는 아동용(Wechsler Intelligence Scale for Children: WISC), 만 16세 이상을 대상으로 하는 성인용(Wechsler Adult Intelligence Scale: WAIS) 검사가 있다.

WAIS가 우리나라에 처음 도입된 것은 전용신, 서봉연, 이창우가 1963년도에 번안한 KWIS 이다. 1981년도에 수정된 WAIS-R을 1992년도에 한국 임상심리학회가 국내에서 표준화한 K-WAIS가 널리 보급되었으며, 최근까지도 업데이트 버전이 지속적으로 표준화되어 임상 장면이나 그 결과가 법적 구속력을 갖는 공식적인 검사로도 활용되고 있다.

아동용 지능검사의 경우 1949년도에 개발한 WISC를 1974년도에 이창우, 서봉연이 번안하여 국내에 소개하였으며, 1974년에 개발된 미국의 WISC-R을 1985년도에 한국교육개발원에서 전국단위로 표준화하여 오랫동안 널리 보급하였다. 1991년도에 출시된 WISC-Ⅲ에서는 종전의 버전에서 언어성 IQ, 동작성 IQ, 그리고 전체 IQ를 산출하던 방식에서 발전하여 4개의 지표(언어이해, 지각적 조직화, 주의집중, 처리속도)를 추가적으로 산출할 수 있도록 개정하였는데, 국내에서는 2001년도에 이것을 곽금주, 박혜원, 김청택이 표준화하여 K-WISC-Ⅲ로 출판하였다. 현재에는 곽금주, 장승민에 의해 표준화된 K-WISC-Ⅴ가 널리 사용되고 있다.

출처: 곽금주(2021). K-WISC-Ⅴ 이해와 해석. 학지사.
https://inpsyt.co.kr/psy/item/view/KWIVC5_CO_TG

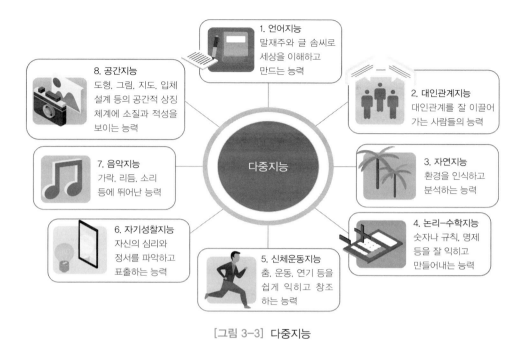

[그림 3-3] 다중지능

없이 대등하게 모두 지능이라고 명명할 것을 주장하였다. 그는 지능을 '문제해결능력 또는 가치 있게 여기는 어떤 결과를 만들어 내는 것'이라고 정의하였으며, 사람은 학교에서 중시하는 언어와 논리-수학적 정보처리체계뿐만 아니라 음악, 신체운동, 글쓰기 등과 같은 다양한 활동분야를 가지고 있으며, 각 활동마다 해당 분야의 정보를 처리하는 독립된 정보처리체계를 갖고 있다고 보았다. 이에 따라 인간활동을 독립적인 8개의 분야로 나누어 여덟 가지의 지능을 제안하였다(Gardner, 1983; 1993: 17-25; 1999; 심우엽, 2001: 127-177). 최근에는 다중지능에 관해 같은 재능, 전혀 다른 삶의 차이를 가져오는 아홉 번째 지능에 대한 논의도 이루어지고 있으며, 이 밖에도 다니엘 골먼(Daniel Goleman), 샐로비와 메이어(Salovey & Mayer)의 정서지능(emotional Intelligence, EQ), 골먼의 생태지능(ecological intelligence), 콜스(Robert Coles)의 도덕지능(moral intelligence, MQ) 등 지능의 개념이 다원적 관점으로 확장되어가고 있다.

2. 창의력

한 개인이 미래사회를 살아가는 데 요구되는 핵심역량 중 하나로 창의력(creativity) 이 꼽힌다. 그러나 최근 들어 갑작스럽게 창의력의 중요성이 강조된 것은 아니다. 1950년 미국심리학회 회장 취임연설에서 길퍼드(Joy Guilford)가 창의력 교육의 중요 성에 대해 강조하면서 교육현장에서도 큰 관심을 가지게 되었다. 그러나 창의력에 대한 관심의 역사에 비해 단일하고도 명쾌한 정의를 내리 기 어려운 측면이 있다. 특히 골드만(Emma Goldman)은 "창 의성은 우산 같은 것이어서 그 밑에 모든 것이 다 들어올 수 있지만, 정작 그 밑에는 아무 것도 없다."라고 말하기도 하 였다. 창의력에 대한 연구의 관점이 신비적 · 실용적 · 심리 측정적 · 역동적 · 인지적 · 인성적 · 통합적 접근 등으로 다 양하게 이루어지고 있는 것도 하나의 원인이라고 볼 수 있 겠다. 또한, 창의력이라는 심리적 구인의 인지적 측면을 강 조하는지, 정의적 측면을 강조하는지에 따라 '창의력, 창의 적 성향, 창의성' 등으로 표현할 수 있다.

토렌스는 TTCT(토렌스의 창의적 사고 력 검사: 언어검사, 도형검사)를 개발하 고 창의력 계발을 위한 미래문제해결 프 로그램 개발 및 FPSPI(Future Problem Solving Program International) 비영리단 체를 조직했다.

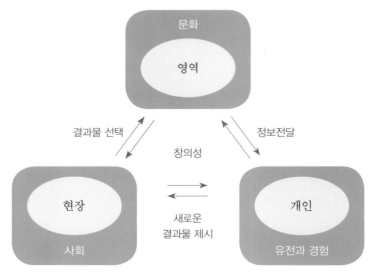

[그림 3-4] 창의성의 체계적 관점

출처: Csikszentmihalyi (1988).

더 알 아 보 기

창의력 신장을 위해 토렌스가 제안한 교수-학습 원리

- 학습방법, 학습률, 오류와 같은 개인차를 인정한다.
- 교사는 학생으로 하여금 자신을 언제나 지원해 주는 입장에 있음을 인식하게 한다.
- 자발적인 프로젝트의 수행을 허용하고 격려한다.
- 학생이 또래의 순응압력을 지나치게 의식하지 않도록 한다.
- 학생이 특정 영역에서의 성공을 경험하게 한다.
- 성취가 낮은 학생의 잠재력을 인정한다.
- 교수-학습계획에 얽매이지 않고 변화를 시도한다.
- 사물과 생각을 실험해 볼 수 있도록 격려한다.
- 새로운 생각에 대해 관대하게 대한다.
- 학생에게 틀에 박힌 생각을 하도록 요구하지 않는다.
- 학생으로 하여금 창의적인 생각이 중요함을 인식하도록 가르친다.
- 스스로 학습할 수 있도록 격려한다.
- 학생 자신의 생각을 완성할 수 있는 여건을 조성한다.
- 다양한 분야의 지식을 습득할 수 있도록 격려한다.

출처: 이경화, 최병연, 박숙희 역(2005). 창의력계발과 교육. 학지사.

창의력이란 무엇인가? TTCT(Torrance Tests of Creative Thinking)를 개발한 토렌스(Ellis Torrance)는 창의력의 개념에 대해 '그 자체가 지적인 능력이 아니라 문제에 임하는 개인의 태도이며, 문제해결 과정에서 개인과 환경과의 상호작용으로 나타내는 자기표현의 산물이고, 기존 질서 개념에 대한 곤란도에서 파생되는 것이며, 그 해결방안을 개인의 잠재 가능성에 비추어 보다 새로운 관계 의미를 발견하고 자기표현과 자기발전의 과정'이라는 견해를 가지고 있었다(이경화 외, 2009). 그는 창의력이 매우 일반적이고 종합적인 능력이라고 보는 입장인 것이다. 스턴버그(Sternberg, 1988)는 창의력의 개념에 대해 '무엇인가 새롭고, 문제 상황에 대한 적절한 것을 만들어낼 수 있는 능력'이라고 하였으며, 어반(Urban, 1990)은 '주어진 문제나 감지된 문제로부터 통찰력을 동원하여 새롭고, 신기하고, 독창적인 산출물을 낼 수 있는 능력'이라고 하였다. 이렇듯 여러 학자의 창의력의 개념에 관한 견해를 종합해 보면, 일반적으로 '새로움에 이르게 하는, 혹은 새롭고(novel), 적절한 (appropriate) 것을 생성해 낼 수 있는 개인의 능력'이라고 볼 수 있다. 한편, 칙센트 미하이(Csikszentmihalyi, 1988)는 창의성의 개념에 대해 개인적 차원을 넘어 환경, 즉 사회적 맥락에서 다루어야 하는 확장된 개념으로서 체계적 관점에서의 이해 모 델(system model)로 설명하였다(박숙희 외, 2015).

3. 성격

성격(personality)의 어원은 라틴어의 per(~을 통하여, through)와 sonare(말한다, 소리 낸다, speak)의 합성어, 혹은 고대 그리스의 원형극장에서 배우가 사용하는 가 면을 의미하는 페르소나(persona)에서 왔다는 견해가 있다. 성격이란 무엇인가에 대해서는 일반적으로 '한 개인이 환경에 적응해 나가는 과정에서 비교적 일관성 있 게 나타나는 개인 특유의 행동 및 사고양식'으로 정의할 수 있으나(송인섭, 2000), 학 자들의 견해에 따라 성격이론을 히포크라테스(Hippokrates)의 체액설, 셸던(William Sheldon)의 체격설과 같은 유형론, 커텔(James Catell), 올포트(Gordon Allport) 등

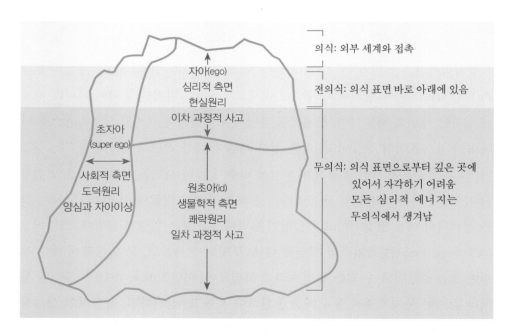

[그림 3-5] 프로이트의 성격이론

의 특성론, 프로이트(Sigmund Freud)의 정신분석론, 매슬로 (Abraham Maslow), 로저스(Carl Rogers) 등의 인간중심주의 성격이론 등으로 분류할 수 있다. 여기서는 프로이트의 성 격이론에 대해 간략히 살펴본다.

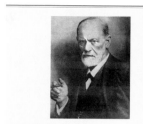

프로이트(S. Freud)
정신분석학의 창시자

　프로이트는 1856년 오스트리아의 프라이베르크 모라비 아에서 태어났다. 4세경 비엔나로 이주한 이후 말년에 영국 으로 망명하기 전까지 이곳에서 지냈으며, 최면기법을 적 용하여 환자를 치료하는 샤르코(Jean-Martin Charcot)에게 사사받기 위해 프랑스에 서 유학생활을 하기도 하였다. 그는 인간의 성격 형성을 무의식적 결정론에 입각하 여 설명한다. 즉, 인간의 성격은 기본적으로 무의식적 동기와 욕구를 기반으로 하 며, 생애 초기의 경험에 의해 결정되는 것이라는 입장이다. 그리고 인간의 성격은 [그림 3-5]와 같이 원초아(id) 자아(ego), 초자아(super ego)로 구조화되어 있는 것으 로 보았다.

　원초아는 출생과 더불어 타고난 기본적인 본능으로서, 쾌락의 원리에 따라 본능 적인 쾌락을 추구하는 원시적인 에너지 저장체계이다. 자아는 현실원리에 따르므 로 원시적인 충동을 통제하는 힘이 있다. 따라서 현실과 유기체의 욕구와의 관계에 서 인격을 통제하고, 지각과 학습을 가능케 하는 기능을 한다. 그러나 건전한 자아 는 쾌락뿐 아니라 고통까지도 경험할 수 있는 능력을 지니며, 억압적 욕구나 감정을 적절히 제어하고 표현하는 융통성이 있다. 또한 자아는 원초아의 욕구 만족을 위해 객관적 현실 세계의 적절한 처리를 담당하여 환경의 성질을 선택하여 사회적으로 용납될 수 있는 방법으로 본능을 만족시키며 조화와 적응을 이루도록 한다. 초자아 는 자아로 하여금 원초아의 충동에 대해 여러 가지 방어기제를 쓰게 하는 양심이므 로 쾌락이나 현실적인 것보다는 사회적 원리에 따라 이상적으로 완전한 것을 지향 한다(이경화 외, 2009: 130 재인용).

4. 학습동기

　학습동기(motivation to learn)란 배우는 것을 가치 있게 생각하고 배움을 위해 최 선을 다하려는 성향이다. 학습동기란 동기의 하위 개념으로서 학습 관련 동기이다.

따라서 학습동기란 학습자로 하여금 특정 학습의 준비 또는 일련의 학습을 지속시키도록 하는 내적·외적 조건이다. 즉, 개인 또는 집단의 학습 목표를 개인, 혹은 집단의 목표와 결부시켜 분명한 목표의식을 가지게 하고, 적성이나 흥미에 맞는 과제의 제시와 보상, 경쟁심의 적용, 피드백 등을 활용하는 학습에 작용하는 동기를 일컫는다(서울대교육연구소 편, 1995).

학습동기의 유형은 흔히 보상, 처벌의 회피와 같은 외적인 결과에 의해 특정 행동이 유발되는 외재적 동기(extrinsic motivation)와 특정 행동의 목적이 외재적 보상과 무관하게 과제 자체에 대한 흥미나 과제 수행에 의해 수반되는 만족감이나 보람을 얻기 위해 행동하려는 내재적 동기(intrinsic motivation)로 구분할 수 있으며, 학습동기를 설명하는 이론은 지향하는 관점에 따라 강화이론, 자기효능감이론, 귀인이론, 목표이론, 자기결정성이론 등으로 분류할 수 있다.

Ⅲ 학습이론

학습자의 발달과 함께 학습이론(Learning Theory)은 교육심리학을 구성하는 핵심 주제이다. 학습(Learning)이란 경험이나 훈련을 통해 학습자에게 일어나는 비교적 지속적인 행동이나 인지의 변화를 의미하며, 학습이론은 학습자가 어떻게 학습을

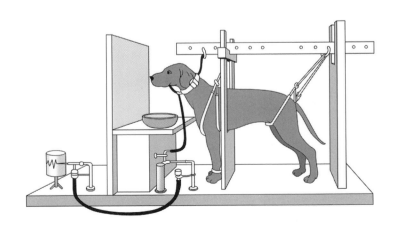

[그림 3-6] 파블로프의 실험장치

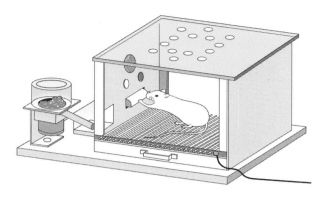

[그림 3-7] 스키너가 고안한 실험장치

하는가, 혹은 어떠한 과정으로 학습의 결과가 발생하는 것인가에 관해 설명하는 것이다. 유기체 내에서 어떠한 과정으로 학습의 결과나 행동변화가 일어나는가를 설명하는 관점은 행동주의, 인지주의, 구성주의로 구분해 볼 수 있다.

　행동주의적 관점에서는 학습의 원리와 과정을 설명함에 있어서 주로 객관적으로 관찰 가능한 외현적 행동을 연구대상으로 하는 경향이 있으며, 주로 동물을 대상으로 한 실험 결과를 통해 인간의 학습과정을 설명하고자 한다. 여기서는 학습을 무조건 자극과 조건 자극의 연합 결과로 보거나 자극과 반응의 근접 연합의 결과, 혹은 강화의 결과로 설명한다. 행동주의적 접근에 속하는 학습이론에는 파블로프의 고전적 조건형성이론과 공포 조건형성 실험을 한 왓슨(John Watson)의 이론, 손다이크의 시행착오설과 스키너의 조작적 조건형성이론, 밴듀라(Bandura)의 관찰학습이론 등이 있다. 특히 자극(stimulus)과 반응(response)의 연합을 강조하는 파블로프의 고전적 조건형성이론은 개의 타액 분비 실험을 통한 조건형성 연구를 통해 도출된 결과를 바탕으로 한 것으로서, '파블로프의 개' 실험장치로도 유명하다.

　손다이크의 시행착오설에서 영향을 받은 스키너의 조작적 조건형성이론은 '강화이론'이라고도 하는데, 유기체가 일으킨 능동적 반응에 대해 체계적 혹은 선택적 강화(reinforcement)를 줌으로써 그 반응의 재발률을 높일 수 있다는 원리로 학습의 과정을 설명하는 이론이다. 동물을 이용해 조작적 조건형성 과정을 실험하기 위한 실험장치를 고안하였으며, 강화스케줄, 정적강화, 부적강화, 미신적 행동 등의 개념과 원리를 통해 학습과정을 설명한다.

밴듀라는 인간의 행동이 반드시 직접적인 보상이나 처벌의 조작결과에 의해 형성되는 것이 아니라 사회적 상황 속에서 다른 사람이나 모델이 어떤 행동을 하고 보상이나 처벌을 받는 행동을 관찰하는 것만으로도 학습이 발생한다는 이론적 체계를 수립하였으며, 이것은 관찰학습이론, 사회학습이론, 혹은 대리강화이론이라고도 불린다. 특히 공격성 모방 학습에 관한 비디오 시청 실험은 유명한 사례이다.

학습에 관한 인지주의적 관점에서는 학습이란 외부에서 주어지는 정보를 학습자가 내적인 정보로 처리하는 과정을 거침으로써 학습자의 인지구조가 변화하는 것이라고 접근하며, 전통적 정보처리 모형과 연결주의자 모형, 작업기억 모형, 처리수준 모형과 같은 대안적 정보처리 모형 등을 통해 인간학습의 과정과 원리를 설명한다. 그리고 구성주의적 관점에서는 지식이 유기체가 서로 독립적으로 존재하는 외적인 실재가 아니라 학습자가 스스로가 구성한 산물이 곧 지식이라고 본다. 따라서 구성주의에서는 개인이 세계를 이해하기 위해 능동적으로 노력할 때 유의미한 학습이 이루어진다고 설명한다.

정리 및 요약

1 교육심리학은 철학, 교육학, 심리학, 생리학 등에서 그 역사의 뿌리를 찾을 수 있으며, 20세기 들어서 손다이크 이후 독립적인 학문으로서의 영역을 구축하게 되었다.

2 교육심리학 내용 체계의 두 축은 학습자의 발달과 인간의 교수–학습 과정과 원리를 설명하는 이론이라고 볼 수 있다.

3 학습자의 발달영역은 인지적, 정의적, 행동적 영역으로 구분할 수 있으며, 지능, 창의성, 동기, 정서 등 각 영역을 구성하는 세부 특성들로 구성되어 있다.

4 학습이론은 인간의 학습 과정과 원리를 설명하는 것으로서 행동주의적 관점, 인지주의 및 구성주의적 관점의 이론들이 있다.

토론 과제

1 인간의 지능을 이해하는 다양한 관점을 다루어 보았는데, 미래사회에서는 인간의 지능을 이해하는 관점이 어떻게 변화될 것인지에 대해 자유롭게 의견을 나누어 보시오.

2 학교교육 장면에서 창의력 계발을 저해하는 요인이나 상황으로는 어떤 것이 있을 지, 이러한 요소를 제거하기 위해 어떠한 노력이 필요할 것인지에 대해 각자의 의견을 주장해 보시오.

관련 사이트

한국교육심리학회(http://www.kepa.re.kr)

한국교육심리학회에서는 교육심리학의 정체성을 인간발달과 교수–학습을 근간으로 하는 것으로 규정하고, 학문의 발전을 위해 다양한 활동을 전개하고 있다.

관련 자료

 다중지능(2007)

가드너는 인간의 지능에 대한 종래의 고정관념을 깨고 지능을 이해하는 패러다임을 바꾸는 데 기여하였다. 하워드 가드너의 다중지능이론에 대한 25년간의 연구성과를 총 결산한 내용으로서, 다중지능연구에 대한 가드너의 성찰을 담은 책이며, 문용린 교수가 번역한 책이다.

 프로이트(1962)

정신분석학의 창시자인 지그문트 프로이트(Sigmund Freud, 1856–1939)의 삶을 그린 전기 영화이다. 특히 그가 히스테리 환자를 연구하고 '유아성욕론'을 발표하기까지의 젊은 시절을 이야기하고 있다. 몽고메리 클리프트(프로이트), 수잔나 요크(세실리)가 주인공이며, 존 휴스턴 감독의 작품이다.

CHAPTER

04

교육사회학

교실에서 교사와 학생, 학생과 학생의 관계

영국의 사립고등학교

조각상에 사랑을 느끼고 비너스에게 조각상에게
삶을 줄 것을 기도하는 피그말리온

• 주요 질문

Q1 교실에서 교사–학생, 학생–학생의 관계가 본인의 성적에 어떠한 영향을 줄까요?

Q2 학업성취가 높은 학생은 사회경제적 배경이 어떨까요?

Q3 본인이 열심히 공부하면서 성적이 오를 거라고 생각하면 성적이 오를까요?

교육사회학

I **교육사회학의 성립과 발달**

1. 교육사회학의 성립

개인은 교육을 통하여 사회적 상호작용으로 성장한다. 교육은 개인의 잠재력을 계발하여 타고난 능력을 성취할 수 있는 기회를 제공한다. 그러나 교육기회의 편파적 제공으로 불평등을 사회적으로 재생산하는 기능을 수행한다고 비판받고 있다.

교육현상을 사회학적으로 규명하고자 하는 노력은 19세기에 들어 본격화되었다. 1883년 워드(Lester Ward)는 『역동적 사회학(Dynamic Sociology)』에서 사회변화를 위하여 교육이 중요하다고 강조하였다. 또한 프랑스 사회학자 뒤르켐(Émile. Durkheim)은 교육을 사회학적으로 연구하기 시작하여 교육의 사회적 기능에 관심을 가지고 교육을 사회화와 동일시하였고, 사회화의 기능에 의하여 사회 통합이 가능하다고 주장하였다. 만하임(Karl Mannheim)은 교육을 사회적 기술과 사회 통제의 수단으로 보았다.

2. 교육사회학의 발달

교육의 사회적 기능에 대하여 관심을 가지게 된 것은 1889년 듀이의 『학교와 사회(The School and Society)』라는 저서가 출간됨으로써 시작되었다. 듀이는 아동의 흥미 위주로 교육을 실시하면 민주주의가 실현된다고 보고, 민주주의는 공동생활의 형식이며 경험을 전달하고 공유하는 방식으로, 교육은 민주주의를 실현하는 장치로 보았다. 한편 뒤르켐은 교육을 사회화(socialization)와 동일한 개념으로 보고 교육의 사회적 기능을 강조하였다. 이러한 뒤르켐의 공헌을 인정하여 그를 교육사회학의 창시자라고 일컫기도 한다. 당시 교육에 대한 사회학적 관심을 가지고 '교육은 하나의 사회적 기술이고 사회통제의 한 수단'이라고 인식한 만하임도 교육사회학의 출발에 공헌했던 대표적인 인물이다.

공식적으로 교육사회학이 대학의 교과목으로 개설된 것은 1907년 스잘로(Henry Suzzallo)가 미국 컬럼비아대학교에서 교육사회학(Educational Sociology) 강좌를 개설한 것에서 비롯된다. 1917년에는 스미스(William Smith)가 최초의 교육사회학 저서인 『교육사회학 입문(An Introduction to Educational Sociology)』을 출판하였고, 1916년에는 스네덴(D. S. Snedden)에 의하여 컬럼비아대학교에 교육사회학과가 창설되었다. 또한 1920년에 페인(E. G. Payne)의 주도로 미국교육사회학회가 창립되었고, 1926년에 교육사회학 학술지 '교육적 사회학(Educational Sociology)'이 창간되었다. 독일의 만하임은 교육을 사회적 기술과 사회 통제의 수단으로 보았다. 이러한 분위기는 더욱 확산되어 1920년대에 미국에서는 200개 가까운 대학에서 교육사회학 강좌가 개설되었다. 이후 교육사회학은 교육학과 사회학의 두 영역을 오가면서 전 세계적으로 급속하게 발전되어 왔다. 이미 19세기에 프랑스의 뒤르켐은 교육을 사회화와 동일한 개념으로 보고 개인적 존재인 인간이 교육을 통하여 사회적 존재로 변화시킨다고 보았다. 사회나 집단에서 전체 구성원이 공유된 일련의 사고방식이나 규범, 가치관, 감정체계를 집합의식(collective conscience)으로 설명하였다.

이 시기의 교육사회학은 학교의 여러 가지 문제를 해결하고 교육을 실시하는 데 필요한 사회문화적 지식을 학교 현장에 적용하고자 하였다. 따라서 교육사회학은 학문적 연구보다는 실천지향적 교육사회학의 성격을 지녔다. 1940년대에 지역사회학교(community school) 운동으로 학교와 지역사회의 관계를 탐구하였다. 교육은 사회적 문제를 해결하여 사회진보가 가능하도록 하는 데 관심이 있었는데, 사회학 이론을 교육현상에 응용하려는 실천지향적 학문적 흐름을 교육적 사회학(educational sociology)이라고 지칭한다. 실천지향적 관심에서 교육적 사회학은 교사 지망 대학생에게 교육현상을 이해하기 위한 사회학적 지식을 교육하고 교육 연구와 문제에서 사회학적 지식과 방법을 응용하기 위한 목적이었다.

1950년대 들어 사회현상으로서의 교육을 사회학적 연구방법론으로 분석하고자 하는 흐름이 나타나기 시작하였다. 교육현상을 가치판단보다 사회학적 사실 분석에 중점을 두는 교육사회학이 등장하였다. 이러한 흐름은 교육현상을 사회학적 방법론으로 분석하고자 하는 교육의 사회학(sociology of education)으로 발달했다. 제2차 세계대전 이후 경제성장과 사회통합을 위한 노력에 따라 교육을 받은 인력이 필요해졌고, 인종과 종교 간 사회통합이 중요함에 따라 교육의 사회적 기능이 강조되었다. 이른바 업적주의에 따라 교육을 통한 사회계층 상승이 이루어졌으며, 국가의 교육통제가 강화되었다. 교육의 사회학은 학교의 내부구조와 기능(T. Parsons, 1959), 학교 문화와 조직, 학교를 둘러싼 외부환경, 교육과 사회경제적 발전, 정치발전과의 관계 등을 구조기능주의 입장에서 분석하였다. 이러한 변화에 따라 1963년 '교육사회학회지'가 'Sociology of Education'으로 변경되었다.

이후 미국의 기술기능주의, 유럽의 기회의 평등주의적 접근, 인간 자본론이 등장하였다. 전후 복구와 경제발전을 위한 숙련된 노동인력이 필요했고 전통사회의 사회계급과 계층구조가 약화되었으며 교육을 통한 사회이동이 빈번해졌다. 그러나 계층 상승에 관한 연구는 학업성취와 사회계층 간의 연관성을 실증적 통계로 분석하였다. 학교교육이 계급 계층화와 인종 및 성 차별을 반영하기도 한다. 1960년대 후반부터 기능주의가 전반적으로 기능을 상실한 후, 교육이 사회평등의 기제라는 인식이 도전을 받기 시작하였다. 신마르크스주의자들은 학교교육이 후기 자본주의적 계급 관계에서 재생산 수단으로 이용된다고 비판하였다.

한편, 1970년대 '신'교육사회학(New Sociology of Education)이 출현하였다. 기존의 교육사회학이 거시적 입장에서 학교의 사회구조와 교육의 사회적 기능을 분석하였다면 마르크스 사상의 영향을 받은 신교육사회학은 기존의 교육사회학이 학교 외부요인에 관심을 두어 교육현상 그 자체를 블랙박스로 처리한 것을 비판하고 학교 내부에 관심을 두었다.

신교육사회학은 미시적 입장에서 교육내용으로서의 지식에 관한 연구와 교사와 학생 간의 상호작용에 관한 연구를 수행하였다. 교육과정의 사회학이라고도 하는 신교육사회학은 교육내용이 문화전달을 위한 절대적인 지식이라는 기존의 입장을 비판하고 지식의 상대성을 주장하였다.

II 교육사회학 이론

교육과 사회의 관계를 분석하는 관점은 크게 기능주의 이론, 갈등이론, 해석학적 방법론으로 구분된다. 사회학자들은 "사회가 어떻게 해서 해체되지 않고 지속되는가"에 의문을 갖고 이에 대답하기 위하여 노력하였다. 이들은 사회가 기본적으로 현상 유지를 지향하고 있고 사회질서를 유지하는 기능이 있다고 해석하였다. 반면, 사회를 지배층과 비지배층 간 끊임없는 갈등관계가 지속되어 불안정한 상태로 보는 입장이 있다. 이러한 입장은 사회 전체를 분석대상으로 하고 있어 거시적 접근(macro approach)을 취하고 있으며, 전자를 기능이론, 후자를 갈등이론이라고 한다.

1. 기능주의 이론

구조기능이론(structural functional theory), 합의이론(consensus theory), 질서 모형(order model), 평형 모형(equilibrium model) 등으로 불리기도 하는 기능주의 이론은 사회가 기본적으로 사회적 균형과 사회질서를 지향한다고 믿는다. 구조기능주의자는 사회를 생물학적 유기체에 비유하여 사회의 각 부분은 전체의 존속을 위해 필요한 각각의 기능을 수행하는 사회유기체설을 견지한다. 신체가 건강하게 유지되는 기제가 있듯이 사회는 안정상태를 유지하려는 속성을 지니고 있다. 기능주의 이론은 상호의존적 분업으로 전체 사회가 안정상태로 유지되는 체제(system)라고 설명한다.

사회는 항상 안정을 유지하려는 속성을 지니고 있으며 사회의 유지와 안정에 관계되는 중요한 가치나 신념체계에 대해 기본적으로 합의가 이루어져 있다. 사회 부분 간의 우열은 있을 수 없고 각기 수행하는 기능상 차이만 있을 뿐 안정과 질서 유지라는 합의된 목표 아래 상호의존적이다. 기능주의자는 교육을 사회에서 가장 중요한 사회제도 중 하나로 간주한다. 그들은 교육이 숨겨진 기능과 의도하지 않은 기능인 잠재 기능 두 가지 유형의 기능에 기여한다.

교육은 사회화와 선발을 통해 사회의 유지와 발전에 기여한다. 사회화(socialization)란 개인이 사회적 존재로 살아가는 데 행동양식과 사고양식을 내면화(internalization)하는 과정이다. 개인은 사회화로 사회에 적응할 수 있는 능력을 배양하며 사회구성원으로서의 역할을 할 수 있도록 함으로써 사회의 유지와 발전에 기여한다. 사회는 사회구성원들이 같은 가치와 규범, 지식을 공유함으로써 존속한다. 사회화는 유아기나 아동기, 청소년기에 특히 집중적으로 이루어지기는 하지만, 장년기, 노년기에 이르기까지 평생에 걸쳐서 이루어진다.

뒤르켐은 학교를 "아이들에게 다른 사람들과 어울리고 성인의 경제적 역할을 준비시키는 방법을 가르치는 사회화 기관"으로 보았다. 사회화는 사람이 사회에 적응하며 살아가기 위해서 사회구성원과의 상호작용을 통해 사회생활에서 필요한 지식, 가치, 태도, 규범 등을 학습하고 내면화(internalization)하여 사회적 존재로 성장하는 것을 의미한다. 교육은 그 사회의 지식과 기술을 미래 세대에게 전수하는 것이다. 이것이 학교교육과정으로 정리되어 있지만 잠재적 교육과정으로도 배운다. 학교의 역할 중 하나는 학생에게 법을 준수하고 권위를 존중하도록 가르치는 것이다. 교육은 계층 상향 이동을 위한 중요한 도구이다.

뒤르켐은 사회화를 위한 교육의 기능을 보편적 사회화, 특수사회화로 구분하여 설명한다. 보편적 사회화는 사회구성원으로서 사회가 요구하는 신체적, 지적, 도덕적 특성을 함양하는 것이고, 특수 사회화는 개인이 소속하게 되는 특정한 직업세계와 같은 특수 환경이 요구하는 신체적, 지적, 도덕적 특성의 함양을 말한다.

학생은 학업성취에 따라 선발(selection)되어 상급 학교로 배치된다. 학교는 학생의 능력을 측정하고 선발하여 다른 교육적 경험을 부여하고 분류하여 순위에 따라 노동시장에 배치(allocation)한다(Parsons, 1959). 학업성취가 높은 학생은 상대적으로 중요한 직업과 높은 보상을 받고, 학업성취가 낮은 학생은 육체노동자이나 낮은 지적 직업을 얻게 된다.

드리븐(R. Dreeben)은 사회화를 사회적 규범으로 설명하는데, 여기서 규범은 "상황별로 구체화된 행동의 표준으로, 개인이 특정 상황에서 어떻게 행동해야 하는지를 지시하는 원칙, 전제 또는 기대"라고 설명한다(Dreeben, 1977). 현대사회에서 생활하기 위한 네 가지 사회규범은 독립심(independence), 성취심(achievement), 보편성(universalism), 특수성(specificity)으로, 학교에서 주로 배운다.

2. 갈등이론

갈등이론은 사회를 개인과 개인 또는 집단과 집단 간 끝임 없는 투쟁, 경쟁, 세력다툼으로 보고, 사회의 본질을 경쟁과 갈등 관계로 설명한다. 마르크스(Marx)는 인류의 역사를 생산수단을 소유한 유산계급(bourgeois)과 생산수단을 소유하지 못한 무산계급(proletariat)으로 구분하고 이들 간의 계급투쟁이 사회를 변화시킨다고 보았다.

부르주아와 프롤레타리아를 분류하는 기준은 생산수단을 통제하는지의 여부이다. 생산수단은 부르주아가 가지고 있고, 프롤레타리아는 노동력을 부르주아에게 제공하는 임금 노동자이다. 사람들은 재화, 권력, 지위는 서로 차지하려고 하지만 희소가치 때문에 이를 획득하기 위하여 투쟁과 갈등이 유발된다. 마르크스는 어느 사회나 그것이 존립하기 위한 필수조건으로 물리적 생활수단을 생산하기 위한 관계를 형성해야 한다고 하여 역사적 유물론을 주장하였다. 마르크스는 하부 구조인 물질적 생산양식이 상부 구조인 정치, 종교, 문화, 교육 등에 관련된 제도와 그 운영 및 가치관, 관념, 이념 등을 지배한다고 주장하여 경제적 결정론을 견지하였다. 또한 자본주의가 혁명으로 붕괴되고 과도기적 사회주의 단계를 거쳐 공산주의로의 역사적 발전이 필연적이라고 설명한다.

마르크스가 생산수단으로 집단을 분류한 반면, 베버(Max Weber)는 자산(property), 권력(power), 지위(prestige) 등 여러 요인의 소유관계로 분석하여 다원론적 입장을 보였다(〈표 4-1〉 참조).

갈등이론은 유럽에서 사회이론의 하나로 인정받고 그 밖의 지역에서는 소수 학자들에 의해 명맥을 유지하다가 1960년대부터 자본주의의 모순을 비판하면서 급속히 발전하였다.

특히 남미를 중심으로 형성된 종속이론은 국제관계에 있어서 지배자와 피지배

표 4-1 마르크스와 베버의 갈등이론 비교

마르크스의 갈등이론	베버의 갈등이론
• 단일요인	• 복합요인
• 경제적 생산수단(토지, 자본 등)	• 경제적 부, 사회적 지위, 권위
• 동일한 계급의식	• 지위 불일치 현상
• 계급 간 지배, 피지배관계	• 계층의 연속적, 복합적 서열구조
• 경제결정론, 혁명지향적, 낙관주의	• 미래에 대하여 비교적 회의적
• 교육과 생산의 연결고리에 주목	• 교육의 지위경쟁이론

자의 관계구조로 설정하여 남미 국가들이 위협과 회유를 통해 종속 상태를 유지한다는 이론이다. 이 이론은 선진국의 다국적 기업의 투자에 기반한 기술적 산업종속(technological industrial dependency)을 설명한다(Santos, 1970).

갈등이론은 지배집단이 그들의 사회적 지위를 유지하기 위해 자녀가 양질의 교육을 받도록 하여 세대 간 사회적 지위를 승계하기 때문에 사회적 불평등이 재생산된다고 보고 있다. 중산층 자녀는 성적 향상을 위해 노력하지만 저소득층 자녀는 가사노동으로 학업에 전념하기 어려워 학업성취도가 떨어진다. 갈등이론에서는 교육이 학교에서 이루어진다는 일반적인 교육관을 배격하고, 학습이 이루어지는 모든 상황을 교육으로 간주한다. 또한 사회의식과 사회적 존재 간의 변증법적 관계에 관한 이론에 따라 교육과 생산노동을 연결한다. 특히 교육과정이 지니고 있는 이데올로기적 성격을 지적하여 자본주의 교육이 자본주의적 이데올로기를 주입시키고 있다고 비판한다.

보울스와 진티스(Bowles & Gintis, 1976)는 미국의 대중교육이 자본주의 사회의 유지에 필요한 가치관과 성격적 특성을 학생에게 주입하고 있다고 주장한다. 자본가의 자녀는 독립적이고 진취적인 지도자로 교육하는 반면, 노동자의 자녀는 순종적이고 능률적인 노동자로 가르치는 교육방식으로 순종적인 노동자를 양성하고 있다고 비판한다.

생산작업장에서의 인간관계를 지배하는 사회적 관계가 학교교육에서의 사회적 관계와 일치하기 때문에 경제적 재생산이 유지되고 있어 교육과 경제구조 간의 상응관계가 유지된다는 대응이론(correspondence theory)을 주장하였다.

알튀세르(Louis Althusser)는 국가의 중요성을 강조하여 국가를 국가기구라는 개념으로 확대하였다. 일튀세르는 이데올로기란 관념상으로만 존재하는 것이 아니라 사회적 조건에 의해 생성되어 인간과 현실 사이의 관계에 직접 작용한다고 보았다. 이러한 이데올로기를 바탕으로 사회의 상부구조가 형성되며, 상부구조는 토대 구조의 유지와 존속을 위한 기능을 수행한다. 상부구조는 '억압적 국가기구'와 '이데올로기적 국가기구'로 분류하였다. 억압적 국가기구는 권력으로 강제력을 행사하여 계급 갈등을 규제하는 국가기구이며, 이데올로기적 국가기구는 이데올로기의 조정과 통제를 통하여 계급 갈등을 규제한다. 억압적 국가기구의 예로는 군대, 경찰, 교도소 등이 있으며, 이데올로기적 국가기구로는 학교, 언론, 가정, 정치단체, 종교기관 등이 있다. 학교는 취학연령인 모든 아동을 대상으로 그 사회의 지배 이데올로기인 지식과 기술, 가치를 습득시켜 자본주의적 생산력과 생산관계를 재생산하는 기능을 담당한다.

기능이론과 갈등이론은 교육이 사회의 존속과 질서유지에 어떻게 작용하느냐를 밝히는 데 관심이 있다. 교육이 전통적 신분사회에서 능력 위주로 사회적 지위를 배분하는 위대한 평등 장치라는 입장과 사회적 신분이 교육을 통하여 사회적 불평등을 재생산한다는 입장으로 양분된다. 두 이론 모두 거시적 입장을 취하고 있어 전체 사회가 유지되는 메커니즘에 관심이 있다.

3. 해석적 접근

기능이론과 갈등이론은 거시적 관점으로 사회를 분석하여 각 사회집단의 내부세계나 사람에게 관심이 없다. 사회현상이 자연현상과 마찬가지로 어떠한 법칙에 따라 움직인다고 보고 경험주의적, 실증적 연구방법론으로 사회를 연구하였다.

그러나 자연은 스스로 변화하지 못하나 인간은 자신의 의지에 따라 성장하기 때문에 사회를 행위자의 입장에서 이해하려는 연구 흐름이 나타났다. 사회구성원은 자기 주변 사람과의 상호작용에서 상대방의 행위를 이해한다. 인간을 수동적 존재가 아니라 각자가 처해 있는 상황에 따라 해석하고 규칙과 제도를 만들어 가는 능동적이고 주체적인 존재로 규정한다. 해석적 접근은 대상의 의미를 부여하고 규칙, 역할, 규범을 올바르게 해석하려고 한다. 해석적 접근은 교사, 학생, 교육행정가의 행동을 이해하려고 하며, 교육체제의 내부현상을 설명하기 위하여 참여관찰이나 면

표 4-2 | 거시적 접근과 미시적 접근의 패러다임 비교

거시적 접근	미시적 접근
• 교육과 사회관계에 대한 접근	• 교육의 내적 과정에 대한 접근
• 연역적 접근과 사고	• 귀납적 접근과 사고
• 양적 연구	• 질적 연구에 의한 해석적 기술에 치중
• 자연과학적 법칙에서 의한 교육 현상 규명	• 사회적 현상과 관계에 대한 변증법적 규명

출처 : Wilson (1970).

접법을 사용하는 미시적 접근(micro approach)을 시도한다(〈표 4-2〉 참조).

해석적 접근은 지식과 문화가 인간의 의미를 부여하고 이에 따른 상호작용을 통하여 형성되며, 제도 내에 있는 행위자의 상호작용을 분석한다. 전체 사회구조보다 행위자를 중요시하여 개인에 특정 의미를 부여하기 때문에 질적 연구를 실시한다.

질적 연구는 연구자의 직접적인 경험과 직관적 통찰을 통하여 인간의 동기, 의도와 상호작용에서 발생하는 문화를 이해하는 연구방법이다. 해석적 접근은 베버, 슈츠, 가핑클 등에 의하여 발전하였다.

베버는 "행위란 행위하는 개인이 의미를 부여하는 모든 인간행동을 포함한다."라고 말함으로써 사회적 행위의 주관적 성격과 그에 대한 '이해(Verstehen)'의 중요성을 강조하였다

슈츠(Schutz)는 후설(Hussel)의 현상학을 사회과학적 방법론으로 발전시켜 구체적 삶의 세계 속에서 살고 있는 사람들이 삶에 대하여 각자가 부여하는 의미가 중요하고, '타협'과 '협상'을 통하여 이해를 서로 공유할 수 있는 '상호주관성'을 통하여 사회과학적 인식이 가능하다고 하였다.

현상학(phenomenology)은 독일의 후설과 미국의 슈츠가 이론으로 발전시켰다. 하나의 현상이란 감각에 의해서 인지되는 그 어떤 것으로, 물리적인 대상(객체, objects)이란 단순히 감각에 대한 불변적 가능성이라고 하는 것이다. 현상학은 현실에 대해 의미를 부여하는 인간 의식에 관심을 기울인다. 현실에 존재하는 여러 대상은 인간이 그 대상의 의미를 자신의 의식 속에 구성함으로써 비로소 경험된다고 한다. 현상학에서는 대상의 실제 특성이 아니라 인간 '의식의 현상'으로서 대상을 탐구한다. 그러므로 현상학에서는 현실이 '주어진 세계'가 아니라 '주관적으로 구성된 세계'라고 보는 입장에서 의미를 본질을 탐구하고자 하며, 흔히 믿고 있는 상식의

세계를 흔들어 재음미하고자 한다. 다시 말해서 현상학의 주요 관심은 외부에 객관적으로 존재하는 것에 대한 과학적 실증주의적 접근이 아니라 의식의 과정, 즉 행위자의 주관적인 상태가 어떻게, 어떠한 방법으로 생성되고 유지되며 변화되는가에 핵심을 두고 있다. 아울러 교육에 대한 현상학적 접근은 교육참여자, 예컨대 학교행정가, 학생, 학부모가 교육경험을 어떠한 의미로 받아들이는지에 관심이 있다.

한편, 가핑클(Harold Garfinkel)은 사회구성원(행위자)이 자신의 행동방식과 생각 및 규범을 구성한다고 전제하고, 일상적인 의미부여 활동을 민속방법론(ethnolomethology)으로 고찰하였다. 민속방법론은 보통 사람이 일상적인 생활세계의 의미를 구성하는 데 사용되는 상식적 실천과 방법론을 연구한다. 그는 사람들이 전통적으로 주어지는 민속문화를 그냥 받아들이는 것이 아니라 자신의 경험과 집단적인 생활을 통해 재구성한다고 보았다. 그래서 한 집단이 어떤 질서 속에서 생활하고 있는지, 왜 그런 질서체계를 구성하게 되었는지를 이해하고자 하였으며, 이러한 방법은 학생소집단의 행위규칙, 가치체계, 적응전략 등 학생문화를 파악하고 이해하는 데 이용되고 있다.

해석적 접근은 기능주의와 갈등이론의 거시적 구조주의적 관점에 의거한 사회이론의 결함을 해결할 수 있는 새로운 연구방법으로 평가되었지만 행위자의 중요성을 너무 강조하는 나머지 사회구조의 영향력을 경시하였다. 사회적 현실은 다른 사람과의 상호 주관적 관계 속에서 형성된 현상으로 이해하도록 돕는다. 여기서 상호주관성은 교사와 학생 상호 간의 관계를 연구하는 중요한 개념으로 인식하게 한다. 현상학적 입장에서는 교육에서 당연시되는 전제들에 관하여 의문을 제기한다. 따라서 '좋은 선생님'은 행위자에 따라 다를 수 있다.

상징적 상호작용론(symbolic interactionsim)은 미국의 시카고대학교에서 철학을 강의한 미드(George Mead)로부터 시작되었다. 미드는 소꿉놀이(game)에서 가족구성원의 역할을 모방하고 게임을 통하여 개인의 다른 사람의 행위를 판단하고 평가한다. 이러한 사회화 과정을 통하여 일반화된 타자(generalized other)를 체화한다. 상징적 상호작용론은 사회구조보다 일상생활에서 다른 사람과 끊임없이 접촉하는 개인 간의 상호작용에 의하여 자아의식이 형성된다고 보았다.

인간은 미리 결정된 대상에 결정된 반응으로 행동하는 것이 아니라, 상징적으로 해석하고 의미를 부여하는 능동적 주체이다. 인간은 주어진 여건 또는 환경을 있는 그대로 받아들이는 것이 아니라 자기 기준에 맞추어 재구성하여 받아들인다. 쿨리(Charles Cooley)는 일상생활의 다양한 상황에서 접하는 타인의 눈을 통하여 자신을 알게 된다는 거울자아(looking glass self) 이론으로 설명하고 있다.

하그리브스(David Hargreaves)는 『인간 상호 관계와 교육(Interpersonal Relations and Education)』에서 학교의 주요 구성원인 교사와 학생 간의 상호작용이 어떻게 이루어지고, 그 내용은 무엇인지를 분석하였다. 그는 교사-학생의 상호작용을 관찰하여 학생이 규정한 교사의 유형을 맹수조련사형, 연예인형, 낭만가형으로 구분하였다. 교사가 규정한 학생의 유형은 거칠고 아무 것도 모르는 학생, 즐겁게 배우도록 해야 하는 학생, 학습하기를 좋아하는 학생으로 구분하였다. 하그리브스가 바라본 학생은 낭만적 순응형, 도구적 순응형, 식민화 유형, 도피형, 비타협형, 반역형으로 구분하였다. 상징적 상호작용론은 행위의 광범위한 구조적 배경에 대한 관심이 없다. 다시 말해, 행위자 주변의 정치, 경제, 사회 환경의 구조적 제약 요건을 배제하였다.

이러한 입장에서 윌리스(Paul Willis)는 영국의 종합고등학교(comprehensive school) 노동계급 학생을 대상으로 만속방법론 연구를 수행하였다. 노동계급의 아동이 노동계급의 직업을 얻는 방법과 이유를 발견하기 위해 학교 내에서 일련의 인터뷰와 관찰을 실시하였다. 이들은 단순히 사회구조의 모순을 수동적으로 받아들이는 것이 아니라 학교의 공식적인 문화를 거부하고 일탈행동으로 저항하며 결국 스스로 육체노동을 선택하게 된다는 저항이론을 주장하였다. 저항이론에서는 학생이 학교에서 가르치는 지식, 가치, 규범 등이 자신에서 도움이 되지 않는다고 생각하여 학교의 공식 문화를 거부하고 반학교 문화를 형성한다. 따라서 노동계층 학생을 정신노동이 우위라는 기존의 가치관에 저항하여 사회적 모순을 극복하려고 수업시간표 무시, 수업 땡땡이치기, 수업 중 딴전 피우기나 잠자기 등 학교규율에 저항하는 주체적·능동적 존재로 보았다(Willis, 1977).

III 교육과정의 사회학

교육과정의 사회학은 학교에서 가르치는 지식은 절대적 · 불변적 성격을 지니고 있다는 전통적 입장에서 지식은 사회적으로 형성된 것(Berger & Luckmann, 1966)으로 보는 지식사회학에 기반을 두고 있다. 지식사회학은 지식의 사회적 의미를 분석하는 사회학의 한 분야로서, 지식은 사회적 구성물로 역사적 · 사회적 상황에 따라 달라지는 가변성을 지니고 있어 절대적인 것이 아니라 그 시대의 구성물이라는 입장이다. 이러한 입장에서 학교교육의 내용이 모두에게 객관적이고 보편적으로 타당한지를 분석할 필요가 있다. 기존의 교육사회학은 주로 투입요인인 사회계층에 따라 산출요인인 학업성취의 차이를 분석하고자 하는 입장이기 때문에, 교육의 과정(process)을 블랙박스로 처리하여 교육과정과 교사와 학생 간의 상호작용을 분석하지 않았다. 교육과정의 사회학은 기존의 기능이론과 갈등이론의 거시적인 관점에서 학교 내부에 연구영역을 설정하여 미시적인 관점으로 관심을 전환하였다. 따라서 기존의 교육사회학과 대비하여 신교육사회학으로 명명되었으며, 교육내용으로 결정되는 요인, 교수–학습방법의 평가형식, 학급에서 교사와 학생의 상호작용 등 미시적인 수준에서의 교육현상에 관심이 있다. 신교육사회학은 교육내용의 사회적 성격과 학습과정에서 사회의 구조적 불평등이 어떻게 반영되는지에 관심을 기울였다. 학교에서 다루는 지식이나 교육내용은 중류 또는 상류계층의 문화를 반영하고 있기 때문에 중 · 상류계층의 아동이 높은 학업성취를 달성하기 쉬운 반면, 하류계층의 아동에게는 학교의 교육내용이 실생활과 무관하거나 거리가 있기 때문에 좋은 성적을 거두기 어렵다고 보았다.

영(Young, 1971)은 『지식과 통제』에서 지식에는 이데올로기가 내포되어 있어 사회계급에 따라 차별화된 지식이 제공되고, 교육과정이 지배계급에 의해서 결정되므로 지배층이 향유하는 문화가 교육내용으로 선정된다고 주장한다. 상류층의 지식은 일상생활에 관한 것이 아니라 지적 탐구를 통해서만 이해할 수 있는 추상적인 지식이다. 지배계급의 문화는 학교교육과정으로 선정되어 공식적인 지식이 되어 상류층 자녀에게 유리해짐으로써 결국 지식의 위계화가 사회계급의 위계화로 연결된다.

　교육과정 사회학은 학교에서 가르치는 교육내용의 사회성과 역사성을 탐구하여 교육내용을 둘러싼 사회집단의 결정 관계와 그 사회적 영향력을 규명하고자 한다. 또한 교사와 학생의 상호작용에 관심이 있다.

Ⅳ 교육기회균등

　근대사회가 형성되기 이전 교육은 개인이 교육받아야 할지 말아야 할지 결정되는 구조로, 국가가 교육에 관여하지 않았다. 서양에서는 종교기관에서 선교 목적으로 학교를 설치·운영하였다. 동양에서도 국가가 교육기관을 두었으나 이는 특정 계층을 대상으로 관리 양성에 목적을 둔 것이다. 서양에서 국가가 교육을 관장하는 공교육제도를 수립할 것을 주장한 데에는 절대국가가 붕괴된 프랑스혁명을 기점으로 공교육제도를 도입하고자 하는 배경이 있었다.

　우리나라 「헌법」 제31조 제1항에서 "모든 국민은 능력에 따라 균등하게 교육을 받을 권리를 가진다."라고 규정하고 제3항에서는 "의무교육은 무상으로 한다."라고 하여 누구나 차별 없이 균등하게 교육기회를 보장받을 권리, 자녀에게 교육을 받게 할 의무, 의무교육의 무상, 교육의 자주성·전문성·정치적 중립성 및 대학의 자율성을 보장하고 있다. 또한 「교육기본법」 제4조 제1항에서는 "모든 국민은 성별, 종교, 신념, 인종, 사회적 신분, 경제적 지위 또는 신체적 조건 등을 이유로 교육에서의 차별을 받지 아니한다."라고 명시하고 이를 구체적으로 실현하기 위하여 "국가와 지방자치단체는 학습자가 평등하게 교육을 받을 수 있도록 교육여건 격차를 최소화하는 시책을 마련하여 시행하여야 한다."라고 하여 교육권과 학습권을 보장하고 있다.

1. 허용적 기회균등

　교육평등은 누구나 능력에 따라 공평하게 교육받을 수 있는 기본권이다. 산업사회 이전에는 가정이나 지역사회에서 자율적으로 교육을 받았기 때문에 교육의 기회균등에 관심이 없었다. 전통 농경사회가 붕괴된 후 산업사회로 전환되고 국가의 권한이 강화됨에 따라 교육은 가정이나 종교기관에서 책임지던 것에서 국가가 만든 학교로 옮겨지게 되었다. 1792년 계몽주의자 프랑스 콩도르세(Condorcet)는 "국민의 권리를 보장하고 의무를 이행하는 실질적인 평등을 확립"하기 위하여 국민교육을 실시하고자 '공교육 일반조직에 관한 법안'을 제출하여 "유색인종과 여자를 포함한 모든 시민에게 공통의 공교육을 제공하고 불가결한 부분에 관해서는 무상교육"을 실시하도록 규정하여 진정한 자유와 정치적 평등은 시민에 대한 교육에서 나온다고 주장하여 의무교육과 교육기회 균등의 이념을 확립하였다. 이러한 콩도르세의 교육개혁은 실현되지 못한 반면, 프러시아에서는 공교육제도를 실시하였다. 프러시아는 1795년 5세에서 14세까지 모든 아동을 마을학교에 취학하도록 하고 모든 학교를 국가의 통제하에 두었다.

공교육은 국가가 학교를 설립하여 모든 아동에게 학교 문호를 개방하여 국민의 공통된 집합의식(collective consciousness)을 갖도록 하여 통일된 규범, 사고방식, 지식체계를 습득하도록 한다. 이를 위하여 교육을 종교에서 벗어나 국가가 관장하여 사회 통합을 유지할 수 있도록 의무교육제도를 수립하였다. 그러나 의무교육은 20세기에 들어서도 초등교육에 국한되어 실시되었다.

봉건사회에서 출신 배경, 성별, 인종에 따라 입학을 제한하는 것을 철폐하여 시민사회에서는 모든 사람에게 동등한 입학기회가 주어져야 한다는 교육평등 사상이 확산되었다. 모든 사람에게 동등한 기회가 주어져야 한다는 허용적 평등관은 가정 형편에 따라 취학하지 못하는 계층에게는 관심이 없었다. 사람이 타고난 능력은 각자 다르므로 어느 수준까지 교육받아야 하는가는 능력에 따라 결정되어야 하기에 학교 단계별 입학은 성적에 따라 엄격한 기준에 따라 선발되었다.

2. 보장적 기회균등

입학기회는 누구나에게나 주어져도 완전 취학과는 거리가 멀다. 그러므로 경제적·지리적·사회적 장애에 구애됨이 없이 취학을 보장하는 정책이 필요하다. 이를 위하여 무상교육을 실시하고 농어촌지역에 학교를 설립하여 취학률을 높이는 교육정책을 실시한다. 영국의 「1944년 교육법」은 중등교육을 보편화하고 무상교육을 실시하였다. 이러한 보장적 평등은 불우층의 자녀에게 교육비는 물론 교복, 급식, 학용품 등을 지급하였다.

3. 교육여건의 균등

보장적 평등은 실현하였지만 거주지역에 따라 계층별 분포가 다르고 교육여건이 다름에 따라 학업성취의 차이는 줄어들지 않았다. 학교의 교육여건에 따라 학생의 성적이 결정된다고 보고 미국 의회는 학교의 시설, 교사의 자질, 교육과정, 학교 간의 차이가 학업성취에 영향을 미치는가에 관심을 가지게 되었다. 콜맨(James Coleman)은 미국 상원의 연구 의뢰에 따라 1966년 콜맨보고서(The Coleman Report)를 상원 의회에 보고하였다. 이 보고서는 학교의 교육조건의 차이는 학생의 성적 차이와 이렇다 할 관련이 없고 오히려 가정 변인이 학생성취도에 매우 중요한 요소가 된다고 분석하였다. 또한 인종집단 간 교육성취도 불평등 문제를 다루었다. 1974년에 실시된 고교평준화제도도 학군별 학교시설, 교사의 질 등 교육여건의 차이를 줄이기 위한 재정 지원으로 시작되었고, 교육여건을 평등하게 갖추고 학생을 추첨에 의해 고등학교에 배분하는 방식이다.

4. 교육결과의 균등

교육여건을 공평하게 하여 학업성취의 차이를 해소하고자 하는 노력은 지역, 인종, 가정 등 학교 밖의 변인에 상관없이 학생의 성적을 공평하게 하는 방향으로 발전하였다. 이는 저소득층, 유색인종 등 교육 소외계층에게 더 많은 교육자원을 투입하는 역차별 교육정책이다. 타고난 능력이나 교육환경이 다른 사람이 같은 학습 수준을 달성하려면 우수한 학생보다 열등한 학생에게 더 좋은 교육조건을 제공해야 한다. 누가 어떤 잠재능력을 가지고 어떤 가정에 태어나느냐는 우연의 결과로 마치 '자연의 복권추첨'과 같은 것이다. 잠재능력을 잘 타고났거나 좋은 가정에 태어난 사람은 불리해진 사람에게 어느 정도 적선을 해야 한다는 롤즈(John Rawls)의 『정의론』(Rawls, 1971)이 이러한 입장을 반영한다. 즉, 교육결과가 같지 않으면 평등이 아니라는 입장이다. 결과의 평등을 위하여 영국에서는 중등학교를 단선제로 전환하고, 개발도상국에서 교육기회의 확대는 가져왔지만 계층 간의 분배구조는 변하지 않았다. 교육 결손집단에게 교육비를 추가 투입하는 보상교육으로 교육결과의 평등을 실현하는 정책으로 발전한다. 우리나라의 교육복지우선지역, 미국의 헤드스타트(head start) 프로젝트 등이 교육결과의 평등을 실현하기 위한 교육정책이다. 또한 농어촌학생 대학입학 특별전형, 기회균등 선발, 소수집단 우대정책(affirmative action) 등 입시정책도 보상적 평등주의(redemptive egalitarianism)의 입장이다. 그러나 이러한 입장은 사람은 타고난 능력에 따라 활용되고 그 업적에 상응하는 분배를 받아야 한다는 능력주의로부터 비판을 받고 있다.

사회계층과 교육

　　교육과 사회의 관계를 분석하는 연구는 교육이 사회평등에 공헌한다는 주장과 사회불평등을 지속시킨다는 주장으로 양분되어 있다. 봉건사회가 해체되고 민주주의가 확산되면서 교육은 사회적 지위를 배분하고 부를 배분하는 기제로 작용했다. 교육은 미래 세대에게 재능과 소질을 계발하여 직업세계에 진출하도록 도와주어 사회적 평등을 실현하는 것으로 인식되었다. 태어나면서 본인의 신분이 결정되는 전통사회와 달리 현대사회에서는 교육이 모든 개인을 잠재력을 최대한 발휘할 수 있도록 개발하고 본인의 능력을 성취할 수 있는 능력주의 사회를 실현한다.

　　신분사회가 세습되는 귀속지위(ascribed status)가 무너지고 후천적으로 획득된 업

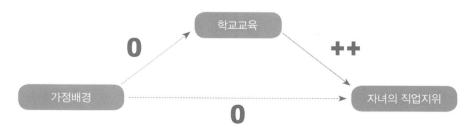

[그림 4-1] 교육의 사회적 평등 모형

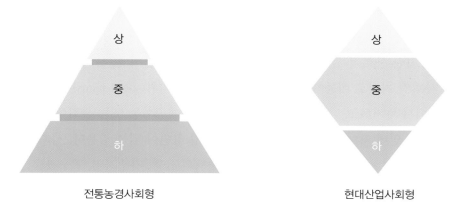

전통농경사회형   현대산업사회형

[그림 4-2] 사회계층 구조의 변화

적지위(achieved status)가 배분되는 학력주의(credentialism) 사회에서는 교육을 통하여 인재를 선발하고 사회적 지위를 배분한다. 산업사회에 진입하면서 직업은 사회적으로 수행해야 할 기능과 역할이 분화되며 각자의 능력과 과업에 따라 역할을 수행하고, 사회적 분업에 의해 전체 사회의 생존을 위하여 협동적으로 과업을 수행하도록 변화되었다. 이에 따라 사회적 지위와 역할의 중요성에 따라 보수가 결정되고 사회적 대우가 달라진다. 미국 매사추세츠주 교육감 호레이스 만(Horace Mann)은 가난한 사람이 교육을 통해서 사회적으로 서열이 올라갈 수 있다고 보고 '교육은 인간을 평등하게 하는 위대한 장치'라고 주장하였다.

그러나 갈등이론에서는 자본주의 사회에서 교육은 세대 간 신분세습으로 사회적 불평등을 재생산한다고 비판한다. 가정배경이 좋은 자녀는 높은 수준의 교육을 받아 아버지의 직업을 이어 간다.

전통농경사회에서 산업사회는 피라미드형에서 중산층이 많아지는 다이아몬드형으로 변화한다. 산업사회는 교육받은 노동자가 필요하고 그 교육 수준은 계속 상승하여 낮은 단계의 직업은 없어지고 더 높은 단계의 직업지위가 필요해지며 여기에 더 나은 수입이 주어진다. 이에 따라 사회계층 상승이 빈번히 발생한다.

1. 사회이동

사회이동이란 사회적 위계체제 속에서 한 개인이나 집단이 한 사회적 지위로부터 다른 사회적 지위로 이동하는 것을 뜻한다. 사회적 지위(social status)란 어떤 사람이 사회에서 차지하고 있는 위계를 의미한다. 사회계층이동 또는 사회이동은 아버지가 소작농인데 자녀가 대학을 졸업하고 대기업 임원이 되는 경우다. 사회이동은 흔히 직업적 지위에 따라 판단되지만 소득, 주택의 유형, 거주지역, 교우관계, 계급의식, 소비형태 등으로 구분하는 경우도 있다. 사회계급은 언어, 생활태도, 의식 등의 유형으로도 구분할 수 있다.

사회계층이동은 본인 세대에서의 이동과 본인과 자녀 간 이동, 계층의 위나 아래로 이동, 수평적 이동이 있다.

첫째, 수직이동과 수평이동이 있다. 수직이동(vertical mobility)은 개인 및 사회계층 위계에서 사회적 지위가 상향, 하향으로 이동하는 것을 의미한다. 수직이동은 다시 상승이동과 하강이동으로 구분된다. 직업을 바꾸어 직업 지위가 높아지거나 사회적 신분이 높은 사람과 결혼하여 사회적 지위가 위로 올라가는 이동을 상향이동이라 하며, 반대로 낮은 사회적 지위로 떨어지는 현상을 하향이동이라고 한다. 예를 들면, 한 회사에서의 부장에서 상무이사로 승진하는 경우를 상향이동이라 하고, 반대로 낮은 직업지위로 직업을 바꾸는 경우를 하향이동이라고 한다. 수평이동(horizontal mobility)은 사회적 위치가 동일한 수준에서 횡적으로 이동하는 것이다. 한 회사의 과장이 비슷한 규모의 다른 회사의 과장으로 이동하는 경우이다.

둘째, 세대 간 이동과 세대 내 이동이다. 세대 간 이동(intergenerational mobility)은

표 4-3 사회이동의 유형

이동 방향	수평이동	동일한 계층 내에서의 위치 변화
	수직이동	계층적 위치가 상승 또는 하강
세대 범위	세대 간 이동	세대 간에 나타나는 계층적 위치 변화
	세대 내 이동	한 개인의 생애에 걸친 계층적 위치의 변화
이동 주체	개인적 이동	주어진 계층 체계 내 개인·집단의 위치 변화
	집단적 이동	주어진 계층 체계 내 집단의 위치 변화

두 세대 이상 사이에서 발생하는 계층이동을 의미한다. 일반적으로 자녀의 사회계층이 부모의 계층과 대비하여 상승 또는 하강하였는지를 분석하는 것이다. 세대 내 이동(intragenerational mobility)은 개인의 평생에 거쳐 사회적 지위의 이동을 의미한다. 교육을 받고 얻은 최초의 직업에서 현재의 직업 지위를 비교하는 것이다.

셋째. 구조적 이동과 순환적 이동이다. 구조적 이동(structual mobility)은 산업구조의 변화나 사회구조의 변화로 인하여 계층구조가 변하여 생기는 이동이다. 전통농경사회에서 산업사회로의 변화는 중산층의 비율이 높아져 하층에서 중산층으로 이동하는 경우이다. 순환적 이동(circulation mobility)은 사회의 경기변동으로 인하여 성장경제에서 침체경기가 순환하게 됨에 따라 실직 및 이직으로 발생하는 이동이다.

2. 교육과 사회이동

사회계층이동에 교육이 미치는 영향을 분석하는 것은 교육의 기회균등과 밀접한 관계가 있다. 전통농경사회는 부모의 사회경제적 지위가 자녀의 사회경제적 지위로 연결되어 아버지의 신분이 자녀에게 계승된다. 그러나 민주시민사회에서는 부모의 사회경제적 지위에 상관없이 본인의 학업성취에 따라 직업과 소득이 분배되어 업적주의에 의하여 사회적 지위가 결정되어야 한다.

성적 차이를 설명하는 종전의 입장은 학생의 타고난 지능이나 적성 등 능력이나 가정의 사회문화적 배경에서의 결핍요건으로 설명하였다. 이른바 지능결핍론으로 설명되는 유전적 결핍이나 학교생활에 적응 여부를 성적 차이로 설명하였다. 지능우위론자들은 '지능이 곧 성적'이라는 명제를 내세워 왔고, 사회학자나 경제우위론자들은 가정의 문화적 환경과 부모의 사회경제적 지위나 자녀의 학업성취에 절대적인 영향을 준다고 주장하였다.

교육과 사회적 지위의 관계를 분석하는 다양한 연구가 이루어졌다. 부모의 직업지위나 소득과 자녀의 그것과의 관계에서 교육의 영향력을 분석하는 것이다. 부모의 사회경제적 지위가 자녀의 직업지위에 영향을 주는 전통농경사회에서 교육과 이들 간에는 상관이 없다. 그러나 현대사회는 부모의 지위가 교육에 영향을 주지 않고 오로지 자녀의 교육 수준에 따라 자녀의 직업지위가 결정되는 구조가 평등주의 사회이다. 학교에서 학생의 성적에 따라 분류하고 선발하기 때문에 부모의 영향은 줄어들게 되므로 하류계층의 자녀도 성적이 높으면 계층 상승이 이루어져서 결과적으로 교육은 사회평등에 기여한다.

　우리나라는 학력 간 임금 격차가 심한 나라이다. 1982~1994년에 고등학교 졸업자에 대비한 대졸 이상자의 상대적 임금 수준은 전반적으로 낮아졌는데, 특히 남성일수록, 연령이 낮을수록 학력 간 임금격차는 크게 낮아졌다. 그런데 특히 저연령층의 상대적인 노동수요는 그다지 변화되지 않거나 감소한 데 반하여, 상대적인 노동공급은 크게 증가하여 상대적인 임금 수준이 낮아졌음을 알 수 있다. 1994~2002년에 고졸자에 대비한 대졸 이상자의 상대적 임금 수준은 전반적으로 높아졌다(정진호 외, 2004). 고등학교 졸업자의 임금을 100으로 봤을 때 전문대 졸업자 임금은 116, 대학 졸업자는 149, 대학원 졸업자는 198이었다. 전문대 졸업자 임금은 OECD 평균(123)보다 낮았지만, 대졸자와 대학원 졸업자는 OECD 평균(각 144, 191)보다 높아 고졸자와의 임금 격차 역시 OECD 평균보다 큰 것으로 조사되었다(교육부, 한국교육개발원, 2018).

　〈표 4-4〉에서 우리나라의 직업구조 변화를 보면 1955년 농림어업직 종사자가 1955년 79.5%에서 2020년 4.5%로 급격히 줄어든 반면, 화이트칼라로 표현되는 사무직은 같은 기간에 2.4%에서 20.6%로 10배 이상 늘어나는 등 중산층 직종이 모두 늘어났다. 이들 직종 종사자는 농림수산직에 비하여 일정한 교육 수준 이상을 요구하는 직종으로, 고등학교, 대학 졸업자의 사회적 수요를 증가시킨 것으로 판단되며,

표 4-4 한국의 직업구조 변화 추이 　　　　　　　　　　　　　　　　　(단위: %)

직종＼연도	1955	1965	1975	1985	2000	2010	2020
관리직	1.4	0.9	0.8	1.5	2.3	2.4	1.5
전문직	1.6	2.8	3.3	5.8	16.1	19.2	22.8
사무직	2.4	4.3	6.7	11.5	12.0	15.7	20.6
서비스판매직	6.6	16.1	17.0	26.3	26.0	22.5	30.2
농림어업	79.5	56.8	49.2	24.6	10.0	6.0	4.5
기능조작단순노무	8.7	19.2	23.0	30.3	33.6	34.4	21.4
계	100.0	100.0	100.0	100.0	100.0	100.0	100.0

자료: 통계청, 경제활동인구조사 각 연도.

산업구조의 변화가 계층 상승이동을 촉진하였다고 볼 수 있다.

VI 교육과 사회평등

전통사회에서 교육은 신분에 따라 다른 교육을 실시하여 본래의 신분이 유지되었다. 따라서 신분사회에서 높은 수준의 교육은 귀족이나 양반에 국한되어 실시되었기 때문에 사회불평등이 존속되었다. 신분사회가 붕괴되고 교육기회가 모든 사람에게 제공되어 교육이 능력주의 사회를 실현하는 기제가 되었다.

해비거스트(Havighurst)는 교육이 소득분재구조를 재편성하고 직업구조의 성격을 바꾸어서 계층상승을 가능하게 한다고 보았다. 산업화에 따라 과학기술의 발달로 하층의 직업이 줄어들고 중산층의 직업 수요가 늘어나서 교육받은 사람의 상향이동이 이루어진다. 이러한 입장에서 교육은 세대 간 계층상승을 촉진하므로 교육기회의 확대는 평등사회를 실현하는 촉진제가 된다.

블로와 던컨(Blau & Duncan, 1967)은 지위획득모형에서 직업지위를 결정하는 요

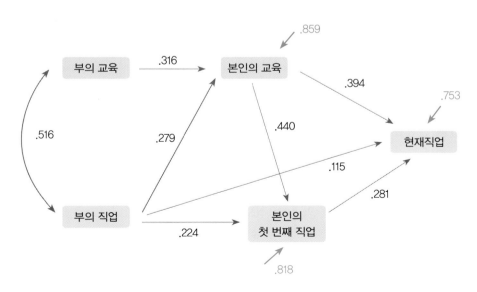

[그림 4-3] 블로와 던컨의 지위획득 모형

인 간의 관계를 분석하여 사회이동에서 교육의 역할을 분석하였다. 그들은 지위획득변수를 아버지의 교육, 아버지의 직업, 본인의 교육, 본인의 첫 번째 직업이라는 네 가지 변인이 가진 본인의 현재 직업과의 인과관계를 중다회귀분석 및 경로분석(path analysis)하였다. 분석 결과 아버지의 배경요인보다 개인의 교육과 본인의 첫 번째 직업이 현재의 직업에 더 큰 영향을 미치는 것으로 밝혀졌다.

블로와 던컨의 지위획득 모형은 본인이 받은 교육과 초기 경험이 그의 직업적 성공에 큰 영향을 미치며, 이러한 영향력은 배경요인보다 더 강하다는 것을 보여 준다.

콜맨보고서(Coleman Report, 1966)는 미국 초 · 중등학교 학생의 가정배경, 학교환경 및 특성, 교사 특성이 학생의 학업성취에 미치는 영향을 분석하여, 학생의 가정배경이 학업성취에 가장 많은 영향을 미치는 것으로 분석하였다.

콜맨보고서를 다시 분석한 젠크스(Jencks, 1972)도 콜맨보고서와 같은 결론을 내렸다. 젠크스는 학업성취에 영향을 주는 가장 큰 원인으로 가정배경과 학생의 인지능력을 지적하였다. 학생이 취학 이전에 기본적인 능력과 적성이 가정에서 배양되기 때문에, 출발점부터 가정배경에 의하여 달라진다. 학생의 인지능력은 가정배경요인(60%), 유전 요인(35~50%), 학교의 질(4%)의 순이라고 지적했고, 학업성취에 영향을 미치는 원인의 순으로는 가정배경, 인지능력, 인종차, 학교의 질(2% 정도)의 순이라고 하였다. 그는 결과적으로 학교는 학업성취의 향상에 영향을 거의 주지 못한다고 주장하였다. 따라서 학교는 학생들의 성적격차를 줄이는 데 한계를 지닐 수밖에 없다는 것이다. 학교 수학연한이나 인지적인 요인과 개인의 수입에는 큰 상관이 없으며, 아버지의 직업이나 교육도 자녀의 수입에 거의 관련이 없다는 결과를 제시하여 교육의 사회평등 효과는 크지 않다고 보았다.

학교의 교육여건이 학생의 성적에 영향을 주지 않는다는 결과는 이후 많은 연구가 입증하였다(Jencks, 1972). 이러한 연구에 따라 학교 간 차이를 연구하는 학교효과성(effictiveness)은 학교 풍토(climate), 교사의 행동, 학생의 태도, 미시적 관점에서 접근하여 학생 성적의 약 10% 정도가 학교에 의해 설명된다고 분석하였다(Mortimore, 1997). 모든 학교는 모든 학생에 대하여 높은 학문적 기대를 가져야 하고, 교수 유형이 특정 학생집단의 독특한 요구에 적응할 수 있도록 유연성(flesibility)을 가져야 한다(Moore, 2010).

이러한 입장에 대비하여 보울즈와 진티스(Bowles & Gintis, 1976)는 부모의 교육

수준이 부모의 직업지위와 함께 자녀의 학업성취에 상당한 영향을 끼친다고 주장하였다. 경제적 재생산론을 내세우는 보울즈와 진티스는 교육이 기존의 불평등한 사회계층 구조에 어떤 변화를 일으키는 것이 아니라 불평등을 더욱 심화시킨다고 보았다. 미국 공장 주변의 노동자 자녀가 다니는 학교는 자본주의 체제에 적합한 가치, 태도, 규범, 인격 등 규범적 내용을 강조하여 공장에서 일하는 규범과 일치하도록 하여 학교 내의 사회적 관계를 자본주의 경제구조의 사회관계와 일치시킴으로서 자본주의적 생산관계를 재생산한다고 보는 대응이론(상응이론, correspondence theory)을 주장하였다. 반면, 자본가 자녀가 다니는 학교는 인지적 내용을 강조하여 사회지도자의 자질을 강조한다. 상급교육은 상층의 자녀에게 주어지고 그들이 다시 상류계층을 차지하므로 교육은 사회불평등을 재생산한다는 것이다.

영국의 번스타인(Basil Bernstein)은 사회언어학적 연구를 통해 하류층 학생의 학업성취가 낮은 이유는 하류층 학생이 가정에서 사용하는 생활언어와 학교의 수업언어가 다르기 때문이라고 주장하였다. 번스타인에 따르면 하류층 학생은 가정에서 대중어, 즉 제한된 어법(restricted code)을 배우고, 상류층 학생은 발전된 어법(elaborated code)을 사용하며, 학교의 공식어는 발전된 어법이므로 하류층 학생이 학업성취가 낮을 수밖에 없다.

부르디외(Pierre Bourdieu)는 가정에서 자연스럽게 배운 음악, 미술 등 다양한 영역에서의 취향을 문화자본(cultural capital)으로 정의하고 이것이 학교교육에 영향을 미친다고 보았다. 학교는 지배계급의 문화를 강조하고 있으며, 계급적 배경이 다른 문화자본을 가진 아동은 학업성취 면에서 열등할 수밖에 없으며, 미래의 직업적 지위에도 영향을 준다.

이와 같이 갈등이론에서 교육은 사회 지배계층의 이해관계를 유지하기 위한 하나의 사회적 조정장치나 계층 재생산을 위한 매개변인에 불과하다고 주장한다. 그러나 갈등이론은 학교교육과 사회의 구조적 불평등을 지적하였으나 사회의 불평등 체제가 학교사회 체제나 이념에 반영되는가에 관한 실증적인 분석을 시도하지 못하였다.

지금까지 학생은 사회적 불평등을 수동적으로 받아들이는 것으로 분석하였다. 그러나 재생산의 한계를 극복하고자 하는 저항이론(resistance theory)은 행위의 주체자로서 인간의 저항에 초점을 맞추었다. 사회적 재생산이론의 한계를 극복하려는 입장에서 윌리스는 노동자 자녀는 스스로 노동자의 길을 선택한다고 하였다. 인간을 수동적 존재로 본 재생산 이론과 달리 고유의 노동계급 문화가 있고 노동자 자녀는 학교 문화에 저항하여 남성우월주의에 근거하여 반학교 문화를 형성하여 학교 규범에 반항하는 능동적 존재로 보았다.

VII 교육격차의 현상과 원인

일반적으로 학업성취에 따라 개인의 직업과 임금 수준이 결정된다고 믿는다. 보통 개인의 적성과 능력에 따라 학업성취가 결정된다. 그러나 학업성취에 미치는 요인은 그렇게 단순하지 않다.

적성이나 능력에 의해 사회신분이 결정되는 구조가 아니라 귀속적 요인에 의해 교육을 매개로 계급 재생산이 이루어진다는 주장도 있다. 타고난 성별, 인종, 적성과 능력과 같은 유전적 요인이 학업성취를 전적으로 결정한다면 교육적 효과는 없는 것이 된다. 그러나 개인의 노력으로 교육을 잘 받아서 세대 간 사회적 지위가 상승하면 교육적 효과는 높다고 할 수 있다. 한국사회에서 학업성취에 미치는 사회경제적 요인을 살펴본다.

첫째, 개인적 요인으로 지능(IQ)은 학업성취와 .50~.06의 정적 상관관계를 보인다. 또한 성실하고 개방적이며 안정된 성격이 높은 성적을 보여, 지능보다 성격이 학업성취를 더 잘 설명한다는 주장도 있다.

둘째, 가정 요인으로 부모의 양육태도에 따라 성적이 차이가 있다. 저소득층 자녀는 혼자 있는 경우가 빈발하고 권위적이고 체벌이 빈번하며 칭찬에 인색하다. 학령기에 접어들면서 자녀 생활에 관심이 적고 결과적으로 성적에 부정적인 영향을 미친다. 가정에서의 양육과 교육환경의 부적절하므로 학교에서의 생활태도가 결여되고 학업성취가 부진한 경우 문화실조(culturally deprived)로 설명된다. 부르디외는 이를 가정의 문화 자본(cultural capital)으로 설명한다. 학생의 사회경제적 배경은 학업성취에 영향을 미친다는 것이다. 즉, 가정의 사회경제적 지위(socio-economic status)가 지능을 매개로 학업성취에 영향을 준다.

셋째, 학교 요인으로 학교의 시설, 재정, 교사의 자질이 학업성취에 직접적으로 영향을 주지 않지만 학교풍토는 학업성취에 영향을 미친다. 학교를 사회심리학적 맥락에서 분석한 브루코버(Brookover, 1978)는 학교의 사회체제에서 생기는 사회적·문화적 특성에 주목하였다. 그는 학교사회의 사회심리적 요소인 구성원의 상호기대, 지각, 평가 등 학교 구성원 간의 상호작용 과정에 의하여 조성되는 의식적·무의식적인 심리적 유대관계인 학교풍토(school climate)가 교육격차를 유발한다고 주장하였다.

넷째, 학교와 지역사회의 교육문화적 환경은 학생의 학업성취에 영향을 미친다. 교사의 학생에 대한 긍정적 기대도 성적에 영향을 미친다. 로젠탈과 제이콥슨(Rosenthal & Jacobson, 1968)은 언어적 지능검사 실시 후 20%의 학생을 무선표집하여 실험집단으로 추출하고, 해당 학생들의 성적이 오를 것이라고 담임교사한테 알려 주었다. 1학기가 지나 다시 검사한 결과, 학습능력이 뚜렷이 향상될 것이라고 말한 학생들이 지적 능력 및 학업성취에서 통제집단에 비해 더 높게 나타났다. 특히 저학년과 소수집단의 효과가 더 높았다. 이는 일종의 피그말리온 효과로 교사의 기대가 성적이 향상된다는 자기충족적 예언(self-fulfilling prophecy)이 학교 현장에서 그 효과를 입증한 것이다.

학생집단 간 학업성취의 격차를 살펴보면 다음과 같다.

지역격차에 따라 학업성취에도 차이가 나타난다. 대체로 농촌지역보다 도시지역 학생의 학업성취가 높다. 이러한 경향은 학년이 올라갈수록, 초등학교보다 중학교, 중학교보다 고등학교로 올라갈수록 커진다.

남녀학생 간 교과목에 따라 학업성취에 차이가 있다. 대체로 남학생은 여학생에 비하여 수학, 과학에 자질이 있고, 여학생은 언어, 예술적 감각이 있다. 그러나 최근 들어 여학생이 남학생에 비하여 전 교과목에 걸쳐 학업성취가 높다.

한국사회의 교육적 특징 중 하나는 개인교습이나 학원에서 사교육을 받는 것이다. 2020년도 사교육비 총액은 약 9조 3,000만 원으로 월평균 초등학생 22만 1,000원, 중학생 32만 8,000원, 고등학생 43만 4,000원으로 학교급이 올라갈수록 사교육에 지출하는 비용이 올라간다. 사교육과 학업성취의 관계에 관한 연구결과는 일정하지 않다. 사교육이 교육효과가 있다는 연구결과(최돈민 외, 2013)도 있지만 학업성취와 상관이 없다는 연구(김현진, 2008) 결과도 있다.

VIII 교육의 사회경제적 지위

　교육은 전통사회에서의 신분사회가 민주사회에서의 평등사회로 변모하는 데 크게 기여해 왔다. 교육 수준과 단계에 따라 사회적 신분이 배분되었고, 경제적 수익 차이도 완화되었다. 그러나 사회적 지위가 높은 계층이 자녀 교육에 대한 기대와 지원이 높아 교육을 통한 사회적 지위를 재생산한다는 주장도 타당성이 있다. 산업화 시대에 우리나라는 교육을 통한 신분상승이 급격하게 이루어졌고 중산층이 두터워져 사회평등에 기여하였다. 그러나 경제성장률이 낮아진 현 시점에서 교육을 통한 신분 상승은 점점 어려워지고 있다. 특히 교육이 소득격차를 해소하는 데 상당한 한계를 보이고 있다. 자본의 수익률이 경제 성장률보다 높아진 지금 불평등 또한 그에 비례해 늘어난다고 주장하는 피케티의 주장(Piketty, 2013)이 우리사회에도 적용되어 사회적 불평등이 재생산될 수 있는 여지가 높다. 고교평준화 정책을 두고 평준화를 찬성하는 측과 반대하는 입장 간 논쟁은 출신배경에 상관없이 공평한 교육을 받아야 한다는 주장과 우리나라의 사회경제적 발전을 위한 핵심인재를 육성해야 한다는 목소리로 대변된다.

　지속가능성장에 있어 교육의 역할도 강조될 필요가 있다. 미래 세대에게 부담을 주지 않는 성장이 필요할 때다.

정리 및 요약

1 　교육의 사회적 기능과 역할을 이해한다. 태어날 때 인간은 말하지도 걷지도 못하는 미성숙한 객체로 태어나 사회구성원이 되기 위한 태도와 능력을 어떠한 사회적 맥락에서 익히는지 이해해야 한다.

2 　교육현상을 사회학적으로 분석하는 방법론을 익힌다. 교육이 사회가 유지·존속되는 데 어떠한 역할을 하는지 이해하고 사회통합을 위한 선발과 배치 기능을 이해한다.

3 　교육을 통하여 사회적 불평등을 재생산한다는 주장의 논리적 타당성을 분석하고, 우리 사회의 현상을 분석할 수 있는 방법을 익힌다.

4 　교육과정을 사회적 맥락에 의하여 분석한다. 교육과정이 지니고 있는 편파성을 이해하고 이익/불이익 집단을 구별할 수 있어야 한다.

5 　교직관은 세 가지로 보는 시각이 대표적인데, 성직자관, 전문직관, 노동직관의 관점이 있다.

6 　교육기회균등의 변천을 설명하고 불이익집단을 위한 교육정책이 무엇인지를 익힌다. 교육결과의 평등을 위한 역차별 정책의 당위성을 설명할 수 있어야 있어야 한다.

7 　교육의 사회적 평등모형을 설명할 수 있도록 한다. 교육이 신분이동에 어떠한 영향을 주고, 교육에 영향을 주는 사회경제적 요인을 분석한다.

8 　사회이동에 교육의 효과를 설명한다. 교육이 직업, 소득 효과를 분석할 수 있다.

9 　교육격차에 영향을 주는 요인을 학교 내, 학교 외 요인으로 나누어 설명할 수 있다. 특히 교사의 기대효과가 학업성취에 미치는 영향을 분석할 수 있다.

토론 과제

1 　학창시절에 본인의 좋아하는 과목과 좋아하지 않은 과목을 열거하고 그 이유를 설명하시오.

2 　가정형편이 좋은 학생과 좋지 않은 학생의 가정의 사회문화적 요인을 설명하고 그 결과 성적에 어떠한 영향을 주었는지 설명하시오.

3 　교사가 본인에게 미친 영향을 분석하고 그 결과 성적 변화가 어떻게 되었는지를 설명하시오.

관련 사이트

한국 교육사회학회 홈페이지: 한국교육사회학회(soe.or.kr)
한국 교육사회학회 홈페이지는 1960년대부터 지금까지 교육사회학의 관련 연구결과를 소개하고 있다. 논문 작성법, 고나련 자료를 열람할 수 있다.

미국 교육사회학회 홈페이지(http://www.ekera.org/https://seassoc.wordpress. com/)
미국 교육사회학회 홈페이지는 교육사회학의 변천, 연구 동향을 소개한 사이트로 학회지, 학술행사 등 다양한 자료를 탑재하고 있다.

 관련 자료

🎥 **언제나 마음은 태양(To sir, with love, 1967)**
스티븐 스필버그 감독의 작품으로, 영국 학교에서 반항 행동을 하는 학생을 체벌이 아닌 인격체로 대우해 줌으로써 정상적인 학생으로 돌아온다. 교사와 학생의 상호작용이 학생에게 어떠한 효과를 가져오는지를 극명하게 보여 준다. 제목과 같은 주제가를 이선희가 아름다운 그 추억으로 번안하여 불렀다.

🎥 **죽은 시인의 사회(Dead Poets Society, 1989)**
미국 명문고에서 학생들의 각자 입장에서 세상을 보는 안목을 키워 주는 영어 선생님. 학생들은 죽은 시인의 사회라는 서클을 이어받으며 카르페 디엠을 외친다. 찬성하든 말든 내가 하고 싶은 것을 할 거야!

CHAPTER

05

교육과정의 이해

• 주요 질문

Q1 '쿠리쿨룸(curriculum)'의 의미는 무엇일까요?

Q2 형식도야, 실용주의, 지식의 구조, 수행능력의 개념은 교육과정과 어떤 관련이 있을까요?

Q3 우리나라 국가교육과정은 어떻게 변해 왔을까요?

교육과정의 이해

I 교육과정의 의미와 성격

1. 교육과정의 의미

1) 어원적 의미: 쿠리쿨룸

교육은 교육매체(교육내용)를 중심으로 이루어지는 교사와 학생 사이의 상호작용을 의미한다. 그리고 이러한 상호작용 속에는 그것을 통해서 마땅히 추구해야 하는 가치, 즉 교육이라는 활동이 지향하는 목적이 들어 있으며, 이러한 목적은 학습자 자신의 자발성에 기초하여 추구되지 않으면 안 된다. 여기서 살펴볼 바와 같이, 교육과정의 의미는 교육의 이러한 개념과 직접 맞닿아 있다.

우선 교육과정의 영어 표현인 curriculum은 지금은 사어(死語)가 된 라틴어 '쿠리쿨룸'(curriculum, 축어형 currus), '쿠레레'(currere) 또는 '쿠로'(curro)에 그 어원을 두고 있는 듯하다. 라틴어 사전에 의하면 명사형인 '쿠리쿨룸'은 전투용 마차나 경주용 마차, 경주, 경주코스 등을 뜻하며, 그 동사형인 '쿠레레'나 '쿠로'는 '경주하다' 또는 '달린다'는 뜻이다.[1] 어원으로 미루어 쉽게 짐작할 수 있듯이, 교육과정은 경주용 마차나 말이 일정한 코스를 달리는 것과 유사하게, 학생이 배워야 할 교육내용을 일정한 순서에 따라 배열해 놓은 것을 뜻한다. 교육과정을 때로 교수요목이나 교육프로그램이라고 하는 것은 이 때문이며, 교육과정을 짠다든가 편성한다는 일상적 어법은 교육과정의 이러한 의미를 반영한다고 말할 수 있다. 예컨대, 우리나라 국가교육과정의 변천과정에서 초창기에 해당하는 '교수요목시기'의 '교수요목'이라는 용어는 교육과정의 의미에 관한 이러한 생각을 반영하고 있다.

교육과정의 어원에 비추어 볼 때, 교육과정의 핵심적 의미가 교육내용에 있다는 점에는 의문의 여지가 없다. 그러나 이 경우의 교육내용이라는 것은 일반적 의미에서의 교육내용, 즉 누구에게나 가르치고 배울 수 있는 그런 내용이 아니라 특정한 교사가 특정한 학생을 대상으로 가르치고 배우는 그런 내용을 가리킨다. 교육과정의 핵심적 의미가 교육내용에 있다고 할 때의 '교육내용'은 '학습을 고려한' 교육내용을 의미한다. 교육과정이 '학생이 배워야 할 교육내용을 일정한 순서에 따라 배열해 놓은 것'을 뜻한다는 말은 바로 이런 뜻이다. 가령, 수학 교육과정이라는 것은 모든 사람을 위한 수학의 내용을 뜻하는 것이 아니다. 예컨대 그것은 초등학교 3학년 학생이 배워야 할 수학의 내용을 해당 학생이 가장 효과적으로 배울 수 있도록 일정한 순서에 따라 조직해 놓은 것을 가리킨다. 이 점을 고려하면 어원에 비추어 본 교육과정의 핵심적 의미는 '학습을 고려한 교육내용의 조직 또는 배열'로 규정될 수 있다.

이와 같은 의미에서의 교육과정을 편성하고 운영할 때, 기본적인 단위가 되는 것은 '교과'이다.[2] 교과의 영어식 표현은 subject-matters 또는 school subject-matters이며, 이 영어식 표현에 국한해서 보면 교과는 교육에서 다루는 일체의 '주제' 또는 '소재'를 가리킨다. 그러나 앞에서 말한 교육과정의 의미를 고려하면, 그것은 아무런 조치가 가해지지 않은 주제나 소재를 가리키는 것이 아니라 학습자의 학습에 맞게 특정한 형태로 조직되고 배열된 주제 또는 소재를 가리킨다. 한마디로 교과는 교육과정 구성의 기본 단위로서, 교육에서 가르치고 배워야 할 지식, 기능, 태도 등을

---

1) Lewis (1992). *An Elementary Latin Dictionary*. Oxford University Press; 가톨릭대학교 고전라틴어연구소 편(1995). 라틴-한국 사전. 가톨릭대학교출판부.

2) 우리나라 국가교육과정에서 교육과정 편제는 '교과'와 '창의적 체험활동'으로 되어 있다. 그러나 교육과정의 기본 단위가 교과라는 점에는 의문의 여지가 없다. '창의적 체험활동'은 교과 공부 이외에 교육의 목적을 달성하는 데 기여하는 일체의 '교육적' 활동을 지칭하는 만큼, 교육과정 편제로서의 창의적 체험활동의 의미는 교과에 의존하여 부수적으로 규정된다고 말할 수 있다.

학습자를 고려하여 논리적으로 체계화해 놓은 것이라고 말할 수 있다. 우리나라 초등교육 및 중등교육에서 가르치고 배우는 국어, 수학, 과학, 체육, 음악, 미술, 영어 등은 이러한 교과를 부르는 이름에 해당한다.

2) 교육과정의 여러 유형

(1) 교육의 절차 또는 과정에 따른 구분: 계획, 실행, 경험

교육과정의 핵심적 의미가 학습을 고려한 교육내용의 조직 또는 배열이라고 말하였지만, 교육과정의 의미를 순전히 교육내용에 국한하여 파악하는 것은 교육과정의 의미를 대단히 협소하게 규정하는 것이라고 할 수 있다. 교육과정이 교육의 개념과 직접 관련되어 있다는 점을 고려하면, 교육내용을 가르치고 배울 때 그 사전계획도 교육과정이 갖는 의미의 한 부분을 이룬다고 볼 수 있고, 실제로 가르치고 배우는 과정과 교육내용을 학습한 결과 또한 마찬가지이다. 이와 같이 교육이 실제로 이루어지는 과정 또는 절차를 고려하면 교육과정은 '계획—실행—경험'의 단계를 거친다고 말할 수 있다(김호권 외, 1982; Marsh & Willis, 2006).

① 계획으로서의 교육과정

계획으로서의 교육과정은 어떤 내용을 어떤 목적과 방법으로 가르치고 배울지를 교육 이전에 마련해 놓은 것을 의미하며, 이 점에서 '의도된' 교육과정이라고 할 수 있다. 이는 국가 수준이나 지역 수준 또는 학교 수준에서 개발된 교육과정을 가리킨다. 가령, 교육부에서 고시한 '초등학교 교육과정'이나 단위학교에서 마련한 학교교육과정계획서 등이 여기에 해당한다.

[그림 5-1] 교육의 절차 또는 과정에 따른 교육과정의 유형 (김대현 외, 2020: 33 참조)

② 실행으로서의 교육과정

실행으로서의 교육과정은 실제 수업에서 반영된, 따라서 '전개된' 교육과정을 의미한다. 계획되거나 의도된 교육과정은 구체적인 수업사태에서 실행된 것이 아니기 때문에 그것은 교사의 수업행위를 통하여 구현되어야 한다. 실행된 또는 전개된 교육과정은 수업 중에 구현되는 교육과정을 뜻한다는 점에서 교사에 따라 그 전개 양상이 달라진다.

③ 경험으로서의 교육과정

경험으로서의 교육과정은 수업을 통해서 학습자가 학습한 내용 또는 결과를 의미하며, 이 점에서 교육과정이 '실현된' 상태를 의미한다. 그것은 학습의 성과 또는 학습의 결과를 가리키며, 학습성과나 학습결과는 최종적으로는 학습자 자신의 경험 형태로 나타나게 된다. 계획된 교육과정이 실행될 때 교사에 따라 다양한 양상을 띠는 것과 마찬가지로, 동일하게 실행된 교육과정 또한 학습자에 따라 다양한 수준과 양태로 나타날 수 있다.

(2) 의사결정 수준에 따른 구분: 국가, 지역, 학교

교육과정을 개발하고 운영할 때 그 주요 사항을 결정하는 주체가 누구인가에 따라 교육과정은 국가 수준의 교육과정, 지역 수준의 교육과정, 학교 수준의 교육과정으로 구분할 수 있다. 우리나라의 경우, 제5차 교육과정까지 교육부 주도의 중앙집권적 교육과정 결정방식을 채택하여 운영하였지만, 제6차 교육과정 이후 교육과정 결정의 분권화가 시도되면서 지역 수준의 교육과정과 함께 학교 수준의 교육과정이 보다 자율적이고 탄력적으로 운영되게 되었다.

① 국가 수준의 교육과정

국가 수준의 교육과정은 초 · 중등학교의 교육목적과 교육목표 달성을 위하여 「초 · 중등교육법」 제23조 제2항에 의거, 교육부 장관이 결정 · 고시하는 학교교육과정의 공통적 · 일반적 기준을 의미한다(교육부, 2015; 2016). 이 공통적 · 일반적 기준에는 초 · 중등학교에서 편성 · 운영해야 할 학교교육과정의 교육 목적과 내용, 방법과 운영, 평가 등에 관한 국가 수준의 기준이 제시되어 있다.

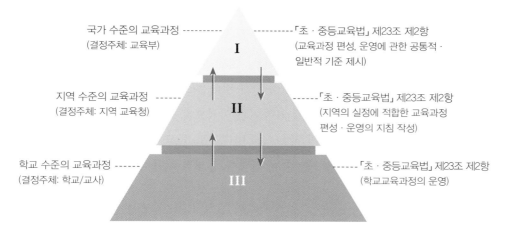

[그림 5-2] 의사결정 수준에 따른 교육과정의 유형 (이미숙 외, 2013: 55를 참고한 교육부, 2016: 5)

② 지역 수준의 교육과정

　　지역 수준의 교육과정은 국가 수준의 교육과정이 제시하는 기준을 준수하되, 각 지역의 특수성과 학교의 실정, 학생의 실태, 학부모 및 지역사회의 요구 등에 따라 마련된 학교교육과정의 편성과 운영을 위한 지침을 가리킨다. 지역 수준의 교육과정 편성·운영 지침은 국가 수준의 교육과정과 학교 수준의 교육과정을 연계해 주는 교량 역할을 수행하며, 기타 장학 자료, 교수·학습 자료 및 지역 교재 개발을 위한 기본 지침이 된다.

③ 학교 수준의 교육과정

　　학교 수준의 교육과정은 국가 수준의 교육과정이 제시하는 교육과정 편성·운영에 관한 공통적·일반적 기준과 지역 실정에 적합한 교육과정 편성·운영 지침에 따라 단위 학교 실정에 맞게 편성·운영되는 교육과정을 의미한다. 교육과정 결정의 분권화에 따른 학교의 자율성 확대에 따라 종래 학교는 단순한 교육과정 실행자 및 사용자의 역할에서 벗어나서 교육과정과 관련된 최종 의사결정자로서의 역할을 수행한다. 이 점에서 학교 수준의 교육과정은 국가 수준의 교육과정과 지역 수준의 교육과정이 단순히 '계획으로서의 교육과정'에 그치는 데에 비하여 '계획으로서의 교육과정'과 함께 '실행으로서의 교육과정'의 성격도 지닌다. 최근 강조되고 있는 이른바 '교사 수준의 교육과정'은 학교 수준의 교육과정이 지닌 이러한 성격을 부각시키고 있다.

(3) 교육의 의도성 여부에 따른 구분 : 공식, 잠재, 영

교육과정은 그것을 개발하고 운영하는 주체의 의도가 명확하게 반영되어 있으며, 이러한 의도는 공식적인 문건에 의하여 명시적으로 표면화되어 있다. 그러나 교육과정 중에는 표면에 드러나지 않은 '숨겨진' 것도 있고, 공식적인 교육과정에서 가르치고 있지 않는 것도 있을 수 있다. 전자를 잠재적 교육과정, 후자를 영 교육과정이라고 한다.

① 공식적 교육과정

국가 수준의 교육과정, 지역 수준의 교육과정, 학교 수준의 교육과정은 모두 교육과정 편성 및 운영에 관한 의도적인 계획을 포함하고 있고, 형식적이고 명시적인 법적 근거에 입각하여 문서로 표면화되어 있다. 이와 같은 의미에서 국가 수준, 지역 수준, 학교 수준의 교육과정은 '공식적', '형식적', '표면적' 또는 '명시적' 교육과정이라고 부를 수 있다.

② 잠재적 교육과정

잠재적 교육과정이라는 개념은 잭슨(Philip Jackson)이 학교의 생태를 연구한 『교실에서의 생활』(1968)이라는 저작에서 사용한 'hidden curriculum'이라는 용어를 우리말로 번역한 것이다. 학교에서의 아동의 생활과 그 생태를 연구한 잭슨에 의하면, 학생은 학교에서 의도적으로 마련된 교육과정을 배우는 동시에 다른 학생과 어울려 지내며 교육과정에는 없지만 학습과 생활에 영향을 미치는 여러 요소를 함께 배우게 된다. 그것은 학교의 물리적 조건, 제도 및 행정조직 그리고 사회적 · 심리적 상황 등으로 말미암아 생성되는 것으로서, '군집(crowd)', '상찬(praise)', '권력(power)'이라는 용어로 요약된다(박천환 외, 2017: 197). 먼저, 군집은 학교의 집단생활을 원만하게 유지하기 위해서는 그에 필요한 정서나 태도, 예컨대 '인내심'과 같은 것을 은연중에 가지게 된다는 것을 의미한다. 다음으로, 상찬은 교사나 친구들로부터 칭찬 또는 벌을 받을 만한 일을 구분하고 거기에 맞게 행동한다는 것을 의미한다. 마지막으로, 권력은 교사의 권위에 순응하고, 또 동료집단에서 힘 있는 학생들에 순응하거나 적응하면서 지내는 법을 알게 된다는 것을 의미한다.

　공식적·표면적 교육과정과 대비해서 볼 때, 이러한 잠재적 교육과정은 다음과 같은 특징이 있다. 첫째, 잠재적 교육과정의 요소들은 교육의 과정에서, 그리고 학교생활을 하는 과정에서 은연중에 배우게 된다는 점, 둘째, 학습의 지적 측면보다는 정의적 측면에 보다 큰 영향을 미친다는 점, 셋째, 각 학교가 지닌 독특한 문화나 풍토와 밀접하게 관련된다는 점, 넷째, 비교적 장기간에 걸쳐서 반복적으로 영향을 미친다는 점, 다섯째, 바람직한 측면뿐만 아니라 그렇지 않은 측면도 포함된다는 점 등이 그것이다(박천환 외, 2017: 193-195). 잠재적 교육과정은 공식적·표면적 교육과정을 가르치고 배우는 동안 학습자는 학교생활을 통하여 잠재적으로 의도되지 않은 학습결과를 가지게 된다는 점을 보여 준다.

③ 영 교육과정

　잠재적 교육과정이 학교의 제반 조건에 의하여 우연적으로 학습하게 되는 내용을 가리키는 데 비하여, '영' 교육과정(the null curriculum)은 학교에서 가르치지 않는 내용이나 교과를 의미한다. 학교에서 가르치지 않는 내용에는 다음의 두 가지가 있을 수 있다. 첫째, 교육과정에 포함되어 있음에도 불구하고, 학교에서 '도외시된 지적 과정', 둘째, 가르칠 가치가 있음에도 불구하고, 학교에서 '가르치고 있지 않은 내용이나 교과'가 그것이다(Eisner, 1979; 이해명 역, 2009: 125). 영 교육과정의 개념을 제안한 아이즈너(Elliot Eisner)에 의하면, 공식적 교육과정을 다루는 학교에서는 인간 정신능력의 다양한 측면 중에서 '인지적인' 측면, '언어적인' 측면을 지나치게 강조하는 것과는 달리, '비인지적', '비언어적' 측면, 예컨대, '시각적', '청각적', '은유적' 측면은 도외시하는 경향이 있다. 그뿐만 아니라, '법률', '직업적 예술', '영화', '커뮤니케이션' 등과 관련된 내용은 가르치고 배울 가치가 있음에도 불구하고, 학생은 접할 기회를 가지지 못한 채 학교를 떠나고 있다(Eisner, 1979; 이해명 역, 2009: 135-140). 영 교육과정이라는 개념을 통하여 아이즈너는 현대의 학교교육과정이 지나치게 전통과 형식에 얽매여 있다는 점, 학교에서 가르치고 있지 않은 교육내용에 보다 관심을 기울일 필요가 있다는 점을 밝히고 있다.

2. 교육과정의 학문적 성격

교육과정의 핵심적 의미가 교육내용에 있다는 점을 고려하면, 교육이 이루어졌던 역사적 시기에는 언제 어디서나 교육과정이 교육프로그램의 형태로 존재했다고 보아야 한다. 가령, 서양교육의 사상적 원천이라고 볼 수 있는 플라톤이 국가론(Republic)에서 제시한 교육과정은 그 전형적 예시에 해당한다. 그에 의하면, 장차 통치자가 될 젊은이들은 17~18세까지는 모두 체육과 음악을 배우게 되고, 그 후 2년 동안 당시의 관례인 에페보스 훈련과 유사한 종류의 신체훈련을 받게 된다. 이 중 높은 수준의 학업이 가능한 젊은이들은 20세에서 30세에 이르기까지 수학(대수, 기학, 천문, 화성학)을 공부한다. 그 후, 지력과 인격이 탁월한 소수의 집단이 30세에서 35세까지 철학을 공부한 후 국가의 정치에 참여하게 된다(Boyd, 1952; 이홍우 외 역, 1994: 51-52).

이와 같이 교육과정의 실제는 교육이 존재했던 시기에는 마찬가지로 존재했다고 볼 수 있다. 그러나 이러한 교육과정의 실제를 하나의 탐구대상으로 간주하고, 그것을 본격적인 이론적 탐구문제로 다루기 시작한 것은 현대에 이르러서이다. 교육철학, 교육사, 교육사회학 등과 같이 교육학의 한 탐구분야로서의 교육과정은 보비트(Franklin Bobbitt)라는 학자가 『교육과정』(1918)을 저술하면서 등장하였다. 보비트는 경영학의 아버지로 불리는 테일러(Frederick Taylor)의 이른바 '과학적 경영의 원리'를 차용하여 학교를 공장을 경영하듯이 효율적으로 관리하고 운영하는 데 관심을 가졌다. 그리하여 그는 '미래 생활의 준비' 또는 '유능한 생활인의 육성'을 목적으로 하고, 이러한 목적을 효율적으로 달성하기 위한 수단으로 교육내용 또는 교과를 선정하는 데 노력을 기울였다(박천환 외, 2017: 29). 학문으로서의 교육과정의 태동을 알린 그의 책은 그 노력의 소산이며, 그 이후 보비트는 『교육과정편성법』(1924)을 통하여 그의 견해를 좀 더 구체화한다. 그 명칭에 명백히 드러나 있듯이, 보비트의 이 저작은 오늘날 교육과정에 관한 일반적 통념, 즉 교육과정은 특정한 목적을 달성하기 위한 프로그램을 마련하는 일이라는 통념의 출발점이자 학문으로서의 교육과정의 한 가지 지향점을 예시한다.

1) 실제적 처방으로서의 교육과정

보비트가 제시하는 한 가지 지향점은 '과학적 교육과정 운동'이라는 용어로 요약된다. 그는 앞의 두 책에서 종래의 교과를 관습적으로 가르치고 배워 왔던 전통을 비판하면서, 교육과정에 관한 '과학적인' 접근방법을 취할 것을 주장한다. 학교를 일종의 공장에 비유하면서, 공장을 운영하는 과학적 경영의 원리를 학교교육의 기본 원리로 차용한 것은 이 때문이다. 보비트에 의하면, 교육과정의 주된 문제는 성인의 생활에 필요한 여러 영역의 경험을 조사하여 어떤 것이 교육목적으로 타당한 것인지, 그 목적을 달성하기 위한 수단으로 어떤 내용이 적절한 것인지를 탐색하는 것이 된다. 이 의미에서의 교육과정을 '실제적 접근' 또는 '실제적 처방'으로서의 교육과정이라고 부를 수 있을 것이다(박천환 외, 2017; 이홍우 외 2003).

실제적 처방의 성격을 지닌 교육과정의 주된 관심사는 교육과정을 개발하고 운영하는 데 필요한 절차나 과정을 상세화하는 데 있다. 타일러(Ralph Tyler)가 『교육과정과 수업의 기본 원리』(1949)에서 한 일은 바로 이것이다. 보비트의 견해를 확대·발전시킨 타일러는 그 저작에서 일체의 교육과정을 개발하고 운영하는 데 필요한 모든 요소를 망라하면서 이른바 '종합적 교육과정 모형'을 제안한다. 그 모형에 의하면, 교육과정의 개발은, 첫째, 교육목표의 설정, 둘째, 학습경험의 선정, 셋째, 학습경험의 조직, 넷째, 학습결과의 평가라는 네 가지 요소 또는 절차로 이루어지며, 각각의 절차에 필요한 원리 또는 지침을 탐색하는 것이 학문으로서의 교육과정이 수행해야 할 주된 과업에 해당한다. 이 네 가지 요소 또는 절차 중 교육목표를 설정하는 일은 다른 모든 절차를 결정하는 '기준'이 된다(Tyler, 1949; 이해명 역, 1987: 57). 이 점에서 교육목표를 설정하는 일은 교육과정 개발에 있어서 핵심적 위치를 차지한다고 말할 수 있다. 타일러의 뒤를 이어서 등장한 블룸(Benjamin Bloom)의 이른바 '교육목표 분류학'(Taxonomy of Educational Objectives)과 메이거(Robert Mager)의 '교육목표의 행동적 진술'이라는 아이디어는 그의 이러한 견해를 상세화한 것이다. 한편, 타일러 모형에 대한 대안을 제시한 것으로 알려져 있는 워커(Decker Walker)의 '자연주의 모형', 비교적 근자에 등장한 위긴스(Grant Wiggins)와 맥타이(Jay McTighe)의 '백워드 교육과정 설계 모형' 또한 궁극적으로는 타일러 모형에

> **워커의 자연주의 모형(naturalistic model):** 교육과정개발에 참여하는 사람들의 자연적, 실제적 기예를 강조하는 모형으로 강령-숙의-설계의 요소로 구성된다. '숙의모형'이라고도 한다.

의존하고 있다는 점에서 실제적 처방으로서의 교육과정의 예시를 보여 준다고 말할 수 있다.

2) 이론적 이해로서의 교육과정

실제적 처방으로서의 교육과정은 교육과정의 개발과 운영에 필요한 절차나 과정을 상세화하는 데 관심이 있다고 말했거니와, 이렇게 개발된 절차나 과정은 현재 교육과정의 문제점을 개선하고 처방하는 데 일차적인 관심을 가진다. 실제적 처방으로서의 교육과정이라는 명칭은 바로 이 점을 가리킨다. 그러나 학문으로서의 교육과정은 교육과정의 개발과 운영에 필요한 지침을 처방하는 데 관심을 가지는 것이 아니라, 현재 시행되고 있는 교육과 교육과정을 '이론적으로' 이해하는 데 관심을 갖는다. 학문으로서의 교육과정이 갖는 이러한 성격을 '이론적 이해로서의 교육과정'이라고 부를 수 있다(이홍우 외, 2003). 과학자는 자연의 다양한 현상, 예컨대 계절은 어째서 변화하는지, 물체는 어째서 위에서 아래로 떨어지는지 등과 같은 여러 현상을 이해하고자 하며, 그 현상들이 일어난 원인을 파악하고자 한다. 과학자는 자연 현상 이면에 들어 있는 원리를 탐구하며, 그 탐구의 결과를 우리는 과학의 법칙이라고 부른다. 이와 마찬가지로, 이론적 이해로서의 교육과정은 현재 시행되고 있는 교육과정의 실제를 탐구해야 할 하나의 현상으로 보고, 교육과정 현상을 탐구한다.

보비트와 타일러, 그들의 견해를 수정·보완한 것으로 볼 수 있는 워커, 위긴스와 맥타이 등이 교육과정을 처방할 목적으로 교육과정 개발과 운영에 필요한 방법적 절차를 마련하는 데 초점을 둔 것과는 달리, 이론적 이해로서의 교육과정은 교육과정의 핵심적 의미에 해당하는 교육내용의 성격과 가치를 규명하는 데 주안점을 둔다. 예컨대, 1960년대 학문 중심 교육과정을 촉발한 브루너(Jerome Bruner)는 『교육의 과정』(1960)에서 교육과정의 핵심 문제는 학교에서 가르치고 배우는 '지식이 어떤 성격의 것인가', 즉 '교과의 성격은 무엇인가'라는 질문에 대답하는 것으로 보고, 그것을 '지식의 구조'(structure of knowledge)라는 개념에 비추어 탐색하고 있다. 그에 의하면, 지식의 구조는 학자들이 지식을 탐구한 결과를 전달하는 '중간언어'(middle language)(Bruner, 1960: 이홍우 역, 2017: 63)가 아니라, 지식 탐구의 과정에서 가지게 되는 '현상을 보는 안목', '사고방식' 등을 의미하며, 이러한 안목과 사고방식은 해당 학문의 일반적 원리나 기본 개념을 통하여 획득된다.

　지식 또는 교과의 성격에 초점을 둔 브루너의 견해와는 달리, 피터스는 교육에서의 자유, 평등, 인간존중 등과 같은 윤리학적 원리의 정당화 문제를 포괄적으로 논의하고 있는 그의 주저『윤리학과 교육』(1966)에서 교육과정의 핵심 문제를 '교육과정의 정당화' 문제로 보고, 칸트의 이른바 '선험적 논의'(transcendental argument)를 차용하여 교육과 교육과정의 가치를 정당화하는 논의를 발전시킨다(Peters, 1966; 이홍우 역, 1980). 한편, 1970~1980년대를 즈음하여 학교 교육과정의 성격을 비판철학이나 사회학적 관점에서 고찰하고자 하는 논의가 등장하기 시작하였다(박천환 외, 2017: 43). 파이너(William Pinar)와 그 동료들은 이러한 논의를 확대하여 교육과정에 대한 관심을 '개발에서 이해'로 전환해야 한다고 촉구하였다. 파이너는 그의 주저『교육과정의 이해』(1995)에서 교육과정의 의미와 성격을 종래와 마찬가지로 '주어진 것', '탈맥락적인 것'으로 볼 것이 아니라, 다양한 관점과 맥락에서 이해될 필요가 있다는 점을 역설한다. 교육과정은 '역사적' 텍스트로 이해되는 것 이상으로, '정치적', '인종적', '젠더적', '현상학적', '포스트모던적', '자서전적', '심미적', '신학적', '제도적', '국제적' 텍스트로 이해되지 않으면 안 된다는 것이다(Pinar et al., 1995). 한편, 최근 들어서 브루너는 종래 교육의 과정에서 제시된 '지식의 구조'에 관한 그의 견해가 '지나친 합리주의의 오류'(Bruner, 1960: 이홍우 역, 2017: 202)를 범하고 있다고 반성하면서, 지식의 획득과 마음의 형성에 있어서 '문화'의 중요성을 재조명하고 있다.『교육의 과정』이후에 저술된『교육의 적합성』(1971),『마음의 작용, 세계의 가능성』(1986),『교육의 문화』(1996) 등 일련의 저작은 문화의 관점에서 새롭게 규정된 지식의 의미와 문화를 통하여 마음이 어떻게 형성되는지를 탐색하고 있다. 특히『교육의 문화』에서 브루너는 인간의 사고양식을 논리 · 과학적 사고로 대변되는 '범형적 사고양식(paradigmatic mode of thought)'과 '서사적 사고양식(narrative mode of thought)'으로 구분하고, 지식은 지식의 구조의 경우에서처럼 고정된 상태로, 탈맥락적으로 획득되는 것이 아니라, 학습자가 처한 사회적 '환경'에 의존하여 맥락적으로 '의미 만들기(meaning making)'를 통하여 획득된다고 말한다. 서사적 사고양식에 입각한 '서사' 또는 '서사적 인식'은 이러한 의미 만들기에 있어서 핵심적인 중요성을 띤다.

Ⅱ 교육과정의 사상적 추이

1. 형식도야와 교과 중심 교육과정

교육의 목적은 인간이 지닌 여러 가지 정신능력을 함양하는 데 있다는 생각은 아마 교육에 관한 가장 소박하면서도 일반적인 신념에 해당한다고 보아도 좋을 것이다. '형식도야'(形式陶冶) 또는 '형식도야이론'은 교육에 관하여 우리가 통상적으로 가지고 있는 이러한 소박한 신념을 반영하고 있다. 그만큼 형식도야이론에 해당하는 생각 또는 견해가 교육의 오랜 역사를 두고 이어져 왔으리라는 것은 충분히 짐작할 수 있다.

형식도야라는 용어를 처음 사용한 사람이 누구인지는 그다지 분명하지 않지만, 한 가지 분명한 것은 17세기 영국의 철학자인 존 로크(John Locke)가 지적 · 정의적 능력 등과 같은 인간 정신능력의 함양을 강조하면서 '정신도야(mental discipline)' 또는 '형식도야(formal discipline)'라는 용어를 사용하였다는 점이다. 이렇게 보면, 형식도야이론은 존 로크 이후에 등장한 교육과정의 이론적 경향을 나타내는 것으로 생각될지 모르지만, 사실은 그렇지 않다. 잘 알려져 있는 바와 같이, 형식도야이론이 기초로 하고 있는 인간 정신 또는 마음에 관한 견해는 아리스토텔레스로부터 이어져 내려온 전통적인 사변 심리학의 관점, 즉 '능력심리학(faculty psychology)'에 기초를 두고 있는 만큼, 그것은 고대 희랍시대 이래로 오늘날까지 오랜 역사를 두고 이어져 왔다고 말할 수 있다.

우선 능력심리학에 의하면, 인간의 정신 또는 마음은 서로 뚜렷이 구분되는 몇 가지 '일반적 능력' 또는 '부소능력(faculties)'으로 이루어져 있다. 지각, 기억, 상상, 추리, 감정, 의지 등과 같은 능력이 바로 그것이다. 이 여섯 가지 능력은 우리의 신체근육이 신체의 여러 부분을 구성하고 있는 것과 유사하게 우리 마음의 특정 부분을 차지하면서 마음 전체를 구성하고 있다. 그리하여 신체를 단련하기 위해서는 각 부분의 근육을 단련해야 하는 것과 마찬가지로, 마음을 단련시키기 위해서는 그것을 구성하고 있는 여섯 가지 마음의 근육(心筋)을 부단히 단련시키지 않으면 안 된다. 기원 4세기 이후 서양 고등교육의 표준 교과로 인정받아 온 이른바 '7자유학과'(seven liberal arts) [문법, 수사학, 논리학(변증법), 대수, 기학, 천문학, 음악(화성학)]는 이러한 마음의 능력을 단련시키는 데 적합한 교과에 해당한다. 예컨대, 수학이나 고전어(특히 문법과 수사학) 는 기억이나 추리력을 단련시키는 데 적합하며, 음악은 감정 그리고 종교, 도덕 및 정 치는 의지를 단련시키는 것과 주로 관련된다는 것이다(이홍우, 2010: 86ff).

　　앞에서 형식도야라는 말을 했거니와, 여기서 '형식'이라는 말은 마음을 구성한다 고 하는 여섯 가지 부소능력이 가지고 있는 특징을 나타낸다. 예컨대, 부소능력 중 하나인 기억력은 기억되는 구체적인 내용과 무관한 일반적·형식적 특징을 지니 고 있으며, 정신능력을 함양한다는 것은 곧 형식적 능력으로서의 기억력 등을 함양 하는 것을 뜻한다. 수학이나 고전어 등이 기억이나 추리력을 단련시키는 데 적합한 것은 그것이 기억이나 추리력 같은 '형식'을 단련시키는 데 적합하다는 것을 의미한 다. 한편, '도야'라는 것은 형식적 능력으로서의 기억력을 함양하는 구체적인 방법을 지칭한다. 즉, 도야가 지칭하는 교육의 방법은 근육을 반복적으로 단련하듯이, 교과 를 반복적으로 연습함으로써 지각, 기억, 상상력 등을 단련시킨다는 것을 의미한다. 요컨대, 형식도야이론에 의하면 교육의 목적은 마음을 이루는 다양한 부소능력을 함양하는 데 있으며, 그러한 부소능력을 함양하기 위해서는 7자유학과와 같은 전통 적인 교육내용을 반복적인 연습을 통하여 가르치고 배우지 않으면 안 된다.

　　20세기 이전의 전통적인 교육과정을 지칭하는 '교과 중심 교육과정'은 이와 같은 의미에서의 형식도야이론에 기초하고 있다. 그러므로 교과 중심 교육과정에서의 교과는 학교에서 가르치고 배우는 교육내용을 일반적으로 지칭하는 이름이 아니 라, 부소능력과 같은 일반적이고 형식적인 마음의 능력을 도야하는 데 적합한 교육 내용을 지칭하는 것으로 이해될 필요가 있다. 표면상으로 보면, 현대에 와서 형식도 야이론을 주장하거나 그것에 기초한 교과 중심 교육과정을 주창한 경우는 쉽게 찾 아보기 어렵다. 그러나 예컨대 20세기 중반 미국에서 발간된 "자유 사회에서의 일 반교육"[3]이라는 그 유명한 하버드 보고서는 표면상 자취를 감춘 형식도야이론이 현 대 사회에서 어떤 형태로 등장하는지를 잘 보여 준다. 고대 희랍시대의 교육의 이상

---

3) *General Education in a Free Society: Report of the Harvard Committee.* Oxford University Press. 1946.

인 자유교육을 현대적 관점에서 해석한 것으로 볼 수 있는 하버드 보고서에 의하면, 자유교육은 '효과적인 사고능력'(논리적 사고능력, 관련적 사고능력, 상상적 사고능력을 포함하는 사고능력), '의사소통능력', '적합한 판단능력', '가치분별능력' 등 몇 가지 마음의 능력과 태도를 개발하는 것을 목적으로 하고 있으며, 이 목적을 달성하기 위해서는 '자연과학', '인문학', '사회과학'의 세 영역에 속하는 몇 가지 지식의 형식(forms of knowledge)을 가르치고 배우지 않으면 안 된다. 언뜻 보기에는 하버드 보고서에 제시된 교육의 개념이 형식도야이론과 하등 관련이 없는 것으로 생각될지 모른다. 그러나 그 보고서에는 지각, 기억, 상상, 추리 등과 같은 부소능력을 지칭하는 이름이 논리적 사고능력, 의사소통능력, 가치분별능력 등과 같은 보다 현대적인 용어로 바뀌어 있을 뿐, 형식도야이론과 동일한 사고방식이 명백히 드러나 있다. 말하자면, 자연과학, 인문학, 사회과학에 속하는 몇 가지 지식의 형식을 가르치고 배우면 우리 마음을 구성하는 몇 가지 마음의 능력이 개발될 수 있다는 것, 이렇게 개발된 마음의 능력은 다양한 사태에 일반적으로 전이될 수 있다는 것이다.[4]

하버드 보고서에 나타난 이러한 생각은 교육에 관한 우리의 일상적 통념을 반영하고 있으며, 우리의 일상적 통념이 얼마나 형식도야이론에 근접해 있는지를 잘 보여 준다. 그러나 형식도야이론은 20세기 초엽 과학적 심리학을 주창하면서 전통적인 사변 심리학의 주장을 비판적으로 검토한 윌리엄 제임스(W. James)나 손다이크(E. L. Thorndike)의 '전이실험'에 의하여 부정된다. 능력심리학 또는 능력심리학에 기초를 둔 형식도야이론에 의하면, 교과를 통해서 도야된 정신능력(부소능력)은 일반적 · 형식적 성격을 띠고 있으며, 그런 만큼 그것은 해당 교과 이외의 다른 교과를 공부하는 데뿐만 아니라 일상생활의 다양한 사태에 일반적으로 적용될 수 있다. 이것을 소위 '일반적 전이'라고 부른다. 제임스는 형식도야이론의 이러한 주장이 맞다면, 기억하는 훈련을 하고 나면 더 쉽고 빠르게 기억할 수 있어야 한다고 생각하고,

---

4) 허스트는 하버드 보고서에 제시된 자유교육의 개념을 이러한 관점에서 비판적으로 고찰하면서 현대적 의미에서의 자유교육의 개념은 '마음의 능력'을 거점으로 규정될 것이 아니라 '지식의 형식'의 개념을 중심으로 재규정될 필요가 있다고 말한다. 이 점에 관해서는 Hirst(1965). Liberal Education and the Nature of Knowledge, R. D. Archambault(ed.), *Philosophical Analysis and Education*, R. K. P.: 113–138을 참조하라.

자신을 실험대상으로 하여 이 주장을 과학적으로 검증하였다. 그는 먼저 시 158행을 외우는 데 약 132분이 걸린다는 것을 알고, 밀턴(J. Milton)의 실낙원 1권 전체를 38일에 걸쳐 외우는 훈련을 수행하였다. 이 훈련 이후, 다시 시 158행을 외우는 데 걸리는 시간을 측정한 결과 약 151.5분이 걸리는 것을 알았다. 제임스가 보기에 기억 훈련을 한 결과 시를 외우는 데 걸리는 평균시간은 오히려 늘었으며, 따라서 훈련을 통하여 기억력이 단련된다는 것, 그 기억력이 다른 사태에 '전이'된다는 것은 잘못이라는 것이다. 한편, 제임스의 뒤를 이어서 손다이크는 1924년 형식도야이론의 근거를 완전히 부정하는 독창적인 연구결과를 발표하였다. 그는 형식도야이론에서 중요시되는 교과, 예컨대 역사, 기하, 라틴어 등을 배운 학생과 부기, 속기, 타자 등과 같은 실용적 교과 또는 직업교과를 배운 학생을 집단별로 구분하여 약 1년을 전후하여 동일한 형태의 지능검사를 실시하였다. 그 결과, 전통적 교과를 공부한 학생과 실용적 교과를 공부한 학생 사이의 지력에는 유의미한 차이가 없었다(이홍우, 2010: 91-92). 요컨대, 제임스와 손다이크 등에 의하여 등장하고 발전하기 시작한 과학적 심리학에 의하여 능력심리학 그리고 그것에 기초한 형식도야이론은 그 주장의 타당성을 의심받게 되었으며, 이에 따라 전통적인 교과 중심 교육과정 또한 점차 그 이론적 근거를 상실하게 되었다.

2. 실용주의와 경험 중심 교육과정

　과학적 심리학의 등장은 형식도야이론과 교과 중심 교육과정의 이론적 기반을 무너뜨리는 데 결정적인 역할을 하였지만, 다른 한편으로 과학적 심리학의 영향하에 그것과 거의 동시대에 등장한 존 듀이(J. Dewey)의 이른바 '실용주의(pragmatism)' 또는 '진보주의(progressivism)' 철학은 전통적인 교과 중심 교육과정을 대체할 새로운 이론적 동향을 견인하였다. 그의 실용주의 철학을 집약적으로 표현한 것으로 알려져 있는 『민주주의와 교육: 교육철학 개론』(1916)에서 듀이는 교육을 '경험의 계속적인 재구성'으로 규정하면서, '경험'의 개념을 교육과 교육이론의 핵심으로 제시한다.

　듀이에 의하면, '경험'(experience)은 능동적 요소와 수동적 요소의 특수한 결합으로 이루어져 있다. 경험의 능동적 요소는 개인 또는 주체가 바깥의 환경에 대하여 무엇인가를 '해 보는 것'을 뜻하는 반면, 경험의 수동적 요소는 바깥의 환경으로부터 주체가 '당하는 것'을 뜻한다. 경험은 이 두 요소, 즉 능동적으로 해 보는 것과 수동적으로 당하는 것 사이의 특수한 결합을 의미하며, 양자가 어떤 방식으로 결합되는가에 따라 경험의 성과 또는 가치가 달라진다. 예컨대, 한 '아이가 손가락을 불에 집어넣는 것 자체는 경험이 아니다. 그 동작이 그 결과로서 아이가 당하는 고통과 연결될 때 경험이 된다. 이렇게 될 때, 손가락을 불에 집어넣은 것은 곧 화상을 의미하는 것이다'(Dewey, 1916; 이홍우 역, 1987: 219). 결국 경험 또는 경험으로부터 배운다는 것은 우리가 사물에 대하여 실험하는 일과 그 결과로 사물로부터 당하는 일(배우는 일) 사이의 관련을 알게 된다는 것을 의미한다. 듀이에 의하면, 이와 같이 개인을 둘러싼 환경이나 사물에 대하여 우리가 하는 일과 그 결과로 일어나는 일 사이의 관련을 파악하는 것이 곧 '반성적 사고'(reflective thinking)이다(Dewey, 1916; 이홍우 역, 1987: 227). 흔히 듀이가 제시했다고 하는 이른바 '사고의 5단계(① 문제의 인식, ② 가설의 설정, ③ 현사태의 조사, ④ 가설의 정련, ⑤ 가설의 검증)'는 이 의미에서의 반성적 사고를 그 주요 절차에 따라 구분한 것에 해당한다.

듀이에 의하면, 학습 또는 교육은 이 의미에서의 경험과 동의어이다. 경험의 개념에 이미 시사되어 있는 바와 같이, 우리가 환경에 대하여 무엇인가를 해 보고 모종의 결과를 얻고자 한다는 것은 곧 우리가 삶의 사태에서 부딪히는 문제, 즉 실제적 문제를 해결하고자 한다는 것을 의미한다. 그리고 이 경우에는 반드시 우리 자신의 '관심' 또는 '흥미(interest)'가 작용한다. 듀이가 보기에 전통적 교육에서 중요시된 '지식'은 그 자체로 중요성을 지니는 것이 아니라 우리가 당면한 실제적 문제 사태를 해결하는 수단으로 작용할 때 비로소 의미를 지닌다. 형식도야이론에 기초한 교과 중심 교육과정과 비교해 보면, 교과의 중요성은 일반적 정신능력을 도야하는 데 있는 것이 아니라 개인이 관심과 흥미를 가진 실제적 문제를 해결하기 위한 수단이 된다는 데 있다. 듀이의 철학을 실용주의라고 말할 때, '실용'에 해당하는 희랍어 pragma(동사형 prassein)는 '일' 또는 '하는 것'을 뜻하며, 이말인즉 실제적 문제를 해결한다는 것을 의미한다.

경험 중심 교육과정과 그것의 변형에 해당하는 생활 중심 교육과정은 듀이의 이러한 철학적 관점을 교육과정의 실제에 적용한 결과에 해당한다. 1920년대에서 1950년대에 이르기까지 미국에서 활발하게 진행된 교육과정의 '과학적 연구'와 그 결과는 경험 중심 교육과정의 전형을 잘 보여 준다. 듀이의 견해에 직접 시사되어 있듯이, 그의 이론을 교육과정에 관한 견해로 번역할 때 가장 먼저 해야 할 일은 아동이 성인이 되었을 때 종사하게 되는 사회적 활동을 영역별로 구분하고, 모든 사람의 공통적 관심사에 해당하는 '항상적인 생활사태'를 분석하는 것, 이러한 분석에 기초하여 구체적인 교육목표와 교육내용을 선정하고 그것을 아동의 수준에 맞게 배정하는 것이다. 앞에서 언급한 보비트가 『교육과정』과 『교육과정 편성법』에서 한 일은 바로 이것이다. 여기서 그는 성인의 활동영역, 언어 활동, 건강 활동, 시민 활동, 사교 활동, 여가 활동, 지적 활동, 종교 활동, 결혼과 자녀 양육, 직업 이외의 실제적 활동, 직업 활동의 열 가지로 분석하였다. 이와 유사하게, 스트라트메이어(F. B. Stratemeyer) 등은 1940년대 후반 성인이 겪게 되는 항상적 생활사태를, 첫째, 개인 능력의 성장을 요구하는 사태, 둘째, 사회적 참여의 성장을 요구하는 사태, 셋째, 환경적 요인 및 세력을 다루는 능력의 성장을 요구하는 사태의 세 가지로 구분하고 각각의 사태에서 청소년이 갖추어야 할 요소를 열거하였다. 첫째, 건강, 지력, 도덕적 선택의 책임, 심미적 표현과 감상, 둘째, 개인 간의 관계, 집단 내 관계, 집단 간 관계, 셋째, 자연현상, 기계공학적 현상, 경제사회정치 구조와 세력 등 열 가지가 그것이다(이홍우, 2010: 98ff).

타일러가 『교육과정과 수업의 기본원리』에서 제안한 이른바 '종합적 교육과정 모형' 또는 '목표 모형'은 경험 중심 교육과정 또는 생활 중심 교육과정의 실제를 안내하기 위한 형식적인 이론적 틀에 해당한다. 타일러는 위 저작에서 교육과정과 수업의 기본원리를 교육목표의 설정, 학습경험의 선정, 학습경험의 조직, 학습결과의 평가라는 네 가지 요소로 요약하고, 교육과정을 개발하고 설계하는 일을 [그림 5-3]과 같이 이 네 요소 사이의 순환과정으로 설명한다.

[그림 5-3] 타일러의 교육과정 모형

1) 교육목표의 설정

타일러의 교육과정 모형에서, 교육목표는 그 이후의 모든 교육과정 요소를 결정하는 기준의 역할을 한다(Tyler, 1949; 이해명 역, 1987: 9). 그의 모형을 흔히 '목표 모형'이라고 부르는 것은 이 때문이다. 타일러에 의하면, 교육목표를 설정하는 문제는 '선택'의 문제이며, '가치관'의 문제이기 때문에 교육목표를 올바르게 설정하기 위해서는 다양한 정보가 필요하다. 그 정보의 원천으로 타일러는 다음의 다섯 가지를 제시한다. 학습자에 관한 사실, 사회에 관한 사실, 교과 전문가의 견해, 철학, 학습심리가 그것이다. 먼저, 교육목표를 설정하기 위해서는 학습자의 필요(need)와 흥미를 조사하여야 하며, 다음으로 현대 사회에서 중요한 당면 문제가 무엇인지도 조사할 필요가 있다. 또한 각 교과전공자의 견해도 경청하여야 한다. 모든 학생이 특수한 교과 전문가가 될 필요가 없는 이상, 일반 시민에게 도움이 되는 교과의 목표를 알아볼 필요가 있다는 것이다. 그런 다음, 이들 세 가지 원천에서 도출된 다양한 목표는 '교육철학'과 '학습심리'라는 체에 의하여 걸러져야 한다.

교육철학은 행복한 생활을 위해 중요한 가치는 무엇인지, 일반 시민 교육과 직업교육 중 무엇을 목표로 할 것인지 등에 관한 대답을 제시해 준다. 한편, 학습심리는 특정한 교육목표가 특정한 연령대에서 달성 가능한 것인지, 각 학년별로 적합한 교육목표는 무엇인지 등을 알려 준다. 이와 같이 선정된 교육목표는 '내용'과 '행동'을 동시에 표시하도록, 말하자면 내용과 행동이 이원적으로 표시되도록 진술되어야 한다(이것을 흔히 '이원목표진술'이라고 부른다). 예컨대, '영양의 원리를 이해한다'에서의 '이해'와 같이 학습자의 행동변화를 표시하는 '행동' 영역과 '영양의 원리'와 같이 그 행동이 적용되는 구체적인 '내용' 영역이 교육목표 진술에 반드시 포함되어야 한다는 것이다.

2) 학습경험의 선정

교육목표를 이와 같은 원천에 비추어 선정한 다음, 그 목표를 달성하는 데 필요한 학습경험을 선정할 필요가 있다. 타일러에 의하면, 학습경험은 다음과 같은 다섯 가지 기준에 비추어 선정된다. 기회, 만족, 경험의 가능성, 다양한 학습경험의 활용,

학습결과의 다양성이 그것이다(Tyler, 1949; 이해명 역, 1987: 60-62). 첫째, 선정되는 학습경험은 학습자에게 경험될 수 있는 기회가 제공될 필요가 있다. 둘째, 학습경험은 학습자에게 만족을 주는 경험이어야 한다. 셋째, 그것은 학생이 현 수준에서 경험될 가능성이 있어야 한다. 넷째, 특정한 교육목표를 달성하는 데는 다양한 학습경험이 활용될 필요가 있다. 다섯째, 모든 학습경험은 하나 이상의 학습결과를 가져오는 만큼, 이 점에 유의할 필요가 있다.

3) 학습경험의 조직

교육과정 개발과 설계의 셋째 요소는 학습경험의 조직이다. 타일러는 우선 학습경험의 조직의 기준으로 '계속성(continuity)', '계열성(sequence)', '통합성(integration)'을 들고 있다(Tyler, 1949; 이해명 역, 1987: 77). 계속성은 학습경험의 시간적 순서에 따른 수직적 조직 원리로서, 시간적 추이에 따라 반복적으로 학습경험을 제공해야 한다는 원리를 나타낸다. 계열성은 계속성과 마찬가지로 수직적 조직 원리이

> **광역교육과정**: 일반사회 등과 같이 정치, 경제, 역사, 지리, 문화 등을 어떤 주제나 원리를 중심으로 넓게 통합하여 구성한 교육과정.
> **중핵교육과정**: 중핵과정과 주변과정이 동심원적으로 조직된 교육과정. 학습자가 관심을 가지는 문제나 사회적 쟁점 등이 중핵이 되고, 이와 관련된 내용을 주변과정으로 조직.

지만, 계속성과는 달리 학습경험의 폭과 깊이가 심화되어 조직되어야 한다는 원리를 나타낸다. 통합성은 학습경험의 공간적 관계를 나타내는 수평적 조직 원리로서, 학습경험들 내의, 학습경험들 간의, 학습경험과 생활 사이의 균형과 조정이 필요하다는 것을 의미한다. 타일러에 의하면, 학습경험을 조직하는 주요 요소는 개념, 가치, 기술/능력/습관이며, 이 요소를 중심으로 학습경험은 계속성과 계열성, 통합성에 따라 조직될 필요가 있다. 학습경험을 조직하는 주요 단위로는 '광역교육과정(broad field curriculum)', '중핵교육과정(core curriculum)', 특정한 주제나 토픽 중심의 조직 단위가 있을 수 있다.

4) 학습경험의 평가

교육과정 개발과 설계의 마지막 요소는 학습경험의 평가이다. 평가란 학생의 행동변화에 관한 믿을 만한 증거를 수집하는 활동을 의미하는 것으로서, 평가과정은

곧 교육목표의 달성 정도를 증거에 입각하여 확인하는 과정에 해당한다. 그러므로 학습경험의 평가는 학습이 일어나기 이전의 '사전평가'와 일정 기간의 학습 이후의 '사후평가' 등 최소 두 차례 이상 이루어질 필요가 있으며, 가급적 '추수연구(follow up study)'도 수행될 필요가 있다. 평가도구로는 '지필검사', '면접법', '관찰법', '질문지법' 등 학생의 행동변화를 지시하는 다양한 도구를 활용할 수 있다. 이러한 평가도구는 다음과 같은 세 가지 조건을 갖추어야 비로소 합당한 도구로 활용될 수 있다. 객관도(objectivity), 신뢰도(reliability), 타당도(validity)가 그것이다(Tyler, 1949; 이해명 역, 1987: 105). 객관도는 결과를 집계하는 방법의 객관성을 뜻하는 것으로서, 서로 다른 사람이 평가할 경우에도 동일한 결과가 도출되어야 한다는 것을 뜻한다. 신뢰도는 표집된 행위의 객관성을 뜻하는 것으로서, 평가자료의 표집이 얼마나 믿을 만한 것인가를 나타낸다. 타당도는 평가도구가 평가하고자 하는 행위에 대한 자료를 실지로 제시하는가의 여부를 나타낸다.

3. 지식의 구조와 학문 중심 교육과정

교육과정에 관한 한 가지 사고의 틀로서의 학문 중심 교육과정은 브루너(J. S. Bruner)의 『교육의 과정』에 제시되어 있는 아이디어에 입각해 있다. 1960년 발간된 『교육의 과정』은 미국 교육과정 개혁 운동의 일환으로 1959년 9월 미국 우즈호울에서 개최된 초·중등학교 과학교육 개선방안 협의 세미나의 결과를 담은 보고서의 성격을 지니고 있다. 우즈호울 회의와 『교육의 과정』 발간은 1957년 소련의 스푸트니크호 발사로 촉발된 미국의 국가적 위기의식이 그 계기가 되었다고 볼 수 있지만, 근본적으로는 1950년대 말까지 미국 교육의 주류를 이루고 있었던 경험 중심 교육과정 그리고 그것의 말단적 변형에 해당한다고 볼 수 있는 생활 중심 교육과정에 대한 반성으로부터 비롯된 것이라고 보는 편이 타당하다. 학문 중심 교육과정의 출현은 생활의 문제 이상으로 학교에서 학생에게 가르쳐야 할 '교육 내용'이 무엇인가에 관한 관심을 기화로 한다고 할 수 있다. '지식의 구조'는 그러한 관심을 집약적으로 표현하며, '나선형 교육과정'과 '발견학습'은 각각 지식의 구조의 조직 원리와 학습의 원리를 제시한다.

우즈 홀 회의(Woods Hole Conference)
매사추세츠주 Cape Cod에서 약 10일간 35명의 학자가 참여하여 브루너가 의장을 맡았으며, 5개의 work group이 과학의 본질과 탐구방법에 관하여 검토함.

'지식의 구조(structure of knowledge)'는 우즈호울 회의 참석자들이 교과를 교과답게 가르치는 사태를 설명하기 위하여 도입한 용어이다. 그들이 보기에, 종래 교육의 문제는 교과를 가르칠 때 학생으로 하여금 해당 교과와 관련된 학문 분야에 종사하는 학자들과 동일한 일을 하도록 하는 것이 아니라, 교과의 '중간언어(middle language)'를 가르치고 있다는 데 있었다. 학교에서 학생에게 가르쳐야 할 것은 물리학자가 물리 현상을 탐구할 때 하는 생각 그 자체임에도 불구하고, 종래의 교육에서는 물리학자가 탐구를 수행한 결과만을 전달하고 있다는 것이다. 『교육의 과정』에 제시되어 있는 '지식의 최전선에서 새로운 지식을 만들어 내는 학자들이 하는 것이나 초등학교 3학년 학생이 하는 것을 막론하고 모든 지적 활동은 근본적으로 동일하다'(Bruner, 1960; 이홍우 역, 2017: 63)는, 언뜻 생각하기에 쉽게 납득하기 어려운 이 주장은 '지식의 구조'라는 용어를 도입함으로써 그들이 의도했던 바를 분명히 보여 준다. 교과로서의 물리학을 가르치고 배우는 사태는 물리학자가 사물이나 현상을 탐구하는 사태와 성격상 다른 것이 아니다. '지식의 구조'를 가르친다는 것은 물리학을 탐구하는 물리학자가 그것을 탐구할 때 사용하는 독특한 '개념'과 '탐구방법'을 가르치는 것을 의미하며, 그럼으로써 여타의 학문과는 구분되는 물리학 그 자체가 가지고 있는 고유한 사고체계를 가르치는 것을 의미한다.

'나선형 교육과정(spiral curriculum)'은 학문과 교과의 관련을 강조하는 입장에서 교육내용을 조직, 구성하고 학생에게 가르치는 방안을 강구하고자 할 때 그 핵심적 특징을 가리키는 개념이다. 그것은 교육내용을 조직하고 구성하는 데 적용되는 어떤 구체적인 방법이나 지침이라기보다는, '지식의 구조'를 교육내용으로 하는 교육과정의 구성원리를 표현한 것에 해당한다. 말하자면 그것은 학습자의 발달 단계에 맞추어 단계적으로 심화 · 확장되는 형태로 교육과정을 조직하되, 각 학문의 근본적 요소로서의 구조의 동일성이 유지될 것을 요청한다. 브루너가 피아제(J. Piaget)의 인지발달이론을 바탕으로 제시한 구조의 세 가지 표현양식, 즉 '작동적 표현(enactive representation)', '영상적 표현'(iconic representation)', '상징적 표현(symbolic representation)'은 이와 관련하여 중요한 의미를 지닌다. 작동적 표현은 지식의 핵심 아이디어를 동작으로 표현하는 것이며, 영상적 표현은 영상이나 이미지의 형태로, 상징적 표현은 추상적인 상징적 체계로 표현하는 것을 의미한다. 이렇게 보면, 이 세 가지 표현은 학습자의 발단 단계를 반영한 것으로 볼 수 있으며, 그 표현양식을 학습함으로써 지식의 구조를 학습하게 된다고 말할 수 있다.

'발견학습(discovery learning)' 또는 '탐구학습(inquiry learning)'은 지식의 구조를 학습하는 교육방법상의 원리를 지칭한다. 표면상으로 보면, '발견' 또는 '탐구'라는 명칭은 지식 또는 교과를 학습할 때, 교사의 적극적 개입을 최소한으로 하거나 부정하는 것으로 보일 수도 있다. 그러나 그것은 교사의 개입 여부 등과 같은 수업의 외부적 특징을 지칭하는 것이 아니다. 지식의 구조를 가르치고 배우는 방법적 원리로서의 발견학습은 뜻도 모르는 상태에서 교과서에 제시된 개념이나 원리를 줄줄 외는 사태는 올바른 교육사태가 아니라는 것, 개념이나 원리를 가르치되 '그 원리가 학생들에게 이해될 수 있도록, 그것을 이해하는 수단을 곁들여서 가르쳐야 한다'(이홍우, 2010: 79)는 아이디어를 나타낸다. 이때 비로소 학습자는 브루너가 말한 이른바 '발견의 희열'을 느끼게 된다(Bruner, 1960; 이홍우 역, 2017: 73).

영국의 교육철학자인 피터스(R. S. Peters)는 브루너와 동일하게 학문의 중요성을 강조하면서도, 그와는 달리 지식 또는 교과의 가치 문제를 규명함으로써 학문 중심 교육과정의 아이디어를 보다 심화·확장하는 데 기여하였다. 피터스는 그의 주저 『윤리학과 교육』(1980)에서 교육의 세 가지 '개념적' 기준을 제시한다. 규범적 기준, 인지적 기준, 과정적 기준이 그것이다. 규범적 기준은 교육은 그 자체로 가치 있는 것을 가르치고 배우는 활동이라는 점을 나타내고, 인지적 기준은 교육은 그 자체로 가치 있는 지식과 이해를 가르치고 배운다는 것을 의미하며, 방법적 기준은 지식과 이해를 가르치되 '도덕적으로 온당한' 방법으로 가르치고 배우지 않으면 안 된다는 것을 의미한다. 이 점에서 제한된 지식이나 기술을 반복적으로 연습하도록 하는 '훈련(training)'이나, 지식이나 신념을 학습자의 자발성과 무관하게 익히도록 하는 '교화(indoctrination)'는 올바른 의미에서의 교육이 될 수 없다.

피터스는 교육의 인지적 기준이 그 자체로 가치 있는 지식과 이해라고 말하였거니와, '지식과 경험의 여러 양식(modes of knowledge and experience)' 또는 '지식의 여러 형식(forms of knowledge)'은 그러한 지식과 이해의 구체적인 내용이 무엇인지를 보여 준다. 그에 의하면, 지식의 형식은 인간 경험을 독특한 '개념'과 객관적 '검증방법'에 의거하여 분류한 것으로서, 첫째, 형식논리학과 수학, 둘째, 자연과학, 셋째, 자기 자신과 다른 사람의 감정에 관한 이해, 넷째, 도덕적 판단, 다섯째, 심미적 경험, 여섯째, 종교적 주장, 일곱째, 철학적 이해로 분류될 수 있다. 이러한 일곱 가

지 지식의 형식은 인류가 누적적으로 발전시켜 온 문화유산의 총체로서, 학교교육
과정은 이들 지식의 여러 형식을 주된 내용으로 삼고 있다. 피터스가 제안하고 확립
한 이른바 '선험적 정당화 논의(transcendental argument)'는 학교 교과로서의 지식의
형식의 가치를 정당화하는 특이한 논의방식을 가리킨다. 선험적 정당화 논의에 의
하면, '왜 지식의 형식을 추구해야 하는가' 또는 '어째서 지식의 형식이 가치가 있는
가'를 묻는 질문은 '지식의 형식을 추구하는 일'과 '합리적으로 정당화화는 일' 사이
의 논리적 상호관계에 의하여 대답될 수 있다는 것이다(Peters, 1980; 이홍우 역, 1980:
99-102). 말하자면, 지식의 형식을 추구한다는 것은 세계가 어떻게 되어 있는지, 왜
그렇게 되어 있는지에 대한 대답을 추구하는 것이며, 이것은 그 자체로 '합리적으로
정당화하는 일'에 해당한다. 피터스의 이러한 정당화 논의는 지식의 형식의 추구와
합리적 정당화 사이의 논리적 관련에 의하여 교과 또는 교육과정을 정당화한다는
점에서 공허한 '형식적' 정당화라는 비판을 받기도 한다. 그러나 그 논의는 또한 경
험 중심 교육과정 또는 생활 중심 교육과정에서 교육의 가치가 개인적 · 사회적 유
용성에 비추어 설명될 때의 한계를 극복해 준다는 점에서 의의가 있다.

4. 수행능력과 역량 중심 교육과정

현대적인 의미에서의 '역량(competency)'의 개념이 처음 등장한 것은 1970년대 초
사회심리학자인 맥클랜드(David McClelland)의 '지능검사에서 역량검사로(Testing
for competence rathe than intelligence)'(1973)라는 글에서이다(소경희, 2007: 4). 이 글
에서 맥클랜드는 지능에 대한 평가는 직업수행이나 성공적인 삶을 올바르게 예언
하지 못한다고 주장하고, 전통적인 의미의 지능검사보다는 개인이 수행하는 직무
에서 실제의 성과로 나타나는 역량검사가 더 의미 있다는 견해를 제시한다. 이후 역
량의 의미는 다양한 관점에서 논의되어 왔지만, 그것은 일반적으로 '효과적인 직무
수행과 인과적으로 관련되어 있는 개인의 내적 특성'으로 규정될 수 있다(Spencer &
Spencer, 1993; 소경희, 2007: 4). 이러한 내적 특성에는 '지식', '기술'과 같은 가시적인
것도 있는 반면, '자아개념', '특질', '동기'와 같은 비가시적인 것도 포함되며, 가시적
인 역량에 비하여 이들 비가시적인 역량이 직무수행에 중요한 역할을 한다.

역량의 개념이 직업에서의 업무수행 능력이라는 한정된 의미에서 벗어나서 일반

적인 삶의 질과 관련하여 보다 폭넓은 의미를 가지게 되었고, 교육에 본격적인 영향을 미치게 된 계기는 1997년부터 2003년까지 진행된 OECD의 DeSeCo(Defining and Selecting of Competencies) 프로젝트이다(OECD, 2002). DeSeCo 프로젝트는, 그 명칭에서 곧바로 시사되듯이, 역량을 인간 삶 전체를 규정하는 넓은 개념으로 파악하고 모든 사람이 갖추어야 할 핵심역량을 선정하고 정의하는 것을 핵심과제로 삼았다. 그리하여 그 프로젝트에 의하면, 역량은 '특정한 맥락의 복잡한 사회적 요구를 지식, 인지적 기술 및 실천적 기술 그리고 태도, 감정, 가치 및 윤리, 동기 등과 같은 사회적·행동적 요소를 활용하여 충족시키는 능력'을 의미한다. DeSeCo 프로젝트에서는 이러한 능력 중에서 인간의 삶에 필수불가결한 것을 '핵심역량(key competencies)'으로 규정하고, 핵심역량의 범주를 크게 '사회적 상호작용 능력', '자율적 행동 능력', '도구활용 능력'으로 구분하였다(소경희, 2007: 4).

이와 같이 역량의 개념은 직무를 성공적으로 수행하는 능력으로 규정하는 데서부터 사회적 삶의 요구를 충족시키는 능력으로 그 의미가 확장되어 온 것은 분명하지만, 구체적인 사회적 상황에서 당면하는 문제를 해결하는 능력, 즉 '수행(perfomance)'의 능력을 강조한다는 점에서 '경험'의 개념과 유사한 성격을 지닌다고 할 수 있다. 양자에 차이가 있다면 경험이 그러한 문제사태를 통해서 당사자에게 전달되는 의미에 초점이 있다면, 역량은 그러한 의미가 외부사태, 즉 사회적 맥락으로 실천되는 데 초점이 있다.

> **범교육과정(cross-curricula)**
> 개별 교육과정, 또는 개별 교과를 넘어서는, 따라서 개별 교과들을 가로질러서 다룰 수 있는 주제나 문제를 중심으로 구성된 교육과정. 유사 용어로는 '범교과', '범교과교육과정', '범교과학습', '범교과학습주제(cross-curricular learning themes)' 등이 있음.

역량의 개념에 관한 다양한 연구와 DeSeCo 프로젝트 등의 영향으로 주로 2000년대 이후 호주, 뉴질랜드, 캐나다 등 여러 나라에서는 미래 사회에 대비하기 위한 교육개혁의 방안으로 '역량 중심 교육(competency-based education)' 또는 '역량 중심 교육과정(competency-based curriculum)'을 본격적으로 추구하기 시작하였다. 예컨대, 캐나다 퀘벡주에서는 2001년 이후 교육의 목적을 다양한 역량의 개발에 두고, 이들 역량을 개발하기 위한 여러 학습 사이의 연계를 강조한 교육과정을 개발하여 운영하였다. 퀘벡주에 따르면, 교육과정의 구성요소는 크게 '범교육과정적 역량', '광범위한 학습영역', '교과영역' 등 세 가지로 구분되며, 이들 세 요소 사이의 상호의존적 관계에 의하여 다양한 역량이 개발되도록 되어 있다.

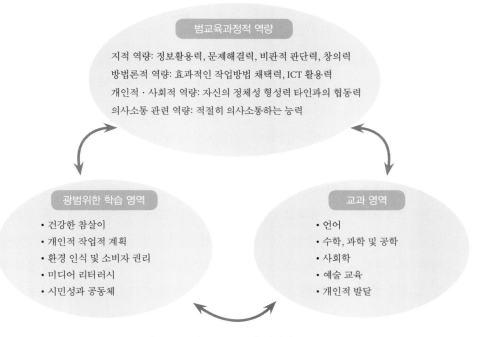

지적 역량: 정보활용력, 문제해결력, 비판적 판단력, 창의력
방법론적 역량: 효과적인 작업방법 채택력, ICT 활용력
개인적 · 사회적 역량: 자신의 정체성 형성력 타인과의 협동력
의사소통 관련 역량: 적절히 의사소통하는 능력

범교육과정적 역량

광범위한 학습 영역
• 건강한 참살이
• 개인적 작업적 계획
• 환경 인식 및 소비자 권리
• 미디어 리터러시
• 시민성과 공동체

교과 영역
• 언어
• 수학, 과학 및 공학
• 사회학
• 예술 교육
• 개인적 발달

[그림 5-4] 퀘벡주 교육과정의 구조

출처: Ministry of Education, 2001: 8 인용, 소경희, 2007: 16.

한편, DeSeCo 프로젝트 이후 OECD의 교육정책위원회(EDPC)는 2015년부터 그 후속 연구라고도 할 수 있는 Education 2030 프로젝트에 착수하였다(OECD, 2018). 인간의 삶에서 반드시 요청되는 역량이 무엇이고, 그것의 의미가 무엇인지를 규정하는 것을 목적으로 한 DeSeCo 프로젝트와는 달리, Education 2030 프로젝트는 '역량의 교육'에 초점을 두고 있는 작업으로서, 미래 사회에 대한 분석을 바탕으로 2030년을 살아갈 학생에게 필요한 역량이 무엇인지를 탐색하고, 그것을 어떻게 가르칠 것인지에 대한 개념적인 틀을 제시함으로써 교육개혁의 토대를 마련하는 것을 목적으로 하고 있다. 우리나라는 약 29개국이 참여하는 Education 2030 프로젝트의 주관 국가 코디네이터로서, 대표 기관은 한국교육개발원이며, 교육과정 분석을 담당하는 교육과정 코디네이터로서는 한국교육과정평가원이 참여하고 있다(이미경 외, 2016). Education 2030 프로젝트는 다음과 같이 시기별로 두 단계로 나누어 진행되고 있다(이사영, 2019: 25-28).

- 1단계: 2015년부터 2018년까지 진행된 연구로서, 2030년 미래를 살아갈 학생에게 가르쳐야 할 역량이 '무엇'인가에 관한 연구를 진행한다. 이 단계에서는 '학습 프레임워크(learning framework)' 개발과 '국제 수준에서의 교육과정 분석'을 수행하는 것을 주요 목표로 한다. 학습 프레임워크는 미래 사회를 살아갈 학생에게 필요한 미래 역량에 대한 공통된 이해를 구축하는 역량 개념틀이라고 볼 수 있으며, 현재 시안이 개발되어 발표된 상태이다. 이와 더불어, OECD는 참여국의 국가 교육과정에서 역량이 어떻게 반영되고 조직되어 있는지 분석하는 '교육과정 내용 매핑(CCM)' 연구를 수행하고 있다.
- 2단계: 2019년부터 수행되고 있는 2단계 연구는 교육 시스템이 '어떻게' 이러한 역량을 효과적으로 개발할 수 있는지에 관한 것으로서, OECD는 역량 함양을 위한 교육과정을 효과적으로 구현해 낼 수 있는 교수·학습 원리와 방법의 공통 토대를 만들고자 하며, 학생을 지원해 줄 수 있는 교사의 유형과 역량을 탐색하고자 한다.

Education 2030 프로젝트의 학습 프레임워크는 미래 교육을 위한 역량 개념틀이자 학습 개념틀로서, 초기의 역량 개념틀에 미래 '교육목표'와 이를 위한 '학습요소' 및 '과정'을 포함하여 그 명칭을 '학습 프레임워크'로 바꾸었다. 좀 더 구체적으로 말하면, DeSeCo 프로젝트의 역량 개념틀을 2030년의 맥락에 적합하도록 수정·보완하고, '웰빙', '학생 주체성', '변혁적 역량' 등 새로운 개념을 도입하여 [그림 5-5]와 같은 학습 프레임워크를 개발하였다(OECD, 2018).

학습 프레임워크는 학생이 개인과 사회의 웰빙이라는 목적지를 향해 자신의 삶과 세계를 어떻게 항해할 수 있는지를 보여 준다는 의미에서 나침반 모양으로 표현된다. 나침반의 바늘은 '개인과 사회의 웰빙(individual and societal well-being)'을 가리키며, 이것은 Education 2030 프로젝트에서 제시하는 미래 사회의 교육목표를 의미한다. 나침반의 중심에는 학생이 그려져 있고, 이것은 미래 교육을 위한 학습 프레임워크의 근간이자 핵심 개념인 '학생 주체성(student agency)'을 나타낸다. 그리고 나침반 주변의 교사, 또래, 학부모, 공동체(지역사회)는 '협력적 주체성(co-agency)'의 개념을 나타내는 것으로서, 학생이 목표를 향해 나아갈 수 있도록 돕는 상호 협력적 관계를 의미한다.

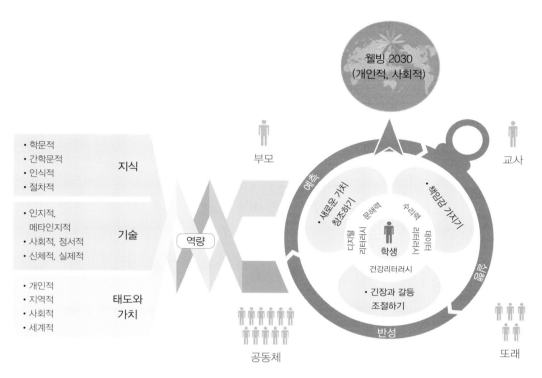

[그림 5-5] Education 2030 학습 프레임워크

출처: OECD (2018: 4).

이 학습 프레임워크에는 학생이 삶의 다양한 측면에서 주체성을 발휘하기 위해 필요한 역량으로서 '변혁적 역량(transformative competencies)'이라는 새로운 개념을 도입하고, 이것을 다음과 같은 세 가지 요소로 구체화하고 있다(OECD, 2018: 5-6). 첫째, 새로운 가치 창조(creating new value), 둘째, 긴장과 딜레마 해소(reconciling tensions and dilemmas), 셋째, 책임감 가지기(taking responsibility)가 그것이다. 이들 세 가지 요소로 구성된 변혁적 역량은 본질적으로 학습을 통해 평생 동안 발달해 가는 것으로 간주된다. 요컨대, DeSeCo 프로젝트에서 Education 2030 프로젝트에 이르기까지 역량의 개념에 관한 연구와 역량 개념에 기초를 둔 역량 중심 교육과정은 교육과정 이론의 현대적 경향을 보여 주고 있다. 특히 Education 2030 프로젝트에 잘 드러나 있는 바와 같이, 미래 사회에서는 '개인과 사회의 웰빙'이 가장 중요한 교육의 목적으로 제시되고 있으며, 이러한 목적을 달성하기 위하여 '학생 주체성'과 '협력적 주체성'에 기반한 '변혁적 역량'의 함양이 강조되고 있다. 우리나라 국가교육과

정 또한 이러한 추세를 반영하여 최근 핵심역량 기반 교육과정을 개발하여 운영하고 있다.

위긴스(G. Wiggins)와 맥타이(J. McTighe)가 『설계에 의한 이해』(2005)라는 저작에서 제안한 이른바 '후방향 설계' 또는 '백워드 설계(Backward design)'는 역량을 개발하기 위한 교육과정 설계 모형으로 근자에 들어 다양한 방식으로 원용되고 있다. '백워드 설계의 관점은 결코 새로운 것이 아니다. 백워드 설계의 논리는 50여 년 전 타일러가 이미 제시한 바 있다'(Wiggins & McTighe, 2005: 20)는 말이 시사하는 바와 같이, 타일러의 교육과정 모형을 변형하여 적용한 것으로 알려져 있는 백워드 설계는 한편으로, 타일러 모형에서 가장 끝자리의 요소인 '평가'를 학습경험의 선정에 앞서서 계획하는 것으로 변경하였으며, 다른 한편으로 타일러가 말한 교육목표로서의 '내용'과 '행동'을 보다 포괄적 의미에서의 '이해' 또는 '영속적 이해'(enduring understanding)로 수정한 후(조재식, 2005: 73), [그림 5-6]과 같은 단계에 따라 교육과정을 설계할 것을 제안한다.

모형에서 교육목적에 해당하는 '이해'는 설명(explanation), 해석(interpretation), 적용(application), 관점(perspective), 공감(empathy), 자기지식(self-knowledge)이라는 여섯 가지 측면을 포함하고 있다(Wiggins & Mctighe, 2005: 126-145). 이러한 교육목적을 달성하기 위해서는 이해를 촉진하기 위한 '본질적인' 질문을 구상하고, 학생이 알아야 할 지식과 해야 할 기능을 구체화한다. 다음으로, 평가 계획에서 중요한 점은 바라는 결과를 확인하기 위한 수행과제와 그것을 평가할 루브릭 등을 구체적이고 상세하게 계획해야 한다는 것이다. 수업활동 계획 시에는 WHERETO에 따라 학생이 어디로 가야 하는지(where), 학생의 주의를 어떻게 환기시켜야 하는지(hook), 학생으로 하여금 어떻게 준비하고(equip), 경험하도록 하고(experience), 탐색하도록

[그림 5-6] 백워드 설계 모형

하는지(explore), 어떻게 생각하고(rethink), 수정하게 하는지(revise), 학생이 어떻게 자신의 수행을 평가하도록 하는지(evaluate), 학생의 흥미와 능력을 어떻게 개별화할지(tailor), 학습을 어떻게 효과적으로, 지속적으로 조직할 것인지(organize)를 결정할 필요가 있다.

Ⅲ 우리나라 국가교육과정의 이해

우리나라 국가교육과정은 8·15 광복과 더불어 있었던 '교육에 대한 긴급조치' 이후 1946년부터 2015년에 이르기까지 총 열두차례에 걸쳐서 개편되었다. 오랜 기간에 걸쳐서 국가교육과정에는 대단히 많은 변화가 있었고, 그 내용 또한 대단히 방대하다. 그렇기 때문에 국가교육과정상의 모든 변천과정을 세세하게 기술하기보다는 각 시기별 주요 사항을 중심으로 국가교육과정의 변화를 간추려 보겠다(교육부, 2015; 2016).

1. 교육에 대한 긴급조치 시기(1945)~교수요목 시기(1946)

일제 강점기에서 벗어난 직후, 미군정청 학무국은 1945년 '신조선의 조선인을 위한 교육방침'을 발표하고, 임시 교과목과 교수 시수표를 마련하였다. 1946년부터는 대체로 여기에 근거하여 초·중등학교의 교과목과 연간 수업시간표가 제시되었고, 그리하여 이 시기를 '교수요목' 시기라고 부른다. 교수요목이란 교과별로 가르칠 내용의 주제 또는 제목을 열거한 것으로서, 여기에 비추어 볼 때 이 시기에는 교육과정의 개념이 교수요목과 구분되지 않았다고 말할 수 있다. 교수요목기의 주요 특징은 교과의 지도내용을 상세히 표시하고 기초 능력을 배양하는 데 중점을 두었다는 데에서 찾아볼 수 있다.

2. 제1차 교육과정 시기(1954)~제7차 교육과정 시기(1997)

1) 제1차 교육과정

제1차 교육과정은 1954년 문교부령으로 제정·공포된「국민학교·중학교·고등학교·사범학교 교육과정 시간배당 기준령」과 그것을 기준으로 하여 그 이듬해 공포된 각급 학교의 '교과과정'을 가리킨다. 이 교육과정은 교육법에 근거하여 '교육과정 시간 배당 기준표'와 '교과과정'을 우리 손으로 만든 최초의 체계적인 교육과정이라는 의의가 있다. 교육과정은 '교과 중심'을 지향하고 있었으나, 그것을 기준으로 하여 만들어진 교과서는 '생활 중심'을 지향하고 있었다. 교육과정 편제상 교과와 함께 특별 활동을 편성하여 전인교육을 강조하였다.

2) 제2차 교육과정

제2차 교육과정은 1963년에 개정된 교육과정이다. 제1차 교육과정에서 별도로 공포했던 '교육과정 시간배당 기준령'과 '교과과정'을 통합하여 일련의 체계를 갖춘 '교육과정'을 공포하였다. 교육과정이 교과뿐만 아니라 학교교육의 전 활동과 관련된 계획임을 분명히 하고자 '교과과정'이라는 명칭 대신 '교육과정'이라는 명칭을 사용하였다. 이 시기의 교육과정은 미군정 시기 미국교육사절단의 영향으로 '생활 중심' 교육과정을 표방하였다. 국민학교의 교육과정 편제를 교과 활동, 반공·도덕 생활, 특별 활동의 세 영역으로 구분하였으며, 학교급 간의 연계성과 교과 간의 통합성을 강조하였다.

3) 제3차 교육과정

제3차 교육과정은 1973년에 제정·공포된 교육과정이다. 이 교육과정은 1968년 선포된 국민교육헌장의 이념과 1960년대부터 미국에서 새롭게 대두된 '학문 중심 교육과정'을 중요한 이론적 기반으로 삼았다. 이 시기에는 지식 및 기술 교육을 쇄신하고자 하였으며, 이에 따라 수학, 과학 등의 교과를 강조하였다. 교육과정의 편제상 '반공 · 도덕 생활'이 없어지고 '도덕'과가 교과로 독립하게 됨으로써 교육과정이 교과활동과 특별활동의 이원적 구조를 가지게 되었다. 시간 배당 면에서는 기존과 달리 교과별, 학년별 연간 최소 시간으로 단일화되었으며, 수업시간 단위를 40분 또는 45분으로 하였다.

4) 제4차 교육과정

제4차 교육과정은 1981년에 제정 · 공포되었다. 이 시기에는 특정한 유형의 교육 사조나 이론에 의존하기보다는 여러 관점을 종합하여 교육과정을 구성하는 형태를 취하였다. 교육과정의 편제와 시간 배당의 경우, 교과활동은 교과 간의 연관성과 학생의 발달 단계를 고려하여 1, 2학년은 교과 간의 통합을, 3학년 이상은 분과를 원칙으로 삼았다. 그리하여 1, 2학년에서의 교과간 통합 시간 배당에 의거하여 '바른 생활', '슬기로운 생활', '즐거운 생활'이라는 통합교과서가 등장하였으며, 이로 인하여 제5차 교육과정에서의 '통합 교과'가 등장하게 된 계기가 마련되었다.

5) 제5차 교육과정

제5차 교육과정은 1987년에 제정 · 공포되었다. 이 시기에는 국가 수준 교육과정의 개념에 관한 논의가 활발하게 이루어졌다. 제5차 교육과정은 개정의 방침을 교육과정의 적정화, 내실화, 지역화에 두고 있다. 교육과정이란 '학생의 교육적 성취를 위하여 의도적으로 마련된 계획'을 의미하는 것으로서, 학생의 교육적 성취를 위하여 핵심적 문화 내용으로서의 지식, 사고의 양식, 경험을 재구성한 계획에 해당하다. 한편, 1, 2학년의 언어 · 수리 기능을 체계적으로 지도하기 위하여 '국어'와 '산수'를 통합 교과서에서 분리시키고, 나머지 교과를 학생의 발달 단계와 생활 경험을 고려하여 '바른 생활', '슬기로운 생활', '즐거운 생활' 및 '우리들은 1학년' 등의 '통합 교과'를 신설하였다.

6) 제6차 교육과정

1992년에 제정·공포된 제6차 교육과정은 교육과정의 편성 및 운영 체제에 있어서 획기적인 변화를 모색하였다. 제6차 교육과정의 개정 중점은 '교육과정 결정의 분권화', '교육과정 구조의 다양화', '교육과정 내용의 적정화', '교육과정 운영의 효율화'에 있다. 이 교육과정은 우리나라 교육과정 사상 최초로 '중앙집권형 교육과정'을 '지방분권형 교육과정'으로 전환하였다. 그리하여 교육과정은 이 시기부터 본격적으로 다음과 같은 세 수준으로 구분되게 되었다. 첫째, 교육부에서 법령으로 고시한 문서인 국가 수준의 교육과정, 둘째, 그것을 지역의 실정에 알맞게 상세화한 '학교교육과정 편성·운영 지침'으로서의 지역 수준의 교육과정, 셋째, 각 학교에서 수업에 직접 적용이 가능하도록 목표와 내용을 상세화하고 교수·학습 방법과 학습자료 및 평가방안을 포함한 학교 수준의 교육과정이 그것이다.

7) 제7차 교육과정

제7차 교육과정은 1997년 제정·공포되었다. 이 교육과정에서는 21세기 세계화, 정보화 시대를 주도할 자율적이고 창의적인 한국인 육성을 기본 방향으로 삼고, 초등학교 1학년부터 고등학교 1학년까지의 10년간을 '국민 공통 기본 교육 기간'으로 설정하였다. 또한, 학교급별 개념이 아닌, 학년제 또는 단계 개념에 기초하여 기본 교과 중심의 일관성 있는 체제를 갖추도록 하였다. 또한 고등학교의 교과 편제에 '과목군' 개념을 도입하여 10개의 기본 교과를 5개의 과목군으로 분류하였다. 그리고 수준별 교육과정을 도입하여 개인차를 고려한 학생 개개인의 성장 잠재력과 교육의 효율성을 제고하였으며, 재량 활동을 신설, 확대하여 학생의 자기주도적 학습을 촉진하고, 학교의 자율적이고 창의적인 교육과정 편성·운영을 보장하고자 하였다.

3. 2007 개정 교육과정 시기(2007)~2009 개정 교육과정 시기(2009)

1) 2007 개정 교육과정

2007 개정 교육과정은 2007년에 고시된 교육과정이다. 이 교육과정은 제7차 교육과정의 기본 철학과 체제를 유지하면서 그 이전까지 제기되었던 교육과정의 운영상 문제점을 개선하는 데 중점을 두었다. 개정의 중점사항으로는 단위 학교별 교육과정 편성·운영의 자율권 확대, 국가·사회적 요구 사항의 적극적 반영, 수준별 교육과정의 수준별 수업으로의 전환, 고등학교 선택 중심 교육과정 개선, 교과별 교과내용 적정화 도모, 주 5일 수업제의 월 2회 실시에 따른 수업시수 일부 조정 등이 있다. 교육과정 개정 문제와 관련하여 이 시기의 중요한 특징 중 하나는 사회의 급격한 변화에 능동적으로 대응하기 위하여 제7차 교육과정까지 이어져 온 '일시적', '전면적' 개정체제에서 벗어나 '수시' 개정체제로 전환하게 되었다는 점이다.

2) 2009 개정 교육과정

2009 개정 교육과정은 2009년에 고시된 교육과정이다. 이 교육과정은 다음의 사항을 중심으로 개정되었다. 학기당 이수 교과목 축소를 통한 학습의 효율성 제고, 창의적 체험활동(자율 활동, 동아리 활동, 봉사 활동, 진로 활동) 도입을 통한 교과 외 활동의 강화, 고등학교 선택과목의 수준별·영역별 재구조화, 교과(군)별 수업시수 20% 자율 증감 운영을 통한 학교교육과정 편성 및 운영의 자율권 확대 등이 그것이다. 또한, '국민 공통 기본 교육과정'을 '공통 교육과정'으로 명명하면서, 그 기간을 초등학교 1학년부터 중학교 3학년까지 9년으로 축소하여 의무교육기간과 일치하도록 하였다. 한편, 고등학교의 경우 '선택 중심 교육과정'으로 편성·운영함으로써, 교육에서 있어서의 학습자의 선택권과 자율성을 더욱 강조하였다.

4. 2015 개정 교육과정(2015~현재)

교육부는 2015년 9월 '공교육 정상화'를 위한 핵심과제로서, 창의융합형 인재 양성을 목표로 하는 2015 개정 교육과정을 확정·발표하였다(교육부고시 제2015-74, 2015). 전체적으로 보면, 2015 개정 교육과정은 학교교육 전 과정에서 학생에게 중점적으로 길러 주고자 하는 여섯 가지 '핵심역량'(자기관리 역량, 지식정보처리 역량, 창의적 사고 역량, 심미적 감성 역량, 의사소통 역량, 공동체 역량)을 설정하고, 그러한 핵심역량을 함양하기 위한 몇 가지 조치를 취한 것을 주된 내용으로 하고 있다. 통합사회, 통합과학 등 문·이과 공통과목의 신설, 연극·소프트웨어 교육 등 인문·사회·과학기술에 대한 기초 소양 교육의 강화, 교과별 핵심 개념과 원리를 중심으로 한 학습내용의 적정화, 교실 수업을 교사 중심에서 학생 활동 중심으로 전환하기 위한 교수·학습 및 평가 방법의 변화 등이 여기에 해당한다.

이러한 특징을 지닌 2015 개정 교육과정의 주요 개정 내용을 살펴보면 다음과 같다〈표5-1〉. 초등학교의 경우, 2009 개정 초등학교 교육과정의 학년군, 교과군 지침 그리고 교과(군)별 수업시수 20% 범위 내 증감 허용, 교과 집중이수 등 주요 사항이 그대로 유지되었다. 교육과정은 종래와 마찬가지로 국어, 사회/도덕, 수학, 과학/실과, 체육, 예술(음악/미술), 영어 등 8개의 교과(군)과 창의적 체험활동(자율 활동, 동아리 활동, 봉사 활동, 진로 활동)으로 편성되었다. 초등학교 1, 2학년에서의 한글 교육시간을 확대하여 한글 교육을 강화하였고, 1, 2학년군의 수업시수를 64시간(주당 1시간 기준) 순증하여 창의적 체험활동 시간에 '안전한 생활' 교육과정을 운영하도록 하였다. 한편, 과학기술 소양 함양 교육의 일환으로 실과 교과의 정보통신활용 교육내용을 소프트웨어(SW) 교육내용 중심으로 개편하였다.

중학교의 경우, 2009 개정 교육과정의 기본 체제를 유지하면서, 2016년부터 전면 시행되고 있는 자유학기제 운영의 근거를 마련하고, 창의적 체험활동 개선, 소프트웨어(SW) 교육 강화 등에 중점을 두었다. 중학교 교육과정은 국어, 사회(역사 포함)/도덕, 수학, 과학/기술·가정/정보, 체육, 예술(음악/미술), 영어, 선택 등 8개의 교과(군)과 창의적 체험활동으로 편성되었다. 한편, 소프트웨어 교육의 강화방안으로서 선택교과의 정보 과목을 소프트웨어 교육내용 중심으로 개편하고, 정보를 '과학/기술·가정/정보' 교과군에 필수과목으로 포함하였다. 이를 위해 선택교과 시간을 조정하여 '과학/기술·가정/정보' 교과군 시간 배당 기준을 34시간 증배하였다.

고등학교의 경우, 초등학교 및 중학교가 공통 교육과정에 해당하는 것과는 달리 선택 중심 교육과정으로 운영되며, 편제는 공통 교육과정과 마찬가지로 교과(군)과

표 5-1 2015 개정 교육과정의 주요 개정 내용

구분			주요 내용
교육과정 개정 방향			• 창의융합형 인재 양성 • 모든 학생이 인문·사회·과학기술에 대한 기초 소양 함양 • 학습량 적정화, 교수·학습 및 평가 방법 개선을 통한 핵심역량 함양 교육 • 교육과정과 수능·대입제도 연계, 교원연수 등 교육 전반 개선
총론	공통사항	핵심역량 반영	• 총론 '추구하는 인간상' 부문에 6개 핵심역량 제시 • 교과별 교과역량을 제시하고 역량 함양을 위한 성취기준 개발
	초등학교	초 1, 2 수업시수 증배	• 주당 1시간 증배, '안전한 생활' 신설 　-창의적 체험활동에서 체험 중심 교육으로 실시
		누리과정 연계 강화	• 초등학교 교육과정과 누리과정의 연계 강화(한글교육 강화)
교과교육과정 개정 방향			• 총론과 교과교육과정의 유기적 연계 강화 • 교과교육과정 개정 기본방향 제시 　-핵심개념 중심의 학습량 적정화 　-핵심역량을 반영 　-학생참여 중심 교수·학습방법 개선 　-과정 중심 평가 확대
지원체제	교과서		• 흥미롭고 재미있는 질 높은 교과서 개발
	대입 제도 및 교원		• 교육과정에 부합하는 수능 및 대입 제도 도입 검토 • 교원양성기관 질 제고, 연수 확대

창의적 체험활동으로 되어 있다. 다만 교과의 경우, 공통 교육과정과는 달리 보통 교과와 전문교과로 구분되어 있고, 보통 교과는 다시 공통과목과 선택과목으로 구분되어 있다. 공통과목은 국어, 수학, 영어, 한국사, 통합사회, 통합과학(과학탐구실험 포함)으로 편제되어 있으며, 선택과목은 일반 선택과목과 진로 선택과목으로 구분되어 있다. 전문교과는 전문교과 I과 전문교과 II로 구분되며, 특히 전문교과 II는 국가직무능력표준에 따라 다양한 기초과목과 실무과목으로 편성되어 있다는 특징을 지닌다.

　앞의 내용은 2015 개정 교육과정 총론의 내용을 개관한 것에 지나지 않기 때문에 그 세부 내용은 총론 및 각과 교육과정을 통해서 확인할 필요가 있다. 각각의 세부

내용과는 별도로 한 가지 덧붙일 필요가 있는 것은, 2015 개정 교육과정 중 각과 교육과정에서는 종래와는 달리 '성취기준(standards)'을 도입하여 수업활동 및 평가의 기준으로 하고, '핵심개념'을 중심으로 교과교육과정의 내용을 체계적으로 구성하였다는 점이다. 잘 알려져 있다시피, 성취기준은 '학생이 교과를 통해 배워야 할 내용과 이를 통해 수업 후 할 수 있거나 할 수 있기를 기대하는 능력을 결합하여 나타낸 수업활동의 기준'이다. 한편, 이러한 성취기준에 도달하기 위한 내용체계는 크게 '영역', '핵심개념', '일반화된 지식', '내용요소', '기능'으로 구성되어 있다. 각각의 의미는 다음과 같다(교육부 고시 제2015-74, 2015).

- 영역: 교과의 성격을 가장 잘 나타내 주는 최상위의 교과내용 범주
- 핵심개념: 교과의 기초 개념이나 원리
- 일반화된 지식: 학생이 해당 영역에서 알아야 할 보편적인 지식
- 내용요소: 학년(군)에서 배워야 할 필수 학습내용
- 기능: 수업 후 학생이 할 수 있거나 할 수 있기를 기대하는 능력으로, 교과 고유의 탐구과정 및 사고 기능

그러므로 현행 우리나라 국가교육과정을 이해하고자 할 때 앞에서 언급된 핵심역량이 무엇이며, 성취기준이 무슨 뜻인지, 내용체계를 이루고 있는 핵심개념, 일반화된 지식, 기능 등이 어떤 의미를 지니는지를 염두에 둘 필요가 있다.

정리 및 요약

1 라틴어 '쿠리쿨룸'(curriculum, abbr. currus)에 어원을 두고 있는 교육과정의 핵심적 의미는 '학습을 고려한 교육내용의 조직 또는 배열'을 의미한다.

2 교육의 유형은 계획/실행/경험으로서의 교육과정, 국가수준/지역수준/학교수준의 교육과정, 그리고 공식적/잠재적/영 교육과정 등 다양한 관점에서 규정될 수 있다.

3 학문으로서의 교육과정은 그 주된 관심사에 따라 실제적 처방으로서의 교육과정과 이론적 이해로서의 교육과정으로 구분될 수 있다.

4 교과중심 교육과정은 형식도야이론에 기초를 두고 있다. 교과란 지각, 기억, 상상 등과 같은 일반적인 마음의 능력을 함양하는 데에 도움이 되는 교육내용을 의미한다.

5 경험중심 교육과정은 존 듀이가 주창한 경험의 개념에 기초를 두고 있으며, 교육과정은 삶 또는 생활의 각 영역에서 부딪히게 되는 문제를 해결하기 위한 수단적 의미를 지닌다.

6 학문중심 교육과정에서 교육과정의 초점은 지식의 구조이며, 나선형 교육과정과 발견학습은 교육내용의 조직 원리와 학습의 방법적 원리를 지칭한다.

7 직업에서의 업무수행 능력을 뜻하는 역량의 개념은 DeSeCo 프로젝트 및 Education 2030 프로젝트를 거치면서 삶 전체를 규정하는 포괄적 의미를 지니게 되었다.

8 우리나라는 1954년 문교부령으로 제정, 공포된 제1차 교육과정을 기점으로 우리 손으로 만든 본격적인 국가교육과정을 확립하였다. 그 이후 9차례에 걸친 교육과정 개정을 통하여 우리나라 교육과정은 지역적 특수성과 학습자의 자율성을 점진적으로 강조, 확대하는 방향으로 발전하였다.

9 현행 2015 개정 교육과정의 가장 중요한 특징은 학교교육을 통하여 학생들에게 길러주고자 하는 핵심역량을 설정하고, 이러한 핵심역량을 함양하기 위한 다양한 교육적 조치를 마련하였다는 데에서 찾아 볼 수 있다. 핵심역량의 함양 여부는 각 교과별 성취기준의 달성 여부로 확인되며, 따라서 각 교과별 내용체계는 성취기준을 중심으로 구성된다.

토론 과제

1　잠재적 교육과정과 영 교육과정의 사례를 주변에서 찾아보고, 학교교육과 어떤 관련이 있을지를 생각해 봅시다.

2　최근 심각하게 다루어지는 환경문제나 인권문제 등을 주제로 하여 '중핵교육과정' (core curriculum)의 사례를 만들어 봅시다.

3　학습자가 지식의 구조를 학습했다는 것을 교사는 어떻게 알 수 있는지를 논의해 봅시다.

4　역량중심 교육과정에서 중시하는 '수행'의 의미를 수학이나 과학과 같은 학문의 경우에 어떻게 이해될 수 있는지를 생각해 봅시다.

5　2015 개정 교육과정의 각과 교육과정에 도입된 '성취기준'이 종래의 각과 교육과정의 교육목표와 어떤 점에서 차이가 있는지를 검토해 봅시다. (우리나라 국가교육과정은 한국교육과정평가원 국가교육과정정보센터(http://ncic.re.kr)를 참고 할 것. 그리고 '성취기준'과 관련해서는 미국의 common core states standards를 소개하고 있는 웹사이트(http://www.corestandards.org)를 참고할 것.)

교육평가

• 주요 질문

Q1 이 그림들은 학생평가에 대한 모습입니다. 여러분은 시험과 평가에 대해서 어떻게 생각하나요?

Q2 평가는 꼭 필요한 걸까요? 필요하지 않다면 없앨 수 있는 건가요?

Q3 평가는 무엇을 알아보려고 하는 것일까요?

Q4 평가에 대한 여러분의 생각은 어떤가요?

교육평가

I 교육평가의 정의

1. 교육평가의 정의와 목적

교육의 목적이 인간행동을 계획적으로 변화시키는 것이라면 교육평가의 목적은 교육이 그러한 행동변화를 가져왔느냐에 관한 변화의 정도를 결정하는 데 관심을 갖는다. 교육평가는 교육

> 교육평가는 교육이 행동변화를 가저왔는가를 결정하는 가치판단 과정이다.

과정에 대한 질적인 해석과 가치를 판단하는 과정이라고 한다(Cronbach, 1990). 타일러(Tyler, 1949)는 교육평가를 교육목표의 달성 여부 판단의 행위라고 보고, 스터플빔과 싱크필드(Stufflebeam & Shinkfield, 1985)는 의사결정을 위해 정보를 제공하는 일이라고 정의하였다.

교육평가에는 다음과 같은 목적이 있다. 첫째, 학습자의 교육목표 달성을 평가한다. 학업성취도를 통해서 학습자의 교육목표가 달성되었는지 평가함으로써 학습자에 대한 교육적·행정적 의사결정에 도움을 준다. 둘째, 학습자의 개인차를 확인한다. 평가결과를 통해서 학습자에 대한 개인차를 확인함으로써 학습문제를 진단하고 개별화된 학습경험을 제공한다. 셋째, 교육프로그램의 효율성을 평가한다. 평가를 통해서 교육목표, 교육과정, 교육내용, 수업방법의 개선을 위한 시사점을 제공한다. 넷째, 교육적 제반 환경을 평가한다. 학교환경, 가정환경, 사회환경 등을 평가하여 올바른 교육정책 및 일반정책을 수립하는 데 도움을 준다.

2. 측정, 평가, 총평

교육평가에서 측정, 평가, 총평은 정보수집의 과정으로 검사의 과정이 뒤따른다. 블룸(Bloom, 1970)은 이러한 검사를 정의하여 학습자에게 어떤 변화가 일어났는지, 일어났다면 어느 정도인가를 결정하기 위한 증거를 체계적으로 수집하는 관점으로 측정, 평가, 총평이 존재한다고 보았다.

측정은 손다이크(Thorndike, 1918)에 의해서 제안된 개념으로, 어떤 것이 존재한다면 그것은 양으로 존재하기 때문에 측정할 수 있다고 주장하였다. 측정의 개념에서는 이 세상의 물질이든, 형상이든 간에 안정적이라는 가정에서 출발하며 인간행동도 고정적이고 불변적인 안정성이 있는 것으로 보는 관점이다. 측정은 사물의 성질을 구체화하기 위해서 수를 부여하는 것으로, 측정의 장점은 효율성에 있다. 측정의 결과는 선발, 분류, 예언, 실험에 이용한다.

평가는 존재하는 모든 실재나 인간행동의 특성이 변화한다는 관점에서 출발한다. 평가는 학습자에게 일어나는 다양한 변화를 판단하는 절차로서, 목표달성에 대한 증거에 관심이 있다. 평가에서는 학생의 행동변화에 관심을 두지만 동시에 이 변화를 유발하기 위해서 투입한 교육과정, 교과목, 교사, 교수방법, 교수재료, 운영체제의 효과를 평가하는 것도 그 목적으로 한다. 평가의 주된 활용은 평점, 자격판정, 배치, 진급을 위한 개인을 분류하고 판단하는 데 있다. 또한 교수방법, 교수 프로그램, 수업과정, 교사의 효율성, 교육과정의 효율성을 판단하는 데에도 평가가 활용된다.

총평은 전인적 평가이다. 총평은 개인과 환경의 상호작용에 주목하고 있으며, 분석방법은 개인이 달성해야 할 어떤 과제 및 준거의 분석과 개인이 생활하고 학습하고 작업해야 할 환경의 분석에서 출발한다. 총평에서는 양적·질적 형태의 다양한 자료가 수집되며, 모든 가능한 평가방법을 통해서 종합적으로 평가하는 것을 말한다.

Ⅱ 교육평가의 유형

1. 교수학습 절차와 관련된 평가: 진단, 형성, 총괄평가

교수학습의 절차와 관련된 평가는 진단평가, 형성평가, 총괄평가 등이 있다.

1) 진단평가

진단평가(diagnostic evaluation)는 교수 · 학습의 출발상태에
서 학생이 어떠한 특성을 지니고 있으며, 과거의 학습 정도는
어떠하고, 학습에는 어느 정도 준비가 되었는가를 알아보기 위
해서 실시하는 평가이다. 진단평가는 학생에 대한 정보를 기초
로 하여 학생의 상태를 이해하고 분류하는 데 목적이 있다. 진
단평가는 수업이 시작되는 시점에서 학생을 이해하고 어떠한

> **교수학습 절차 관련 평가**
> - 진단평가: 교수 · 학습 출발상태에서 준비도를 알아보기 위한 평가
> - 형성평가: 수업 중 학생에게 피드백을 주고 수업을 개선하기 위해서 실시하는 평가
> - 총합평가: 학기말, 학년말에 교육목표 달성 여부를 종합하는 평가

수업의 방법을 처치할 것인가를 판단하며, 학생이 수업을 진행하는 과정에서 어떤
문제점을 보일 것인지 미리 예측하고, 수업을 시작하기 전에 학생의 수준에 맞는 수
준별 학습을 계획하기 위해 이루어진다.

진단평가의 특징은 학생의 기초능력 및 선행학습의 결손을 진단하고 이에 대한
교정과 보충학습을 할 수 있는 기회를 제공한다는 점이다. 또한 학생의 수업변인 이
외의 학습 실패요인을 진단할 수 있다. 그리고 학생에게 적절한 수업 프로그램을 선
정하여 학생의 흥미, 성격, 학업성취도 및 적성 등에 적합한 교육적 처방을 내릴 수
있다.

2) 형성평가

형성평가(formative evaluation)는 교수 · 학습이 진행되는 과정에서 학생에게 피드
백을 주고 교육과정과 수업방법을 개선하기 위해서 실시하는 평가를 말한다. 이와

같은 형성평가는 학생의 학습을 향상시키고, 교사의 수업방법을 개선하며, 교육과정에 긍정적인 변화를 가져오기 위해서 실시하는 평가이다(Scriven, 1967). 형성평가는 수업 중에 학생이 범하고 있는 오류를 교정하려는 의도가 크다. 보통 수업이 진행되면서 학생에게 치르게 하는 작은 평가가 형성평가라고 생각하지만, 실제는 이보다 범위가 훨씬 넓다. 수업시간에 학생이 잘 이해하는지 살펴보기 위한 시험뿐만 아니라 학생에게 질문을 하고 학생이 잘 이해한 경우에 칭찬을 하는 것, 끄덕임, 수업시간에 돌아다니며 학생의 문제해결을 도와주는 것 등 다양하다.

형성평가는 교사가 학생에게 학습결과에 대해서 알려 주고 교정할 수 있는 기회를 제공해 줌으로써 학생의 동기를 촉진할 수 있다. 또한 학생의 학습상황을 알려 줌으로써 개인의 능력에 맞추어 학습진도를 개별화할 수 있도록 한다. 형성평가는 교수방법과 학습방법의 단점을 분석할 수 있기 때문에 학습 진행속도를 조절하는 데 도움이 된다.

3) 총합평가

총합평가(summative evaluation)는 일련의 학습이 끝난 이후에 수업 및 교육과정에 대해서 일정의 평가를 하는 것으로 교육목표 달성여부를 종합적으로 판정하는 평가를 말한다. 스크리븐(Scriven, 1967)은 일련의 학습과제 혹은 특정한 교과의 학습이 끝난 이후에 수업목표를 달성했는지 총체적으로 판정하기 위해 실시하는 것을 총합평가라고 보고 있다. 총합평가는 중간평가, 기말평가, 학년말평가 등이 포함된다. 총합평가는 교과목 전체 또는 정해진 범위와 관련하여 학생들이 어느 정도 이해했는가를 알아보기 위한 평가이다. 총합평가의 목적은 일반적이고 광범위하기 때문에 모든 범위의 문제를 모두 포함할 수 없으며 교과내용을 잘 대표할 수 있는 문항을 선정하여 평가한다.

총합평가의 특징은 학습자의 성적을 결정하고 다음 과정의 학습에 성공할 수 있는가를 예측할 수 있다는 것이다. 또한 집단 간 학업성취도의 결과를 비교하여 학생의 성취도는 어떠한지, 교육과정의 운영성과는 어떠한지를 판단하는 데 도움을 줄 수 있다.

2. 가치판단과 관련된 평가: 규준지향, 준거지향, 능력지향, 성장지향평가

교육평가는 점수에 대한 가치판단이다. 가치판단은 한편으로는 주관적인 판단이 될 수 있다. 그동안 교육평가에서는 다음과 같이 네 가지 입장에서 가치판단이 진행되어 왔다.

1) 규준지향평가

규준지향평가(norm-referenced evaluation)는 상대평가의 목적을 수행하기 위해서 시행되는 검사로 다른 학생과 비교하여 어느 위치에 있는가를 살펴보는 평가방법이다. 그동안 교육평가에서는 규준지향평가가 발전해 왔다. 표준화검사와 더불어 각종 심리검사가 개발된 것은 규준이라는 척도를 통해서이다. 규준은 한 학생의 점수를 전체 학생의 점수와 비추어 해석하기 위한 일종의 자(ruler)와 같은 것이다. 학교교육에서 정상적인 학습이 어려운 학생을 변별해 내고자 했던 지능검사, 군대에서 신병의 지적 상태에 따라서 군 생활이 어려운 사람을 제외하고자 했던 검사들은 모두 규준지향검사의 발달과 더불어 존재했던 측정도구이다. 이는 다른 사람과의 상대적 비교에 의해서 그 의미를 해석하고자 한 상대평가 척도라고 볼 수 있다. 하지만 표준화검사에 대한 불신, 학교성적의 점수체제에 대한 회의감, 학생 점수는 학생의 능력에 의한 것이 아니라 학교수업에서 교수·학습 방법이 잘못되어 나타난 결과라는 관점 등은 목표지향평가 또는 준거지향평가를 도입하게 만드는 계기가 되었다.

> 규준지향평가는 상대평가에 해당하고 준거지향평가는 절대평가에 해당한다.

2) 준거지향평가

준거지향평가(criterion-referenced evaluation)는 목표지향평가라는 말로도 사용한다. 학생이 얼마만큼의 능력을 보유하고 있는가를 측정하며, 학생이 준거에 도달했는지에 관심을 둔다. 준거지향평가는 규준지향평가와는 대비되는 평가로, 학생이 얼마나 성취했는가보다는 학생이 무엇을 성취했는가에 관심을 갖는 평가이다.

여기에서 무엇이라는 것은 달성해야 할 교육목표 또는 수행목표가 된다. 따라서 목표지향평가에서는 학생의 성취를 확인하고 해석하고 의사결정을 내리는 평가의 과정 전체가 교육목표이기 때문에 절대적이다. 다른 학생이 무엇을 성취했든, 얼마나 성취했든지 상관없이 교사가 의도하고 설정했던 목표를 학생이 얼마나 달성했는가 또는 그렇지 못한가에만 관심이 있다(황정규, 1999). 준거는 피험자가 어떤 일을 수행할 수 있다고 확신하는 기술 혹은 지식을 말하며 국가자격시험, 의사자격시험 등이 이에 속한다.

3) 능력지향평가

능력지향평가는 능력에 비추어 최선을 다했는가를 평가하며 성장지향평가는 교육과정을 통해 얼마나 성장했는가를 평가한다.

능력지향평가(ability-referenced evaluation)는 학생이 지니고 있는 능력에 비추어 얼마나 최선을 다했는가와 관련된 평가이다. 예를 들어, 능력이 100점인 학생이 110점을 받았을 때 이 학생은 능력에 비추어 훨씬 많은 노력을 기울인 학생으로 평가되기 때문에 교육적 관점에서 좋은 평가를 받는다. 능력지향평가는 특정 기능과 관련된 능력의 정확한 측정치에 의존하기 때문에 해당 능력에 제한을 두고 학습자의 수행을 평가하는 한계가 있다. 하지만 학생 개인의 고유한 기준을 지향함으로써 의미 있는 개별화 평가가 이루어진다는 장점이 있다.

4) 성장지향평가

성장지향평가(growth-referenced evaluation)는 학생이 교육과정을 통해서 얼마나 성장하고 변화했는가에 초점을 두는 평가이다. 그동안의 평가가 학생의 최종적인 학업성취도를 강조했다면, 성장지향평가는 학생이 초기능력에 비해서 얼마나 향상되었는가를 사전능력과 현재 능력 간의 차이로 평가한다. 성장지향평가는 학생에게 학습증진 기회를 부여하고 평가의 개별화를 강조한다는 점에서 최근 강조되고 있는 평가방법이다(성태제, 2011).

Ⅲ 교육평가의 절차

교육평가의 절차는 교육목표분류학의 이해, 교육목표 설정, 이원목적분류표 작성, 지필평가 도구 제작, 수행평가 도구 제작, 문항 분석 등으로 나눌 수 있다.

1. 교육목표분류학의 이해

교육평가를 위해서는 교육목표를 설정해야 한다. 여기에서는 교육목표 설정을 위한 방법으로 인지적 영역의 교육목표분류학, 정의적 영역의 교육목표분류학, 심동적 영역의 교육목표분류학을 소개한다.

1) 인지적 영역의 교육목표분류학

블룸의 인지적 영역의 교육목표분류학은 1956년에 출판되었다(Bloom, 1956). 교육목표분류학은 인간행동을 인지적, 정의적, 심동적 영역으로 나누고 이를 세분화한 것이다.

인지적 영역의 교육목표분류학은 그 체계를 지식, 이해, 적용, 분석, 종합, 평가로 나눈다. 이는 인지적 영역의 학습을 위계적으로 나눈 것으로 지식, 이해 등은 낮은 단계의 인지영역으로 보며 종합과 평가는 높은 단계의 인지영역으로 본다. 그동안 학교학습에서는 평가문항을 작성할 때 6단계

블룸은 교육심리학자로, 인지적 영역과 정의적 영역의 교육목표분류학에 관해 저술했다.

모두를 사용했지만 현재는 지식, 이해, 적용 등으로만 구분한다. 적용, 분석, 종합, 평가 단계는 평가문항을 작성할 때 구분이 쉽지 않기 때문에 적용은 적용 이상의 문항을 포괄하는 의미로 사용한다. 인지적 영역의 교육목표분류학을 정리하면 다음과 같다.

① 지식: 지식은 학생이 교육과정 속에서 배우는 내용을 기억했다가 재생하거나 재인하는 것을 의미한다. 지식에는 특수한 사실에 관한 지식, 특수한 사실과 관련되어 있는 방법에 관한 지식, 보편적 사실에 관한 지식 등이 있다. 지식과 관련된 동사로는 정의한다, 구별한다, 인지한다 등이 있다.

② 이해: 지식은 단순한 암기에 그칠 수 있는 가장 낮은 단계의 인지이다. 이러한 지식은 그 자체로는 의미가 없다. 이해는 학생이 수업시간에 배우는 내용을 알게 되고 학습내용에 포함되어 있는 정보나 아이디어를 이해할 수 있는 능력이다. 이해에는 자기언어로 바꿀 수 있는 능력, 해석하는 능력, 추론하는 능력 등이 포함된다. 이해와 관련된 동사로는 자기에게 익숙한 말로 바꾸어 본다, 변환한다, 해석한다, 재배열한다, 설명한다, 추론한다, 결론을 내린다, 변별한다 등이 있다.

③ 적용: 적용은 새로운 문제가 주어졌을 때 새로운 사태에 응용하거나 추상적인 개념을 사용할 수 있는 능력을 말한다. 적용은 어떤 사태에 적용해야 할 설명이나 예측을 하기 위해서 법칙, 원리, 추상적인 개념을 끌어들이거나, 추론이나 추리를 통해서 자신이 만든 법칙을 정당화하는 것 등을 포함한다. 적용과 관련된 동사로는 응용한다, 일반화한다, 관련시킨다, 조직한다, 변화시킨다, 재구조화한다, 분류한다 등이 있다.

④ 분석: 분석은 지식, 이해, 적용을 모두 이용하는 능력으로 주어진 자료를 부분으로 나누고 부분 간의 관계와 그것들이 조직되어 있는 방법을 발견하는 능력이다. 분석에는 문제의 요소를 분석하는 것, 요소와 요소 간의 관계를 찾는 것, 자료의 조직, 배열, 구조를 분석하는 것 등이 포함된다. 분석과 관련된 동사는 구별한다, 탐구한다, 확인한다, 분류한다, 인지한다, 비교한다, 환원시킨다 등이 있다.

⑤ 종합: 종합은 여러 개의 요소나 부분을 전체가 되도록 묶어 주는 것을 말한다. 이는 이전에 경험한 것들을 새롭게 종합하는 능력으로 의사소통의 종합능력, 계획 및 절차의 종합능력, 추상적 관계의 종합능력을 포함한다. 종합과 관련된 동사로는 생산한다, 창안한다, 구성한다, 수정한다, 종합한다, 구체화한다, 개발한다 등이 있다.

⑥ 평가: 평가는 인지적 교육목표분류학의 최상위에 위치한 것으로 어떤 목적을

갖고 아이디어, 작품, 방법 등에 관한 가치판단을 하는 능력을 말한다. 평가는 내적 준거에 의한 평가와 외적 준거에 의한 평가로 나뉜다. 내적 준거는 의사소통의 정확성과 일관성에 따라 판단하는 것이며, 외적 준거는 설정된 준거에 비추어 자료, 사물, 정책 등을 판단하는 능력을 말한다. 평가와 관련된 동사로는 판단한다, 토론한다, 타당화한다, 결정한다, 평가한다, 표준화한다 등이 있다.

2) 정의적 영역의 교육목표분류학

정의적 영역의 분류는 인지적 영역의 분류만큼 쉽지는 않다. 하지만 태도, 흥미, 정서, 자아개념, 동기, 귀인이론, 자아유연성 등은 모두 정의적 영역과 관련된 심리적 구인이다. 크라스왈, 블룸 그리고 마시아(Krathwohl, Bloom, & Masia, 1964)는 정의적 영역의 교육목표분류학을 다음과 같이 제시하고 있다.

① 감수(receiving): 어떤 자극에 대해서 관심을 갖는 것으로 감수, 자진감수, 선택적 감지 등이 있다. 감수는 그냥 받아들이는 것, 자진감수는 의도적으로 받아들이는 것, 선택적 감지는 자신이 받아들이고자 하는 것만 선택적으로 수용하는 것을 말한다. 감수와 관련된 동사로는 분리한다, 나눈다, 분별한다, 선택한다, 경청한다, 대조한다 등이 있다.

② 반응(responding): 감수의 수준을 넘어서 자발적인 반응을 하는 단계이다. 이 단계에서는 좋은 것과 싫은 것의 구별이 뚜렷해진다. 반응에는 묵종적 반응, 자진적 반응, 반응에의 만족 등이 포함된다. 반응과 관련된 동사로는 따른다, 수락한다, 스스로 한다, 연습한다, 연주한다, 칭찬한다, 환호한다, 토론한다 등이 있다.

③ 가치화(valuing): 여러 가지 현상 중에서 어떤 것이 가치가 있는가를 구분하는 행동특성으로 학생이 행동이나 대상에 대한 만족감과 가치가 있다고 지각하는 수준을 말한다. 가치화는 가치를 수용하고, 선호하고, 확신하는 것을 포함한다. 가치화와 관련된 동사로는 능률을 높인다, 구체화한다, 지원한다, 돕는다, 보조한다, 논쟁한다 등이 있다.

④ 조직화(organization): 어떤 가치를 개념화하여 이들 가치를 위계적으로 조직하

는 행동특성을 말한다. 조직화에는 가치를 개념화하고, 가치체계를 세우는 것을 포함한다. 조직화와 관련된 동사로는 논의한다, 이론화한다, 수렴한다, 비교한다, 조직한다, 구성한다, 정의한다 등이 있다.

⑤ 인격화(characterization): 인격화는 정의적 영역의 최고 단계로서 성숙된 인격, 신뢰할 수 있는 가치관이 확립되어 있는 인격을 보이는 단계이다. 인격화에는 인격화를 위한 일반화된 태세와 인격화가 포함된다. 인격화와 관련된 동사로는 개선한다, 변화시킨다, 완성한다, 높은 평가를 받는다 등이 있다.

3) 심동적 영역의 교육목표분류학

심동적 영역은 신체와 관련된 기능의 숙달과 발달이 포함된 영역으로 심슨 (Simpson, 1966)은 수용, 태세, 유도반응, 기계화, 복합외현반응의 다섯 가지로 나누었으며, 이후 적응과 독창성을 추가하였다.

① 수용(perception): 감각기관을 통해서 대상과 특징을 인식하고 행동의 단서를 찾는 단계이다.

② 태세(set): 특정 행동을 하기 위한 신체적, 정신적, 정서적으로 준비된 상태와 자세를 취하는 단계이다.

③ 유도반응(guided response): 타인의 도움으로 외현적인 행동을 배우는 단계이며, 복잡한 행동을 배우는 초기단계이다.

④ 기계화(mechanism): 배운 행동이 습관화되고 자신감 있게 수행하는 단계를 말한다.

⑤ 복합외현반응(complex overt response): 비교적 복잡한 행동을 최소한의 노력과 에너지로 부드럽게 수행하는 단계를 말한다.

⑥ 적응(adaptation): 문제 상황이나 특수한 요구에 적합하게 숙달된 동작이나 기능을 수행하는 단계를 말한다.

⑦ 독창성(origination): 특정 상황이나 요건에 적합한 새로운 동작을 개발하는 단계를 말한다.

2. 교육목표 설정

교육목표는 수업과정 전체에 걸쳐서 어떠한 방향을 갖고 나아가야 할 것인가를 알려 준다. 일반적으로 교육목표는 '내용+행동'의 변화 형태를 취한다. 예를 들어, '뉴턴(Newton)의 운동법칙을 이해할 수 있다', '사칙연산을 이용하여 문제를 풀 수 있다' 등과 같은 목표는 이와 같은 형태를 적용한 것이다. 하지만 그동안 학자들이 제시한 교육목표는 훨씬 다양하다.

1) 타일러의 교육목표

타일러(Tyler, 1949)의 교육목표는, 첫째, 학습내용 또는 자료가 명시되며, 둘째, 학습자의 행동으로 표현되고, 셋째, 도달점 행동으로 진술되어야 한다고 본다. 타일러의 교육목표는 행동과 내용의 이원분류표로 목표를 제시한다. 또한 타일러의 교육목표는 종결어가 '~다' 또는 '~기'로 끝나는 경우가 많다. 다음은 그 예이다.

타일러는 교육과정 개발과 평가에 관한 연구를 수행하였다. 진보주의 교육의 효과를 알아보기 위한 8년 연구로도 유명하다.

- 학생은 기체의 온도, 압력, 부피의 관계를 나타내는 법칙을 말할 수 있다.
- 삼각법의 법칙을 알고 실제의 생활문제에 응용할 수 있다.
- 곱셈의 배분법칙을 조작하여 문제를 풀 수 있다.

2) 메이거의 교육목표

메이거는 미국의 심리학자이며 인간의 수행과 학습목표, 수업에 대한 연구를 수행하였다.

메이거(Mager)의 교육목표는 타일러의 교육목표에 비해서 목표가 명확하고 구체적이다. 그는 교육목표가 조건, 준거, 종착행동의 세 가지 조건을 갖추어야 한다고 보았다. 조건은 특정 행동이 어떤 조건하에서 나타나는가에 관한 것이고, 준거는 특정 행동이 획득되었는가에 대한 판단의 준거나 표준을 나타내며, 종착행동은 관찰 가능하고 측정 가능하게 나타낸 것이다 (Mager, 1962). 다음은 그 예이다.

- 문장들의 목록을 제시하면(조건), 학생은 목록에서 5개 이상의 형용사를(준거), 정확히 찾을 수 있다(종착행동).
- 이차방정식 문제 30개를 제시했을 때(조건) 학생은 45분 이내에 20개를(준거) 풀 수 있다(종착행동).
- 학생들은 1,000미터 트랙을(조건) 5분 이내에(준거) 달릴 수 있다(종착행동).

3) 그론룬드의 교육목표

그론룬드(Gronlund, 1971)의 일반적 교육목표와 명세적 교육목표를 세상에 알린 책이다.

그론룬드(Gronlund)는 학습목표 진술을 두 단계로 제시할 것을 제안한다. 먼저 일반적인 교육목표를 제시하고 이후 명세적 교육목표를 제시한다. 일반적인 교육목표에서는 수업에서 기대하는 전반적인 성과를 포괄하여 설명하며, 명세적 교육목표에서는 일반적인 교육목표가 도달되었음을 알 수 있도록 교육목표를 제시한다(Gronlund, 1971). 다음은 그 예이다.

① 일반적 교육목표
- 과학적 원리를 이해하기
② 명세적 교육목표
- 과학적 원리에 입각하여 조리 있는 가설을 진술하기
- 주어진 2개의 과학적 원리 간의 관계를 설명하기

3. 이원목적분류표 작성

지필평가는 교육목표와 관련하여 이원목적분류표를 작성한다. 이원목적분류표에는 평가범위, 평가목표, 평가내용, 난이도 등을 제시한다. 평가문항은 선택형 문항과

표 6-1 평가문항 작성을 위한 이원목적분류표

문항	단원명	평가내용	평가목표						난이도			정답	배점
			지식	이해	적용	분석	종합	평가	상	중	하		
1	1단원	지시내용 파악	○								○	1	2
2	1단원	어법 판단	○								○	5	2
3	2단원	함축의미 파악		○							○	2	2
4	2단원	어법 판단					○				○	1	2

서답형 문항으로 구성한다. 선택형 문항은 객관식 평가방법이고, 서답형 문항은 주관식 평가방법이다. 평가문항 작성을 위한 이원목적분류표 예시는 〈표 6-1〉과 같다.

4. 지필평가 도구 제작

지필평가 도구는 측정도구를 제작하는 것으로, 평가도구의 내용 하나하나가 교육목표를 제대로 측정할 수 있도록 제작되어야 한다. 문항 제작 시 고려사항, 좋은 문항의 조건, 지필평가 문항의 제작방법을 소개하면 다음과 같다.

1) 문항 제작 시 고려사항

문항 제작자는 평가문항의 작성에 있어서 다음과 같은 점을 고려해야 한다.

첫째, 학교에서의 평가는 진단평가, 형성평가, 총합평가의 세 가지 평가가 있다고 할 때 어떤 검사를 언제 할 것인가에 관한 결정은 미리 계획되어야 한다.

둘째, 어떤 유형의 평가문항을 사용할 것인가를 결정해야 한다. 평가문항은 지필평가인지 수행평가인지에 따라 다양한 형태가 있을 수 있다. 한 가지 특정한 검사문항의 유형이 학생의 능력을 잴 수 있는 유일한 방법은 아니다. 따라서 학생의 어떠한 능력을 평가할 것인가를 고민하면서 평가문항을 결정해야 한다.

셋째, 문항 제작 시에는 검사 문항이나 내용이 학생에게 미칠 수 있는 부정적인 영향이 있는가를 고려해야 한다. 특정한 문항이 성별에 따라서 불쾌감의 차이를 가져올 수 있다거나 특정 영역의 학생을 비하하는 문항이라면 이러한 문항은 사전에 배제되어야 한다.

넷째, 검사문항을 출제하면서 오류가 있어서는 안 된다. 학생이 시험을 보는 중에 검사문항이 잘못되어 교사가 오류를 수정하기 위해서 교실을 돌아다닌다면 학생의 집중력은 떨어지기 마련이다. 따라서 검사문항을 출제하면서 문항에 오류가 있는지 검토하고 또 검토해야 한다.

2) 좋은 문항의 조건

좋은 문항을 작성하는 것은 많은 연습과 노력이 필요하다. 학생에게 지나치게 어려운 단어, 불필요한 문장 구조를 사용하지 않고 깔끔하면서도 사고력을 요구하는 문항을 작성하는 것이 필요하다. 일반적으로 좋은 문항의 조건은 다음과 같다(성태제, 2011; 황정규, 1999).

첫째, 수업목표에서 의도하는 구체적인 행동과 내용을 문항에 드러내기 위해서는 문항내용이 올바르게 선택되어야 한다. 문항내용은 학생이 올바른 반응을 나타내도록 하는 것뿐만 아니라 수업목표를 제대로 성취하지 못한 상황의 증거도 드러낼 수 있도록 구성되어야 한다.

둘째, 복잡한 정신과정을 요구하는 수업목표를 평가하는 경우에는 문항내용도 복잡성을 지녀야 한다. 단순한 정신과정을 요구하는 수업목표를 평가하는 경우에는 단순한 문항형태가 바람직하다.

셋째, 문항내용은 단순한 지식을 포함하는 것도 필요하지만 일반화 및 추상화를 할 수 있는 문항도 포함하여야 한다.

넷째, 문항내용은 가능하면 새로운 경험을 가질 수 있도록 참신한 문항이어야 한다. 고등정신능력을 측정하기 위해서는 문항이 참신해야 한다.

다섯째, 문항은 의미가 모호하지 않도록 잘 구조화되어야 한다. 구조화되지 않은 문항은 상대적으로 수업목표에서 벗어날 수 있다.

여섯째, 검사문항은 시험을 보는 집단에 비추어 지나치게 어렵거나 쉬운 문항이어서는 안 된다. 문항의 난이도는 어느 정도 적절해야 한다.

일곱째, 평가 결과 학생은 자신이 성공했는가 또는 실패했는가에 따라서 동기가 달라진다. 문항평가는 학업성취도에 영향을 미칠 뿐만 아니라 학생의 동기, 흥미에도 영향을 준다. 따라서 좋은 문항은 학생의 동기를 유발할 수 있는 문항이어야 한다.

3) 지필평가 문항 제작의 기초

지필평가 문항 제작의 방법으로는 선택형 문항의 작성과 서답형 문항의 작성으로 구분할 수 있으며 구제적인 내용은 다음과 같다.

(1) 선택형 문항의 작성
선택형 문항에는 진위형, 배합형, 선다형 문항이 포함된다. 선택형 문항을 개발할 때에는 다양한 방법을 포함하는 것보다는 평가내용과 목표에 적합한 평가방법이 무엇인가를 고려해야 한다.

① 진위형 문항: 진위형 문항은 피험자에게 진술문을 제시하고, 그것이 정답인지 오답인지를 판단하게 하는 문항을 말한다.
② 배합형 문항: 배합형 문항은 일련의 전제와 답지 그리고 전제와 답지를 배합시키는 지시문으로 구성된다. 전제와 답지에는 단어, 어구, 문장, 기호 등을 다양하게 사용할 수 있다.
③ 선다형 문항: 선다형은 문제와 2개 이상의 답지로 구성되는 것으로서, 학교학습의 평가에서는 4지선다형 또는 5지선다형이 많이 사용된다. 선다형 문항은 여러 가지 문제 상태, 내용을 다룰 수 있는 다양성, 포괄성이 높기 때문에 보편적으로 사용되는 방법이다.

(2) 서답형 문항의 작성
서답형 문항에는 단답형, 완성형의 문항이 포함된다. 서답형 문항은 학생이 정답을 직접 쓰는 형식으로 이를 주관식 평가라고도 한다.

① 단답형 문항: 단답형 문항은 간단한 단어, 구, 문장 등 제한된 형태로 대답하게 하는 형식을 말한다. 단답형 문항을 작성할 때에는 정답의 수를 몇 개 이내로 한정하고, 질문을 명료하게 작성한다. 내용을 묻는 경우에는 철자법이나 문법

등은 되도록 채점에서 고려하지 않는 것이 좋다.

② 완성형 문항: 완성형 문항은 진술문의 일부분을 비워 두고 거기에 적합한 단어, 구, 기호, 수식 등을 작성하도록 하는 방법이다. 완성형 문장을 작성할 때에는 문장 중 의미 있고 중요한 부분을 비워 놓으며, 공백의 수와 길이를 적절하게 제한한다. 또한 문장 속에 정답의 단서를 포함하지 않도록 하고, 교과서의 문장을 그대로 옮겨 오지 않아야 한다.

5. 수행평가 도구 제작

> 수행평가는 학생의 학습과제 수행 과정 및 결과를 직접 관찰하여 그 결과를 전문적으로 판단하는 평가 방법이다.

수행평가는 학생에게 답이나 산출물을 만들어 내도록 함으로써 그들의 지식이나 능력을 입증하도록 하는 평가형식이다. 이전에는 선택형 문항과 서답형 문항으로 구분하였지만 현재는 선택형 문항을 제외한 모든 평가방법을 포괄하여 수행평가라고 하고 있다. 수행평가는 논술형, 포트폴리오, 관찰법, 면접법, 구술시험, 연구보고서법, 토론법, 실기시험, 실험·실습법, 퀴즈나 게임 등 다양하다. 수행평가는 하나의 방법을 고려하기보다는 교과의 특성에 맞는 다양한 방법을 선택하여 학생의 능력을 평가하는 데 목적이 있다.

수행평가는 인지심리학자를 중심으로 강조되어 왔던 학습의 능동적인 측면, 구성주의 학자가 가진 지식의 내적 구성을 위한 활동과 관련이 있다. 이러한 활동은 인지구조의 변화와도 관계가 있는데 여기서는 양적인 변화보다는 질적인 변화를 중시한다. 이러한 맥락은 구성주의, 현상학, 해석학과 관련되어 있다.

이와 더불어 평가에서도 그동안 선택형 검사는 절대적인 진리관을 가지고 있던 전통적인 교수·학습이론과 관련하여 타당한 교육평가방식으로 고정되어 왔다. 하지만 상대주의 진리관과 관련한 인지심리학자의 연구결과를 보았을 때 기존 선택형 문항은 단순한 지식이나 정보의 습득만을 평가할 뿐 학생의 창의성, 문제해결력, 추리력, 비판력, 판단력 등을 측정하지 못하는 것으로 나타났다. 이러한 결과 때문에 교육평가학자는 양적인 평가에서 질적인 평가로 전환하여 측정하는 방법을 연구하기 시작하였다. 양적인 평가가 학생의 학습결과에 대한 성적을 산출하거나 등수를 정하는 것이라면 질적 평가는 학생의 교육적인 성장을 돕기 위한 평가라고 할 수 있다. 수행평가는 참평가, 진짜평가, 직접평가라는 용어로도 사용된다. 학교학습에서 사용하는 수행평가의 종류는 다양하지만 일반적으로 다음과 같은 방법이 사용되고 있다(박도순, 2000; 백순근, 1998; 성태제, 2011).

1) 논문형 검사

논문형 검사는 일종의 서술형 검사로서 학생이 자신의 생각이나 주장을 창의적이고 논리적이면서도 설득력 있게 조직하여 작성하는 검사이다. 논문형 검사에서는 서술된 내용의 깊이와 넓이뿐만 아니라 글을 조직하고 구성하는 능력도 동시에 평가한다. 따라서 논문형 검사를 작성할 때에는 평가영역을 구체적으로 정하고 검사목표를 설정한 후 그에 알맞은 문제 상황과 모범답안, 채점기준표를 만들어야 한다.

2) 포트폴리오

포트폴리오는 학생이 수행한 일련의 과제를 교사 또는 평가자가 평가하는 수행평가의 일종이다. 포트폴리오는 학생의 작품을 모은 작품집으로 학생의 진보, 노력, 성취 정도를 알 수 있는 방법이다. 포트폴리오는 학교학습에서 수업과 학습이 어느 정도 이루어졌는가를 살펴볼 수 있는 기능과 더불어 학부모도 학생의 학습이 어느 정도로 진행되고 있는가를 알 수 있도록 하는 기능도 갖고 있다.

3) 구술검사

구술검사는 학생에게 특정한 교과 내용이나 주제에 대해서 자신의 의견이나 생각을 발표하도록 하는 검사로, 학생의 준비도, 이해력, 표현력, 판단력, 의사소통능력을 직접 평가하는 방법이다. 구술고사는 학생에게 미리 주제나 질문을 알려 주는 경우도 있지만 특정한 내용 영역만을 알려 주고 평가자가 그 내용 영역에 있는 주제나 질문을 하고 학생이 답변하는 형식으로 이루어지기도 한다.

4) 관찰법

관찰법은 교사가 수업시간에 학생의 학습을 관찰하고 평가하는 것으로 학생을 이해하고 평가하는 데 있어서 가장 보편적으로 사용되는 방법이다. 관찰법은 수업 과정에서 학생의 행동이나 반응을 메모하여 수업 후에 학생의 행동을 정리하는 약호화 방법과 체크리스트를 만들어 학생의 반응을 관찰하면서 평가하는 방법으로 나뉜다.

5) 토론법

토론법이란 교수 · 학습 활동과 평가 활동을 통합적으로 수행하는 대표적인 방법으로 특정 주제에 대해서 학생들이 서로 토론하는 것을 보고 평가하는 방법이다. 토론법에서 많이 쓰이는 방법은 찬반 토론법으로 이는 서로 다른 의견을 제시할 수 있는 토론 주제를 정해서 찬성과 반대로 나누어 토론을 하도록 하는 방법이다. 토론법에서는 사전에 준비한 자료의 다양성이나 충실성, 토론 내용의 논리성, 반대 의견을 존중하는 태도, 토론 진행방법 등을 총체적으로 평가한다.

6) 실험 · 실습법

실험 · 실습법은 과제를 주고 학생이 직접 실험과 실습을 하도록 한 후 결과보고서를 제출하여 평가하는 방법이다. 이때 실험 · 실습은 학생 개인이 진행할 수도 있고 팀을 구성하여 공동작업을 하게 할 수도 있다. 교사는 학생의 실험 · 실습 과정을 직접 관찰할 수도 있고 제출된 결과보고서를 동시에 고려하여 평가할 수도 있다.

7) 면접법

면접법은 일정한 조건하에서 질문을 하여 학생의 응답을 얻어 내는 방법으로, 학생이 내적으로 가지고 있는 것을 알아내는 방법이다. 면접은 교사와 학생 간에 개별 면접이 이루어질 수도 있고 집단면접이 이루어질 수도 있다. 면접을 할 때에는 교사가 미리 질문지를 만들어 학생과 이야기할 수도 있으며 포트폴리오나 다른 참고자료를 활용하여 상호 의견을 교환할 수도 있다.

8) 실기시험

실기시험은 예체능 교과에서 주로 활용되는 평가방법으로 실제 상황에서 요구되는 능력을 평가한다. 실기시험은 실제 상황에서 학생의 수행능력을 중시하며, 자연스러운 상황에서 실제 능력을 평가한다.

6. 문항 분석: 고전검사이론과 문항반응이론

문항에 대한 평가는 질적 평가와 양적 평가로 구분된다. 질적 평가는 문항이 평가목적에 맞게 제작되었는가를 점검하기 위한 것으로, 전문가의 내용타당도를 통해서 확인한다. 또한 문항의 제작원리, 지침 등에 따라서 평가한다.

문항에 대한 양적 평가는 검사이론을 통해서 학생의 응답결과를 분석하는 것으로 대표적으로 고전검사이론과 문항반응이론이 있다(성태제, 2011; 황정규, 1999).

1) 고전검사이론

문항의 양호도를 알아보기 위해서 전통적인 측정이론에 기초를 둔 문항난이도, 문항변별도, 문항추측도 등을 살펴보는 방법을 고전검사이론이라고 한다. 고전검사이론은 문항과 검사를 검사 총점으로 분석하는 방법으로, 검사집단에 의해 영향을 받는다. 또한 같은 문항이더라도 검사집단이 우수한 경우와 그렇지 않은 경우 동일한 문항이라도 난이도가 다르게 측정된다. 고전검사이론에 의한 문항 분석결과는 검사목적에 따라 다르게 해석되므로 검사자는 검사목적이 규준지향검사 또는 준거지향검사 중 무엇인지에 대해 유의하여야 한다.

① 문항난이도: 문항난이도는 한 문항의 어려운 정도, 한 문항에 학생들이 정답을 한 확률로 정의한다. 피험자 집단이 A문항에는 30%가 정답을 맞추는데 B문

항에는 50%가 정답을 맞춘다면, A문항은 B문항보다 어려운 문항이라고 할 수 있다. 문항난이도의 계산 공식은 P=R(답을 맞힌 피험자 수)/N(총 피험자 수)이다. 계산결과 P값이 높으면 정답률이 높은 것을 의미하기 때문에 쉬운 문항으로 평가된다.

② 문항변별도: 문항변별도는 한 문항이 피험자의 능력 상하를 얼마나 예리하게 변별하는가를 보는 것으로, 이를 통해서 계산된 수치를 변별도 지수라고 한다. 검사총점에서 높은 점수를 받은 학생과 낮은 점수를 받은 학생으로 양분했을 때 상위집단의 학생이 각 문항에서 정답을 맞추는 확률은 하위집단의 학생이 정답을 맞추는 확률보다 높아야 한다. 이러한 확률의 차이가 없다면 문항변별도가 없는 것이고 변별력이 없는 문항이 된다. 이와 같이 검사의 총점이라는 내적 준거에 의해서 문항의 타당도를 살펴보는 것이 문항변별도의 특징이다. 문항변별도를 계산하는 일반적인 공식은 $D.I=R_U$(상위집단 정답자 수)$-R_L$(하위집단 정답자 수)$/f$(각 집단의 학생 수)이다.

③ 문항추측도: 문항추측도는 능력이 없는 피험자가 추측해서 문항의 답을 맞히는 것을 의미한다. 문항추측도는 0부터 1의 범위에 있으며 문항추측도의 수치가 높으면 문항이 쉬운 것이고, 문항추측도의 수치가 낮으면 어려운 문항으로 간주한다. 문항추측도가 .40~.60이면 중간 정도의 문항으로 해석한다. 문항추측도를 계산하는 일반적인 공식은 $P_{GR}=G_R/N$이다. 여기에서 G_R은 문항의 답을 모르고 추측으로 문항의 답을 맞힌 피험자의 수, N은 전체 피험자의 수이다.

고전검사이론은 문항을 피험자 총점으로 분석하는 방법이다. 고전검사이론의 장점은 계산방법이 용이하다는 점에 있다. 하지만 고전검사이론은 문항 모수의 불변성 개념과 피험자 모수의 불변성 개념이 유지되지 않는다는 문제점이 있다. 또한 문항모수인 난이도, 변별도, 추측도가 피험자 집단에 따라 다르게 측정되기 때문에 피험자의 능력점수도 검사도구에 따라 다르게 측정된다는 문제점을 안고 있다. 이러한 문제로 인해서 문항반응이론이 등장하였다.

2) 문항반응이론

　　문항반응이론(Item Response Theory: IRT)은 고전검사이론이 검사총점으로 문항분석을 시도하는 것에 대한 문제점을 해결하기 위해서 문항은 각각 불변하는 고유한 속성을 지니고 있다고 가정하고 문항특성곡선으로 문항을 분석하고자 하는 방법이다.

　　문항반응이론의 강점은 불변성으로, 문항특성 불변성과 피험자능력 불변성 개념으로 나뉜다. 문항특성 불변성은 문항의 특성인 문항난이도, 문항변별도, 문항추측도가 피험자 집단이 달라져도 변하지 않는다는 것이다. 피험자능력 불변성은 피험자의 능력이 어떤 검사나 문항을 택하느냐에 따라서 변화하는 것이 아니라 고유한 수준을 가지고 있다는 것을 말한다. 문항반응이론에서는 피험자 집단의 능력이 높거나 낮거나 관계없이 일정한 형태의 문항특성곡선을 추정할 수 있다.

> 문항 분석을 위한 방법으로는 고전검사이론과 문항반응이론이 있다. 고전검사이론은 전통적인 측정이론에 기초하여 문항변별도, 문항난이도, 문항추측도를 평가하며 집단에 따라서 점수들이 달라진다. 문항반응이론은 문항특성곡선에 의해서 문항변별도, 문항난이도, 문항추측도를 평가하므로 집단에 따라서 불변하는 특성을 지닌다.

① 문항특성곡선: θ에 따라서 문항의 답을 맞힐 확률[P(θ)]을 연결한 곡선이다. 문항특성곡선은 일반적으로 S자 형태로 나타난다. 피험자의 능력(θ)은 0을 기준으로 대략 −3∼+3

> 문항특성곡선은 문항의 고유한 속성을 나타내는 곡선이다.

사이의 범위에 분포한다. 피험자의 능력평균은 0이며 −쪽은 평균보다 능력이 낮은 쪽을 나타낸다. 이 능력척도(θ)는 표준점수로 나타내고 있기 때문에 정상

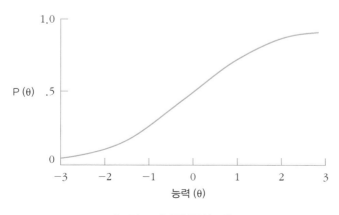

[그림 6-1] 문항특성곡선

분포곡선의 개념에 비추어 보면 평균이 0이고 표준편차가 1인 분포임을 이해할 수 있다.

② 문항난이도: 문항특성곡선에서 문항난이도는 문항이 어느 능력 수준에서 더 기능하는가를 나타내는 지수로서 문항의 어려운 정도를 말한다. 문항반응이론에서 문항난이도는 문항의 답을 맞힐 확률이 .5에 대응하는 능력 수준으로 정의하여 b 또는 β로 표기한다. 문항난이도의 값은 일반적으로 −2~+2의 범위로 나타난다. [그림 6-2]의 2번 문항은 능력수준이 높은 집단에서 더 잘 기능하고 1번 문항은 상대적으로 능력이 낮은 집단에서 잘 기능함을 알 수 있다.

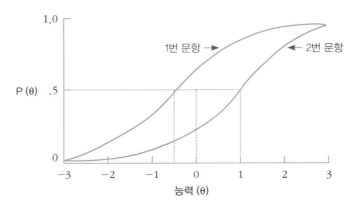

[그림 6-2] 문항난이도가 다른 두 문항특성곡선

③ 문항변별도: 문항변별도는 문항이 피험자의 능력에 따라서 답을 맞힐 확률을 얼마나 잘 변별하는가와 관련된다. 문항변별도는 문항특성곡선상의 문항난이도를 표시하는 점에서의 문항특성곡선의 기울기를 말하며 a 또는 α로 표시한다. [그림 6-3]에서 1번 문항과 2번 문항의 변별도는 같다. 하지만 2번 문항은 1번 문항보다 피험자의 능력이 변함에 따라서 정답을 맞힐 확률의 변화가 크다. 1번 문항은 능력에 따라서 답을 맞힐 확률이 거의 변하지 않는 단조로운 형태임에 비해서 2번 문항은 피험자의 능력 수준에 따라서 변별하는 정도가 다르다. 이와 같이 문항변별도는 문항특성곡선의 기울기와 관련이 있다. 문항특성곡선의 기울기가 가파르면 문항변별도는 높아지고 기울기가 완만하면 문항변별도는 낮아진다.

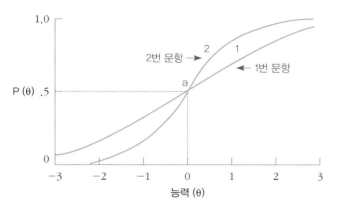

[그림 6-3] 문항변별도가 다른 두 문항특성곡선

④ 문항추측도: 문항추측도는 능력이 전혀 없음에도 불구하고 추측해서 문항의 답을 맞힐 확률을 의미한다. 문항반응이론에서 문항추측도는 c로 표시하며 문항특성곡선의 절편을 의미한다.

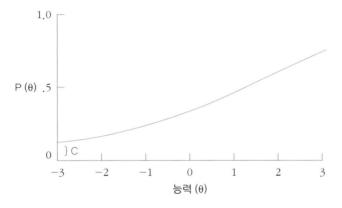

[그림 6-4] 문항특성곡선에서의 문항추측도

교육평가에서 타당도 신뢰도

교육과 관련되는 검사도구 또는 평가도구는 잘 만들어져야 한다. 이를 위해서는 타당도와 신뢰도가 높아야 한다. 검사의 타당도가 높으면 신뢰도가 높아지지만, 검사의 신뢰도가 높다고 해도 타당도가 높은 것은 아니다. 예를 들어, 검사개발자 또는 학교의 교사가 검사나 시험문제를 만들 때 검사내용에 타당한 문항을 만들면 이검사는 신뢰도도 동시에 높아진다. 하지만 어떤 검사에서 신뢰도가 높은 문항을 만들더라도 측정하고자 하는 내용과 검사내용이 관련 없는 경우 검사의 타당도는 높아지지 않는다. 따라서 검사나 시험문항을 개발하는 경우 검사의 신뢰도와 타당도가 모두 높은 문항을 개발하여야 한다.

> 검사의 타당도는 검사도구가 측정하고자 하는 것을 얼마나 충실하게 측정하는가에 관한 것이고, 검사의 신뢰도는 얼마나 안정적이고 일관성 있게 측정하는가와 관련된다.

1. 검사의 타당도

검사의 타당도는 검사도구가 측정하고자 하는 것을 얼마나 충실하게 측정하는가, 검사점수가 사용목적에 얼마나 부합하느냐를 재는 것이다. 측정도구가 본래 측정하려고 의도한 것을 진실하게 측정할수록 검사의 타당도가 높다고 할 수 있다. 이는 검사도구의 목적에 적합한 도구를 개발했는가와 관련된다. 검사의 타당도에는 내용타당도, 구인타당도, 공인타당도, 예언타당도 등이 있다.

1) 내용타당도

내용타당도는 측정도구가 측정하고자 하는 내용을 얼마나 충실하게 측정하고 있는지 논리적으로 분석하여 평가하는 것이다. 검사문항이 측정하고자 하는 영역을 얼마나 잘 대표하는지, 대표적인 표본을 얼마나 잘 포함하는지와 관련이 있다. 내용타당도는 수량적인 계산보다는 전문가나 검사 제작자가 검사내용을 살펴봄으로써 결정된다(박경, 최순영, 2002).

　내용타당도는 성격검사나 적성검사보다는 능력검사에서 더 중요시된다. 왜냐하면 성격이나 적성의 전반적인 내용을 기술하는 것은 인지적 능력이나 성취도를 기술하는 것보다 어렵기 때문이다. 내용타당도는 전문가의 판단에 의해서 검사의 타당성을 입증받기 때문에 검사목적의 적합성 여부를 검증할 수 있는 장점이 있다. 그러나 정의적 특성을 측정할 때 전문가마다 견해가 다른 경우에 '검사내용에 기초한 근거'에 의한 검사도구의 타당성을 입증하는 데 논란이 따른다. 예를 들어, 검사의 성격에 대해서 어떤 전문가는 문항들의 내용을 분석한 후 주관적인 판단에 의해서 검사내용에 기초한 근거가 있다고 하여도, 성격의 정의에 대해서 다른 견해를 가지고 있는 전문가는 검사내용에 기초한 근거가 결여되어 있다고 판단할 수 있다(성태제, 2011).

2) 구인타당도

　구인(construct)이란 심리적 특성이나 행동 양상을 설명하기 위해서 존재를 가정하는 심리적인 요인이라고 말한다. 구인타당도란 조작적으로 정의되지 않은 인간의 심리적 특성이나 성질을 심리적인 구인으로 분석하고 조작적인 정의를 부여한 후 검사점수가 조작적인 정의에서 규명한 심리적 구인들을 제대로 측정하고 있는가를 검증하는 방법이다.

　예를 들어, 창의성을 측정할 때 창의성은 민감성, 이해성, 도덕성, 개방성, 자발성, 자신감의 구인으로 구성되어 있다는 조작적 정의에 근거하여 검사를 제작하고 실시하였다. 그 결과 창의성 검사도구가 이와 같은 구인들을 측정하고 있다면 그 검사는 구인타당도를 지니고 있다고 말한다. 만약 검사결과가 조작적으로 규명한 어떤 심리적인 특성의 구인을 제대로 측정하지 못하고 있거나 다른 구인을 측정하고 있다면 이는 구인타당도가 결여되어 있다고 본다.

3) 준거 관련 타당도

　준거 관련 타당도는 개발된 검사를 준거가 되는 다른 검사와 관련지어 평가함으로써 타당도를 입증하는 것이다. 준거 관련 타당도에는 공인타당도와 예언타당도가 있다.

① 공인타당도: 공인타당도는 기존에 타당성을 입증받고 있는 검사로부터 얻은 점수와 새로 제작한 검사 간의 관계를 검증하는 타당도이다. 예를 들어, 간편 지능검사를 개발했는데 기존 지능검사와의 상관이 높다면 이는 새로 만든 간편 지능검사의 공인타당도가 높다고 할 수 있다.

② 예언타당도: 예언타당도는 제작된 검사에서 얻은 점수와 준거로서 미래의 어떤 행위와의 관계로 추정되는 타당도이다. 즉, 검사점수가 미래의 행위를 얼마나 잘 예측하는가와 관련되는 문제이다. 예를 들어, 임용고사의 교직적성검사에서 높은 점수를 받은 사람이 교사로 임용된 후 교직에 대한 만족도가 높다면 교직적성검사는 교직에 대한 만족도를 높게 예언하는 검사가 되는 것이다.

2. 검사의 신뢰도

검사의 신뢰도란 측정하려는 것을 얼마나 안정적이고 일관성 있게 측정하였느냐에 관한 것이다. 신뢰도에는 검사-재검사신뢰도, 동형검사신뢰도, 반분신뢰도, 문항내적합치도가 있다.

1) 검사-재검사신뢰도

검사-재검사신뢰도는 동일한 검사를 동일한 피험자 집단에 일정 시간 간격을 두고 두 번 실시하여 얻은 두 검사점수의 상관계수로 신뢰도를 추정하는 방법이다. 이 신뢰도는 추정방법이 간단하지만 시험 간격에 따라서 두 번 검사를 실시하기 때문에 기억의 효과를 배제하기 어렵다.

2) 동형검사신뢰도

동형검사신뢰도는 어떤 구인을 측정하기 위해 동일한 형태의 검사를 제작한 뒤두 검사 간의 신뢰도를 추정하는 방법이다. 이 신뢰도는 두 검사 간의 유사성을 측정하며, 평행검사신뢰도라고도 한다. 기본가정은 한 검사에 의한 진점수와 다른 동형검사에 의한 진점수가 같아야 하며, 한 검사에 의한 오차점수 분산과 동형검사에 의한 오차점수 분산이 같아야 한다는 것이다. 장점으로는 2개의 동형검사를 동일집단에 실시하므로 시험 간격이 문제가 되지 않으며 신뢰도 계수를 추정하기 쉽다는 것이다. 단점으로는 동형검사의 제작이 어려울 뿐만 아니라 두 검사의 동형성 여부에 따라서 동형검사신뢰도 계수가 달리 추정된다는 것이다.

3) 반분신뢰도

반분신뢰도는 검사를 한 번 실시한 후 두 부분으로 나누어 두 부분검사의 신뢰도를 추정하는 방법이다. 반분신뢰도는 검사를 두 번 실시하지 않고 신뢰도를 추정할 수 있다는 장점이 있으나 검사를 양분하는 방법에 따라서 신뢰도 계수가 달라지는 단점이 있다. 예를 들어, 수학시험이 20문항일 경우 수학은 앞부분은 쉬운 문항부터 배열하기 때문에 뒷부분으로 갈수록 문항이 어렵다. 따라서 반분신뢰도를 앞부분 10문항, 뒷부분 10문항으로 나누어 신뢰도를 추정하는 경우와 홀수 10문항과 짝수 10문항으로 나누어 신뢰도를 추정하는 경우 신뢰도 계수가 달라진다.

4) 문항내적합치도

문항내적합치도(Cronbach α)는 문항의 내적 일관성을 측정하기 위해서 검사를 두 부분으로 나누지 않고 문항점수의 분산을 고려하여 신뢰도를 추정하는 방법이다. 이 방법은 검사를 단 한 번 실시하여 내적합치도를 계산하기 때문에 안정적이고 보편적으로 사용되는 신뢰도이다.

Ⅴ 교육평가모형

1. 목표 중심 평가

목표 중심 평가는 타일러(Tyler, 1949)에 의해서 제안된 평가모형으로 미리 진술된 교육목표를 평가기준으로 설정하여 그 목표가 실제 도달된 정도를 판단하는 모형이다. 이 모형에서는 교육목표를 설정하고, 학습경험을 선정하고, 학습경험을 조직한 후, 평가하는 과정을 거친다. 이 모형을 목표 중심 평가모형이라고 부르는데 이는 프로그램의 모든 측면이 교육목표를 달성하는 수단이 되기 때문이다. 타일러의 목표 중심 평가모형은 [그림 6-5]와 같다.

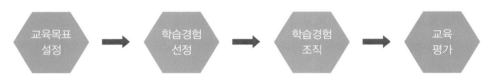

[그림 6-5] 타일러의 목표 중심 평가모형

타일러의 교육과정과 수업의 기본원리(1949)는 목표 중심의 방법으로 교육과정 개발과 평가에 많은 영향을 미쳤다.

교육목표는 학생이 수업을 통해서 도달하게 되는 목표를 말하는데, 이러한 목표는 철학적인 문제와 사회적인 문제를 모두 포함한다. 학생이 장기간에 걸쳐서 도달 가능한 교육목표는 무엇인지, 어떠한 교육목표가 특정 학생에게 적합한 것인지, 설정한 교육목표는 인간이나 사회 및 국가에 바람직한 것인가를 고민하는 단계이다.

학습경험의 선정은 어떠한 학습경험이 교육목표를 달성하는 데 적절한 것인가를 판단하는 단계이다. 학습경험은 학생의 측면에서는 학생이 공부하는 교과서나 교재 등을 말하며 교사의 측면에서는 학교수업에서 학생에게 제공하는 교과내용과 경험을 말한다. 학습경험의 선정에서는 어떤 특성을 가진 학생에게 어떤 학습경험을 제공하는 것이 적절한지, 특정한 내용과 경험은 어떠한 효과가 있는지, 최대 효과를 올릴 수 있는 학습경험은 어떤 것이 있는지를 고려해야 한다.

학습경험이 선정된 이후에는 학습경험에 대해 조직을 하게 된다. 여기에서 고려할 사항은 선정된 학습경험을 어떻게 조직하느냐가 교수 · 학습의 효과에 있어서 결정적인 역할을 한다는 점이다. 학습경험의 조직에서는 학습자의 특성과 지식의 구조가 서로 유기적인 관련성을 가져야 한다. 학습자의 특성은 학습자의 능력, 동기, 흥미 등이며, 지식의 구조는 교과의 구조를 의미한다.

교육평가의 단계는 설정된 교육목표에 잘 도달했는가를 알아보기 위한 평가단계이다. 평가는 학생에게 어떠한 교수방법이 적절한가에 관한 정보를 제공하며, 학생의 학습결과에 따라서 수업을 어떻게 수정하거나 바꾸어 나갈 것인가 하는 피드백을 제공해 준다.

2. 운영 중심 평가

운영 중심 평가는 의사결정자에게 필요한 정보를 제공함으로써 의사결정을 도와주는 평가방법이다. 이 모형의 대표적 학자는 스터플빔(Stufflebeam, 1974)으로 그는 CIPP(context input process product) 모형을 제안하였다.

상황평가(context evaluation)는 계획단계에서 다른 요구들을 결정하기 위한 것으로, 프로그램의 목표를 설정하는 데 도움을 준다. 투입평가(input evaluation)는 목표달성에 필요한 전략, 계획, 절차를 설계하는 단계로, 프로그램의 절차를 설계하는 데 도움을 준다. 과정평가(process evaluation)는 계획의 원활한 진행 여부, 실행상의 장애요인, 개선방안의 필요성을 파악하기 위한 평가단계이다. 이 과정에서는 결정된 절차나 전략을 실행하고 개선하는 의사결정을 한다. 산출평가(product evaluation)는 재순환 의사결정을 위한 평가로, 목표도달정도, 필요한 후속조치 등을 파악하기 위한 평가단계이다.

3. 참여자 중심 평가

참여자 중심 평가는 자연주의적 탐구방식과 평가하는 과정에서 참여를 강조하는 특징이 있다. 이 평가는 복잡한 맥락 속에서 총체적인 접근을 시도하며 대표적으로 스테이크(Stake, 1967)의 반응적 평가모형이 있다. 스테이크의 반응적 평가모형(responsive evaluation)은 프로그램의 의도보다는 실제 활동에 관심을 가지고 정보에 대한 참여자의 요구에 반응하고, 평가자와 참여자 간의 지속적인 상호작용을 통해서 서로의 요구에 맞추어 평가의 과정을 창조해 나가는 모형이라고 할 수 있다.

반응적 평가모형에서는 평가자의 전문성이 요구되며 사전에 평가 계획을 세우는 것보다는 평가 실제에 따른 즉각적인 반응을 중시한다. 반응적인 평가자는 프로그램의 관찰과 참여자의 의견 청취 및 비공식적인 보고서 준비에 보다 많은 시간을 할애한다.

4. 전문가 중심 평가

전문가 중심 평가(expertise oriented evaluation approach)는 전문가의 판단에 따라 교육제도, 프로그램, 교육활동 등을 평가하는 방법이다. 전문가 중심 평가는 공식적 전문심의체제, 비공식적 전문심의체제, 특별전담 위원회 심의, 특별전담 개인 심의 등으로 구분된다. 전문가 중심 평가는 전문가의 판단과 지혜의 중요성이 강조되지만 전문가의 개인적 편견이 반영되기 쉽다는 점이 제한점으로 작용한다.

정리 및 요약

1 교육평가의 유형 중에서 교수 · 학습 절차와 관련된 평가로는 진단평가, 형성평가, 총합평가가 있다.

2 교육평가의 가치와 관련된 평가로는 규준지향평가, 준거지향평가, 능력지향평가, 성장지향평가가 있다. 규준지향평가는 상대평가의 방법으로 학생들을 정상분포곡선상의 비율별로 나누는 것이고, 준거지향평가는 도달지점을 정해 놓고 이를 넘어서면 목표도달을 한 것으로 간주하는 평가방법이다. 능력지향평가는 개인의 능력에 비추어 얼마나 노력했는가와 관련된 평가이며, 성장지향평가는 교육과정을 통해서 얼마나 성장하고 변화했는가와 관련된 평가이다.

3 인지적 영역과 정의적 영역의 교육목표분류학은 블룸과 동료에 의해서 개발된 목표분류학으로, 현재 학교에서는 인지적 영역의 교육목표분류학이 중요하게 쓰인다. 인지적 영역의 교육목표분류학은 지식, 이해, 적용, 분석, 종합, 평가의 위계를 갖는다.

4 학교현장에서는 지필평가와 수행평가를 모두 평가한다. 지필평가와 수행평가는 교육목표의 도달을 위해서 각기 다른 목적으로 평가하는데, 지필평가는 지식의 이해 정도, 수행평가는 지식의 수행 과정을 평가한다.

5 교육평가에서 학생의 평가결과를 분석하기 위한 방법으로 고전검사이론과 문항반응이론이 있다. 고전검사이론은 검사의 총점을 이용하여 문항난이도, 문항변별도, 문항추측도를 계산한다. 문항반응이론에서는 문항들이 각각 불변하는 속성을 가지고 있다고 보고 문항특성곡선에서 문항난이도, 문항변별도, 문항추측도를 계산한다.

6 교육평가에서 중요한 영역으로는 타당도와 신뢰도가 있다. 타당도는 검사도구가 본래 의도한 목적에 얼마나 적합하게 만들어졌는가와 관련한 것으로 내용타당도, 구인타당도, 준거관련타당도 등이 있다. 신뢰도는 측정하고자 하는 것을 얼마나 안정적으로 측정하는가와 관련되는 것으로 검사–재검사신뢰도, 동형검사신뢰도, 반분신뢰도, 문항내적합치도가 있다.

7 교육평가모형으로는 타일러에 의해서 제안된 목표 중심 평가, 스터플빔의 운영 중심 평가, 스테이크의 참여자 중심 평가, 전문가 중심 평가가 있다.

토론 과제

1 교육평가의 순기능과 역기능에 대해서 설명하시오.

2 교육평가의 유형 중에서 진단평가, 형성평가, 총합평가의 특징과 주된 기능을 설명하시오.

3 학교 시험에서 타당하고 신뢰성 높은 평가문항을 만들어야 하는 이유에 대해서 설명하시오.

4 문항분석을 위한 고전검사이론과 문항반응이론의 장점과 단점을 비교하여 설명하시오.

교육행정의 이해

• 주요 질문

Q1 학급의 배치 등 교육환경이 과거와 비교하여 변화되고 있습니다. 변화하는 환경 속에서 학급을 어떻게 운영해야 할까요?

Q2 학급경영과 수업에 대한 평가는 어떻게 해야 한다고 생각하나요?

Q3 교사에게 필요한 장학의 내용은 무엇이라 생각하나요?

교육행정의 이해

I 교육행정의 개념

행정은 조직이 추구하는 목표를 효율적으로 달성하기 위해 인적 · 물적 자원을 지원하는 조직적 행위이다. 교육행정은 개개인의 교육받을 권리를 제도적으로 보장하고, 교수−학습활동을 포함하여 교육 및 학교경영 전반에 걸친 지원체제를 효율적으로 운영하는 것이다. 교육행정의 정의는 교육에 대한 관점과 행정에 대한 관점이 결합하여 복잡한 양상을 보이며, 관점에 따라 다양하게 정의될 수 있다.

1. 법규해석적 접근

법규해석적 접근은 교육행정을 '교육에 관한 행정'으로 보는 입장이다. 국가의 통치와 운영을 삼권분립에 의해 입법 · 사법 · 행정으로 구분하고, 행정의 영역 중에서 교육에 관한 법과 내용을 집행하는 행정을 교육행정으로 본다. 이것은 교육행정을 일반 행정의 일부로 보며, 교육행정의 전문성 · 독자성 · 특수성과 교육자치를 인정하지 않는 행정이라 할 수 있다. 교육행정을 수행하는 과정에서 법률이나 행정명령과 지시를 충실히 이행하는 것이 중요하며, 자율적이고 독창적인 교육실천은 법령 위반이 되어 교육행정은 통제적이고 획일적으로 이루어진다.

2. 조건정비적 접근

조건정비적 접근은 교육행정을 '교육을 위한 행정'이라고 보는 입장이다. 법규해석적 접근이 행정을 교육보다 우위에 있다고 보고 교육을 통제하는 행정이라면, 조건정비적 접근은 교육이 잘 수행되도록 밑에서 조성해 주고 지원하는 행정이라고 할 수 있다. 이것은 교육행정이 실제로 어떤 기능을 하는가의 관점에서 교육행정의 본질을 파악하는 입장이다. 교육의 효과가 제대로 나타나려면 학교에서 가르치는 활동과 학생의 학습활동이 잘 이루어지도록 재정, 시설, 인사 등이 마련되고 지원되어야 한다. 이런 측면에서 교육행정은 행정 그 자체가 목적이 아니고 수단으로서 교육의 핵심적인 활동인 교수–학습의 성과를 달성하기 위해 필요한 인적·물적 조건을 정비하고 지원하는 수단적·봉사적 활동으로 파악된다.

3. 정책실현적 접근

교육행정을 '국가의 권력기관이 교육정책을 실현하는 과정'으로 보는 입장이다. 조건정비적 입장은 교육행정을 설정된 교육목표를 달성하기 위한 수단으로 보며 권력요소의 중요성을 소홀히 여긴다. 그러나 실제에 있어서 교육목표는 국가권력에 의해서 제시된 목표이며, 교육행정이 권력작용 없이 교육목표를 달성한다는 것은 현실적으로 어려운 일이다.

정책실현적 접근은 행정을 보다 적극적으로 해석한다. 정책을 결정하는 것은 입법작용이고 결정된 정책을 집행하는 것이 행정이라는 입법·행정 이원론적 입장을 부정한다. 정책실현설은 행정의 본질을 입법과 밀접히 관련시켜 정책결정을 포함한 정책집행을 행정의 범주로 간주하는 입장이다. 교육행정을 국가기관이 교육목표 달성을 위한 계획을 세우고 교육정책을 실현하는 과정으로 보며, 국가권력을 행정의 주요 요소로 한다는 점에서 민간조직의 행정과 구분된다. 교육정책의 결정과 집행을 동시에 고려하고 있다는 점에서 단순한 수단적·봉사적 활동과도 구분된다.

4. 행정행위론적 접근

교육행정을 '교육조직의 공동목표를 달성하기 위해 합리적 협동행위를 추진하는 작용'으로 보는 입장이다. 이 관점은 정부조직, 기업체, 학교, 군대, 교회, 병원 등 조직의 특수성보다는 그들 간에 발생하는 행정과정의 공통점을 강조하면서 교육행정을 정의한다. 캠벨(Campbell) 등은 교육행정이 타 분야의 행정과 마찬가지로 '교육'을 강조한 나머지 정작 강조되어야 할 '행정'이 간과해 왔다고 지적한다.

행정행위론은 교육행정을 협동적 집단행위로 보며, 교육행정은 반드시 집단과 조직을 전제로 한다. 이들 집단이나 조직은 일반 군중과 같은 우연적·일시적인 모임이 아니라 정부조직·기업체·학교·군대 등과 같이 지속성을 지닌 조직을 말하며, 달성하려고 하는 공동목표를 상위목표로 하여 여러 하위목표를 가진 구성원들로 이루어진다. 그리고 합리적 협동행위란 노력, 시간, 비용을 가능한 한 최소화하면서 최대 효과를 올리기 위하여 두 사람 이상의 힘을 합치고 조정하는 것을 의미한다.

Ⅱ 교육행정의 원리와 성격

1. 법제 측면에서의 원리

1) 합법성의 원리

합법성의 원리는 모든 행정이 법에 의거하고 법이 정하는 범위 내에서 이루어지는 원리이다. 일반 행정에서도 강조되고 있으며, 입법과 행정을 분리시켜 행정부의 전횡을 막으려는 데서 출발한다. 교육행정은 「헌법」을 비롯하여 「교육기본법」, 「초·중등교육법」, 「고등교육법」, 「사립학교법」 등의 법률과 그것을 기초로 하는 대통령령, 교육부령 및 훈령 등 각종 법령에 의거하여 이루어지고 있다. 합법성의 원리는 교육행정의 모든 활동이 합법적으로 규정된 법령·규칙·조례 등에 근거해야 한다는 것을 의미한다. 모든 행정은 법률을 위반하지 않아야 하고, 법적 근거가 필요하며, 실정법에 맞게 집행해야 한다. 법치행정은 법률에 의한 행정으로서 민주국가에 있어서 기본이라고 할 수 있다

2) 자주·중립성의 원리

자주·중립성의 원리는 법적으로 규정되어 있으며, 교육의 자주성과 중립성을 인정하는 원리이다. 「헌법」 제31조 제4항은 "교육의 자주성·전문성·정치적 중립성 및 대학의 자율성은 법률이 정하는 바에 의하여 보장된다."라고 기술하면서 교육의 자주성과 중립성을 밝히고 있다. 「교육기본법」 제5조는 "국가와 지방자치단체는 교육의 자주성과 전문성을 보장하여야 하며, 국가는 지방자치단체의 교육에 관한 자율성을 존중하여야 한다."라고 하였다. 제6조는 "교육은 교육 본래의 목적에 따라 그 기능을 다하도록 운영되어야 하며, 어떠한 정치적·파당적 또는 개인적 편견의 전파를 위한 방편으로 이용되어서는 안 된다."라고 규정되어 있다.

교육은 인간적 권리를 실현해 주는 사회적 장치이며 보편타당한 진리를 가르치고 합리적인 사고와 질서 속에서 운영되어야 한다. 학교에서 특정 종교교육을 금지하고 교육자치제를 실시하는 것은 교육의 중립성과 자주성을 제도적으로 보장하기 위한 조치라 할 수 있다.

3) 기회균등의 원리

기회균등의 원리는 민주주의의 기본원리로서 교육행정에 있어 가장 확실하게 실현되고 있는 원리이다. 「헌법」 제31조 제1항은 "모든 국민은 능력에 따라 균등하게 교육을 받을 권리를 가진다."라고 규정하였다. 교육의 기회균등은 무조건적인 평등이 아니라 개인의 의지, 노력, 동기, 조건에 적합하게 이루어져야 한다는 것을 말한다. 「헌법」 제31조 제2항과 제3항은 자녀에게 교육을 받게 해야 하며, 의무교육은 무상으로 한다고 기술하면서 무상 의무교육은 기본적 권리인 동시에 의무인 것으로 규정하고 있다.

이런 교육에 관한 권리를 「교육기본법」 제3조에서는 "모든 국민은 평생에 걸쳐 학습하고, 능력과 적성에 따라 교육받을 권리를 가진다."라고 구체화시켰다. 또 제4조

는 "모든 국민은 성별, 종교, 신념, 사회적 신분, 경제적 지위 또는 신체적 조건 등을 이유로 교육에 있어서 차별을 받지 아니한다."라고 명시하고 있다. 취학 전 교육의 지원, 의무교육의 확대, 특수교육의 실시와 교육격차 해소, 평생교육의 추진과 같은 교육정책의 실행은 기회균등의 원리를 구현하려는 조치라 할 수 있다.

4) 지방분권의 원리

교육은 주민의 적극적인 참여와 지역 특성과 실정에 따른 지역주민에 의한 교육자치가 특징이다. 교육의 지방분권에 대해 「교육기본법」 제5조는 "국가 및 지방자치단체는 교육의 자주성 및 전문성을 보장하며, 지역의 실정에 맞는 교육의 실시를 위한 정책을 수립 · 실시하여야 한다. 학교운영의 자율성을 존중해야 하며, 교직원 · 학생 · 학부모 및 지역주민 등이 법령으로 정하는 바에 따라 학교운영에 참여할 수 있도록 보장하여야 한다."라고 기술하고 있다. 우리의 교육행정은 중앙집권체제하에서 발전해 왔기 때문에 중앙집권화를 탈피하고, 지방분권화를 도모함으로써 균형을 얻으려는 노력이 지속되고 있다.

2. 운영 측면에서의 원리

1) 민주성의 원리

민주성의 원리는 교육정책 수립에 있어서 참여를 통해 공정한 의사를 반영하고, 결정된 정책의 집행과정에 있어서도 권한의 위임을 통하여 행정하는 것을 의미한다. 민주성의 원리는 교육행정의 수행에 있어서 시민참여, 행정의 공개성과 행정과정의 민주화, 공평한 대우 등이 포함된다. 교육행정기관은 국민과의 관계에 있어서 행정권의 남용을 최대한 통제하고, 책무성을 확보해야 한다.

교육기관 또는 교육행정기관의 장이 의사결정과정에서 각종 위원회나 심의회 등을 통해 의견을 모으고, 학교장이 직원회, 협의회, 연구회 등을 통하여 의사소통하며 합의와 이해를 바탕으로 업무를 처리해 나가는 것은 모두 민주성의 원리에 입각한 것이다.

2) 효율성의 원리

효율성의 원리는 교육행정이 능률적이고 효과적으로 집행되어야 한다는 의미이다. 이 원리는 합리적인 활동에서 공통적으로 강조되는 원리라고 할 수 있다. 교육에 대한 사회적 책무성 증가와 교육조직의 규모 확대, 기능의 복잡화 등 교육조직의 대내외 환경 변화는 효율성의 중요성을 강화하고 있다. 교육활동에 있어서도 최소한의 인적 · 물적 자원과 시간을 투입하여 낭비를 최소화하며, 최대한의 성과와 교육목표를 달성하는 것이 중요하다. 교육행정에 있어서 효율성의 원리는 단순한 경제적 능률보다는 사회적 능률을 더욱 강조한다. 또 민주성의 원리를 희생하면서까지 강조될 수 없으며, 양자 사이에 균형과 조화가 이루어져야 한다.

3) 안정성의 원리

안정성의 원리는 교육활동이 지속성 · 안전성을 확보하기 위한 원리이며, 적응성의 원리와 반대되는 작용이다. 교육은 지속적이고 일관성 있게 전통을 계승하고, 좋은 부분을 강화 · 발전시켜야 한다. 교육은 끊임없이 변화하는 가운데도 변하지 않고 이어져 나가며 항상성을 유지해야 하는 것이다. 시대와 장소에 따라서 적응과 안정에 대한 요청과 내용은 달라진다. 초등학교에서 조기 영어교육과 컴퓨터교육 같이 혁신적이 교육정책이 과감하게 실천되는 경우도 있지만, 학교급별 교육연한과 학기 시작 시점처럼 개선이 보류되는 경우도 있다.

4) 적응성의 원리

적응성의 원리는 변화하는 상황에 대하여 신속하고 적절하게 대응해 나가면서 조화로운 관계 속에서 성과를 만들어 가는 것을 말한다. 교육활동이 사회변화에 대처해 나가며, 사회변화를 바람직한 방향으로 조절해 나가기 위해서는 교육행정의 적응성 원리가 중요한 역할을 해야 한다. 적응성의 원리는 시간적인 변화에 적응하는 것에 국한되는 것이 아니라, 공간적인 변화에 적응해 나가는 것도 포함한다.

교육행정에 있어서 적응의 문제는 시간과 공간을 초월하는 것으로, 종합적인 안목을 가지고 내외적 변화의 균형을 유지해야 한다. 그러나 적응성의 원리를 강조하다 보면, 교육에서 요구되는 안정성을 해칠 우려가 있어서 변화에 적응해 가면서도 안정성을 유지하는 균형이 필요하다.

5) 타당성의 원리

타당성의 원리는 합목적성의 원리라고도 한다. 교육행정이 바람직한 교육정책을 세우고 그 정책목표 달성에 타당한 활동으로 수행되어야 한다는 것이다. 교육행정은 그 자체가 목적이 아니라 교육활동에 대한 지원적 · 수단적 활동이기 때문에 목표와 수단 간에 괴리가 있어서는 안 된다.

교육행정은 바람직한 교수-학습활동이 이루어지게 하며 효과적인 성과를 얻게 하는 데 목적이 있다. 따라서 교육행정은 올바른 교육목표를 세우고 그 목표 달성에 필요한 제반조건을 정비 · 확립하여야 하며, 집행 · 평가에 이르기까지 교육행정의 전체 활동이 타당성 있고 합목적적으로 수행되어야 한다.

6) 자율성의 원리

자율성의 원리는 교육기관이나 지방교육행정기관이 자주적으로 운영하는 것을 의미한다. 이는 중앙정부의 획일적이고 통제적인 중앙집권적 행정을 지양하고, 지방분권을 도모함으로써 교육행정의 자율적 운영을 실현하고자 하는 원리이다. 따라서 일선학교와 지방교육행정기관이 조직의 관리 · 운영에 필요한 기준을 자주적으로 설정 · 집행하며, 조직 발전에 필요한 정책을 독자적으로 결정하는 것을 의미한다. 이 원리는 자율의 폭이 학교행정에까지 확대되도록 추구하고 있으며, 사회에 대한 적응을 위해서 다양성과 창의성이 존중되고 환경과 여건 변화에 유연하게 대응할 수 있는 능동적 행정체제가 필요하다는 관점이다.

3. 교육행정의 성격

1) 공공적 성격

교육은 특정인만을 대상으로 하는 것이 아니라 모든 국민을 대상으로 하는 공공적 행위이며, 이는 헌법과 법률에도 명시되어 있다. 「헌법」제31조에는 "모든 국민은 능력에 따라 균등하게 교육을 받을 권리를 가진다."라고 명시하고 있고, 「교육기본법」제4조에서는 "모든 국민으로 하여금 성별, 종교, 사회적 신분, 경제적 지위 또는 신체적 조건 등을 이유로 교육에 있어 차별을 받지 아니한다."라고 규정하고 있다. 국민이 교육을 받을 수 있는 권리와 조건을 법으로 정하고 있는 것은 교육이 전 국민을 대상으로 하는 공공적 사업임을 보여 주는 것이다. 교육행정의 공공성은 사립학교에도 적용되며, 근본적으로 교육이 공공성을 전제하고 있기 때문에 교육의 주체가 누구이든 관계없이 교육행정은 공공적 성격을 지닌다.

2) 조성적 성격

교육행정은 공공행정에 속하면서 조성적 행정의 성격이 강하다. 교육행정은 소극적으로 사회의 공공질서 유지를 목적으로 하는 경찰행정과 달리 사회의 공공복지를 적극적으로 증진하는 것을 목적으로 하고 있다. 교육행정의 본질은 교육활동에 대한 통제나 규제보다는 적극 지원하는 성격을 가지고 있다. 조건정비적 접근에서 교육행정은 인적 · 물적 조건을 정비 · 확립시키는 것을 목표로 하는데, 이는 교육을 위한 행정으로서 조성적 · 봉사적 성격을 지니고 있음을 보여 준다.

3) 수단적 성격

교육행정은 그 자체가 목적이 될 수 없으며, 교육목표 달성을 위하여 필요한 인적 · 물적 자원을 활용하고 실천하는 것이라는 측면에서 수단적인 성격을 갖고 있다. 교육행정이 행정을 위한 행정이 아니고 교육을 위한 행정, 교육의 목표달성과 효율화를 위한 행정이기 때문에 수단과 기술이 더욱 필요하다. 교육행정은 교수—

학습이 원활히 진행되도록 지원하고 학생지도활동을 보조하여 교육의 효과와 능률을 극대화하는 수단으로 작용한다. 교육의 내용과 방법이 매우 복잡해지고 변화되고 있어서 교육행정의 수행과정에서 많은 문제와 어려움에 직면하게 된다. 교육목표를 효율적으로 달성하는 성과를 도출하기 위해서는 능동적이고 적절한 기술이 필요하다.

4) 민주적·중립적 성격

우리나라의 「헌법」 제31조 제4항은 교육의 자주성 · 전문성 · 정치적 중립성 및 대학의 자율성을 법률이 정하는 바에 의하여 보장하도록 규정하고 있다. 민주적 · 중립적 성격은 교육행정을 수행하는 과정에서 독단과 편견을 배제하고, 교육정책의 수립과정에서 참여를 통한 공정한 민의를 반영하며, 결정된 정책의 집행과정에 있어서도 권한의 위임을 지향한다. 교육은 자주성과 중립성을 보장받으면서 외부의 간섭 없이 그 전문성과 특수성에 비추어 독자적으로 교육 본래의 목적에 의거하여 운영 · 실시되어야 한다. 교육행정의 민주적 성격을 확립하기 위해서는 학교경영, 교육내용 등에서 변화가 이루어져야 한다.

5) 전문적 성격

사회변화가 빨라지고 복잡해짐에 따라 각 분야의 행정에서도 고도의 전문성이 요청되고 있다. 특히 교육은 그 자체가 전문성을 갖고 있어서 교육행정도 전문성을 전제로 수행되어 왔다. 교육행정은 전문적 교육과 특수한 훈련을 받은 교육전문가에 의해서 수행된다. 교육행정직은 교육감제도와 교육장 · 교장 · 교감 · 장학직 · 교육연구직 등이 교육경력을 필수요건으로 하며, 교육기관에서 행정을 담당하는 교장, 교감, 장학관, 장학사 등은 소정의 자격연수과정을 거쳐 양성된다. 교육행정의 업무가 분화되고 특수성이 강화됨으로 인해 점차 더 높은 수준의 전문성이 요구되고 있다.

6) 특수적 성격

교육행정은 다른 분야의 행정에서 찾아볼 수 없고 교육행정에서만 있는 특성이 내재되어 있어서 교육행정을 수행하는 과정에서 타 분야의 행정과는 구별되는 다음과 같은 성격이 있다.

첫째, 교육의 장기성으로 인한 교육목표 달성과 투자의 장기성과 비긴급성이다. 교육의 성과는 단기간에 나타나지 않으며, 투입되는 시간과 재정을 긴 안목으로 보지 않는다면 긴급하지도 않고 비생산적인 활동으로 여겨질 수도 있다.

둘째, 교육효과에 대한 직접적인 측정의 곤란성이다. 교육효과는 학습자의 지적ㆍ정서적ㆍ신체적 변화로 다양하게 나타나지만 변화는 쉽게 이루어지지 않고, 그 성과를 측정하고 평가하는 것도 어려운 측면이 있다.

셋째, 교육에 관여하는 집단의 특수성이다. 교사집단은 전공지식과 교육분야의 전문가이며, 학생집단은 지적ㆍ신체적ㆍ정서적ㆍ사회적 발달에 있어서 아직 미숙하고 성장하는 세대이다.

넷째, 교육에 관여하는 집단의 독자성과 협력성이다. 학교조직은 교사집단, 학생집단, 학부모집단, 지역사회 등 관련 집단이 나름대로의 독자성을 가지면서 교육목표 달성을 위해 상호 협력한다. 이런 이질적인 사회집단들을 대상으로 교육목표를 달성하기 위하여 많은 사람의 노력을 조정해 나가야 한다.

III 교육행정의 조직

1. 조직의 개념

오늘날의 인간은 조직을 떠나서는 생존할 수 없을 정도로 각종 조직에 직ㆍ간접적으로 관계되어 있다. 인간은 상호관계를 맺고 서로 영향을 주고받으며 살아가는 협동적 관계이다. 조직은 어떤 목적을 달성하기 위하여 신중하게 구성된 인간의 협동체제라고 할 수 있다. 모든 행정활동은 조직을 통해 이루어지기 때문에 교육행정도 조직을 통하여 구성원의 노력을 통합하고 목적을 달성한다. 행정조직이란 행정의 수단이며 관리의 도구로서 중요성을 갖고 있으며, 이런 관점에서 조직의 특징을 다음과 같이 제시할 수 있다.

첫째, 조직은 어떤 특정 목적이나 목표를 가지고 있다. 이런 공동목표가 구성원의 행동과 노력을 통합하는 작용을 한다.

둘째, 조직은 다양한 요소로 구성된다. 조직을 구성하는 기본 요소는 사람이며, 기능적인 분업과 계층적인 분화가 필요하다.

셋째, 조직의 목적달성을 위해 상호작용과 의사소통이 필요하다. 조직의 구성요소들이 목표달성에 기여하기 위해서 상호의존적이어야 하며, 종적·횡적인 의사소통이 필요하다.

넷째, 조직은 개방체제적 속성을 지니고 있다. 환경과 서로 영향을 주고받으며 지속적인 발전과 적응을 추구한다.

2. 조직의 유형

1) 공식 조직과 비공식 조직

공식 조직은 합리적이고 인위적 측면에서 법령·규정에 의해 제도화된 조직을 의미한다. 조직의 기구표상에 명문화되어 있는 조직을 의미하며, 명령계통과 의사소통의 경로로 나타난다. 구조적이고 전통적인 조직이론에서 중시하며, 지도자의 권한이 상부에 의해서 주어지는 특성이 있다. 비공식 조직은 공식 조직 속에서 비합리적이고 감정적이며 대면적 측면을 중심으로 이루어진 자생적 조직이다. 사적 성격이 강하고, 현실적 인간관계에 의한 소집단의 형태를 띠고 있으며, 감정의 원리가 지배적이다. 호손공장실험(Hawthorne Experiment)에서 조직관리의 사회심리적 면을 고찰하는 과정에서 중요성이 인정되었다. 공식 조직이 전체적 질서를 담당하는 데 반해 비공식 조직은 부분적 질서를 담당하면서 지도자의 지위는 부하들에 의해서 부여되는 상향적 특성을 지닌다.

비공식 조직의 기능은 순기능과 역기능으로 나눌 수 있다. 순기능으로는 첫째, 구성원의 심리적 욕구불만의 해소로 안정감·귀속감 등을 부여한다. 둘째, 원활한 의사전달과 허용적 분위기를 조성한다. 셋째, 책임자에 대한 자문적 역할이 강화되며 책임자의 능력을 보완해 준다. 넷째, 계층제의 경직성을 완화시켜 준다. 다섯째, 구성원의 행동기준을 확립해 주며 업무의 능률적 수행을 가능하게 한다. 비공식 조직의 역기능으로는 적대 감정을 악화시켜 공식 기능을 마비시킬 우려가 있고, 파벌 조성에 의한 사사로운 인사의 계기가 될 수 있으며, 비공식적 의사전달과 왜곡된 정보 및 소문 등으로 인해 사기가 저하될 우려가 있다는 것이다.

2) 계선 조직과 참모 조직

계선 조직은 분명한 지휘·명령계통을 가진 수직적인 조직형태이다. 조직의 목적 수행에 직접적으로 관련하여 결정권과 집행권을 갖고, 결과에 대해서 책임을 지는 일차적 관계를 가진다. 계선 조직의 장점은 권한과 책임의 한계가 명확하며, 업무수행이 능률적이라는 것이다. 단일기관으로 구성되어 정책결정이 신속하고 강력한 통솔력을 발휘하며, 조직이 안정적이다. 또한 업무가 분화되지 않은 소규모 조직에 유리하며, 경비를 절약할 수 있다. 단점은 조직이 대규모화되는 현대 조직에서 최고관리자의 업무량이 많아지며, 기관장의 독선을 방지할 방법이 없다는 것이다. 분야전문가의 지식과 경험을 이용할 수 없으며, 조직의 지나친 경직성을 초래할 수 있고, 통솔범위가 한정되고 조정이 곤란하다.

참모 조직은 계선 조직이 그 기능을 제대로 수행할 수 있도록 지원해 줌으로써 조직의 목적달성에 간접적으로 기여하는 조직이다. 참모 조직은 조직의 목표달성에 간접적으로 기여할 뿐 직접적인 명령, 집행, 결정권을 행사할 수 없다. 원래 군대조직에서 발달한 참모 조직은 조직과 행정범위가 복잡해지면서 중요성이 증가되고 있다. 참모 조직의 장점은 상급자의 통솔범위를 확대시켜 주며, 전문적인 지식과 경험을 활용해 합리적인 지시와 명령을 내릴 수 있다. 조직의 경직성을 완화하고 신축성을 부여한다. 조정과 협조를 용이하게 할 수 있다. 그러나 계선 조직과 불화를 초래할 수 있다는 점과 조직의 비대화로 경비가 많이 소요되며, 통솔범위 확대와 의사결정의 합리화에 힘입어 중앙집권화를 가져올 수 있다는 것이 단점이다. 또한 책임전가 현상이 일어나며 의사소통의 경로가 혼란에 빠질 가능성이 있다.

3. 중앙교육행정조직과 지방교육행정조직

1) 중앙교육행정조직

중앙교육행정조직은 지방교육행정조직 및 단위학교 행정조직과 대비되는 개념으로서, 교육에 대한 권한과 책임을 중심으로 통제력과 지위 · 감독이나 행정결정권 등에 관한 중앙정부의 교육행정조직을 의미한다. 일반적으로 중앙교육행정조직이라면 정부의 교육부 조직에 국한하여 생각하기 쉽지만, 대통령과 국무회의까지 포함시킬 수 있다. 왜냐하면 행정조직이란 행정권의 행사를 위한 조직이며, 우리나라에 있어서 행정권은 대통령을 수반으로 하는 정부에 부여되어 있다. 교육행정에 관한 행정권은 대통령을 정점으로 국무회의를 거쳐 교육부에 이르는 행정체계를 통하여 행사되고 있으므로 대통령과 국무회의를 중앙교육행정조직에 포함하는 것이 타당하다.

대통령은 행정부의 수반으로서 교육행정을 포함한 모든 국가행정을 관할한다. 대통령의 교육행정에 관한 주요 권한으로는 교육에 관한 대통령령의 발포, 교육공무원 임명, 교육행정기관에 대한 지휘 · 감독, 국무회의 의장으로서 주요 교육정책의 수립 및 심의에 영향력 행사 등을 들 수 있다.

국무회의는 대통령과 국무총리 및 국무위원으로 구성되는 합의제기관이다. 정부의 권한에 속하는 중요한 정책에 대한 최고 심의기관이며, 교육정책에 대해서도 최고 정책심의기관이다. 국무총리는 국무회의의 부의장으로서 국무회의를 통해 교육행정에 영향력을 행사할 뿐만 아니라, 대통령의 명을 받아 행정 부처를 통할하는 권한과 총리령을 발포하는 권한이 있다. 국무회의나 국무총리는 교육정책에 대한 다른 부처의 이해를 넓히고 협조를 촉진하거나, 대통령의 교육정책에 관한 지시사항의 토의와 교육부장관이 제출한 사항을 국무총리와 대통령에게 전달하는 기능도 한다.

교육부는 중앙교육행정조직의 핵심 부처이다. 교육부는 학교교육, 평생교육 및 학술에 관한 사무를 관장하며, 교육관계 법령과 대통령의 지시 및 국무회의의 결정

에 따라 국가 교육에 관한 정책을 입안하고 집행하는 최고 교육행정기관이다. 사회
부총리를 겸하고 있는 교육부장관은 교육행정의 최고 책임자로서 교육부 소관업무
를 통할한다.

2) 지방교육행정조직

지방교육행정조직은 지방의 교육행정을 위한 전반적인 조직과 구조를 의미한다.
우리나라의 지방교육행정조직은 교육자치를 특정으로 한다. 교육자치는 분권주의
에 입각하여 지방교육자치단체가 중앙의 획일적 통제에서 벗어나 주민의 의사와
지역실정에 부합하는 교육행정을 추진하며, 일반 행정으로부터 독립하여 교육행정
의 전문성과 자주성을 확보하는 제도이다.

우리나라 교육자치제도는 「헌법」제31조 제4항에 "교육의 자주성·전문성·정치
적 중립성"을 보장한다고 규정하고 있고, 「교육기본법」제5조에서는 "국가 및 지방
자치단체는 교육의 자주성 및 전문성을 보장하여야 하며, 지역의 실정에 맞는 교육
의 실시를 위한 시책을 수립·실시하여야 한다."라고 명문화하고 있다. 또 「지방교
육자치에 관한 법률」제1조는 교육의 자주성·전문성·지방교육의 특수성을 살리
기 위해 기관의 설치와 운영에 관한 사항을 규정하는 것을 기본정신으로 하고 있음
을 밝히고 있다.

현행 지방교육행정조직은 종전의 교육위원회를 시도의회의 교육상임위원회로
전환하고, 교육감을 집행기관으로 하는 시도단위 광역 지방교육자치제로 발전하
였다. 교육의 자주성 및 전문성과 지방교육의 특수성을 살리기 위해 지방분권의 원
칙에 의해 교육에 관한 심의의결기관으로서 교육위원회와, 교육위원회에서 의결된
교육정책을 집행하는 집행기관으로서의 교육감제를 두고 있다. 민주적 통제와 전
문적 지도 사이에 조화와 균형을 얻게 하며, 인사와 재정을 비롯하여 행정의 제도와
조직 면에서 교육의 자주성을 보장하려는 것이다.

지방교육행정조직은 광역자치기관인 시·도교육청과 하급 지방교육행정기관인
시·군·구 교육지원청으로 분류된다. 시·도교육청은 교육감을 정점으로 부교육
감, 국장 등의 조직으로 이루어지며, 당해 지방자치단체의 교육·학예에 관한 사무
를 관장한다. 시·도교육청의 하급 행정기관인 시·군·구 교육지원청은 기초 자

치구인 시 · 군 · 구의 인구 규모에 따라 교육장을 중심으로 조직을 조금씩 달리 운영한다.

4. 학교제도

1) 학교제도의 개념

학교는 교육을 의도적 · 조직적으로 시행하는 곳이며, 학교제도는 정치제도 · 종교제도 · 가족제도 등과 마찬가지로 기본적인 사회제도의 일부로서 안정된 조직과 형태를 가지고 있다. 학교제도는 한 나라의 교육목표를 달성하기 위하여 법제화되어 구성된 제도로서, 교육정책이 가장 구체적으로 실현되는 곳이다. 학교제도는 의도적 교육기관으로서 학교교육의 단계별 구분과 관계, 교육목적, 내용 및 기간 등을 정하는 기준이며, 국가 교육의 운영에 관한 연속적인 구분이다. 나라마다 학교를 단계별로 구분하고, 각 단계의 교육목적, 교육기간, 교육내용을 설정하여 국민교육을 제도적으로 규정하고 있다.

학교제도의 구조는 수직적 계통성과 수평적 단계성에 의해 구성된다. 계통성은 어떠한 교육을 하고 있는가 또는 어떤 계층의 취학자를 대상으로 하고 있는가를 나타낸다. 단계성은 어떠한 연령층을 대상으로 하는가 혹은 어느 정도의 교육단계인가를 나타낸다. 따라서 각급 학교는 계통성과 단계성의 관계를 갖는 학교제도 속에서 일정 위치를 차지하게 된다. 우리나라는 학교제도는 6-3-3-4제를 채택하고 있으며, 초등학교, 중학교, 고등학교, 대학교라는 4개의 단계가 하나의 계통을 이루고 있다. 기본학제의 교육연한은 6년-3년-3년-4년으로 총 16년이다. 기본체계에 있어서 예외가 되는 것으로 2년 내지 3 · 4년제의 전문대학과 예과 2년까지 합하여 6년간의 수업연한을 가진 의학 관련 대학이 있다.

2) 학교제도의 유형

학교제도 또는 학교교육제도를 줄여서 학제라고도 한다. 학교제도(학제)의 유형은 크게 계통성을 중심으로 하는 복선형과 단계성을 중심으로 하는 단선형으로 나눌 수 있다. 복선형 학제는 한 나라의 학교체계가 서로 관련을 갖지 않는 둘 이상의 학교계통으로 나누어져 있는 형태이다. 두 가지 이상의 학교가 서로 독립적으로 존재한다. 예외가 존재하지만, 서로 다른 체계 간의 학생 이동이 불가능한 제도이다. 복선형 학제는 단계성보다는 수직적 계통성을 더 강조한다. 모든 국민에게 평등하게 개방되지도 않으며, 사회에 존재하는 계급을 지속시키려는 의도에서 시작된 제도로 사회계급, 계층을 재생산하는 기능을 담당한다. 복선형 학제는 일반적으로 근대 이전의 계급사회 역사와 전통이 깊은 유럽에서 발달하여 왔다.

단선형 학제는 학교체계가 하나로 되어 있는 단일의 학교제도이다. 단선형은 계층적인 차별이 없어 국민이면 누구나 그 능력에 따라 초등교육, 중등교육, 고등교육을 받을 수 있도록 하나의 체제에 의해서 연결되어 있다. 각 단계의 학교는 서로 밀접하게 연결되고 모든 국민에게 평등하게 개방되는 것이 특징이다. 단선형 학제는 모든 국민에게 개방된 단일체계 학교제도라는 점에서 민주적 학제라고 할 수 있으나, 현실적으로 순수한 단선형은 존재하지 않는다. 기초학교 위에 수업 연한이나 수료자격에 있어서 동등한 복수의 학교나 코스로 분화되는 형태를 취하는 경우가 많다. 다만, 여기에서는 계통성보다 단계성이 우선시된다는 점이 복선형 학제와 차이가 있다. 단선형 학제는 일반적으로 북미에서 발달하여 왔으며, 우리나라의 기본학제도 여기에 속한다.

IV 장학

1. 장학의 개념

장학의 용어인 'supervision'의 의미를 살펴보면, 'superior'와 'vision'의 합성어이다. 'superior'는 '높은' 또는 '우수한'이란 뜻이고, 'vision'은 '본다' 또는 '감시한다'는 뜻이다. 결국 '장학(supervision)'이란 '우수한 사람이 높은 곳에서 본다' 혹은 '훌륭한 눈으로 감시한다'는 의미이다. 한편으로는 검열, 감독의 뜻도 내포하고 있는데, 오늘날에는 의미가 변화되어 민주적인 의미를 가진 용어로서 지도·조언이란 말로 사용되고 있다.

교육행정에서 장학(supervision)은 교육활동과 교사의 교수-학습행위 개선을 위한 장학담당자의 모든 활동이라고 정의할 수 있다. 장학의 목적은 수업 개선이며, 교사와 학생의 성장·발달과 향상을 위한 전문적·기술적 봉사활동이다. 수업 개선이라는 목표를 성취하기 위한 수단은 교육과정 수정, 교육환경 개선, 교사의 교수행위 변화 등을 포함하며, 교수-학습의 개선을 위해 제공되는 모든 지도·조언을 의미한다. 장학의 목적이 교육과 교수-학습활동을 도와주는 봉사활동이라면 장학의 기능도 장학의 목적을 효율적으로 달성할 수 있도록 지원하는 역할을 담당해야 한다. 이를 좀 더 구체적으로 제시하면 다음과 같다.

첫째, 교사의 전문적 성장을 돕는 것이다. 교육의 성공은 교사의 질에 달려 있으며, 교사의 전문성 제고는 교육의 질을 높이는 것과 같다. 장학은 교사가 교육활동 전반에서 전문성을 발휘하도록 돕는 것이다. 교사의 교육관을 비롯하여, 가치관, 태도와 교육에 대한 투철한 사명감, 교과에 관한 지식과 기술 및 학습지도와 생활지도의 방법의 개선 등 문제 해결을 위한 창의력 발휘와 교육문제에 대한 올바른 인식의 확대 등을 통해 교사의 전문적 성장을 촉진한다.

둘째, 교육과정 운영의 개선을 돕는 것이다. 학교 운영의 핵심은 교육과정 운영이며 교육목적을 달성하기 위해 어떤 내용을 선정·조직하여, 어떤 방법으로 가르치고 평가할 것인지 개선해야 한다. 장학의 다른 기능도 결국은 교육과정 운영을 위한 지원기능이라 할 수 있다.

셋째, 교수-학습지도 개선을 돕는 일이다. 이것은 교육과정을 돕는 일에 포함될 수 있다. 그러나 이를 구분한 것은 교내장학 내에서는 이미 설정된 교육과정의 운영의 개선도 중요하지만, 다양한 교수-학습의 방법론을 개선·발전시키는 것이 더 중요하기 때문이다. 현대 장학의 궁극적인 목적은 교수-학습지도 개선을 위한 지도·조언이라 할 수 있다. 여기서는 교수-학습지도 방법을 비롯하여 교재·교구 등과 학습환경 구성까지 기술적 문제에 대한 지도·조언 기능을 가리킨다.

넷째, 교육환경과 관리의 개선을 돕는 일이다. 이것은 교육환경의 개선과 교육운영을 지원하는 활동의 개선을 돕는 일이다. 교수-학습을 돕는 학습환경의 개선부터 물리적·심리적 환경을 구성해 주며, 학교교육 계획에서부터 조직관리, 인사관리, 재무관리, 시설관리 등 제반 행정활동의 개선을 돕는 일이다.

2. 장학의 유형

장학의 유형은 장학활동의 주체와 내용에 따라 다양하게 구분할 수 있다. 장학을 수행하는 행정조직에 의해 교육부의 중앙장학, 시·도 혹은 시·군·구 교육청의 지방장학, 지구별 자율장학협의회의 지구별 자율장학, 단위학교의 교내장학, 교사 개인의 자기장학 등으로 구분할 수 있다. 장학활동 방식에 따라서는 종합장학, 확인장학, 개별장학, 요청장학, 특별장학 등으로 구분된다. 교내장학은 장학방법에 의해 임상장학, 동료장학 등으로도 구분된다. 여기서는 단위학교에서 이루어진 장학활동을 중심으로 살펴보기로 한다.

1) 수업장학

교사를 대상으로 교수–학습방법의 개선·향상과 실험·실습교육의 효율화를 위한 전문적인 지도와 조언을 실시하는 장학활동이다. 수업장학은 교사의 교수행위에 직접 영향을 주는 학교 내에서의 제반 지도활동을 말하며, 학교 내에서 수행되어 학내장학, 학교장학이라고도 한다. 수업장학담당자는 교사의 수업 개선을 돕기 위하여 교사의 심리적·기술적 지원과 봉사 및 조력을 해야 한다. 그리고 교육과정의 개발에 있어서 조정뿐만 아니라 교육목표의 개선과 교사의 과업 수행 및 교육성과 등을 평가함으로써 교사의 전문적 성장에 기여해야 한다.

2) 임상장학

임상장학은 환자를 치료하는 의사와 같이 교실에서 교사와 학생 간의 상호작용과 수업장면을 관찰하며 수업의 개선을 모색한다. 교사와 장학사가 관찰결과를 토대로 수업 계획과 전략을 수립하고 그 결과를 평가하여 교수–학습과정에 반영함으로써 교사의 교실활동을 개선해 나가는 것이다. 학습효과를 향상시키려는 목적이 있기 때문에 임상장학을 수업장학의 한 방법이라고도 할 수 있다. 교사와 장학사의 관계는 위계적이지 않고 동료처럼 친밀한 관계를 유지한다. 교사와 장학사의 관계는 쌍방적·동료적 관계이며, 협력적으로 함께 일한다는 전제에 기초하고 있다. 교

사와 장학담당자가 민주적인 관계를 유지할 때, 장학이 보다 실질적으로 이루어진
다고 믿기 때문이다. 장학을 담당하는 장학담당자는 학교의 교장이나 교감뿐만 아
니라 외부 장학사나 전문가가 포함될 수도 있다. 임상장학에서 교사는 자신의 수업
을 보여 주는 것에 대한 거부감이 없어야 하며, 수업을 관찰하는 장학담당자도 수업
전문가로서 역할에 충실해야 한다.

3) 동료장학

　동료장학은 동료교사들이 상대방의 수업 개선을 위해 서로 협동하여 조언하며 장
학하는 활동이다. 교사의 수업개선에 대한 관심이 고조되고, 전통적인 장학에 대한
불신감과 부담감이 증대되면서 대두하였다. 동료장학은 같은 학년 혹은 같은 교과
의 교사와 관심 분야가 같은 교사가 서로의 관심사에 토의하며 수업방법의 개선을
도모하고, 상호 지도·조언하면서 교수−학습기술 향상과 전문적 성장을 시도한다.
　같은 학교 내에 근무하는 동료교사들이 만나서 직급에서 오는 위화감 없이 친근
한 분위기에서 장학을 진행하면 수업활동에 상호 도움을 줄 수 있다. 동료교사는 수
업하는 교사와 학생에 대하여 이미 잘 알고 있고, 해당 학교에서의 수업 경험이 있
기 때문에 보다 구체적이고 실제적인 조언을 해 줄 수 있다. 그리고 같은 교사의 입
장이기 때문에 교수상황을 잘 이해할 수 있어 교수활동의 효과성을 극대화할 수 있
는 장점이 있다. 과거 전통적으로 교육청에서 나온 장학사에 의해 획일적으로 이루
어져 왔던 장학은 위계에 의한 경직성 등으로 타율적 장학의 성격이 강했으나, 동료
장학은 전통적인 장학에서 없는 효과성을 가지고 있다.

4) 자율장학

　자율장학은 교사 스스로 자신의 전문적 성장과 발전을 위해 스스로 계획을 세우
고 이것을 실천하는 과정이다. 연수를 가거나 연구회와 강연회에 참여하는 것 그리
고 전문서적과 관련 자료를 읽고 그것을 활용하는 것 등이 포함될 수 있다. 자율장
학은 외부의 강요나 지도보다는 교사 자신이 스스로 계획을 세우고 실천해 나가는
방법이므로 비교적 교직경력이 많고, 유능하며 혼자 일하기를 좋아하는 교사에게

적합한 방법이다.

장학담당자의 지도가 없어도 스스로 자신의 전문성 향상을 위해 노력할 수 있는 의지와 능력이 있는 교사들은 교사 스스로 자율장학을 해 나가도록 유도하는 것이 바람직하다. 자율장학에 참여하는 교사들은 장학의 목표를 설정하고, 목표달성을 위한 명확한 계획, 계획 완료를 위한 시간 계획, 계획의 성공을 측정하기 위한 평가 기준, 장학담당자에 대한 보고방법 등을 구체화해 나가야 한다.

5) 확인장학

확인장학은 교장이나 교감이 비공식적으로 잠깐씩 학급을 순시하거나 수업을 참관하여 교사에게 조언하는 활동을 말한다. 이는 전통적으로 실시해 온 장학방법이며, 현실적으로 어느 나라를 막론하고 시행되고 있다. 확인장학은 일상적으로 이루어지며, 특별히 준비하거나 계획하지 않고 평상시 수업이나 학급활동을 관찰한다. 보통 관찰 계획이 수립되어 있지 않으며, 충분히 오랫동안 머물지 않을 뿐만 아니라 사후 협의회도 없다는 점에서 비효과적인 것으로 볼 수 있다. 그러나 교장과 교감은 이 방법을 효과적인 것으로 보고 있는데, 학교를 전체적으로 파악하는 데 도움이 되고 평상시 수업활동을 자연스럽게 관찰할 수 있기 때문이다. 교실 방문 시 점검 · 확인하는 데 그치지 않고 관찰결과를 토대로 수업의 긍정적 측면과 개선점을 간략히 적어 교사에게 제공하거나 구두로 조언한다면 보다 효과적인 확인장학이 될 수 있다. 장학의 결과를 자신만 아는 것이 아니라 빠른 시간 내에 피드백해 주는 것이 중요하며, 관찰결과의 제공방식은 표준화되어 있지 않다.

학교경영 및 학급경영

1. 학교경영

교육행정의 대상 조직은 학교와 학급이다. 즉, 교육정책이 실현되고 효과를 발휘하는 최종 단위는 학교와 학급이다. 제도적 교육의 최종 현장인 학교와 학급에서 교육철학과 교육정책에 따른 교과지도와 생활지도를 수행하고 학습자의 학업성취도를 높이는 일이 이루어진다. 학교경영은 학교의 교육목적을 달성하기 위해 교장의 자주적 관점에서 인적·물적 자원의 활용을 조정하고 지원하는 활동과정이다. 학교경영은 교수-학습의 원칙에 따라 교육과정의 효율성을 극대화하고 생산성을 높이기 위하여 학교경영의 계획, 조직, 운영, 평가를 포함하는 일련의 활동을 다룬다. 학교경영을 위해서 학교장이 관장하는 업무는 다양하다. 인사관리, 교육과정관리, 조직관리, 학생관리, 문서관리, 재무관리, 물품 및 시설 관리 등이 있는데, 이 중에서 교사가 학교경영을 이해하기 위해서 알아 두어야 할 주요 업무는 인사관리, 교육과정관리, 조직관리이다.

1) 인사관리

학교 교직원의 인사권은 원칙적으로 국가, 시도, 학교법인에 있다. 그러나 학교경영의 효율화를 위하여 많은 사항이 학교장에게 위임되어 있다. 학교장에게 위임된 인사권은 인사내신권, 위임된 인사권, 고유의 내부인사권 등이다. 인사내신권이란 전직, 전보, 면직, 휴직, 복직, 직위해제, 징계, 호봉 재획정, 표창대상자 추천 등의 권한이다. 위임된 인사권은 보직교사 임면, 교원 및 일반직 공무원 정기승급, 기간제교사 임면, 기능직 공무원 임면 등이다. 고유의 내부인사권은 교과담당 명령, 학급담임 명령, 교무분장 업무담당 명령, 근무성적 평정의 권한 등이다. 이 인사권 중 교사의 주요 관심 대상은 보직교사 임면, 학급담임 배정, 근무평정 등이다. 학급담임은 각 학교의 특수 사정이나 학교장의 의지에 따라 배정되며, 근무성적 평정은 학교장, 교감, 동료교사에 의해 이루어진다.

2) 교육과정관리

초·중등학교의 교과는 대통령령으로 정하고, 교육과정의 내용과 기준은 교육부장관이 정한다. 정해진 교육과정의 범위 안에서 지역 실정에 적합한 내용은 시도교육감이 정하고, 각급 학교에서 소정의 교육과정을 운영하는 책임은 학교장이 가진다. 교육과정의 결정권한은 교육부장관에게 있고 교육과정 운영책임은 시도교육감에게 있으며, 각급 학교는 주어진 교육과정을 운영하는 것이다. 그러므로 교육과정에 대한 학교장의 재량권은 적고, 교사의 재량권은 더 적다.

3) 조직관리

학교의 조직은 학교운영조직과 교수-학습조직으로 구분된다. 학교운영조직에는 교무분장조직과 각종 위원회 등이 있으며, 교수-학습조직은 학급조직, 학년조직, 특별활동조직 등이 있다. 이 중에서 학교경영의 중심이 되는 조직은 교무분장조직이다. 교무분장조직은 학교급별, 학교규모에 따라 다른데, 43학급 이상의 학교에는 복수교감을 둘 수 있도록 하고 있다. 이 경우 교감은 교무담당 교감과 생활지도 담당 교감으로 구분한다.

2. 학급경영

1) 학급경영의 정의

학교교육에서 수업이 목적이라면, 학급경영은 수단이라 할 수 있다. 학급은 교육목표를 달성하기 위해 인위적·합리적·의도적으로 구성된 학습자 집단이다. 동일한 지역사회에서 성장하여 신체적으로나 정신적으로 발달단계가 비슷한 연령층의 아동을 대상으로 보다 효과적인 교수와 학습을 위해 만들어진 학습집단이며 생활집단인 것이다. 학급에는 인위적으로 조직된 학급의 주체인 학생과 경영의 주체인 교사가 있다. 여기에서 학생은 학습경험을 쌓으며, 교사는 교육목표 달성을 위하여 여러 가지 학급활동을 전개한다. 학급경영이란 이런 학급을 관리 · 운영하는 활동을 말한다. 그것은 학급 교육목표를 달성하기 위해 인적 · 물적 자원을 활용하고 계획 · 조직 · 실행 · 지도 · 평가 등을 시행하는 교육활동이며, 동시에 교수−학습활동과 생활지도가 효율적으로 이루어질 수 있도록 도와주는 교육지원활동이라 할 수 있다.

2) 학급경영의 영역

학급경영은 학습자의 개인적 · 집단적 욕구 충족, 그리고 학급의 교수−학습활동 목표 등을 실현하기 위하여 학급을 관리하고 운영하는 활동이다. 즉, 학급을 대상으로 교과지도, 생활지도, 특별활동지도, 학급시설 · 환경관리, 사무관리, 가정과 지역사회와의 관계 등이 효율적이고 효과적으로 이루어지도록 계획, 조직, 지도, 통제하는 활동이다.

학급경영과 관련해 두 가지 관점이 있다. 하나는 수업활동과 경영활동을 분리하여 수업활동을 제외한 모든 학급활동을 학급경영의 영역으로 보는 입장이고, 다른 하나는 수업활동과 경영활동을 분리하지 않고 학급활동 전체를 학급경영의 영역으로 보는 입장이다. 학급에서 교사는 학생의 학습과 경험에 심대한 영향을 미치기 때문에 학급 담임교사의 학급경영에서 역할은 매우 중요하다. 담임교사는 교과지도를 비롯하여 생활지도, 특별활동지도, 학습집단의 조직과 지도, 교실의 시설환경 관리, 사무관리, 학부모 및 지역사회 관계 등 광범위한 영역과 활동을 통해 학생을 지도하고 교육한다.

3) 학급경영 계획의 수립

학급을 경영하기 위해서는 체계적인 계획이 필요하다. 학급경영 계획을 수립하는 이유는 학급경영의 시행착오를 최소화하며 성과를 극대화하고 학급경영에 대한 체계적인 실천과 평가를 통해 유용한 정보를 얻을 수 있기 때문이다. 일반적으로 학급경역 계획은 학급경영 목표 및 방침 결정, 필요한 기초자료의 수집, 필요한 조직

구성, 학급환경 구성 계획 수립, 학생지도 계획 수립, 학급 사무관리, 지역사회 및 학부모와의 관계, 학급경영의 평가와 반성 계획 등을 포함한다.

(1) 학급경영 목표 설정

학급경영 목표는 담임하고 있는 학생들에 대한 지도목표이다. 효과적인 학급경영을 위해서는 학급경영의 목표와 방침을 명확하게 설정해야 한다. 학급경영 목표는 학교 목표와 학년 목표, 교육방침 등과의 일관성을 유지해야 하며, 학급의 교육적 수준과 학생 실태 파악을 기초로 설정하여야 한다. 학급경영 방침은 교과지도, 생활지도, 환경정리, 학급사무, 학습평가 등 영역별로 목표달성을 위해 실천 가능한 내용을 중심으로 수립하되, 획일화와 형식화는 지양하여야 한다.

(2) 학급경영 계획을 위한 기초자료의 수집

학급 담임교사가 학급경영을 계획하고 실행하기 위해 요구되는 정보는 매우 많다. 학급경영 계획을 수립하기 위해서 학생의 개인적·집단적 사정의 파악을 위한 자료를 확보해야 한다. 학급경영을 위해서는 학생 개개인의 능력, 소질, 취미, 학력 수준을 알 수 있는 자료, 신체적 발달, 사회성, 정서적 경향, 장래의 희망, 가정환경, 학부모의 기대 등 다양한 정보가 필요하다. 기초자료는 가정환경조사, 학교 생활기록부, 건강기록부 등을 통해서 확보할 수 있으나 학생 개개인에 대한 자세한 정보는 설문조사, 면담 등을 통해 확보하는 것이 좋다.

(3) 필요한 조직 구성

학급경영 계획에는 학급 운영에 필요한 조직의 구성도 포함된다. 학급 운영에 필요한 조직으로는 교과수업과 공동과업 수행을 위한 협동집단 조직으로서의 분단 조직, 자발적 참여와 민주적 경험을 쌓기 위한 학생자치회나 학급회 조직, 학생의 특기나 취미 신장을 위한 특별활동 조직, 학급 환경관리 조직, 지역사회에 봉사할 수 있는 봉사활동 조직, 건전한 학급생활을 할 수 있는 생활지도 조직 등이 있을 수 있다. 이 중에서 특별활동 조직이나 봉사활동 조직은 학급 차원 조직이라기보다는 학교 차원 조직인 경우가 많아서 이들 조직에 대한 학급 담임의 역할은 제한적이다.

(4) 학급환경 구성 계획 수립

교실은 학생이 생활하고 학습하는 공간이어서 학급 담임교사의 세심한 배려가 필요한 부분이므로 계획에서부터 환경 구성에 신중을 기해야 한다. 학급환경은 학생이 학급생활에 애착을 느끼고 환경이 가진 자극을 학생이 받아들이기 쉽게 정비되어야 한다. 즐겁고 명랑한 분위기를 조성하고, 학습동기를 자극하며, 학습활동에 직접 도움이 될 수 있도록 조성한다. 학교에 따라서는 학급환경 구성의 원칙이나 내용이 통일적으로 제시되는 경우도 있는데, 학급 담임교사가 창의성을 발휘할 필요가 있다.

(5) 학생지도 계획 수립

학생지도는 학생 개개인이 당면한 문제와 요구를 객관적으로 파악하여 스스로 해결할 수 있도록 필요한 도움을 제공하며 학생의 성장과 발달을 촉진하는 봉사활동이다. 학생지도 계획에는 학급 학생지도를 통하여 학교교육목적을 실현할 수 있는 구체적인 내용이 담겨야 한다. 또한 학생지도 계획은 학습지도 계획, 생활지도 계획, 특별활동지도 계획, 건강지도 계획, 기타 지도 계획 등으로 나누어 수립하는 것이 좋다.

(6) 학급 사무관리

학급 사무란 학급 담임교사가 학급경영의 활동을 수행하는 과정에서 발생하는 기록과 장부의 작성 및 보관, 공문서나 각종 보고의 처리 등 교육활동의 추진을 보조하는 수단이다. 학급 사무관리는 교사의 교육활동과 직접적으로 관련되지 않는 보조활동이다. 학급 사무의 처리는 교육목표 달성을 도모하기 위한 것이므로 사무관리의 효율화를 위해서 과학적 사무관리를 지향해야 한다.

(7) 지역사회 및 학부모와의 관계 형성

학급은 학교와 가정 및 지역사회를 연계하는 위치에 있다. 학교와 지역사회의 실질적 협력관계는 학부모와 학급 담임교사의 의사소통으로 이루어진다고 할 수 있다. 학교와 지역사회 간의 의사소통의 목적은 학부모가 학교에 대한 올바른 이해를 갖도록 하고, 학교 계획에 학부모를 참여시키며, 지역사회에 맞는 교육프로그램을 만들어야 한다. 또한, 학교에 대한 물질적 · 재정적 지원을 하도록 하며, 지역사회의 유관기관 및 압력집단들과 협력관계를 수립하는 데 있다. 이런 목적을 효과적으로 달성하기 위해서 교사는 학부모 간의 원활한 의사소통과 바람직한 관계를 형성하여야 한다.

(8) 학급경영의 평가 계획

교사는 학급담임의 역할을 수행하면서 학년, 학기, 주간, 일일에 대한 학급경영 계획을 세우고 실행 · 평가하며, 그 결과를 피드백하면서 학급경영의 성과를 확대시켜야 한다. 학급경영의 평가를 통해서 경영 계획과 활동의 장단점을 발견하고, 이를 통해 학급경영 개선을 도모하는 것은 학급 담임교사의 책임이다.

학급경영 평가 계획 수립은 영역 혹은 활동별로 학급경영의 성과를 평가할 수 있는 방법을 구체적으로 계획해야 한다. 교사와 학급 학생이 공동으로 평가하는 방안을 포함시키는 것이 바람직하다. 학급경영 계획에 대한 평가도 중요하지만, 평가의 진정한 목적은 교육목적이 어느 정도 달성되었는지를 측정하고 다음 계획에 반영하는데 있다. 평가결과는 계획의 수정, 보완 및 차기 계획의 수립에 반영한다. 학급경영 평가의 영역은 학급경영 계획, 학습지도, 환경정비, 생활지도, 교사활동 등으로 구분할 수 있다.

정리 및 요약

1. 교육행정은 관점에 따라 다양하게 정의될 수 있지만, 교육과 행정 두 개념 중 어디에 더 비중을 두는가에 따라 "교육에 관한 행정"과 "교육을 위한 행정"으로 대별해 볼 수 있다.

2. 교육행정은 합법성, 자주·중립성, 기회균등, 지방분권처럼 법제 측면의 원리와 민주성, 효율성, 안정성, 적응성, 타당성, 자율성 같은 운영 측면의 원리를 기반으로 작동한다.

3. 교육행정은 일반행정처럼 공공적 성격, 조성적 성격, 수단적 성격, 민주적·중립적 성격, 전문적 성격을 가지고 있을 뿐만 아니라 다른 분야의 행정에서 찾아볼 수 없는 교육행정만의 특수 성격이 있다.

4. 사회제도의 일부인 학교는 교육을 의도적·조직적으로 시행하는 곳이며, 학교제도는 수직적 계통성과 수평적 단계성에 따라 복선형 학제와 단선형 학제로 구분된다.

5. 중앙교육행정은 대통령·국무회의·교육부장관으로 이어지는 권한체계를 갖고 있으며, 교육부장관은 교육행정 전반에 걸쳐 조정과 통제를 한다. 현재 중앙교육행정조직으로서의 교육부는 교육전문가보다는 일반직 중심으로 구성되어 있으며 관료적 통제에 치중하고 있다는 지적이 있다.

6. 지방교육자치제는 지방분권주의를 토대로 교육행정을 일반행정으로부터 분리·독립시켜 교육의 자주성과 정치적 중립성, 주민의 참여를 통해 지역의 특수성을 살리는 데 목적이 있다.

7. 장학은 교육활동과 교사의 교수학습 행위 개선을 위한 장학담당자의 모든 활동이며, 장학활동의 주체와 내용에 따라 수업장학, 임상장학, 동료장학, 자율장학, 확인장학, 교내장학 등 다양하게 구분할 수 있다.

8. 교육행정의 대상 조직과 교육정책이 실현되고 효과를 발휘하는 최종 단위는 학교와 학급이며, 학교경영과 학급경영은 교육목적을 달성하기 위해 인적·물적 자원을 지원하고 조정하는 관리·운영활동이다.

토론 과제

1 교육행정에 대한 다양한 관점의 정의를 설명하고, 각각의 정의가 가지고 있는 장점과 단점에 관해 토론해 보자

2 교육행정이 다른 일반행정과 공통되는 일반적 성격은 무엇이며, 다른 분야의 행정과 구분되는 독자적인 성격은 무엇인지 설명하고, 그에 관해 토론해 보자.

3 교사의 교수·학습 개선을 위한 장학은 어떤 방식으로 진행되는 것이 적절한지 장학 유형을 고려하여 각자의 생각을 밝히시오.

4 내가 교장이라면 교육행정의 원리 중 무엇에 초점을 두고 학교를 운영할 것인지 토론해 보자.

5 내가 학급담임이라면 어떤 방식으로 학급경영을 할 것인지 토론해 보자.

 관련 사이트

한국교육행정학회(https://www.keas1967.com/)
1967년 창립되어 2018년 법인화되었으며, 교육행정학의 학문적 성격을 규명하여 체계를 확립하고, 교육행정 이론을 체계적으로 연구·개발·보급하며 교육행정 현장의 문제를 과학적으로 연구·해결함으로써 교육행정의 이론과 실제를 균형 있게 발전시키고 한국교육의 발전에 기여하고 있다.

 관련 자료

죽은 시인의 사회(Dead Poets Society, 1990)
어떤 교육이 바람직한 교육인가를 알 수 있는 영화로, 등장하는 선생님과 교장선생님의 모습을 통하여 우리의 교육 현실에 대한 반성을 할 수 있다.

🎥◀ 선생 김봉두(Teacher Mr. Kim, 2003)

교사의 역할과 학생의 변화를 볼 수 있는 영화로, 교육과 교사가 무엇인가를 반성적으로 생각해 볼 수 있다.

🎥◀ 라자르 선생님(Monsieur Lazhar, 2011)

교사는 가르침을 일방적으로 전달하는 대상이 아니라 학생과 상호작용하며 서로 배워 나가야 한다는 가치를 담고 있다.

CHAPTER
08

교육공학

원격 화상 수업

온라인 수업

디지털 교재

인공지능 학습

• 주요 질문

Q1 제시된 사진은 교육의 현재와 미래의 모습입니다. 과거와 비교해 학교 수업의 모습이 달라질 수 있었던 계기는 무엇일까요?

Q2 교육학에서 교육공학의 역할과 기능은 무엇일까요?

Q3 미래교육을 위한 수업설계는 어떠해야 할까요?

교육공학

Chapter 08

I 교육공학의 개념과 교육방법

1. 교육공학의 개념

교육공학을 생소한 용어로 생각하는 사람이 많다. '교육'은 비교적 익숙한 용어이며, 우리가 일상생활에서 많이 사용하고 있어 그 의미와 개념에 대해서도 많은 사람이 알고 있다.

그렇다면 교육공학은 어떤 의미인지, 교육과 공학이 어떤 관련이 있는지 의문이 생길지도 모르겠다. 또 대개는 공학은 자연과학만 있다고 생각할 수도 있지만 공학에는 인문학과 사회과학적 영역이 포함된다. 교육공학은 교육과 공학의 개념이 합쳐진 용어이다. 교육의 의미와 개념은 제1장에서 살펴보았고, 교육공학에 대한 개념을 정립하기 위해서는 '공학'의 의미를 이해하고 정의해야 한다. 공학은 학자마다 다양한 의견을 갖고 있다. 공학은 영어의 'Engineering'과 'Technology'로 번역되어 사용된다. 전자는 인간에게 필요한 도구나 기술을 만드는 관점이라면, 후자는 유용하게 가공하여 적용하는 기술에 가깝다. 교육공학에서 공학

> **공학의 다양한 접근**
>
> 공학(Engineering)
> 기술적 문제를 발견하고 기술적 해결책을 제시하는 학문(학문명백과: 공학에서 인용)을 말한다.
>
> 공학(Technology)
> 과학적이고 잘 조직된 지식을 현실적인 문제해결에 체계적으로 적용하는 것(Galbraith, 1967), 어떤 특정한 과제를 수행하는 데 있어서 요구되는 실천적인 문제해결의 기법(Heinich 등, 1996)을 말한다.

[그림 8-1] 교육공학의 의미

은 체계적으로 적용하는 기술적 관점에서 볼 수 있어서 교육공학을 'Educational Technology'이라고 표기하여 사용한다.

여기서 우리는 공학을 과학과 비교하여 그 의미를 살펴볼 수 있다. 과학은 실험과 검증을 통해 이론을 정립하는 것이라면, 공학은 검증된 이론과 지식을 현실 문제나 실제적인 과제에 체계적으로 적용하여 문제를 해결하는 데 초점을 둔다.

이러한 관점에서 교육공학을 정의하면, 정립된 교육적 이론과 지식을 교육의 실제적인 과제나 문제를 해결하기 위해 체계적으로 적용하는 학문이라고 말할 수 있다.

교육공학의 학문적 정의는 미국교육공학회에 의해(Association for Educational Communication and Technology: AECT) 더욱더 명확해졌다. 1994년 AECT는 교육공학을 교수공학(instructional technology)으로 표기하고, '학습을 위한 과정과 자원을 설계, 개발, 활용, 관리, 평가하는 이론과 실천'이라고 정의하였다(Seels & Richey, 1994). 이후 AECT는 교육공학을 '교육공학이란 적절한 공학적 과정과 자원을 창조하고 활용하고 관리함으로써 학습을 촉진하고 수행을 개선하는 것과 관련된 연구와 윤리적 실천'라고 재정의하였다(Januszewski & Melenda, 2007). 두 정의를 비교해 보면 교육공학의 강조점과 특징 변화를 알 수 있다(박성익, 2021). 첫째, 교육공학의 명칭이 교수공학에서 교육공학으로 표현된 점, 둘째, 교육공학의 목적이 학습을 촉진하는 것과 함께 수행을 개선하기 위한 점, 셋째, 교육공학이 학습을 촉진하고 수행을 개선하기 위해 과정과 자원을 보다 공학적 접근을 강조한 점, 넷째, 교육공학의 영역을 창출, 활용, 관리 세 가지 영역으로 제시하면서 보다 탄력적이며 통합적인 접근을 반영한 점, 다섯째, 교육공학은 학습촉진과 수행개선을 위해 공학적 과정과 적절한 자원을 활용하는 실천적 활동이며 연구 분야인 점이다. 교육공학의 실천적 활동은 연구에 기초하며, 연구는 앞에서 살펴본 교육의 정의인 바람직한 행동변화를 목표로 한다는 점에서 윤리적 활동임을 강조하고 있다.

생각해 보기

　　교육공학의 두 정의를 비교하여 강조점과 특징이 어떻게 변화되었는가? 1994년 정의와 2004년 정의를 용어, 목적, 내용, 영역, 형태 등에 비추어 살펴보라.

2. 교육공학과 교육방법

　　교육공학은 앞에서 정의되었던 바와 같이 교육적 문제를 해결하기 위한 이론을 적용하는 접근방식이라면, 교육방법이란 학습자가 교육목표를 달성할 수 있도록 교수자가 설계한 교육활동 방식 또는 교육활동 운영의 틀이라고 볼 수 있다. 이러한 교육활동 방식에 따라 교수자와 학습자가 교수활동, 학습활동을 수행하게 된다.

　　교육방법의 의미를 해석하는 범위에 따라 교육공학과 교육방법의 관계를 바라보는 네 가지 관점은 '교육공학＝교육방법', '교육공학≠교육방법', '교육공학＜교육방법', '교육공학＞교육방법'으로 정리될 수 있다. 조규락, 김선연(2006)은 앞의 네 가지 관점 중 마지막 관점의 입장에서 다양한 교육방법이 있다고 하여도 교육공학적 안목과 접근 없이는 교육목표를 효과적으로 달성하기 어려움을 언급하였다. 이 책에서도 교육방법이 교육공학에 포함되는 입장에서 설명하고자 한다. 이처럼 교육방법을 교수상황에서 실행되는 교육활동이라는 좁은 의미로 사용할 때 '교수방법', '교수전략'이라는 용어를 사용하기도 한다.

생각해 보기

　　교육공학과 교육방법의 관계를 벤다이어그램으로 그려 보고, 설명해 보시오. 교육공학의 개념을 다시 생각하면서, 교육공학과 교육방법을 바라보는 네 가지 관점에서 생객해 보시오.

Ⅱ 교육공학의 발달과정

앞에서 살펴본 교육공학 정의의 근원은 무엇보다 효율적인 교육을 하려는 인간 욕구에서 비롯되었다고 할 수 있으며, 교육공학을 발달시키는 원천이라 할 수 있다. 교육공학의 발달과정은 교육에서 활용된 매체와 기술의 관점에서 그 태동을 찾아볼 수 있다. 오늘날 교육의 다양한 모습은 교육매체의 활용과 발달이 중심에 있었다. 또한 학습에는 과학적이고 체계적인 접근이 필요하다는 인식을 하게 되면서 교수매체를 개발하고 활용하는 것이 교수설계적 관점에서 고려되기 시작하였다. 그러므로 교수매체와 교수설계는 교육공학의 발달에서 핵심적인 영역이며, 서로를 포함하는 상호 유기적인 관계로 보아도 좋을 것이다. 다음에서는 교육공학의 발달과정을 매체와 기술의 교육적 활용 관점과 교수설계적 관점에서 살펴보고, 두 관점에서 교육공학의 발달과정의 흐름을 정리해 본다.

1. 교수매체 관점의 교육공학 발달과정

교육공학이 하나의 학문분야로 정립되기 시작한 것은 20세기 초 시청각 자료를 교수매체로 활용하여 보다 풍부한 학습경험을 제공하면서부터이며, 1905년 미국 세인트루이스 교육박물관 설립이 매체가 학습에 활용된 시초로 본다. 이후 시각자료를 교육에 활용하는 시각교육이 활발히 이루어졌다. 이후 매체를 학습자의 인지유형에 따라 시청각 자료를 분류하려는 노력과 텔레비전을 교육에 적용·활용하기 시작하였다. 이는 원격교육이 시작된 초기 형태라 할 수 있다. 또한 제2차 세계대전에서 군사교육을 위해 시청각 매체를 사용한 이후 학교교육에도 적극적으로 활용하기 시작하였고, 이때 OHP, VCR 등이 수업에 활용되었다.

우리나라 교육공학의 발달 역시 매체를 교육에 활용하는 것 중심으로 이루어져 왔다. 교육정보화정책은 테크놀로지를 교육에 활용하도록 국가 주도하에 추진하면서 매체 중심의 교육공학이 발달하는 데 상당히 기여하였다. 교육정보화정책은 1996년부터 2014년까지 4단계에 걸쳐 추진되었으며, 인프라 구축, 교육과정 개발 및 교수·학습 방법 개선, 이러닝 교수학습 혁신체제 구축사업, 스마트 기기의 교육적 활용 및 유비쿼터스 교수학습체제 구축에 대한 노력이 이어져 왔다(송해덕, 2016).

2. 교수설계 관점의 교육공학 발달과정

20세기 초 교수매체에 관심이 집중되면서 시작되었던 교육공학의 발달은, 1960년대 교육심리학이 하나의 독립된 학문으로 정착되고 행동주의 학습이론이 정립되면서 교수매체 중심에서 벗어나 학습에 대한 체계적이고 과학적인 접근이 시작되었다. 행동주의 학습이론이 교수설계에 영향을 미치면서 매체를 단순히 학습내용의 전달도구로만 보는 것이 아니라 학습을 촉진하는 원리로 접근하고자 했으며, 교수매체 또한 교수설계적 관점에서 설계하고 개발되어야 하는 과업 중 하나로 인식되기 시작하였다.

20세기 중반 교수설계 체제이론(System theory)과 인지주의 학습이론을 교수설계에 적용하면서 교수설계는 더욱더 정교화되기 시작하였다. 특히 교수설계 체제이론은 교육공학 발달 초기의 교수매체 발달에만 관심이 있었던 미시적 관점에서 거시적 관점으로 바뀌게 하였으며, 교육공학의 학문적 기초를 다지는 계기가 되었다. 이후에 다루게 될 딕과 케리(Dick & Carey)의 체제적 교수설계 모형은 교수설계 체제이론 기반의 대표적 모형이라 할 수 있다.

20세기 후반에는 학습을 바라보는 관점의 패러다임을 바꾼 구성주의 학습이론을 적용한 교수설계가 관심을 받게 되었다. 상호작용, 협력학습을 강조한 구성주의 학습이론은 인터넷, 기술이 발달하면서 더욱더 구성주의적 교수설계가 가능하게 하였다.

생각해 보기

두 관점에서 바라보는 교육공학의 현재 발달 모습은 어떠한가? 교수매체 관점에서의 교육공학의 현재 모습과 교수설계 관점에서의 현재의 모습을 살펴보시오.

Ⅲ 교육공학의 영역

앞에서 살펴본 교육공학의 정의를 통해 교육공학의 주요 영역이 무엇인지 알 수 있었다. 여기에서는 1994년 AECT 정의에 따라 실스와 리치(Seels & Richey, 1994)가 제시한 다섯 가지 영역에 대해 살펴보고자 한다(김보경, 2018; 박성익 외, 2011; 성태제 외, 2018).

교육공학의 다섯 영역은 학습자의 학습을 촉진하기 위해 학습의 과정과 자원에 대해 교육공학자가 행하는 활동영역을 의미하는 것으로, 설계, 개발, 활용, 관리, 평가가 그것에 해당한다.

1. 설계

설계는 'Design'을 번역한 것으로 계획 수립을 의미하지만, 교육공학에서는 학습목표를 효과적·효율적으로 달성하기 위해 고려해야 할 조건을 나열하고, 이들을 명세화하는 과정을 의미한다. 수업을 위한 교수학습을 설계하기 위해서는 학습목표 설정부터 학습자, 학습내용, 학습환경 분석 등 학습심리와 교수방법의 원리 등 학습에 필요한 조건들이 무엇인지, 각 조건의 상호작용이 학습의 과정과 결과에 영향을 미치게 된다. 그래서 설계는 체제이론(system theory)에 기초를 두고 있다. 이처럼 학습에 대한 이해를 하고 있다면 수업을 위한 교수설계가 가능하며, 교수설계는 체제이론에 기초하여 체제적 접근을 해야 한다.

체제적 관점에서 교수설계가 가능하도록 돕는 것이 바로 교수설계 모형이다. 체제적 관점에서 수업을 계획하는 대표적인 교수설계 모형은 교수체제설계(Instruction System Design: ISD) 모형이다.

ISD 모형은 교육프로그램 개발을 위한 단계와 절차를 상세하게 제시하여 교육프로그램을 수월하게 개발할 수 있도록 도와준다. 이 모형의 구체적 단계는 요구분석을 통한 교수목적 확인, 학습자 및 교육환경에 대한 분석, 과제분석을 통한 교수분석 실시, 학습목표를 수행동사로 기술하기, 학습목표에 근거한 평가도구 개발, 효율

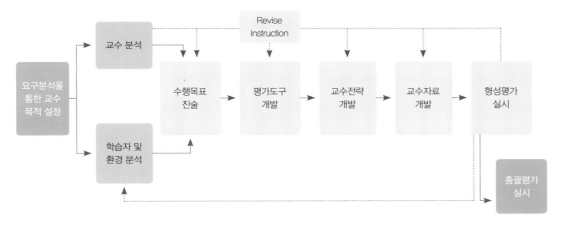

[그림 8-2] 딕과 케리의 교수체제설계: ISD 모형

적인 학습목표 달성을 위한 교육내용의 계열화 및 수업전략 개발, 교육내용을 담은 수업자료 개발 및 선택, 형성평가의 설계와 실시를 통한 교육프로그램 피드백 제공, 교육프로그램 수정 및 개발 완료, 총괄평가 설계와 실시로 진행된다.

교수체제설계 모형은 넓은 관점에서 보면 모형 전체를 설계로 볼 수 있다. 협의적 관점에서는 분석, 설계, 개발, 실행, 평가 영역으로 나누어 볼 수도 있다.

2. 개발

개발(development)은 설계 영역에서 명세화된 내용이나 학습경험을 물리적인 형태로 만들어 내는 과정을 말한다. 즉, 설계단계에서 구성되고 정리된 내용의 산출물이며, 이 산출물은 교육공학에서 교수학습의 과정과 자원 개발에 해당한다. 이때 개발된 대표적 산출물이 교수학습 자료가 되며, 최근에는 설계 단계에서 명세화된 최적의 학습경험을 지원하기 위한 기술 기반 학습환경 선정과 개발을 하기도 한다. 이렇게 개발된 산출물의 자료 형태를 교수학습에 활용되는 교수매체라 부르기도 한다.

개발은 설계 단계의 결과물을 물리적 형태로 만드는 것이므로 설계 단계 다음에 수행되나 개발물의 수정·보완이 요구된다는 점에서 설계와 개발을 동시에 실시하는 접근도 함께 제기된다(성태제 외, 2018). 이러한 관점에서 ISD 모형 전체를 설계 영역으로 볼 수도 있다.

3. 활용

활용(utilization)은 수업목표를 효과적으로 달성하기 위해 설계·개발된 교육프로그램인 수업전략, 자원, 매체, 기술 등을 교육에 사용하고 실행하는 것을 말한다. 또한 기존 교육프로그램을 재사용할 때에도 학습자 특성, 학습목표 적합성 정도 등을 고려하여 적절한 자료를 선정 및 수정해야 한다.

교육공학에서 활용의 또 다른 측면은 설계·개발된 교육프로그램이 성공적으로 실행하기 위해서 이 프로그램과 관련된 자료, 도구, 방법, 기술 등을 제도화하고 보급하는 영역에도 관심을 갖는다. 예를 들어, 기관에서 어떤 교육프로그램을 도입하고자 할 때 필요한 인적·행정적·재정적 등의 지원이 가능할 수 있도록 제도가 뒷받침되어야 한다. 따라서 교육공학에서 새로운 것을 설계·개발하는 것도 중요하지만 이들이 실제적인 효과성을 가지기 위해서는 뒷받침되어야 할 조건이 무엇인지를 고려하여 활용이 촉진될 수 있도록 접근하는 것이 중요하다.

4. 관리

관리(management)는 교육공학의 각 영역에서 산출되고 사용된 과정과 자원을 관리하는 행정적 기능을 하는 과정이다. 수업에서 활용하거나 생산된 자원에 대한 관리가 필요하다. 여기에는 프로젝트 관리, 자원 관리, 전달체제 관리 등의 하위영역이 포함된다. 프로젝트 관리는 학습을 촉진하여 학습목표를 달성하려는 교육프로그램에 대한 전체적인(과제물, 활동, 학습기록, 성적 등) 관리이고, 자원 관리는 수업에서 활용된 자원(기자재, 실습도구 등)에 대한 관리이며, 전달체제 관리는 교육프로그램이 전달 매체(학습관리시스템 등)를 사용할 경우의 관리를 의미한다.

5. 평가

평가(evaluation)는 교육프로그램의 전 과정과 산출물에 대한 가치판단을 하는 과정이다. 단순히 교수목표 달성 여부만을 평가하는 것이 아니라, 성공적인 교육프로그램이 되기 위해서는 설계 시 의도한 교수목표가 교육프로그램을 통해 성공적으로 달성되고 있는가를 계속적으로 평가하여야 한다. 평가의 결과는 분석, 설계, 개발, 활용, 관리의 모든 영역에 반영되어 수정·보완할 수 있는 근거 자료가 된다. 교육공학에서는 평가를 교수자가 학생의 교수목표 달성 여부를 평가하는 일회성 절차로 보기보다 이를 통해 교육프로그램에서 인식된 문제점이 보완될 수 있도록 학습의 과정과 자원을 평가하는 관점을 강조한다. 이런 관점에서 접근해야 교수프로그램이 교수목표에 더 부합될 수 있으므로 평가영역을 중요하게 볼 수 있다.

 생각해 보기

교육공학의 다섯 영역에 해당하는 각 사례를 제시하시오. 설계, 개발, 활용, 관리, 평가의 각 사례는 실제 교사들이 수행하고 있는 교사활동과 연관지어 생각해 보시오.

 ## Ⅳ   교수설계와 교육공학

교수설계는 어떤 교과에서 특정한 학습자를 대상으로 의도된 변화를 일으키기 위해 최적의 수업방법을 구성하는 조직적인 절차와 과정이다. 교수설계의 근본 목적이 최적의 교수방법을 처방하는 데 있으므로 교수설계를 처방과학이라고 한다 (Reigeluth, 1983). 교수설계는 앞에서 살펴본 교육공학의 영역 중에서 설계영역만을 지칭하는 협의적 의미로 사용되기도 하고, 설계, 개발, 평가의 모든 영역을 포함하는 광의적 의미로 사용되기도 한다.

표 8-1 교수설계를 바라보는 관점

영역 ＼ 관점	교육공학	학습이론
일차적 탐구대상	교수전략, 학습환경	학습현상
전형적 탐구활동	처방적	기술적, 설명적
교수방법	체제성, 전체성	함의성, 단편성
테크놀로지 이해	소프트웨어	소프트웨어 및 하드웨어

교수설계는 모든 교수활동이 학습자의 수행에 초점을 맞추고 있다는 점에서 학습자 중심이며, 교수설계 과정이 학습자의 학습목표를 성취하기 위한 최적의 교수방법을 기획하는 것이므로 목적지향적이라 할 수 있다.

앞서 교육공학의 발달과정에서 교수설계적 관점의 교육공학의 발달과정을 살펴보았다. 교육프로그램을 개발하기 위해 어떠한 공학적 접근이 있어야 하는지, 또 어떠한 공학적 접근으로 교육프로그램을 교수설계하는지에 관심을 가져야 하며, 이러한 과정을 통해 개발된 교육프로그램이 교육목표를 달성하도록 하는 학습효과를 얻을 수 있다.

교육공학 관점에서 바라보는 교수설계는 학습이론 관점에서 바라보는 교수설계와는 몇 가지 차이점이 있다(임철일, 1996). 학습이론 또는 교수심리의 일차적 탐구 대상은 학습인 반면, 교육공학의 일차적 탐구 대상은 교수 혹은 수업이다. 학습이론에서 교수 혹은 수업은 이차적인 탐구와 논의의 대상이다. 학습이론의 전형적 활동은 학습 현상에 대한 기술 및 설명이며, 교수설계에 대해서는 부분적 함의를 제시한다. 반면, 교육공학에서 바라본 교수설계의 전형적 활동은 교수전략의 처방이며, 수업 현상에 대한 기술 혹은 설명은 이차적 관심이자 활동이다. 학습이론에서 교수설계의 교수방법은 단편적이며, 교육공학에서 교수설계의 교수방법은 체제적이며 전체적이다. 학습이론에서 교수설계의 기술은 대체로 교수매체 등 하드웨어를 의미하지만, 교수공학에서 교수설계의 기술은 하드웨어뿐 아니라 설계적 차원의 소프트웨어를 의미하기도 한다.

교수설계는 교육프로그램을 개발하는 과정에서 교수전략을 설계하는 활동이며, 수업지도안 설계에 관한 지식을 산출하는 영역이다. 교육공학 관점의 교수설계는 학습이론의 함의 또는 시사점 차원에서 출발하여 교육공학의 체제적 처방성에 바탕을 두고 있다.

생각해 보기

교수설계를 위한 교수설계 이론에는 어떤 이론들이 있는지 조사하시오. 대표적인 교수설계이론의 특징을 살펴보시오.

① Gagne의 교수설계 이론

② Reigeluth 교수설계 이론

더 알아보기

1. 교육의 정의와 교육공학은 어떠한 관계가 있는지 설명하시오.

2. 교육프로그램을 개발할 때 교수설계 모형의 역할과 기능, 장점 등을 설명하시오.

3. 다양한 교수설계 모형을 살펴보고 그 특징을 비교·설명하시오.

정리 및 요약

1　교육공학의 개념은 1994년 미국교육공학회에서 '학습을 위한 과정과 자원을 설계, 개발, 활용, 관리 평가하는 이론과 실천'이라고 정의하였으며, 2004년 이를 재정의 하면서 연구와 윤리적 활동을 강조하였다.

2　교육공학과 교육공학의 관계를 바라보는 네 가지 관점이 있으며, 교육방법이 교육공학에 포함되는 관점에서, 교육방법이 교수상황에서 실행되는 교육활동이라는 점에서 다양한 교육방법을 활용하여 교육목표를 달성하기 위해서는 교육공학적 안목과 접근이 필요하다.

3　교육공학의 발달과정에는 교수매체 관점의 발달과정과 교수설계 관점의 발달과정이 있다. 교수매체 관점의 발달과정은 20세기 초 시청각 자료를 교수매체로 활용하여 학습경험을 제공하면서 시작되었다. 교수설계적 관점의 발달과정은 20세기 중반 학습이론이 정립되면서 교수매체 중심에서 벗어나 학습에 대한 체계적이고 과학적인 접근이 시작되었으며, 매체 또한 교수설계적 관점에서 설계하고 개발되어야 하는 원리로 접근하였다.

4　교육공학의 영역은 설계, 개발, 활용, 관리, 평가 영역이다.

5　교수설계는 수업에서 특정한 학습자를 대상으로 학습목표를 효율적으로 달성하기 위한 최적의 교수방법을 처방하는 과정이다.

토론 과제

1 지금까지 경험했던 수업 중 학습자 입장에서 가장 좋은 수업이라고 생각했던 수업을 떠올려 보고, 가장 효과적이라고 생각했던 교수 방법과 전략을 수업설계 관점에서 밝히시오.

2 비대면 수업을 위한 수업설계를 할 때 어떤 요소가 추가되거나 고려되어야 할지 수업설계 절차에 따라 설명하시오.

관련 사이트

한국교육공학회(http://www.kset.org/)

21세기 정보시대의 인력자원 개발, 최신 교수–학습이론 및 교수–학습전략의 개발과 활용, 첨단기술 및 기기의 교육적 활용을 위한 각종 교육공학적 연구 및 개발 활동을 학교교육은 물론 기업과 평생교육 분야에서 효과적이고 효율적으로 추진함으로써 교육정보화 마인드를 확산하고 이를 통해 국가 경쟁력 제고에 기여하고 있다.

한국교육공학회 연구SIG(http://www.kset.org/)

연구SIG는 대학교수 및 연구원급의 연구자들을 서로 연계하기 위한 것으로 타 학교에 재직하고 있는 연구자들이 공동연구 활동을 수행할 수 있도록 만들기 위한 것이다. 따라서 3개 기관 이상에 근무하며 4인 이상의 연구자(교수 및 연구원급)가 연계하여 연구주제를 설정하고 연구활동을 전개하고 있다.

한국교육학회(http://www.ekera.org/)

한국교육에 대한 전반적인 연구와 분과학회를 두고 있는 교육학의 모학회의 역할을 하고 있다. 1953년 출범하여 25개의 분과 학회, 전국에 10개의 지회 등 조직이 확장되었으며, 국내외 교육 및 연구기관들과 유기적인 협력체제를 구축 · 운영하고 있으며, 교육학의 심오한 학문적 탐구와 더불어 한국교육의 발전을 위해 다양한 활동을 전개하고 있다.

관련 자료

학술지　　교육공학연구

매거진　　한국교육공학회 매거진

소식지　　한국교육공학회 뉴스레터

CHAPTER

09

생활지도와 상담

거시체계

문화적 가치, 법, 관습

이웃

미시체계

가족　아동　학교

대중매체

브론펜브레너의 생태학적 체계 모델

• 주요 질문

Q1 학교 현장에서 여러분이 만나게 될 학생은 가정, 이전 학교, 지역사회 등 다양한 장면에서 가족, 친구, 다른 교사 등 다양한 사람과 관계를 맺으며 살아 왔고 살고 있습니다. 다양한 장면에서 다양한 사람과의 관계망에 있는 학생에게 교사는 어떤 영향을 줄 수 있을까요?

Q2 생활적인 측면에서 개인의 성장을 촉진하기 위해 학교와 교사는 어떤 경험을 제공해야 할까요?

생활지도와 상담

I 생활지도와 상담

1. 생활지도와 상담의 필요성

과거에는 자녀나 학생의 생활이나 인성을 교육하거나 지도할 때 체벌을 하는 것을 교사와 부모의 권한처럼 인식하였다. 하지만 현대 학교에서는 「초·중등교육법」에 따라 교사는 학생을 징계할 수 없고 학교의 장이 필요한 경우 법령과 학칙으로 정하는 바에 따라 학생을 징계하거나 그 밖의 방법으로 지도할 수 있다. 이에 교사는 체벌이 아닌 다른 훈육방법으로 학생을 지도해야 하는 상황에 직면하게 되었다. 게다가 2012년 3월 이후 서울특별시 등 몇몇 시·도 교육청에서 「학생인권조례」 등을 제정하면서 학생지도에 있어 교사가 새로운 국면을 맞게 되었다. 「서울학생인권조례」의 내용에는 용모에 있어 개성을 실현할 권리, 체벌 등의 폭력에서 자유로울 권리, 꼭 필요한 경우를 제외하고는 소지품 검사 등과 같은 행위로 사생활을 침해받지 않을 권리 등이 포함되어 있다.

교사가 학생을 징계할 수 없으며, 학교의 장이라고 하더라도 법령과 학칙 안에서만 징계하도록 하고, 학생의 인권에 대해 명문화한 것은 학생을 교화가 필요한 미성숙한 대상으로만 보는 것이 아니라 자기 의지와 결정권을 갖고 있으며, 인격적으로

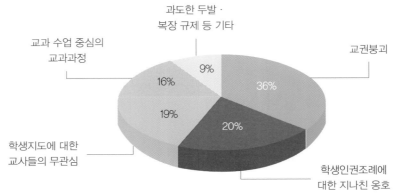

[그림 9-1] 교사의 생활지도 중 고충 경험

출처: 문화일보(2012. 9. 19.)

존중받아야 하는 존재로 바라보고 대하도록 제도화했다는 점에서 매우 바람직하다. 하지만 학생을 체벌을 통해 훈육했던 것은 학교의 오래된 관습과 규칙이었기에 교사와 학생 모두 체벌 외 다른 방법으로 이루어지는 훈육에 적응하는 데 여러 시행착오가 있었으며, 현재도 여전히 시행착오를 경험하고 있는 상황이다. 이 과정에서 체벌이 아닌 다른 방식으로 훈육하는 데 어려움을 경험하는 교사는 학생에 대한 생활지도를 소극적으로 하는 편을 선택하기도 하였다. 이는 교사가 학생을 생활지도함에 있어 별도로 전문적인 교육을 받을 필요가 있음을 시사한다. 이에 생활지도와 상담은 현대 사회에서 학생을 교육하고 지도하는 방법으로 더욱 중요하게 여겨지고 있으며, 그 방법 역시 보다 전문화되기를 요구받고 있다.

2. 생활지도와 상담의 목적

학교에서 이루어지는 모든 행위는 교육적 필요와 목적을 위해 존재해야 한다. 학교 안에서 이루어지는 생활지도와 상담 역시 전체 교육에서 추구하는 방향을 따라야 한다. 우리나라 교육에서는 개인의 지덕체(知德體)를 고르게 성장시키는 전인교육을 추구하는데, 생활지도와 상담은 지, 덕, 체 중 덕의 성장과 긴밀하게 관련된다. 물론 생활지도와 상담 모두 학생의 인지적 · 신체적 측면까지 고려하며 인지적 영역에서의 성장과 발전에 영향을 주기도 하고, 신체적 건강이 심리사회적 측면과 관련되기도 한다. 또한, 생활지도와 상담은 개인에게 심리사회적 문제가 발생했을 때 이를 해결하는 데 목적을 두기도 하지만 문제 발생 및 심화를 예방하는 목적도 있다. 예방에는 문제의 원인을 차단하여 문제의 발생 자체를 막는 것뿐만 아니라 문제가 이미 발생하였더라도 문제가 더 강화되거나 타인에게 퍼지는 것을 막는 것까지 포함한다. 학교에서 이루어지는 여러 상담프로그램은 학생의 자기이해를 돕고 문제해결력을 증진해 줌으로써 개인의 심리사회적 문제를 예방하는 데 초점을 두고 있다.

3. 생활지도와 상담의 정의

생활지도는 미국의 가이던스(guidance)를 번역한 용어이다. 미국 학교에서의 가이던스는 학생의 학업, 진로, 인성 등의 영역에서 발달, 의사결정, 문제해결 등의 과정을 돕는 활동으로 정의한다(Shertzer & Stone, 1980). 이러한 정의에 따르면, 생활지도를 교과교육과 구분하기는 어렵다. 반면, 우리 교육계에서 학교교육을 교과교육과 생활지도로 양분하는 학자들(정원식, 박성수, 1978)은 교과지도 외 교육활동을 생활지도로 지칭한다. 생활지도를 교과교육과 구분하든 구분하지 않든 간에 생활지도가 학생의 전반적인 영역에서의 성장을 촉진하고 문제 해결을 돕는다는 점에서 학생을 지도하는 교사라면 반드시 해야 할 역할임은 분명하다.

상담은 영어 카운슬링(counseling)을 번역한 것이다. 카운슬링의 사전적 뜻은 '조언하다' 혹은 '자문하다'를 의미하며, 상담이라는 용어의 사전적 뜻은 문제를 해결하거나 궁금증을 풀기 위해 서로 의논한다는 것이다. 학문 영역에서는 카운슬링 혹은 상담에 대해 여러 학자가 다양하게 정의하고 있다. 치료적 모험을 통해 변화하기

원하는 두 사람 간의 계약과정(Corey, 2003)으로 정의하기도 하고, 도움이 필요한 사람이 전문적 훈련을 받은 사람과 대면관계에서 생활과제의 해결과 사고, 행동, 감정 측면의 인간적 성장을 위해 노력하는 학습과정(이장호, 1986)으로 정의하기도 한다. 학자에 따라 상담에 대해 서로 다르게 정의하나 만남의 과정을 통한 변화와 성장이 라는 점이 이들의 정의 안에 공통적으로 담겨 있다(김규식 외, 2019).

4. 생활지도와 상담의 관계

생활지도와 상담이 서로 어떤 관계에 있는지에 대해서는 학자에 따라 의견이 다르다. 생활지도 활동 안에 정보제공, 진로지도, 심리교육, 상담 등이 포함되어 있다고 주장하는 학자들이 있다(이재창, 2005). 이는 생활지도는 교육의 한 영역으로 구분하고 상담은 방법으로 여기는 관점이다. 생활지도와 상담의 관계를 설명할 때 상담을 방법이 아닌 원리로 보는 학자들도 있는데(박성희 외, 2006), 이들은 바람직하고 효과적인 생활지도가 실행되기 위해서는 상담의 원리에 따라야 한다고 말한다. 생활지도와 상담을 서로 다른 것으로 정의하는 학자들도 있다(정원식, 박성수, 김창대, 1999). 이들은 생활지도와 상담에서 다루는 문제가 다르다고 보고, 생활지도는 정보제공이나 조언의 성격이 강하나 상담은 행동과 태도의 변화나 심리적 갈등과 같은 문제를 해결하는 데 초점을 두고 있다고 주장한다. 생활지도와 상담을 어떻게 정의하는지, 이 둘 간의 관계를 어떻게 바라보는지에 따라 생활지도와 상담을 실제 수행하는 사람이 누구여야 하며, 실제 어떤 활동을 해야 하는지에 대한 관점도 달라질 것이다. 생활지도와 상담에서 다루는 문제가 다르다는 입장을 취한다면, 이를 수행하는 사람들이 갖추어야 할 전문적 지식이나 기술이 달라야 한다고 여길 가능성이 높은 반면, 생활지도가 상담을 포함하고 있다거나 상담의 원리에 입각하여 생활지도를 해야 한다는 입장을 취한다면 생활지도와 상담을 수행하는 사람들이 갖추어야 할 역량이 동일해야 한다고 여길 가능성이 높다. 현재 학교 현장에서는 두 가지 관점을 모두 수용하는 것으로 보인다. 교과교육을 담당하지 않고 상담업무만을 하는 교사를 별도로 두는 제도를 도입한 것은 교과교육을 담당하는 교사가 지도하기에 어려움이 있는 학생의

> 학생인권조례는 「대한민국헌법」, 「교육기본법」 제12조 및 제13조, 「초·중등교육법」 제18조의 4 및 「유엔 아동의 권리에 관한 협약」에 근거하여 학생의 인권을 보장함으로써 모든 학생의 인간으로서의 존엄과 가치를 실현하며 자유롭고 행복한 삶을 이루어 나갈 수 있도록 하는 것을 목적으로 한다(서울특별시 학생인권 조례 제1조).

문제가 있음을 인정하는 것으로 볼 수 있다. 반면, 교과교육을 담당하는 교사에게 양성과정과 계속교육과정을 통해 상담교육을 제공하고, 교과담당 교사 역시 이러한 교육이 필요하다고 인식하는 것은 학교 현장에서는 생활지도와 상담이 서로 독립된 것으로 보기보다 방법적 측면이든 원리적 차원이든 상담적 요소가 생활지도 안에 녹아 들어야 한다고 여기고 있음을 암시한다.

II 생활지도와 상담의 영역

1. 학업

학령기 아동과 청소년에게 학업수행은 주요한 발달과업이다. 에릭슨(Erickson)의 심리사회적 발달단계에 따르면, 초등학생 시기인 6세부터 12세까지는 현실적 과업을 수행하는 과정에서 근면성을 획득하는 것, 중·고등학생 시기인 12세에서 18세까지는 자아정체감을 형성하는 것이 주요한 발달과업이다. 이 시기에 주로 생활하고 관계를 맺고 과업을 주는 곳이 학교이므로, 학교에서의 성공경험이 근면성 획득과 자아정체감 형성에 주요한 영향을 미친다. 따라서 학업은 학생의 지적 측면 혹은 인지적 측면에만 영향을 미치는 것이 아니라 정의적 측면 혹은 심리적 측면에까지 영향을 주므로 생활지도와 상담에서 주요하게 다루어야 하는 영역이다.

학업영역에 있어 교과교육에서의 목표가 평균 수준 혹은 더 높은 수준의 학업성취에 있다면, 생활지도와 상담의 목표는 학업성취를 함에 있어 경험하게 되는 여러 심리적·정서적 어려움을 해결하는 것 혹은 학업성취를 방해하는 여러 심리사회적 어려움을 해결하는 것으로 볼 수 있다. 생활지도와 상담에서 다루는 학업과 관련된 문제는 시험불안, 공부 자체에 대한 회의와 의문, 집중력 부족, 성적 저하 및 저조로 인한 걱정과 스트레스, 공부방법 문제, 공부에 대한 반감, 노력은 했는데 성적이 오르지 않음, 능력 부족, 공부습관 미형성, 공부에 대한 동기 부족, 성적에 대한 집착, 성적으로 인한 관계에서의 문제, 낮은 학습효능감, 다른 활동과의 갈등, 신체적·물리적 환경 등이 있다(황매향, 2009).

이러한 학습문제가 발생함에 있어서는 개인 내적 요인과 환경적 요인이 영향을 미친다. 이 중 기초학습기능, 학습동기, 학습전략, 부모 및 교사와의 관계와 같이 변화 가능한 변인이 있는 반면, 지능, 기질, 학교풍토, 경쟁구조 등과 같이 변화가 어려운 변인이 있다. 생활지도와 상담에서는 변화 가능한 변인에 초점을 맞춰 개입한다. 아동 및 청소년기의 학업문제에는 학업 외 여러 요인(예: 부모 및 교사와의 관계, 또래 관계, 학교풍토, 한국 사회의 경쟁적 입시제도 등)이 영향을 미치므로 짧은 시간에 효과적으로 학생을 돕기 위해서는 초기에 현재 학생이 호소하는 학업문제가 학업 외 다른 요인 중 무엇과 관련되어 있는지, 인지적 요인, 정서적 요인, 행동적 요인, 환경적 요인 중 어떤 것과 관련이 있는지, 이 중 어떤 것을 변화시킬 수 있는지에 대한 평가가 적절하게 이루어져야 한다. 그 평가결과에 따라 어떤 요인에 개입해야 할지 결정하여야 효과적으로 도울 수 있다. 만약 현재 보이는 학습의 어려움에 대한 평가를 제대로 하지 않으면 효과가 없는 개입을 할 수 있다. 예를 들어, 현재 학생이 보이는 학업문제가 학습전략이나 경계선 수준의 지능, 선수지식의 부족에게 기인하는 것인데, 이를 파악하지 못하고 학생의 학업동기나 시간활용 문제로 판단하여 공부시간을 늘리고 노력하는 것에만 초점을 맞추게 되면 학생을 더 힘들게 만들 위험이 있다.

💡 생각해 보기

"공부를 잘하고 싶은 마음이 너무 크고, 열심히 노력도 하는데도 성적이 원하는 만큼 나오지 않아 고민하는 학생에게 교사 입장에서 어떻게 해 줘야 할지 모르겠어요. 학생의 학습동기나 학습전략에 문제가 있는 게 아니라 우리 학교에 다니는 학생들이 모두 학력 수준이 높고 경쟁이 심해서 원하는 등수가 나오지 않는 거 같은데, 이렇게 말하는 게 학생의 의지를 꺾고 무기력하게 만들 거 같아서 그렇게 말해 주지도 못하겠고, 그렇다고 잘하고 있고, 계속 열심히 해 보자라고 말하기엔 희망고문을 하는 거 같아요."

"학업 동기가 전혀 없는 학생들과 상담하기가 힘듭니다. 진로와 연결해 보자니 학생이 원하는 직업은 프로게이머라 공부할 필요가 없다고 말하고, 학업에서 성공경험이나 중요한 사람과의 관계를 통해 동기를 높여 보려고 해도 부모님도 아이의 학업에 관심이 없어서 아이가 잘했을 때 칭찬해 주거나 지지해 줄 만한 자원이 없습니다. 이런 경우에 학업상담을 하는 게 의미가 있는 건지 제 자신도 확신이 들지 않습니다."

필자는 현직 교사나 상담자들을 대상으로 학업상담에 대해 강의할 때 선생님들이나 상담자들로부터 이런 종류의 이야기를 자주 듣는다. 이런 고민들에는 학생들의 학업문제가 학생 개인의 문제만이 아니라 학생을 둘러싼 가족, 학교, 사회와 관련되어 있기에 일개 개인으로 학생에게 도움을 주는 데 한계를 느끼는 선생님들의 무력감이나 안타까움이 담겨 있다. 필자 역시 그런 고민을 들을 때 선생님들이나 상담자들의 무력감이나 안타까움이 느껴져 함께 고민하고 아파한다. 하지만 그와 동시에 그런 무력감과 안타까운 마음에서 한 발짝 물러나 학생 개인의 과거, 현재, 미래를 조망하고 지금 발현되지 못하고 있는 것처럼 보이지만 학생이 갖고 있는 강점과 욕구들을 보도록 안내한다. 교사가 학생보다 먼저 포기하지 않아야 한다고 말한다. 그리고 배움이라는 것은 인간이 가지고 있는 본능이며, 누구든지 배우고 싶어 하고 잘하고 싶은 마음을 가지고 있다는 것을 기억해야 한다고 말한다. 이는 필자가 학업상담에 대해 강의할 때 주로 참고하는 김현수의 「공부 상처」라는 책의 내용을 통해 배운 것이다. 다음은 김현수의 「공부 상처」의 프롤로그에 나온 글의 일부분이다. 이 글을 통해 학업지도 및 상담에서 교사로서 어떤 자세와 태도를 갖춰야 하는지에 대해 생각해 보기 바란다.

　　아이들이 공부를 포기했다고 말할 때는 학교 공부만 포기하는 게 아니다. 어떤 아이들의 공부 포기 이면에는 흔히 더 큰 의미가 숨어 있다. 즉, 배움 자체에 대한 본능을 버리겠다는 것을 뜻하기에 무서운 일이다. 공부 포기를 선언한 아이들은 남이 나를 가르친다는 사실 자체가 싫고, 내가 노력하는 것도 싫고, 그래서 결국 배우는 모든 것을 거부하는 방향으로 나아간다.

　　교사든 부모든 어른들은 이 사실을 유념하면 좋겠다. 아이들이 공부를 포기하겠다고 할 때는 공부뿐만 아니라 다른 모든 것을 포기하게 되는 것이 많다는 것을. 적어도 일시적으로라도 포기하게 된다는 것을. 따라서 지금은 공부를 포기한다고 하더라도 아이들이 무엇인가를 배우고자 하는 노력까지 포기하게 해서는 안 된다. 특히 인생에서 배우기 위해 노력하고 수고를 들이는 것을 포기하게 해서는 절대 안 된다.

　　기본적으로 아이들이 공부를 포기하려는 것은 상처를 받았기 때문이고, 더 상처받지 않기 위해서 뼈아픈 결론을 내리는 것이라는 사실을 알아야 한다.

　　무엇을 배우고, 희망하고, 공부로서 추구해 가는 과정은 인간의 본능이며, 모든 아동·청소년의 근본적인 과제이다. 따라서 본능이자 과제로서의 배움과 희망, 공부의 과정을 할 수 없는 아이들은 없다. 즉, 공부 못하는 아이는 없다. 다만 공부에 상처받은 아이들이 있을 뿐이고, 아이들이 공부에서 멀어지는 것은 그 과정에서 상처받았기 때문이다.

-김현수의 「공부 상처」 프롤로그 중-

2. 진로

진로 탐색 및 직업 선택 역시 청소년기의 중요한 발달과업이다. 에릭슨은 청소년기에 삶에서 헌신할 만한 것을 선택하고 결정하는 것이 자아정체감 형성에 중요한 영향을 미친다고 말했다. 그중 하나가 일이다. 따라서 청소년을 가르치는 교사는 이들의 자아정체감 형성을 돕기 위해 적절한 진로지도를 해줄 필요가 있다. 진로 선택과 자아정체감 형성이 관련되어 있다는 것은 진로 선택에 있어 자기이해가 중요함을 의미한다.

이에 여러 진로지도 및 상담이론 중 특성요인이론을 주창한 파슨스(Parsons)나 윌리엄슨(Williamson)과 같은 학자들은 개인의 강점과 약점을 포함한 성향을 충분히 이해하는 것이 개인의 직업적 혹은 삶의 만족을 위한 직업 선택에 중요한 요소라고 여겼다. 인성이론을 주창한 홀랜드(Holland) 역시 진로 및 직업에 있어 개인에게 맞는 안내를 해주기 위해서는 개인의 특성인 성격을 잘 파악해야 하고, 그 특성에 맞는 직업환경을 갖춘 직업을 연결시켜 주어야 한다고 했다. 홀랜드는 개인의 성격특성처럼 직업에서도 환경특성이 있다고 보아 직업 환경특성 역시 개인의 성격특성처럼 유형화하였다. 이러한 이론을 따르는 진로 지도 및 상담에서는 개인의 특성을 잘 파악하여 그에 적합한 직업을 연결해 주는 것을 목표로 한다. 이러한 신념은 현재까지 이루어지고 있는 진로 지도 및 상담에 영향을 주고 있다. 학교 현장에서 진로 지도 및 상담을 위해 광범위하게 시행되고 있는 진로 흥미 검사나 진로 성격 검사는 이러한 이론의 영향을 받은 것이다. 이 이론에서 주장하는 바에 따라 개인의 흥미나 성격을 파악하고 그에 맞는 직업을 매칭해 주는 지도 및 상담적 접근은 어느 정도 효과가 있다. 하지만 하루에도 직업이 몇십 개씩 사라지고 새로 생겨나는 등 사회가 급격하게 변화하며, 한 직업을 평생 유지하지 않고, 한 번에 여러 종류의 일을 하는 경향이 나타나고 있는 현대 사회에서, 개인의 흥미나 성격, 직업의 특성이 고정되어 있고 이를 파악하여 매칭을 잘하면 개인과 직업세계 모두 만족하는 진로 지도나 상담을 할 수 있다는 관점에서의 개입은 학생에게 도움이 되지 않을 수 있다.

이에 최근 진로 지도 및 상담에서는 직업에 대한 개인의 욕구나 개인에 대한 직업환경에서의 요구가 변화할 수 있음을 전제로 개인과 직업환경 간의 상호작용이 일에 대한 개인의 만족이나 유지를 높여 준다는 데이비스(Dawis)와 롭퀴스트(Lofquist)

의 직업적응이론이나 직업세계가 예측하기 어려움을 강조하며 진로발달에 있어서 우연히 찾아오는 기회를 활용할 수 있는 능력을 갖추는 것이 현대 사회에 적합하다고 주장한 미첼(Mitchell)과 레빈(Levin), 크룸볼츠(Krumboltz)의 우연학습이론이 주목받고 있다.

3. 사회성 및 인성

최근 과학기술의 발달로 인간의 육체적·인지적 노동력을 대체할 수 있는 로봇과 AI가 등장하면서 이러한 시대에 인간만이 할 수 있는 고유한 역할이나 일은 무엇이며, 이러한 역할과 일을 해내기 위해 필요한 능력은 무엇이냐에 대한 고민이 이루어지고 있다. 이와 관련하여 앞으로 AI가 대체하여 인간의 직업 목록에서 사라질 직업은 무엇이며, 지속 가능한 직업, 새로 생길 직업이 무엇인지에 대한 의견도 분분하다. 여러 의견이 분분한 가운데에서도 공통적으로 제시되는 인간 고유의 특성이나 능력은 정서적인 측면과 사회적인 측면과 관련되어 있다. 정서지능과 의사소통능력 등 인간의 정서적 측면과 사회적 측면을 강조하는 주장은 이전에도 제기되어 왔으나 로봇과 AI 기술이 발전함에 따라 더욱 강조되고 있다. 이에 한 개인을 사회구성원으로 키워 내는 교육기관에서도 인지적 측면을 강조하고 이에 집중해 왔던 교육과정이나 교육방법을 넘어 인간의 정서적 측면, 사회적 측면에 초점을 두고 이와 관련된 역량을 키우는 교육과정이나 교육방법에 관심을 기울일 것을 요구받고 있다.

학령기 아동 및 청소년을 대상으로 교육하는 학교 역시 이러한 요구에 맞닥뜨리고 있다. 게다가 우리나라의 경우 능력주의, 물질만능주의 등으로 인해 입시경쟁이 치열하고 IT의 급격한 발달로 익명성 속에서 사회적 상호작용을 쉽게 할 수 있게 되면서 개인을 인격적으로 대하기보다 비인격적 혹은 대상화하여 다룸으로써 여러 범죄와 사회적 문제가 발생하고 있다. 학교 역시 예외가 아니다. 학교라는 공간 안에서 구성되는 사회적 관계 속에서 발생하는 폭력이 더욱 잔인해지고 있으며, 발생시기도 점차 빨라지고 있다. 이에 이전보다 교사에게 학생의 인성적 측면이나 사회적 측면에 대한 지도 및 상담에 대한 요구가 강해지고 있다.

학교에서 발생하는 학생의 사회성 및 인성과 관련된 문제나 지도가 필요한 영역에는 학교폭력, 이성관계, 친구관계 등이 포함된다. 이 중 학교폭력은 학교에 전문

「학교폭력예방 및 대책에 관한 법률」
은 학교폭력의 예방과 대책에 필요
한 사항을 규정함으로써 피해학생의
보호, 가해학생의 선도·교육 및 피
해학생과 가해학생 간의 분쟁조정을
통하여 학생의 인권을 보호하고 학
생을 건전한 사회구성원으로 육성함
을 목적으로 한다(「학교폭력예방 및
대책에 관한 법률」 제1조).

상담교사제도가 도입된 결정적 계기가 될 정도로 학생에 대한 인성 및 사회성 지도가 필요한 주요한 문제영역이다. 「학교폭력예방 및 대책에 관한 법률」에 따라 각급 학교에서는 학교폭력 대책위원회를 설치해야 하고, 전문상담교사를 학교에 두며, 피해학생을 보호하고 가해학생에 대한 조치를 취하게 된다. 법률을 통해 학교에서 발생한 문제를 다루다보니 학교에서 발생한 학교폭력 문제를 형사적으로 발생한 폭력사건과 유사한 방식으로 사건을 바라보고 가해학생과 피해학생에 대한 조치를 취하는 경향이 있다. 하지만 학교폭력은 학교에서 발생한 것이며, 이와 관련된 법률에 이 문제를 다루는 전문가로 사법기관 전문가가 아닌 상담업무를 수행하는 교사를 둔 것은 학교폭력 사건을 형사사건으로 바라보고 가해자를 처벌하는 것에만 중점을 두는 것이 아니라 인성과 사회성과 관련된 문제로 보고 학생을 지도하라는 취지가 담겨 있다. 하지만 학교 현장에서는 학교폭력 사건을 다루는 교사나 학교장의 신념이나 학교풍토, 학부모의 요구 등에 따라 학교폭력 사건을 다룸에 있어 교육적 측면보다는 처벌적 측면을 강조하는 일들이 발생하고 있으며, 이로 인해 학생은 학교폭력 사건을 다루는 과정에서 비교육적인 영향을 받기도 한다.

4. 비행행동

비행행동은 일탈행동으로도 불리는데, 개인의 행동이 법률적·도덕적·교육적·사회적 관습에서 벗어난 경우를 의미한다. 여기에는 다른 사람의 물건을 훔치는 행위뿐만 아니라 학교를 무단결석하는 등 학칙을 위반하는 행위, 가출이나 흡연 및 음주 등과 같은 행위 등이 포함된다. 일탈행동이 발생하는 원인은 크게 개인적 요인과 환경적 요인으로 구분되며, 학자들은 이 요인 각각이 일탈행동의 발생에 기여하기도 하나 이 둘 간의 상호작용을 통해 일탈행동이 발생하기도 한다고 말한다. 이는 청소년의 일탈행동을 이해하고 다루기 위해서는 단지 개인의 성격특성이나 정서 및 심리적 요인만을 고려하는 것이 아니라 청소년을 둘러싼 환경도 함께 고려해야 함을 시사한다.

청소년의 비행행동을 다룸에 있어 비행행동을 강화하는 데 기여하는 위험요인과 비행행동을 감소시키는 데 기여하는 보호요인을 확인하여 위험요인은 제거 혹은 축소시키고 보호요인은 강화하는 시도가 다방면으로 이루어지고 있다. 이러한 개입이 가능하려면 먼저 비행행동에 대한 위험요인과 보호요인이 무엇인지 알아야 한다. 김계현 외(2020)는 비행의 위험요인과 보호요인을 개인적 요인, 가족적 요인, 가족외적 요인으로 구분하여 제시하였다. 이들에 따르면, 비행의 위험요인 중 개인적 요인에는 낮은 자존감, 충동조절능력과 미래조망능력의 부족, 감정인식 및 표현능력의 부족, 자기중심적 인지왜곡, 문제해결능력의 부족, 사회적 기술의 부족, 낮은 학교성적이 포함된다. 위험요인 중 가족적 요인에는 자애로운 양육의 부족, 적절한 훈육의 부족, 자녀의 발달에 따른 관계조정의 실패, 부모 간 불화가 있다. 가족 외적 요인에는 비행경험이 있는 또래와의 관계, 학교와 지역사회의 무관심이 포함된다. 보호요인으로는 가족이나 가족 외에 청소년을 믿고 이끌어 주는 성인의 존재, 학교교육에 대한 긍정적인 가치 부여, 장래에 대한 뚜렷한 목표, 높은 지능이나 자신만의 분명한 특기나 소질, 분석적 사고능력과 미래의식, 긍정적 삶의 자세, 이웃의 도움 등이 있다. 비행과 관련된 위험요인과 보호요인 모두에 학교 관련 요인이 포함되어 있다. 이는 학생의 비행행동을 예방하거나 줄이기 위해 학교에서 할 수 있는 개입이 있음을 의미한다. 특히 청소년을 믿고 이끌어 주는 성인이 보호요인에 포함된다는 것은 담임교사나 교과교사, 상담교사 개인이 비행행동을 예방하거나 줄이는 데 기여할 수 있는 가능성을 시사한다.

III 학교상담 관련 제도와 기관

1. 전문상담교사자격제도와 위(Wee) 프로젝트

　사회변화와 더불어 다양한 유형의 청소년 문제가 발생하면서 수업과 상담을 함께 하는 교사만으로는 학생을 상담하는 데 한계가 있다는 문제의식하에 2005년에 전문상담교사제도가 도입되었다. 전문상담교사제도가 확립되기 이전에는 학교 안에서 학생의 심리사회적인 면을 지도하기 위해 전문적인 상담서비스가 적절하게 제공되지 못했으나 전문상담교사제도로 인해 학교 자체적으로도 전문적인 상담서비스를 제공할 수 있게 되었다. 이와 함께 학교폭력에 대한 교육정책의 일환으로 시행된 위(Wee) 프로젝트로 인해 학교상담이 체계화될 수 있었다. 위 프로젝트는 학교와 지역사회를 연결하는 협력체제로 클래스-센터-스쿨의 3단계 체제망을 통해 학교 부적응학생이나 위기학생을 위한 상담서비스를 제공하는 정책이다(한국교육개발원, 2017).

전문상담교사제도나 위 프로젝트가 학교 안에서 교사가 학생에게 전문적인 상담서비스를 직접 제공할 수 있는 가능성을 열어 주었다는 차원에서는 의미가 있지만 충분한 교육적 숙고로 인해 도입되기보다는 당시 사회적으로 이슈화된 학교폭력 사건으로 인해 급하게 시작되어 실행하는 과정에서 여러 어려움이 있었다. 제도 도입 초기부터 지금까지도 전문상담교사가 학교 내에서 어떤 역할을 해야 하며, 이를 위해 어떤 역량을 갖추어야 하고, 어떤 교육을 받아야 하는지에 대한 논란이 지속되고 있다. 특히 전문상담교사 양성을 위한 교육과정은 학교 현장에서 이들에게 요구되는 여러 역할을 감당할 수 있을 만한 역량을 갖추게 하는 데 있어 핵심적인 내용이므로 조속한 개선이 요구된다.

현행 전문상담교사 양성과정에서의 교육과정을 살펴보면, 학부 전문상담교사 양성과정에서는 상담 · 심리학 및 관련 전공 및 학과에서 14개 기본이수과목 중 7개 과목을 필수적으로 이수하고 전체 전공과목을 50학점 이상 이수하는 것이며, 대학원 양성과정에서는 7개 필수과목과 21개 선택과목 중 2과목(1급) 또는 14과목(2급)을 이수해야 한다. 김인규(2018)는 현행 전문상담교사 제도에 문제가 있다고 지적하며 전문상담교사 양성과정 및 계속교육과정을 개선할 것을 제안하였다. 김인규(2018)가 지적한 현행 제도의 문제는, 첫째, 학부과정의 기본이수과목에 2009년 이후 변화된 학교상담 환경과 제도가 반영되지 못하고 있으며, 둘째, 상담실습과정이 충분하지 않고, 셋째, 양성기관 간 교육과정 편성과 운영의 충실도, 교육여건 등 교육과정 운영상에 문제가 있으며, 넷째, 1급과 2급 양성 교육과정의 내용에 차이가 없다는 것이다. 이러한 문제를 해결하기 위해서는 전문상담교사 양성교육과정 및 계속교육과정에 포함된 과목들을 재배치하고 실습과정을 확충하며, 1급과 2급 간 교육과정 내용에 차이를 두는 등 전반적인 전문상담교사 양성 및 계속 교육과정을 개선해야 한다.

2. 또래상담

또래상담은 학교 안에서 학생이 주도적으로 하는 대표적인 상담 활동이다. 학교장면에서의 또래 상담은 '특별히 훈련받은 또래학생이 다른 또래학생의 학업, 인성, 행동 등을 조력하는 것'(May & Rademacher, 1980)이나 '특별히 훈련받은 재학생이 지도자가 되어 몇몇 정상적인 동료학생을 대상으로 그들의 성장과 발달 및 인간관계 발달의 능력을 촉진하려는 의도에서 이루어지는 대인관계의 과정'(이형득, 김정희, 1983)으로 정의할 수 있다. 이러한 정의를 살펴보면, 또래상담 활동은 동료학생 간에 이루어지는 행위이며, 이를 위해 상담을 제공하는 학생이 일정한 교육을 받아 이루어지는 활동이다. 이에 국내에서는 상담서비스를 제공하는 또래를 교육하기 위해 한국청소년상담복지개발원에서 개발한 또래상담을 위한 교육프로그램을 가장 널리 활용하고 있다. 이 프로그램은 '좋은 친구되기', '대화하는 친구되기', '도움주는 친구되기'라는 주제들로 구성되어 있으며, 해당 주제에 대해 집단으로 토의하고 역할연습과 실습을 할 수 있게 구성되어 있다 (주지선, 조한익, 2014).

또래 상담자는 자신과 연결된 또래친구의 고민을 들어주고 지지하고 격려해 주는 활동뿐만 아니라 학교폭력을 예방하는 학급 및 학교 분위기 형성에 도움이 되는 활동, 예를 들어 고민함 설치 및 운영, 학교폭력 예방 UCC 제작, 사과 데이 행사 운영, 지역 내 또래상담자 모임 참여 등 다양한 활동을 한다. 부모님이나 교사와 같은 성인과의 관계보다 또래와의 관계가 더 중요해지는 청소년기 학생에게 또래상담자는 상담교사에게 이야기하거나 도움받기 힘든 면에서 도움을 받을 수 있는 주요 대상이 될 수 있다. 그뿐만 아니라 상담서비스를 제공하고 관련 활동을 하는 또래상담자 개인 역시 다른 사람을 도울 수 있는 기회를 통해 자존감이 향상되는 경험을 할 수 있으며, 이러한 활동을 통해 자신의 진로 탐색과 관련 경험을 해 볼 수 있다는 점에서도 도움을 받을 수 있다.

> 「청소년복지 지원법」에서는 청소년을 9세 이상 24세 이하인 사람으로 규정하고 이들의 복지를 지원하는 데 필요한 법률을 담고 있다. 따라서 9세 이상 24세 이하인 사람이라면 누구나 청소년상담복지센터에서 제공하는 상담 및 복지 서비스를 받을 수 있다.

3. 관련 기관

학령기 아동 및 청소년의 심리사회적 어려움을 효과적이고 효율적으로 돕기 위해서는 교육체제 외에 존재하는 상담 관련 서비스를 활용할 필요가 있다. 학교상담을 체계화하기 위해 위 프로젝트가 도입되었으나, 위 프로젝트 역시 학교 내에서만 아동 및 청소년 문제를 해결하기 위해서 도입된 것이 아닌 학교와 지역사회를 연결하는 협력체제로 구성되어 있다. 이에 위 프로젝트 중심에 있는 전문상담교사는 학생의 심리사회적 측면을 지원해 주기 위해 학생과 교사, 부모 등에게 서비스를 직접 제공하기도 하나 지역사회의 자원과 연계해 주는 역할도 한다. 학교상담과 연계되는 대표적인 지역사회기관으로 청소년상담복지센터가 있다. 청소년상담복지센터는 공공기관으로 전국의 시 · 도, 시 · 군 · 구에 위치하고 있으며, 현재 240개소가 운영되고 있다(한국청소년상담복지개발원 홈페이지 2023년 6월 기준). 청소년상담복지센터는「청소년복지 지원법」에 규정되어 있으며, 법령에 따르면 청소년상담복지센터는 청소년에 대한 상담 · 긴급구조 · 자활 · 의료지원 등의 업무를 수행하도록 되어 있다. 청소년상담복지센터 역시 청소년을 돕기 위해 지역사회 관련 기관들과 활발하게 연계하고 있는데, 이를 위해 지역사회청소년통합지원체계(청소년안전망)를 구축하여 지역사회 내 다양한 자원, 예를 들어 경찰청, 교육청, 쉼터 및 복지시설 등과 긴밀한 협력체제를 구축하고 있다. 청소년상담복지센터의 상위기관은 앞서 언급한 청소년상담복지개발원으로, 이 기관은 청소년상담복지센터뿐만 아니라 청소년지원센터 꿈드림, 청소년 쉼터, 청소년자립지원관, 청소년근로보호센터를 총괄하고 있어 지역사회 청소년을 위한 상담 및 복지 서비스를 종합적으로 제공하고 있다. 청소년지원센터 꿈드림은「학교 밖 청소년 지원에 관한 법률」에 따라 학교 밖 청소년의 학업 복귀나 사회 진입을 돕는 곳이다. 청소년 쉼터와 청소년자립지원관은「청소년복지 지원법」에 규정된 기관으로 청소년 쉼터는 가정 밖 청소년이 가정 · 학교 · 사회로 복귀하여 생활할 수 있도록 일정 기간 보호하는 기관이며, 청소년자립지원관은 청소년쉼터의 지원을 일정 기간 받았음에도 가정 · 학교 · 사회로 복귀하여 생활할 수 없는 청소년을 위한 기관이다. 청소년근로보호센터는 청소년이 안심하고 일할 수 있는 근로환경을 조성하는 사업을 시행하는 곳이다.

정리 및 요약

1 생활지도와 상담이 필요한 이유와 지향해야 할 목적을 현대 사회에서 학교에 대한 교육적 요구안에서 살펴보고, 생활지도와 상담의 실제가 어떠해야 하는지를 생활지도와 상담의 정의와 이 둘 간의 관계를 통해 살펴보았다.

2 생활 지도와 상담이 필요한 영역에는 학업, 진로, 사회성 및 인성, 비행행동 등이 포함되며, 각각의 영역에서 생활 지도와 상담이 필요한 배경이나 실제로 생활 지도와 상담을 수행하는 과정에서 적용되는 이론이나 관점에 대해 소개하였다.

3 학교상담은 전문상담교사와 위(Wee) 프로젝트를 통해 체제화되었으며, 지역사회에 있는 관련 기관들과의 연계 안에서 이루어질 때 보다 효과적이고 효율적으로 수행될 수 있다.

토론 과제

1 자신이 학창시절에 경험했거나 관찰했던 교사의 생활지도와 상담 수행의 방식이 어떠했는지 회상해 보고 학생을 교육적으로 지도하기 위해 교사로서 어떤 자질과 태도를 갖추어야 한다고 생각하는지 밝히시오.

2 학교에서 체벌이 금지되면서 학생이 이전보다 폭력에 덜 노출되고 존중받을 수 있게 되었지만, 교사에 대한 학생의 비도덕적이거나 사회적 관습을 벗어나는 행위도 증가하고 있다. 교권침해로 지칭되는 체벌 금지 이후에 발생하는 일련의 사건들과 관련하여 그 원인과 해결방안 등에 대한 자신의 견해를 밝히시오.

관련 사이트

한국청소년상담복지개발원(www.kyci.or.kr)
한국청소년상담복지개발원은 전국의 청소년상담복지센터, 학교밖청소년지원센터(청소년지원센터 꿈드림), 청소년복지시설(청소년쉼터, 청소년자립지원관, 청소년회복지원시설)을 총괄하는 중추 기관으로서, 청소년의 건강한 성장과 행복한 꿈의 실현을 위해 다양한 상담복지사업을 수행하고 있는 공공기관이다.

관련 자료

애들아 너희가 나쁜 게 아니야(2017)
이 책은 일본 야간고등학교에서 재직했던 교사가 밤거리를 배회하는 청소년들과 실제로 어떻게 관계를 맺고 어떻게 함께 했는지에 대한 이야기를 담고 있다. 청소년들이 믿고 의지할 만한 어른이 된다는 것이 무엇이고 어떻게 해야 하는지, 그리고 그것이 청소년들에게 어떤 영향을 주는지를 다양한 사례를 통해 확인할 수 있으며, 이를 통해 교사이기 이전에 한 명의 성인으로 학생들을 어떻게 대해야 하는지에 대해 생각해 볼 수 있을 것이다.

교사를 위한 셀프 카운슬링(2002)
이 책은 현직 교사들이 학생들을 지도하고 상담하는 데 있어 스스로 해볼 수 있는 자신의 마음을 들여다보는 데 도움을 주는 지침서이다. 교사들이 실제 학교 현장에서 셀프 카운슬링의 원리를 실제로 어떻게 적용했으며, 그로 인해 어떤 효과가 있었는지에 대한 여러 사례도 담겨 있다.

코치카터(Coach Carter, 2005)
실화를 바탕으로 만들어진 이 영화는 가난한 흑인들이 거주하는 도시에서 제멋대로이고 반항적인 아이들로 구성된 고교 농구팀을 맡은 코치가 아이들의 농구 실력이나 팀의 게임 역량뿐만 아니라 팀원들이 지금보다 더 나은 삶을 살아갈 수 있도록 안내하는 모습을 담고 있다. 이를 통해 학교라는 곳이 성적이 좋은 아이들만을 위한 곳이 아니며, 교사가 아이들을 어느 방향으로 이끌어야 하고 어떻게 이끌어 갈 수 있는지에 대해 생각할 수 있는 기회가 될 것이다.

INTRODUCTION TO EDUCATION

CHAPTER

10

평생교육론

• 주요 질문

Q1 사람은 학령기뿐만 아니라 인생 전반기에 걸쳐 학습합니다. 학령기에 여러 형편으로 공부하지 못한 성인이 교육기관에 배우기 위해 모입니다. 사람은 왜 평생 동안 학습하려고 할까요?

Q2 직장에 다니는 사람이 승진과 새로운 일자리를 찾기 위하여 본인의 능력 개발에 노력합니다. 성인이 되어 학습하는 경우와 학령기에 학습하는 것은 어떻게 다를까요?

평생교육론

21세기 지식기반사회는 지식과 정보의 급속한 팽창으로 이를 부단히 학습해야 하는 시대적 과제를 안고 있다. 지식정보화 사회로 특징지어지는 21세기의 평생학습은 단지 교육적인 과제라기보다 경제·사회·문화 모든 부문의 핵심적인 과업으로 성장하였다. 이러한 관점에서 세계 모든 나라에서 평생학습 사회를 실현하기 위한 관심이 고조되고 있다. 특히 OECD 회원국가들은 평생학습의 가능성과 저력을 체계적으로 평가하고, 평생학습 사회의 실현을 위한 다각적인 전략을 모색하고 있다. 이와 관련하여 OECD는 평생학습을 통하여 각 국가가 수준 높은 기술적 균형 발전을 이룩할 수 있고, 사회적 응집력을 높일 수 있으며, 고용을 증진시킬 수 있음을 강조하고 있다.

I 평생교육의 대두

평생교육이 태동한 것은 OECD, UNESCO 등 국제기구의 활동과 밀접히 관련되어 있다. UNESCO에서는 1949년부터 세계성인교육대회[1]를 개최하면서 학교교육 못지않게 성인교육(adult education)이 중요함을 강조하였다. 특히 1965년 12월 UNESCO 성인교육추진국제위원회(International Committee for the Advancement of

Adult Education)에서 UMNSCO 사무국장 폴 랑그랑(Lengrand)은 영속교육(léducation permanante)을 제창하여 이 용어를 처음으로 사용하였다. 랑그랑은 교육의 통합성과 종합적 교육체계 강조하면서 "개인의 출생부터 죽을 때까지 생애의 걸친 교육과 개인 및 사회 전체의 교육의 통합"이 필요하다고 주장하였다(Lengrand, 1970). 랑그랑의 평생교육론은 전통적인 학교교육제도를 비판하고 근본적인 교육개혁과 평생에 걸친 교육시스템을 구축할 것을 주장하였다.

랑그랑은 1970년 『평생교육개론(An introduction to lifelong education)』을 출판하여 교육의 객체에서 교육의 주체자로서 자기교육의 개념을 도입하였다. UNESCO에서는 1972년 『생존을 위한 학습(Learning to be)』에서 "모든 국가가 평생교육을 교육정책의 기본개념으로 삼아야 한다."라고 주장하고 "개인은 생애 동안(lifetime) 학습할 필요와 권리"를 지니고 있다고 천명하여 학습권(right to learn)을 강조하였다. 여기서 평생교육은 인간의 일생이라는 시계열적인 수직적인 차원과 개인, 사회생활 전체에 걸친 수평적 차원의 두 축을 통합할 필요성을 언급하였다(Faure, 1972).

이에 맞추어 OECD에서도 1973년 『순환교육: 평생학습 전략(Recurrent Education: A Strategy for Lifelong Learning)』을 발간하여 국제경제에서의 경쟁력을 확보하기 위하여 직업 활동과 개인의 학습이 밀접히 관련을 맺어야 한다고 주장하였다. 학교를 마치고 직장에 나간 사람들이 다시 교육을 받는 순환교육이 중요하다는 것을 확인한 것이다.

평생교육은 학교의 학생부터 성인, 노인에 이르기까지 교육대상을 확대하였다. 평생교육의 범위도 학

원래 UNESCO는 성인교육에 관한 국제적인 대회를 여러 차례에 걸쳐 개최해 왔다. 성인교육에 관한 제1차 국제회의는 1949년, 덴마크의 엘시노어에서 개최되었으며 그 후 1960년 캐나다의 몬트리올에서 제2차 회의가 열렸다. 이 시기에는 주로 성인교육의 일반적 개념에 관한 논의가 이루어졌으며, 이 회의를 계기로 성인교육에 대한 세계적인 관심이 고조되었다. 1972년 일본의 도쿄에서 열린 제3차 대회에서는 구체적인 성인교육의 원칙과 기본적인 문제에 대한 논의가 이루어졌으며, 제18차 UNESCO총회에서 채택된 성인교육 발전을 위한 권고문(The Recommendation on the Development of Adult Education)의 기틀이 만들어졌다. 1985년 프랑스의 파리에서 개최된 제4차 성인교육회의에서는 '학습권'이 채택되었다. 1997년 독일 함부르크에서 개최된 제5차 회의에서 평생교육이 21세기 열쇠로 인권 이상의 것이 되어야 한다고 선언하였다. 브라질 벨렘에서 열린 제6차 회의는 2009년 평생학습의 관점에서 성인 문해 및 성인 교육의 세계적 발전을 위한 전략적 지침을 채택하였다. 2022년 모로코 마라케시에서 열린 제7차 회의에서는 지속가능발전을 위한 성인학습 및 교육혁신을 아젠다를 탐구하였다. 제7차 성인교육 국제회의(CONFINTEA Ⅶ)에서는 평생학습의 관점 및 유엔 지속가능개발 목표(SDG)의 틀에서 성인학습 및 교육(ALE)의 효과적 정책을 수립할 것을 권고하면서 "성인교육은 우리의 미래를 변화시키는 열쇠"로 "기술과 사회변화"로 인해, 교육권은 각 개인이 평생 동안 잠재력을 실현하고 존엄하게 사는 데 필요한 지식과 기술을 습득할 수 있도록 하는 것"을 의미한다고 천명하였다.

교와 학교 바깥의 다양한 기관과 장소를 포함하여 교육의 통합을 주장하였다.

이와 같이 1970년대 중반에 국제기구를 중심으로 평생교육 이념이 태동하여 교육의 영역을 학교교육뿐만 아니라 학교 이외의 교육을 포괄하는 통합적인 개념을 탄생시켰다.

OECD에서는 1990년대 들어 가장 중요한 현안의 하나로 평생학습을 설정하고, 이를 교육의 효율성, 노동력의 경쟁력 강화와 아울러 미래 사회에 대비하기 위한 중심 과제로 설정하였다. 1996년 1월 파리에서 열린 제4차 OECD 교육부장관 협의회에서 '만인을 위한 평생학습(lifelong learning for all)'을 교육의 최우선 과제로 설정하여야 한다고 선언하였다(OECD, 1996).

또한 1997년 7월 독일 함부르크에서 열린 UNESCO의 제5차 세계성인교육대회(Fifth International Conference on Adult Education)에서도 '함부르크 선언'을 채택하여 미래 사회를 대비하기 위하여 모든 사람이 성인교육을 받아야 하며, 이는 권리 이상의 것으로 국가가 이를 존중할 것을 권고하였다. 세계성인교육대회에서 "성인교육은 사회에서 성인으로 판단되는 사람들이 능력을 개발하고 지식을 강화하고 기술적 혹은 전문적 자격을 향상시키거나 사회 및 개인의 필요를 충족하기 위해 그러한 자격을 새로운 방향으로 전환할 수 있는 모든 형식 및 비형식, 무형식 학습 과정 전체를 가리킨다."라고 정의하였다.

2001년 4월 파리에서 열린 OECD 교육장관 각료회의에서도 지속적인 성장과 사회통합을 위해 모든 국민의 역량(competence)을 개발할 것을 확인했다. 어떻게 하면 모든 국민이 효과적으로 능력 개발을 할 수 있도록 지원하는가가 국가경쟁력을 높이기 위한 핵심과제로 등장했다(OECD, 2001). 요람에서 무덤까지 생애에 걸친 역량 개발과 효율적인 학습 지원이 개인과 국가의 발전을 보장한다.

OECD, UNESCO 등 국제기구는 지식정보화 사회에 대비하여 새로운 지식과 정보를 습득할 수 있는 시스템을 구축해야 개인의 삶의 질 향상과 지속가능발전을 도모할 수 있다고 예측하고 있다. 새로운 지식과 정보기술은 학교교육을 마친 성인에게 지속적인 학습을 요구하고 있다.

평생교육은 자발적인 평생학습을 지원하기 위하여 행정지원체제를 종합적으로 정비하고 학교교육을 포함한 교육제도 전반에 걸쳐 이 이념을 구현해야 한다는 것을 의미한다.

II 평생교육의 개념과 영역

평생교육은 개인적·사회적 삶의 질을 지속적으로 향상시키기 위해 평생에 걸쳐 일어나는 모든 형태의 형식적이거나 비형식적 학습활동이다(Dave, 1976). OECD에서 평생학습(lifelong learning)은 '요람에서 무덤까지의 통생애(lifelong) 동안 범생애(lifewide)에 걸쳐 형식적 학습, 비형식적 학습, 무형식적 학습을 모두 포함하는 총체적 학습'을 의미한다(OECD, 2001).

UNESCO의 들로르(Delors) 보고서(1996)에서는 "21세기가 다가오면서 교육은 그 과업과 형태에서 다양화되고 있어 유년기부터 노년기에 이르기까지 자신과 다른 사람 및 세계에 관한 생생한 지식을 획득하는 모든 활동"으로 규정하여 교육이 전 생애에 모든 사회에서 일어나고 있음을 강조하였다. OECD(1996)에서는 학습을 "학교, 직업교육훈련기관, 제3영역의 교육 및 성인 교육기관의 형식 학습과 가정, 직장, 지역사회에서의 비형식 학습을 포함한 모든 장소의 모든 종류의 개인적·사회적 발전을 포함"하는 개념으로 보고 있다. 따라서 연령에 관계없이 모든 이에게 필요한 지식과 기능 획득에 초점이 있다.

21세기 세계교육위원회에서 UNESCO에 제출한 보고서 「학습: 내재된 보물(Learning: The Treasure Within)」에서 평생학습이 성공적으로 이루어지려면 다음의 네 가지 학습이 필요하다고 제안하였다(Delors, 1996).

첫째, 알기 위한 학습(learning to know)이다. 알기 위한 학습은 이해의 도구를 획득하는 것으로, 폭넓은 일반 교양교육을 선택과목과 결합하는 작업에 역점을 둔다.

둘째, 행동하기 위한 학습(learning to do)이다. 행동하기 위한 학습은 개인이 자신의 환경에 대해 창조적으로 대응하기 위한 학습으로, 예측 불가능한 다양한 상황에 대처하고 협동 작업을 수행하는 능력을 신장시키는 데 역점을 둔다.

셋째, 존재하기 위한 학습(learning to be)이다. 존재하기 위한 학습은 이제까지의 학습이 소유를 위한 학습이었다면 앞으로는 인간 내부에 묻혀 있는 보물과 같은 모든 재능을 가능한 한 개발하기 위한 학습으로, 진정한 존재를 위한 학습에 역점을 둔다.

넷째, 함께 살아가기 위한 학습(learning to live together)이다. 함께 살아가기 위한 학습은 나뿐만 아니라 다른 사람들의 역사, 전통, 정신적 가치에 대한 이해를 증진시켜 함께 살아가기 위한 학습으로, 공존의 방법을 가르치는 데 역점을 둔다.

이와 같은 평생학습의 네 기둥은 세상에 존재하면서 앎의 영역을 확대하고, 다양한 상황에 능동적으로 대처하며 진정한 자신의 삶을 살 수 있도록 하며, 또한 다른 사람과 더불어 사는 방법을 익혀 줄 수 있는 학습이다. 평생학습은 개인으로 하여금 자신의 창조적 잠재력을 발견하고 계발하여 확장시키는 일이며, 곧 자신에게 숨겨진 보물을 드러낼 수 있게 해 주는 일이다.

이러한 입장에서 평생학습은 "개인이 그들의 삶 전반에 걸쳐 필요한 지식, 가치, 이해 능력을 획득하고, 이를 모든 자신의 역할, 환경, 여건에서 신뢰, 창의성, 취업에 활용할 수 있도록 개인을 자극하고 격려하는 지속적인 지원과정을 통하여 인간의 잠재능력을 개발하는 것"(Longworth & Davis, 1996: 22)이다. 여기서 지원은 제도적 차원이나 전문가의 조력, 학습 인프라의 구축, 학습결과의 공인, 학습자의 성공적인 학습 안내 등을 말한다.

평생학습을 실제적 · 정책적 관점에서 조작적 정의에 의하여 활용할 때에는 대체로 학교교육을 받은 이후의 연령층을 대상으로 학교 밖 교육에 중점을 두는 경우가 많다. 우리나라의 평생교육법에서 규정하고 있는 평생교육은 "학교교육을 제외한 모든 형태의 조직적인 교육활동"으로 정의하여 협의의 개념을 사용하고 있다(교육부, 2000). 학교교육과 대비하여 정책적 정의로 평생학습을 규정하면 국민 모두가 학습하는 의무교육 단계와 그 이후, 또는 모든 국민이 공통적으로 학습하는 학교 단계와 그 이후의 학습으로 양분해 볼 수 있다. 대체로 평생학습의 정책적 전략 수립에는 16세 이상의 연령에 초점이 맞추어져 있다(Eurydice, 2000). 우리나라에서 평생학습의 정책적인 대상으로 평생학습을 조작적으로 정의한다면 국민기초교육을 마친 고등학교 2학년부터 해당한다. 이러한 입장은 고2부터의 교육

> 교육부의 『평생교육법』 해설자료에서는 『평생교육법』의 정의를 원론적인 정의와 법령상 정의를 구분하여 설명한다. 즉 "평생교육의 개념은 실정법상으로는 광의, 협의의 두 가지 범주로 구분할 수 있고, 광의로 평생교육은 학교교육과 학교 외 교육을 포괄하는 개념으로 사용되며, 협의로는 정규 학교교육에 대비되는 학교외 교육을 의미"한다고 명시하고 있다(교육부, 2000).

과정은 대학이나 기초 직업교육이나 고등교육 단계의 교육기관 및 평생교육기관을 포괄하므로, 평생학습체제를 분석하고 이를 토대로 교육내용과 연계체제 설정을 위한 방향 설정이 가능하다. 한 국가의 교육단계로 볼 때 기초학습(basic learning)은

취학 이전의 단계와 의무교육을 지칭하고 있다, 이는 주요 선진국이 중등교육까지 의무교육으로 되어 있는 것과 관련이 있다. 기초지식의 획득은 성공적인 평생학습을 이끄는 필수적인 요인이기 때문에 매우 중요하다.

평생학습은 형식(formal), 비형식(non-formal), 무형식(informal) 교육을 포함하는 총체적 개념이다(UNESCO, 2011). 국제교육표준분류(UNESCO, 2011)에 따르면 형식교육(formal education)은 정규적으로 아동과 청소년의 전일제 교육을 실시하는 학교, 대학 등 학습 결과가 인정되는 형식적 교육기관의 체제를 의미한다. 비형식 학습은 형식교육에 포함되지 않는 모든 조직되고 지속적인 교육활동을 포괄하며, 교육기관 안과 밖에서 모두 이루어지고, 모든 연령의 개인이 대상이다. 무형식 학습은 형식 또는 비형식적 학습으로 분류되지 않는 모든 학습 활동이다. 이들은 상대적으로 낮은 조직화의 정도가 특징이며, 자기주도적 학습과 같은 개인수준, 작업장 또는 가정에서 이루어진다.

평생학습 이전에는 평생교육(lifelong education)이라는 용어를 사용하였다. 평생학습은 학습자의 내적인 인지적 과정으로, 교수-학습과정을 교육자(educator)가 아니라 학습자가 자기주도적으로 학습한다. 학습에는 매일매일 일상생활에서의 계획되지 않았거나 우연한 학습도 포함된다(Marriam & Brockett, 1997: 6). 평생교육은 개인의 전 생애에 걸쳐서 개인과 집단 모두의 삶의 질을 높이기 위하여 개인적·사회적·직업적 발달을 성취시키는 과정이다(Dave, 1976). 교육은 구체적인 학습의 결과와 관련되어 있고, 이 결과를 성취하기 위하여 학습자에게 학습을 요구하는 과정과 관계되어 있다. 교육은 학습 없이도 존재할 수 있지만, 학습은 교육의 맥락 밖에서도 존재할 수 있으나 대부분 교육과 같이 이루어진다(Thomas, 1991: 17). 학습은 계획된 교육활동과 우연한 활동으로도 이루어지는데, 여기서 계획된 교육 활동이 교육이다.

평생학습과 관련되는 개념으로 성인교육과 계속교육이 있다. 평생학습과 관련하여 자주 사용하는 용어는 성인교육이다. 성인교육(adult education)은 미국에서 주로 사용하는 개념으로 사람들의 지식과 태도, 가치 및 기술변화를 가져올 목적으로, 체계적이며 지속적인 학습활동을 수행하는 과정(Darkenwald & Merriam, 1982)이며, 학습자가 성인이라는 것과 유목적적, 계획적 활동의 개념을 포함한다. 놀스(Knowles, 1980: 25)는 성인교육을 "구체적인 교육목적을 달성하기 위하여 다양한 교육기관에서 수행하는 조직적 활동"으로 규정하였다. 성인교육은 성인기초교육(adult basic education)과 밀접히 관련되어 있다. 성인기초교육이란 중학교 3학년 이하의 수준에서 읽기, 쓰기, 셈하기 등 기초기능(basic skills)을 기관 프로그램으로 제공하는 것이다. 따라서 성인교육은 공식적인 학교체제의 사회적 확장으로 제한된다.

성인문해(adult literacy)란 지식과 정보를 이해하고 활용할 수 있는 기본적인 소양과 그 소양으로 문자를 읽고, 쓰고, 셈하는 능력과 아울러 IT 능력, 외국어 능력, 기술 문화에 대한 이해력, 기업가 정신 및 사회적 기술 등을 습득(European Commission, 2001)한 상태를 의미한다. 문해능력은 일상활동, 가정, 직장과 지역사회에서 문서화된 정보를 이해하고 활동할 수 있는 능력과 지식, 잠재력을 넓힐 수 있는 능력이다.

반면, 계속교육(continuing education)은 성인에게 저녁, 주말 학위 강좌를 의미하고 있어 전문가에게 새로운 지식을 습득하고 자격을 얻도록 하는 활동과 관련되어 있다. 미국, 호주, 뉴질랜드 등에서 성인교육 프로그램을 계속교육이라는 용어를 사용한다. 북미에서 사용하는 계속교육은 기업 연수교육, 자격증 취득과정, 재교육 프로그램 등 직업교육과 관련된 개념으로 사용되며, 성인을 대상으로 하고 있기 때문에 성인계속교육(adult and continuing education)이라는 용어를 주로 사용한다(Merriam & Brockett, 1997: 11).

순환교육(recurrent education)은 1972년 OECD에서 제안한 용어로 정규교육을 마치고 직업세계에 진출한 후 다시 교육을 통하여 직업능력 향상을 위한 프로그램을 이수하도록 제도를 구축할 것을 제안한 개념이다.

가정교육, 학교교육과 대비하여 사회인의 교육을 사회교육이라고 명명하는 경우도 있다. 청소년교육을 제외한 사회교육과 성인교육은 그 대상이 동일하다. 그러나 사회교육이 일본에 의해 만들어진 용어로 일본 제국주의의 식민지 지배를 정당화하기 위하여 사회교육을 악용하였기 때문에 현재는 사회교육이라는 용어를 사용하지 않는다.

성인교육학(andragogy)은 아동의 학습을 의미하는 아동교육학(pedagogy)과 대비되는 개념으로, "성인의 학습을 돕는 과학과 예술"이다(Knowles, 1980: 43). 성인학습의 특징인 자기주도적 학습(self-directed learning)은 "학습자가 학습경험의 계획, 실천과 평가에 일차적 책임을 지는 학습"이다(Cafferella, 1993: 28). 성인의 개인적 특성을 주목한 개념으로, 성인은 자기주도적 학습을 지향하는 경향을 지니고 있음을 의미한다.

계속교육(continuing education)은 고등학교를 마친 성인에게 학위, 비학위 과정을 계속해서 교육을 받을 수 있는 기회를 제공한다. 미국 대학의 평생교육원(university extension)에서 실시하는 교육프로그램이 이에 해당한다. 영국에서는 추가교육 (further education)이라고 불린다.

지역사회교육(community education)은 지역사회 주민을 대상으로 하는 학습으로, 사회 개발 작업을 촉진하기 위한 조직의 프로그램이다. 지역사회교육은 주민의 삶의 질을 향상시키기 위해 개인과 집단의 능력, 지역사회 능력을 개발하는 것으로, 사회적 정의, 경제적 평등, 민주적 절차에 참여할 수 있는 능력이다.

민중교육(popular education)은 서구나 북구의 많은 나라에서 사용하는 성인교육의 하나로, 스웨덴에서는 18세 이상의 정규학교 학생이 아닌 사람을 대상으로 교육하는 것을 의미한다. 민중교육은 덴마크의 교육자이자 신학자인 그룬트비 (Grundtvi)가 스토리텔링, 강의 및 대화를 통해 국가, 사회, 문화, 종교, 인간 가치를 실현하는 민중고등학교를 1844년에 개교하면서 활성화되었다. 민중고등학교는 1948년 설치되기 시작한 일본의 공민관으로 발전하였다.

인적 자원 개발(Human Resources Development, HRD)은 조직, 주로 기업체의 인적 자본의 확충을 위한 활동이다. 인적자원개발은 성과 향상을 목적으로 전문성을 개발하는 훈련과 개발(training & development)과 전문성을 발휘하는 조직개발을 도모한다. 인적 자원 개발은 개인개발(individual development), 조직개발(organizational development), 경력개발(career development)의 세 영역이 있다.

Ⅲ 평생학습이론

평생학습이론에는 경험학습, 자기주도학습, 안드라고지, 전환학습, 여유이론 등이 있다.

1. 경험학습

경험학습론은 경험이 학습자원이 된다는 것을 전제로 한다. 사람은 누구나 세상을 살아가는 동안 경험하고 경험한 것을 성찰하는 과정에서 지식을 만들어 내고 의미를 형성해 간다. 성인학습자는 학습과정에 경험을 활용하며, 학습자 자신이 직접 체험하고 행동하며 활동함으로써 배우는 과정이 경험학습이다. 단순히 참여하는 것을 의미하는 것이 아니라 경험과 참여과정에서 학습이 이루어져야 한다.

경험학습(empirical learning)은 학습자가 직접 경험하여 학습하는 것으로 구체적인 경험을 통해 정보를 인식한다. 체험을 통해 알게 된 내용을 스스로 성찰하여 좋은 상태로 이끌어 나간다. 콜브(Kolb, 1984)에 의하면 경험은 항상 성인기 학습에서 핵심요소로 인식된다. 즉, 경험은 최고의 가치를 지닌 자원이자 성인학습자의 살아 있는 교과서가 될 수 있다. 경험학습론에서 교수자가 지식과 기술을 제공하고 학습자가 그것을 추후에 활용하도록 하는 전통적·형식적 교육에서 탈피하여 학습을 풍부하게 만드는 학습자의 경험을 중요시한다.

듀이(Dewey, 1938: 25)는 '진정한 교육은 경험을 통하여 이루어진다'고 주장하며, 교육이란 '경험을 재구성하여 또 다른 경험으로 성장과정'이라고 하였다. 진정한 교육 실현에 도움이 되는 경험학습의 핵심적인 단서는 계속성과 상호작용성의 두 원리에 의한다. 계속성(continuity)은 하나의 경험이 단순히 고립적으로 발생하는 것이 아니라 과거의 경험과 연관되어 발생하며, 이후의 경험을 형성하는 데 영향을 미친다. 상호작용성(interaction)은 경험이 개인을 둘러싸고 있는 환경을 구성하고 있는 요소들과 그러한 환경을 지각하고 교차하는 지점에서 발생한다는 것을 의미한다. 성인의 학습은 자기주도적인 스스로 학습이기 때문에 경험을 지속적으로 축적하도

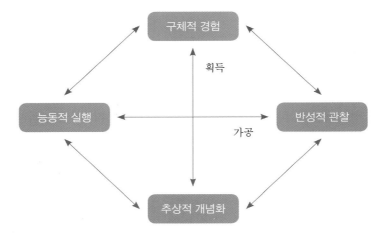

[그림 10-1] 콜브의 경험학습 이론

록 자극되어야 한다. 성인은 삶의 맥락 속에서 점진적으로 경험하므로 성인의 학습과, 그 이전 단계 인간의 학습에는 큰 차이가 있다(Knowles, 1980). 이러한 입장은 성인을 대상으로 하는 교수활동은 성인의 경험에 기초해야 한다는 것을 입증하고 있다. 성인이 지니고 있는 경험들은 가치 있는 교육적 자원이다.

경험을 원천으로 하는 지속적인 과정이 학습이라고 본 콜브는 경험의 전환(transforming)을 통해 지식이 창조되는 과정을 경험학습으로 설명하였다. 그는 경험학습을 순환적 모형(learning cycles)으로 제시하였는데, 첫째, 일상적인 가치나 기대가 수용되지 않는 문제적 상황을 인지하는 단계인 구체적 경험(concrete experience), 둘째, 구체적 경험에 대한 다양한 방식과 내용으로 성찰하는 단계인 반성적 관찰(observation and reflection), 셋째, 반성적 관찰을 통해 모종의 결과와 원리를 추출하고 정리하는 단계인 추상적 개념화(forming abstract concepts), 넷째, 능동적 실행(active experimentation)으로 추상적 개념화를 통하여 추출된 원리나 가정을 적용해 새로운 방식으로 직접 실행하거나 이해하려는 시도를 전개하는 과정이다.

경험학습에서 학습은 결과가 아닌 과정으로 지식은 계속적으로 창조되는 변형의 과정이며, 학습은 객관적 · 주관적 경험의 변화를 유도하고 학습을 위한 지식의 본질에 대한 이해가 필요함을 강조한다.

경험학습 이론은 성인의 자기주도학습, 협동학습, 의식화교육, 반성적 학습 이론의 토대가 되고, 성인 학습자의 경험을 활용하고 학습하는 방법에 관한 새로운 접근

법을 제시하였다,

2. 자기주도적 학습

자기주도적 학습(self-directed learning: SDL)은 "학습자가 학습경험의 계획, 실천과 평가에 일차적 책임을 지는 학습"이다(Cafferella, 1993: 28). 성인의 개인적 특성을 주목한 개념으로, 성인은 자기주도적 학습을 지향하는 경향을 지니고 있음을 의미한다. 자기주도학습은 학습의 전반적인 과정을 학습자가 책임지는 학습으로, 학습자의 자율성을 기반한다. 이는 학습자 혼자서 학습하는 것을 의미하는 것이 아니라 학습자의 자율적인 권한을 강조하는 개념이다.

놀스(Knowles, 1975)는 성인학습자의 특성을 다음과 같은 여섯 가지로 정리하고 있다.

① 사람은 성숙하면서 의존적에서 자기주도적으로 변한다.
② 성인의 축적된 경험은 귀중한 학습자원이 된다.
③ 성인의 학습 준비성은 발달과업, 사회적 역할과 밀접하게 연결되어 있다.
④ 학습한 지식은 즉각 적용하는 것에 더 관심을 갖기 때문에 과목 중심적이기보다는 문제 중심적으로 바뀐다.
⑤ 학습에 대한 강력한 동기는 내적 동기이다.
⑥ 성인은 자신이 왜 배워야 하는지 알아야 한다.

이러한 성인학습자의 가정에 따라 성인은 타인의 도움 없이 학습자 스스로 주도권을 가지고 학습목표를 설정하고 효율적인 학습전략을 사용하며, 학습결과를 스스로 평가하는 일련의 과정으로 설명하였다(Knowles, 1975). 놀스는 학습요구의 진단, 학습목표 설정, 학습을 위한 인적·물적 자원 파악, 적절한 학습전략 선정 및 실행, 학습결과 평가 등 자기주도학습 5단계로 설정하였다.

성인은 본인 스스로 의사결정을 하고 자신의 삶을 통제하는 과정에서 학습의 필요에 따라 학습에 참여한다. 개인의 자아는 의존적 상황에서 자기주도성을 확립하는 방향으로 발전한다. 자기주도학습은 자기가 주도하여 학습을 계획하고 실행·

평가하는 일련의 과정이며, 이것을 가능케 하는 것이 바로 학습자의 자기주도성으로 학습의 전 과정을 통제하는 것이다. 즉, 자기주도학습 개념의 핵심은 학습경험의 계획과 관리를 자기통제에 의해 자기주도적 학습을 실행하는 것이다. 구성주의에서는 자기주도학습을 '자기조절학습(self-regulated learning)'으로 표현한다. 구성주의에서 제시하는 앎의 구성은 가르침에서 학습으로 전이된다고 보고 있다. 따라서 자기주도학습은 학습의 목적인 동시에 학습이 과정이다(Candy, 1991)

성인학습의 방법으로서 자기주도학습은 '학습 과정'에서의 자기주도성과 '학습자의 특징'으로서의 자기주도성 두 가지 논의로 구분할 수 있다. 첫 번째 논의는 자기주도학습이 어떠한 과정을 거치며 어떠한 능력을 요구하는가에 관심을 두기 때문에 학습자의 지적 능력을 중요시 한다. 학습자는 스스로가 학습욕구를 진단하고 가능한 목표를 설정하여 적합한 자원을 활용하고 자신의 학습활동을 평가할 수 있는 능력을 갖추어야 한다고 주장했던 놀스의 주장이 이에 해당한다.

반면, 두 번째 논의는 학습자의 인성 특징에 초점을 맞추고 있는 것으로 볼 수 있다. 자기주도학습은 학습과정에서 어느 정도의 통제를 행사할 수 있는가와 관계가 있기보다는 학습자 개인의 특징적 측면으로서 이해해야 한다는 주장이 이에 해당한다. 즉, 학습의 내재적 동기, 학습자의 긍정적 자아개념, 학습에서 자발적으로 행동한다는 의미의 독립성 또는 자기주도성이 바로 자기주도학습이라는 것이다.

자기주도학습 교수모델은 그로우(Grow, 1991)의 단계별 자기주도학습(Staged SDL)이 있는데, SSDL 모델은 교사들이 어떻게 자기주도적 학습자가 되어 갈 수 있는지를 제시한다. SSDL 모델은 다음 4단계로 설정되어 있다.

① 1단계: 의존적 학습자(dependent learner)이다. 자기주도성이 낮은 학습자로서, 무엇을 하라고 지시해 주는 권위 있는 사람(교사)이 필요하다.

② 2단계: 흥미를 가진 학습자이다. 평범한 수준의 자기주도성을 가진 학습자로서, 동기부여가 되어 있고 자신감은 있지만 학습해야 할 내용에 대해서 대부분 모른다.

③ 3단계: 몰두하는 학습자이다. 중간 수준의 자기주도성을 가진 학습자로서, 기술과 기본적 지식을 모두 가지고 있으며 자신이 준비가 되어 있고 좋은 안내자가 있으면 특정한 주제를 탐색할 수 있는 능력이 있다고 생각한다.

④ 4단계: 자기주도 학습자이다. 자기주도성의 수준이 높은 학습자로서, 전문가의
　　도움이 없어도 스스로 학습을 계획·실행·평가할 수 있다.

성인학습자는 자신의 학습에 영향을 미치는 요인을 관리하고 조절하여 방해요인
을 제거하여 성공적인 학습을 위한 최적의 조건을 설정한다. 자기주도학습에서 교
수자는 학습촉진자와 학습조력자의 역할을 수행한다.

3. 안드라고지

학교교육으로 일컬어지는 페다고지(pedagogy)의 한계성이 1960년대 후반부터
부각되면서 평생교육의 필요성이 확산되었다. 페다고지가 아동의 교육학인 데 비
하여 안드라고지(andragogy)는 기본적으로 아동이 학습하는 것을 돕기 위한 기술과
과학을 뜻하는 페다고지와 대비되는 개념이다. 안드라고지는 성인의 학습활동을
돕는 예술과 과학(the art and science of helping adults learn)이고 넓은 의미에서 성인
교육의 정책, 제도 및 실시과정 전체를 체계적으로 연구하는 학문이다. 안드라고지
는 그리이스어 '성인(Andros)'이라는 말과 '지도하는(agogus)'이라는 용어의 합성어
다. 말콤 놀스(Malcolm Knowles)는 안드라고지의 특성을 규정하고 그 용어를 대중
화시킨 장본인으로 '성인교육의 아버지'라고 불리고 있다. 놀스가 제시한 성인학습
자의 특성은, 첫째, 성인은 자기주도적 자아개념을 가지고 있다는 것, 둘째, 성인은
경험이 풍부하다는 것, 셋째, 성인은 학습준비도 면에서 월등하게 뛰어나다는 것,
넷째, 성인은 학습지향이 문제 중심적(problem centered orientation)이고 실생활 중
심적이라는 네 가지로 설명하였다.

안드라고지의 기본적인 가정은 성인의 학습프로그램을 설계하는 데 기초가 된
다. 첫째, 사람은 성숙해 가면서 자아개념이 의존적에서 자기주도적으로 변한다.
둘째, 성인은 시간이 흐를수록 더욱 많은 경험을 축적하게 되며 그 경험은 귀중한
학습자원이다. 셋째, 성인의 학습 준비성은 그 사람의 발달과업 또는 사회적인 역할
과 깊은 관계가 있다. 넷째, 사람은 성숙해 감에 따라 시간관점이 변화한다. 즉, 학
습한 지식을 미래에 적용하는 것으로부터 즉각적인 반응으로 바뀐다. 따라서 성인
은 학습에 있어서 과목 중심적이기보다는 문제 중심적이다. 다섯째, 가장 강력한 동

기는 외적 동기가 아니라 내적 동기이다. 여섯째, 성인은 자신이 왜 그것을 배워야 하는지를 알아야 한다.

안드라고지가 성인교육의 이론이 될 수 있는가에 대한 근본적인 문제를 제기한 하트리(Hartree, 1984)는 안드라고지가 학습이론인지 교수이론인지, 성인학습이 본질적으로 아동학습과 어떻게 다른지, 근본적으로 이론이 존재하기는 한 것인지 아니면 단지 바람직한 실행원리에 지나지 않은 것인지가 불분명하다고 지적하였다. 브룩필드(Brookfield, 1986)는 안드라고지가 증명이 된 이론인가에 대하여 의문을 제기하였다. 이에 비하여 놀스는 자서전적인 저서에서 "안드라고지를 차후에 등장하게 될 이론의 기초가 되는 가정의 모델 또는 개념적인 틀로 보고 싶다."라고 지적하였다.

의존적이고 충동적인 학습자는 페다고지적 교육방법을 적용하고, 교사가 주도적 역할을 하는 것이 바람직한 반면, 자립적이고 합리적인 학습자는 안드라고지적 교육방법을 적용하여 학습자에게 학습의 주도권을 주고 교수자는 보조자로서의 역할을 담당하는 것이 바람직하다. 안드라고지 개념은 과거의 교육체제가 아동교육에 중점을 두고 이루어진 페다고지에서 교육의 대상을 학교를 졸업한 성인에게까지

표 10-1 안드라고지와 페다고지 비교

영역	안드라고지	페다고지
학습자	학습자가 자기주도적으로 모든 것을 결정	교사가 교육의 모든 것을 결정하고, 학습자는 외부에 의존함
경험	본인의 경험과 관련하여 학습	경험이 많지 않아 학습과 연관성 없음
학습준비도	학습자의 요구와 학습준비도에 따라 교육과정 결정	표준화된 교육과정에 따라 학습준비도 결정
교육목적	실생활 활용을 위해 생활 중심적, 성과 지향적임	성인이 되었을 때 사회가 필요로 하는 것 학습
교육내용	일상생활에 필요한 지식과 기술을 학습자가 결정	국가에 의하여 성인이 정한 내용을 일방적으로 학습
교육방법	학습 중심적으로 토론식, 문제해결식, 실습방식	교사에 의해 학습내용을 전달식 방법
교육시기	삶에 직면한 문제를 해결할 필요가 있을 때 학습	교육법에 의해 학령기에 의무적으로 교육받음

확대시켰다는 것에 의의가 있다.

4. 전환학습

전환학습(transformational leamin)은 메지로(Jack Mezirow)에 의해 1978년에 처음으로 제시되었다. 우리가 살고 있는 세계와 우리 자신들에 관한 극적이고, 근본적인 변화와 관련하여 학습을 설명하고자 하는 것이 특징이다.

메지로우의 전환 학습은 학습을 사회적 변화와 연결시킨 가장 견고한 성인학습 개념이라고 할 수 있다. 메지로(Mezirow, 1991)의 이론은 성인이 그들의 일상경험을 어떻게 해석하고, 그 어떠한 방법으로 거기에 의미를 부여하는가와 관련되어 있다. 그는 학습을 하나의 의미 부여 활동(a meaning making activity)으로 규정하고 있다. 메지로의 '인식의 전환'이란 학습자 자신이 처해 있는 상황에서 관점이나 생활에 대한 인식이 변화하는 것이다.

메지로는 기존의 안드라고지와 자기주도학습과는 다른 관점에서 심리비평적 접근방법을 취하고 있다. 전환학습의 핵심요소는 성인기는 자신의 왜곡된 관점을 수정하는 데 필요한 시기라는 전제하에 경험, 비판적 성찰, 개인의 발달이다.

전환학습이론에서는 학습을 경험에서 시작하여 그에 대한 성찰로, 그리고 좀 더 구체적인 행위로 점차 진행하는 일련의 과정이라고 설명한다.

첫째, 성인에 있어 학습이 경험을 토대로 하고 있지만 모든 경험이 학습은 아니다. 이미 해답이나 반응을 갖고 있는 경험은 제외시켜야 하며, 기존에 갖고 있는 지식과 기억에 불일치하는 새로운 경험을 했을 때 개인이 그 의미를 반성하고 의문을 던지는 것이 학습의 시작이라고 본다. 이러한 절차는 테넌트(Tennant, 1991)의 경험 활용의 4단계가 이를 잘 설명해 주고 있다.

둘째, 기존의 삶에 적용할 수 없는 경험으로부터 전환학습은 시작된다. 경험 자체로 학습은 불가능하고 경험의 반성을 통해 지적 성장이 이루어질 때 경험은 가치 있게 활용된다.

셋째, 개인의 발달로 메지로는 전환학습의 과정이 성인 발달의 중심이며, 경험의 비판적 반성을 통해 개인의 관점이 전환되어서 과거보다 폭넓은 경험을 하며, 더 차별화되고, 더 개방적이며 자신의 경험을 보다 잘 통합할 수 있는 한 차원 더 높은 의

표 10-2 테넌트의 경험학습 4단계

단계	경험활용 방식
1단계	교수자는 가장 초보적이고 피상적인 수준으로 학습자의 이전 경험과 연결하여 설명이나 예시를 한다.
2단계	교수자가 활동을 학습자와 현재 직장, 가정 및 지역사회에서의 경험에 연계시키는 시도를 한다.
3단계	교수자가 학습이 순환되도록 경험을 만들어 낼 수 있다. 시뮬레이션이나 게임, 역할극 등 학습자의 적극적 참여를 필요로 하는 활동을 고안한다.
4단계	학습자가 인식하는 경험의 의미들에 대해 비판적 검증을 하는 단계다. 교수자는 학습자의 세계관을 의식적으로 혼란스럽게 하면서, 학습자가 이미 당연한 것으로 인식하는 경험에 대해 의심을 갖도록 자극한다.

미관점을 획득할 수 있다.

메지로(Mezirow, 1991)는 개개인이 경험을 통해 차별화되고, 비판적이고, 반성적이고 통합적인 틀을 통해서 학습할 수 있다는 점을 들어 관점전환학습의 결과로서 개인의 발달을 성취할 수 있다고 하였다. 메지로는 성찰을 세 가지 형태로 구분하고 이 중 전제 반추가 전환학습으로 연결될 수 있다고 보았다. 첫째, 내용 반추(content reflection)는 실제 경험 자체에 대하여 생각하는 것이고, 둘째, 과정 반추(process reflection)는 경험을 처리했던 방식인 문제해결전략에 대하여 생각하는 것이며, 셋째, 경험 혹은 문제에 관하여 오랫동안 지니고 있던 사회적으로 구성된 가정, 신념 및 가치를 점검하는 전제 반추(premise reflection)로 구분하였다(Mezirow, 2000).

5. 여유이론

사람은 성인기에 필요한 에너지양과 사용 가능한 에너지 사이에 지속적으로 균형을 구하고 있다는 관점이 여유이론(theory of margin)이다. 인간은 무한한 잠재력을 가지고 있고, 성인기는 자신의 실제 능력과 요구되는 능력 간에 나타나는 불균형을 해소하고 끊임없이 균형을 찾으려는 시기로 성장과 변화의 통합을 도모하는 시기이다(Main, 1979). 맥클러스키(McClusky, 1963)의 여유이론은 'The Power-Load-Margin(PLM)' 공식으로 설명하고 있는데, 삶의 여유(margin of life)는 삶의 부하(load)와 삶의 힘(power)의 비율이다. 더 큰 힘은 학습에 참여할 수 있는 여유(margin)를 의미한다. 부담은 개인적·사회적으로 인간이 유지해야 하는 최소한의 자율성을 의미한다.

$$Margin(여유) = \frac{Power\ (힘)}{Load\ (부하)}$$

부하는 꿈, 욕구, 미래에 대한 기대 등 삶에 대한 자의식이나 자기 기대인 내적 부하(internal load)와, 가정, 일, 공동체에 대한 책임 등 외적 부하(external load)가 있다. 힘은 신체적 능력이나 힘, 정신적 능력, 학습능력, 개인적 대항력 등 본인의 효과적인 수행에 도움을 주는 내적으로 습득되거나 축적된 기술과 경험인 내적 힘(internal power)과 가족의 지원, 사회적 능력, 경제적 능력 등과 같은 외부 힘(external power)의 조합이다(McClusky, 1970: 27). 균형은 에너지를 소모해야 하는 삶의 부하(load)와 다루는 힘(power) 사이의 균형을 의미한다.

부하와 힘은 〈표 10-3〉에서 나타난 것과 같이 내적·외적 상호작용에 의해 영향을 받는다(Baum, 1978; Main, 1979).

맥클러스키(McClusky, 1963)는 성인은 도전, 변화, 위기와 같은 인생의 부하를 다루기 위해 충분한 여유가 필요하다고 주장한다. 여유가 적으면 지나친 스트레스나 질병을 유발할 수 있고, 과도한 여유는 성인의 잠재력을 실현시키지 못할 수 있다(Stevenson, 1981).

여유이론은 모든 성인이 마주치는 일상적인 사건과 삶의 전환을 잘 설명해 준다. 그러나 여유이론은 학습 그 자체가 그 사람의 힘을 증가시킨다는 점을 간과하고 있다.

여유이론이 성인학습과 성인교육 방법에 주는 시사점은 다음과 같다. 첫째, 성인기는 삶의 힘을 극대화하여 가정, 사회, 직장에서 주도적 역할을 준비하고 실행하여야 한다. 둘째, 성인은 삶의 의미를 발견하고 자신과 다른 사람과의 관계를 인식함으로써 내적 삶의 힘을 증가시켜야 한다. 따라서 학습자의 잠재력 능력, 내재된 자원을 최대한 개발해야 하며, 업무와 일상생활에서 발생할 수 있는 삶의 부하를 최소화할 필요가 있을 것이다.

맥클러스키의 여유이론이 성인의 삶에서 어떻게 부하와 힘이 교차하는가에 관심이 있다면 일레리스(Illeris, 2002)는 학습 프로세스 그 자체에 초점을 맞추고 있다.

표 10-3 부담과 힘의 요구와 자원

부담-개인적 · 사회적으로 학습자에게 요구	힘-부담을 다루는 학습자의 자원
외적 동기부여 요소 • 가족과의 약속, 헌신 • 책임감 • 사회적 지위 • 시민으로서 의무	외적 자원과 능력 • 육체적 건강 • 경제적 부 • 사회적 능력 • 사회적 접촉
내적 · 개인적 동기부여 요소 • 자기기대 • 이상 • 목표 • 가치 • 태도	내적 기술과 경험 • 회복력 • 대처능력 • 성격

일레리스는 인지, 정서, 사회성이 학습에 관여한다고 하여 학습의 3차원 모델을 제시하였다. 여기서 인지와 정서는 내적 프로세스로 지식과 기술의 습득을 위해 동시에 상호작용한다. 인지는 지식과 기술을 의미하고 정서는 감정과 동기부여로 구성된다. 사회성(sociality)은 참여, 의사소통, 협력 등과 같은 외부와의 상호작용이다. 학습에 관여하는 세 가지 측면은 외부 환경인 사회(society)가 학습에 영향을 미친다. 학습은 사회 혹은 사회적 맥락에서 이루어지며 이 맥락이 우리의 학습과 상호작용하면서 학습의 양태에 영향을 미친다.

성인학습에 관한 대부분 이론은 인지적 차원을 강조하는데, 이 모델은 정서적 · 사회적 차원을 포함시킨 것이 특징으로, 학습은 인지, 정서, 사회적 맥락 간의 지속적인 상호작용으로 이루어진다.

Ⅳ 학습도시론

　학습은 한 개인의 성공뿐만 아니라 국가, 지역, 도시 경제의 비교우위를 결정하는 데 중요한 요소로 작용한다. OECD를 중심으로 지식 기반 경제에 적극적으로 대응하기 위하여 학습도시·학습지역 운동을 통해서 지역 단위의 학습공동체를 조성함으로써 지역개발과 지역혁신을 도모하고 있다. 학습도시/지역(learning city/region)은 일반적으로 지역의 크기와 규모에 상관없이 시(city), 읍(town), 또는 지역사회(community) 단위로 설정된다. 몇 개의 시가 묶인 지역일 수도 있고, 한 시의 특정 지역일 수도 있다. 물론 행정구역을 묶거나 국경을 초월하여 지역(region)을 묶을 수도 있다. 한국의 경우는 2001년부터 기초자치단체인 시군구 단위로 평생학습도시를 조성하고 있다. 2023년 전국 기초지자체(226개)의 86.3%인 195개 시군구가 평생학습도시로 지정되었다. 교육부는 2001년부터 공

> 코펜하겐이 있는 동부 덴마크와 남부 스웨덴 간 바다를 연결하는 16km의 다리가 2000년 7월 건설되는 것을 계기로 외레순드(Øresund) 지역을 통합된 경제 구역을 육성하기 위하여 학습지역을 건설한 것을 그 예로 들 수 있다.

모를 통하여 기초지자체 내 조직·인력·예산 등 평생학습 기반을 확인하여 평생학습도시를 지정하고 있다. 2020년부터는 최초 지정 4년이 지난 뒤 지역별 평생교육사업 추진현황 등을 점검하는 재지정평가를 통하여 3년 주기로 평생학습도시를 재지정하고 있다. 평생학습도시는 평생교육 프로그램 운영, 온-오프라인 평생교육 기반인 인프라 구축, 자발적 학습동아리 지원, 평생교육 종사자 전문성 강화 등의 사업을 진행하고 있다.

　학습도시란 사회의 번영 및 안정, 개인의 행복에 있어서 학습이 중심 역할을 하는 도시로, 모든 시민의 잠재력을 최대한 개발하기 위해서 인적·물적·금융 자원을 활용하는 도시를 의미한다. 평생학습도시는 개인의 삶의 질 제고와 도시 전체의 경쟁력 향상을 위해 주민 누구나 원하는 학습을 즐길 수 있는 학습공동체가 형성된 도시이다. 따라서 학습도시는 궁극적으로 지역사회의 모든 교육자원을 기관 간 연계, 지역사회 간 연계, 더 나아가 국가 간 연계로 확대해 나가는 것을 의미한다(Longworth, 2000). 즉, '지역사회의 통합과 활성화, 경제발전을 향상시키기 위해 학습의 가치를 인정하고 활용하는 도시'를 의미한다. 평생학습도시는 모든 시민의 학

습이 가능하도록 "조건이 정비된 지역을 의미"하며, 이를 위해 현재의 학교 중심 교육체제를 개편하여 지역사회의 모든 교육자원을 활용하는 총체적인 교육시스템의 재구조화(restructuring) 작업이다. 이를 통하여 개인의 능력개발(human capital)을 촉진하고 지역사회를 통합하여 안정성을 도모하여 사회적 자본(social capital)을 형성하며 그 사회의 경쟁력 제고를 목표로 한다. 이를 위하여 지역사회의 모든 학습자원을 평생교육기관 간, 지역사회 간, 학습자와 교육프로그램을 연계시킴으로써 네트워킹 학습공동체(learning community)를 형성하려는 지역 시민에 의한, 시민을 위한, 시민의 지역사회교육 운동이다. 학습도시는 그 도시의 유무형 자원을 시민의 학습에 활용하는 도시, 시민의 학습을 통하여 시민의 삶의 질 향상과 활기차고 생동감 있는 살아있는 도시를 만드는 일이다.

학습도시 조성사업은 지역의 학습, 생산성, 혁신, 경제 등을 증진시키는 데 긍정적으로 작용한다(OECD, 2001). 학습도시란 "모든 이해관계자가 지역의 특정 학습요구를 충족시키거나 공통의 문제에 대한 공동의 해결책을 시행하기 위하여 협력하는 지역으로, 지역의 경제적 재생과 사회적 통합"(EU, 2001)에 목적을 두고 있다.

학습도시는 학습을 통하여 도시의 번영 및 사회적 통합, 지속가능성을 목적으로 하는 네트워킹 학습사회이다. 학습과 지역발전의 관계는 지역의 경쟁력과 성장의 구동력이 지식과 혁신에 있으며, 지식과 혁신은 학습을 통하여 형성된다. 야닛(Yanit, 2001: 20)이 분석한 반슬리(Barnsley) 지역재생 모델을 분석한 결과, 학습은, 첫째, 도시에서의 경제적 번영과 고용을 강화하고, 둘째, 도시에서의 평등성, 사회적 통합성, 재생을 증진시키며, 셋째, 지역과 세계의 지속가능성을 위하여 도시환경을 보호하고 개선시키며, 넷째, 도시행정의 개선과 지역에의 권한 이양(empowerment)에 기여한다.

학습공동체인 학습도시는 파트너십을 통하여 지역사회 주민의 요구를 찾아낸다. 평생학습도시는 지역사회의 모든 부분을 포괄하는 사회적 결속, 재생, 경제적 발전을 증진시키는 활동으로 학습을 적극적으로 활용하는 공동체를 의미한다.

일본에서는 이것보다 훨씬 앞서 1979년 가께가와시(街川市)가 최초로 학습도시를 선언한 이래 2020년 현재 170여개의 학습도시가 있다.

도시에서의 학습을 적극적으로 추진하기 시작한 것은 1991년 스페인의 바르셀로나에서 제1차 교육도시회의가 개최된 것에서 기원한다. 교육도시 회의는 세계 47개 도시의 대표가 모여 교육적 경험을 서로 나누고 주민의 교육에 있어서 도시의 역할

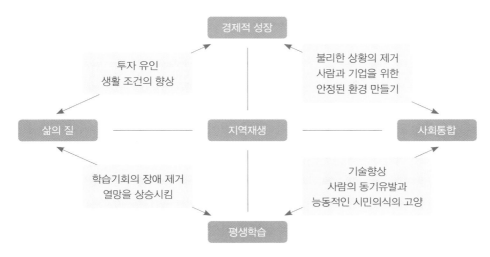

[그림 10-2] 학습이 지역재생을 촉진하는 과정(Barnsley 모델)

출처: *Local Economy*, February 2000, p.297을 Yarnit, M.(2000). *Towns, Cities and Regions in the Learning Age; A Survey of Learning Communities*. London: LGA Publications for the DfEE, NCA. p.20에서 재인용.

과 책임을 논의하기 시작하였다. 그 후 1992년 스웨덴 예테보리(Gothenburg)시에서 개최된 OECD 회의를 기점으로 영국, 스페인, 호주, 캐나다, 미국, 남미, 아프리카 등 전 세계로 급속하게 확대되었다. 또한 1998년 6월 20일에서 23일까지 사우샘프턴(Southampton)에서 개최된 '유럽 학습도시 회의(The European Conference on Lifelong Learning Cities)'에서 학습도시 실천 계획과 연계 계획 성안, 지역공동체의 비전 제공자, 경제발전 정책 입안자, 지역공동체 학습요구 파악자, 학습성과와 수월성을 인정하여 주는 자, 시민의 학습동기 유발자로서 학습도시를 규정하기에 이르렀다. 이를 계기로 2023년에 이르러 35개국 493개 도시가 국제교육도시연합(The International Association of Educating Cities)을 결성하였다. 특히 유럽 정상들은 2000년 3월 리스본 정상회담에서 2010년까지 유럽을 세계에서 가장 경쟁력 있고 역동적인 지식기반경제로 만들겠다는 목표를 설정하고, 이를 평생학습의 촉진을 통하여 실현할 것을 목표로 설정하였다. 이에 따라 인적 자원에 대한 투자를 개선하고 새로운 필요능력에 대응하여 교육훈련 시스템을 혁신하도록 요구하고 있다. EU 회원국의 합의하에 리스본 전략을 달성하기 위한 교육훈련 분야의 전략으로, 3대 전략목표와 13개 실행 계획이

이 연합체에는 협의를 통한 회원 도시 간 네트워크를 통한 사업 공유를 목적으로 하고 있으며, 현재 300여개 도시가 가입되어 있는 가운데, 프랑스의 경우 60개 도시가 가입되어 있다. 2년에 1회 열리는 회의는 2006년에 프랑스 리옹에서 개최되었다.

설정되었으며, 2년마다 진척 상황에 대한 평가를 실시하였다(European Commission, 2000).

OECD가 학습도시에 대한 논의를 지역 혁신 및 개발의 맥락에서 주로 전개해 온 반면, 유럽연합(European Union, EU)은 평생교육에 대한 논의의 일부로서 전개하여 왔다. 유럽연합은 평생교육을 활성화하기 위해서 다양한 이니셔티브(initiatives)를 추진하고 있는데, 첫째는 유럽지역을 평생교육 실현의 장으로 만들기(Making European Area of Lifelong Learning a Reality, MEALLR) 위하여 평생교육을 유럽연합의 교육·훈련 프로그램의 기본원칙으로서 채택하였다. 이를 구체화하기 위해서 2002년부터 유럽에서 운영 중인 17개의 평생학습 지역 네트워크를 지원하는 프로젝트인 R3L(Regional Networks for Lifelong Learning) 프로젝트를 추진하고 있다. 유럽연합의 학습도시 추진 프로젝트인 R3L은 2002년 7월 유럽위원회에 의해서 출범된 프로젝트로, 17개의 하위 프로그램으로 이루어져 있다. R3L 프로젝트는 유럽의 120개 지역에서 적용되며, 프로젝트의 세부 목적은 다음과 같다. 첫째는 학습지역(learning region)의 조성 및 운영과 관련된 우수사례를 발굴하는 것이다. 둘째는 이러한 우수사례를 회원국 간에 공유하고 교환하는 것이다. 셋째는 유럽 내에서 평생학습을 활성화하기 위한 주요 방법으로서 유럽 차원의 "학습지역 네트워크 구축"을 지원하는 것이다.

학습도시의 핵심은 인간 자본과 사회적 자본의 통합 등 두 축으로 구성된다. 지역 혁신을 위한 지역사회의 "사회적 자본"과 "인적자원개발(HRD)"의 통합을 통한 지역 혁신 차원의 사업이 그것이다. 사회적 자본은 시민의 학습참여를 통하여 사회의 신

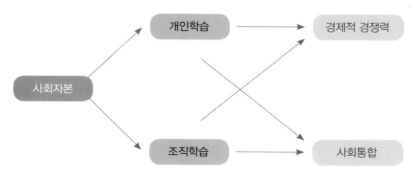

[그림 10-3] OECD 학습도시의 개념적 모델

출처: OECD(2001: 31).

뢰(trust)와 연대(network), 규범(norms), 커뮤니케이션 등을 증대함으로써 지역사회의 통합에 기여하고, 개인적 차원에서 인적 자원 개발은 시민의 능력 개발을 통해서 경제적 경쟁력을 높이게 된다(OECD, 2001).

이러한 자본의 축적과정은 학습으로 쌓은 인적·사회적 자본이 경제발전의 핵심 자원으로 인정받는 학습경제(learning economy)가 도래함에 따라 그 중요성이 증가하고 있다. 학습의 또 다른 형태인 조직학습은 조직 내에서 기존 지식을 전파하거나 새로운 지식을 창출하는 과정에서 발생하며, 그 자체의 '상호작용성'으로 인하여 사회적 자본 창출에 기여한다.

V 학습사회론

21세기에 진입하면서 세계는 지식기반사회로 급속히 이행하고 있다. 지식기반사회에서는 인적 자본(human capital)의 구성요소인 지식과 기술이 경제성장과 사회발전에 결정요인으로 작용한다. 교육체제도 사회에서 요구하는 인적 자본을 개발하는 핵심역할을 충실히 수행할 필요가 있다. 노동시장에 필요한 지식과 기술은 사회적 자본(social capital)인 사회 네트워크, 규범과 가치가 존중될 때 가능하다. 모든 국민의 평생학습 기회를 통한 인적 자본 개발과 아울러 사회 공동체 구성원으로서의 적극적인 사회 참여 의식이 중요하다. 이러한 입장에서 교육체제는 사회평등을 이루는 결정적인 역할을 수행한다. 모든 교육 단계에서 교육기회는 균등하게 제공되어야 한다. 성인의 인적 자원 개발을 위한 투자는 사회의 적응력을 키워 주고 자아실현을 성취하도록 이끌어 선진 복지사회를 건설하는 기반이 된다.

이미 선진국에서는 평생학습을 촉진하기 다양한 시스템과 프로그램을 운영하고 있다. 여기서 인적 자원을 어떻게 개발하여 지식사회에 공급할 수 있도록, 지속적인 학습을 위한 교육체제를 갖추고 있느냐를 판단하는 지표의 하나로 성인의 고등교육 참여율을 활용하고 있다.

> 최근 들어 인적 자원을 개발하는 것을 인간 복지 차원으로 설명하는 경향이 있다. 개인적인 차원에서 평생학습을 통해 지식과 기술을 배양하여 인적 자원을 개발하는 것이 복지와 직결된다고 보는 것이다. 국가는 인적 자원과 사회 자원이 원활히 개발될 수 있도록 정치적, 제도적, 법적 장치[PIL(political, institutional and legal) arrangement]를 갖출 필요가 있다. 인적·사회 자본과 PIL은 천연 자원과 산출된 자원(물질적 자원과 무형의 지식)과 직접적인 관련성이 있다(OECD, 2001: 12-13).

우리나라에서도 이미 5.31 교육개혁에서 신교육체제의 비전으로 "누구나, 언제, 어디서나 원하는 교육을 받을 수 있는 길이 활짝 트인 열린교육사회, 평생학습사회"를 제시하고, 그것을 실현하기 위한 전략으로서 열린교육체제의 구축을 제안한 바 있다(교육개혁위원회, 1995). 그리하여 열린교육체제의 일환으로 학점은행제를 1998년부터 시행하고 있으며, 교육계좌제, 대학의 시간등록제, 대학의 평생교육체제 지원사업을 추진하고 있다. 이 밖에도 첨단통신기술에 의한 K-MOOC, 매치업 사업 등 원격교육체제를 구축하여 열린교육체제를 구축하기 위한 시스템을 갖추고 있다.

평생학습을 학습경제의 측면에서 보면 개인으로 하여금 지식과 정보를 창출·활용할 수 있는 능력을 길러 주고 국가사회에 필요한 인적 자원을 양성한다. 그리고 생애주기의 측면에서 보면 전통적인 연령의 고정관념을 극복하고 언제나 학습할 수 있는 기회를 제공하며, 급속한 기술변화 등에 따른 직업의 주기적 변화에도 능동적으로 대처할 수 있다. 또한 평생학습은 개인의 학습토대 형성과 지속적 학습경험을 통하여 위기에 처한 사회적 응집력을 재건하고 강화하는 매우 중요한 원동력이다. 특히 세계화 흐름에서 위기극복과 실업대책 등을 위해서 평생학습의 중요성은 아무리 강조해도 지나침이 없다.

이미 허친스(Hutchins, 1968)는 학습사회란 "모든 성인 남녀에게 언제든지 시간제의 성인교육을 제공할 뿐만 아니라 학습, 자기실현, 인간됨을 목표로 해서 모든 제도가 그러한 목적을 달성하기 위해 가치의 전환에 성공한 사회"로 규정하였다.

1972년 UNESCO 국제교육발전위원회의 미래교육보고서는 "존재하기 위한 학습 (Learning to be)"에서 학교교육의 미래 지향점으로 평생교육(lifelong education)과 학습사회(learning society)라는 두 가지 핵심적 키워드를 제시하여 교육 패러다임의 전환을 선언하였다. UNESCO 국제발전위원회 의장인 에드가르 포르(Faure)의 이름을 따서 포르 보고서라고 불리는 UNESCO 보고서는 학교 시공간의 해체, 원격교육 등 교육공학의 활용, 비형식교육의 전면화, 계속교육과 평생학습의 일상화, 고등교육의 보편화 등을 추구할 것을 주장하면서 "교육의 목적은 인간으로서의 각자의 존재성을 실현하는 것"(to become himself)으로 설정하였다(Faure, 1972). 인간의 생존양식에는 소유양식과 존재양식이 있는데, 소유양식은 재산, 사회적 지위, 지식, 권력 등을 갖는 것에 가치를 두는 양식인 반면, 존재양식은 자신의 능력을 능동적으로 발휘하여 삶의 기쁨을 누릴 수 있는 양식을 의미한다. 산업사회는 주로 소유양식을 따르기 때문에 학력, 사회적 지위 등 그 사람의 배경에 따라 평가한다. 존재양식은 어떠한 장애나 제약을 받지 않으며, 변화를 두려워하지 않고 끊임없이 성장한다. 여기서 포르 보고서는 존재양식을 위한 학습의 중요성을 강조한다. 즉, 학습사회에 있어서 학습은 소유하기 위한 학습이 아니라, 자신이 존재하기 위한 학습이다. 또한 "직업교육과 경제성장을 위해 인간을 어떤 특정 지식에 평생토록 얽매이도록 훈련하기보다는 오히려 여러 전문직 간의 이동이 활발히 일어날 수 있도록 하면서 스스로 평생에 걸쳐 학습하고 자기 훈련하는 과정을 장려"하는 사회를 만드는 그날까지 우리가 "교육 시스템을 정비해야 한다."라고 주장하였다. 포르 보고서의 학습사회론은 유럽식 자유주의에 기반한 교육개혁론이었으며, 이러한 점은 이후 유럽동맹의 의장이었던 자크 들로르(Delors) 보고서를 통하여 보다 확장되었다.

"21세기에 부응하는 교육에 관한 국제위원회(the International Commission on Education for the Twenty-first Century)"의 보고서인 들로르 보고서 "학습 : 내재된 보물(Learning: The Treasure Within)"은 포르 보고서를 구체화하여 알기 위한 학습(learning to know), 실천하기 위한 학습(learning to do), 더불어 살기 위한 학습(learning to together), 존재하기 위한 학습(learning to be)의 네 가지 학습기둥을 제시하였다. 다시 말해, 평생교육은 언제나, 어디서나, 누구나, 무엇이든, 어떠한 방식으로든 배움을 주고받는 과학적 신인본주의에 기반한 학습사회의 이상향을 제시하였다.

이 보고서는 인간개발을 통해 사람은 오랫동안 건강한 삶을 영위하고, 지식을 습득하며, 품위 있는 생활 수준에 필요한 자원에 접근할 수 있고, 정치적·경제적·사회적 자유를 향유할 수 있다고 주장하였다. 또한 학습은 창조적이고 생산적인 존재의식과 자기존중감을 느끼게 되고 궁극적으로는 자신의 인권을 보장하는 데 직접적으로 관련되어 있다고 설명하고 있다. 결국 인간개발을 위한 교육은 기술, 능력, 경제적 잠재력과 같은 특수한 목표를 달성하기 위한 과정이라는 도구적 관점을 넘어서서, 자신을 완전한 사람, 하나의 인격체로 개발하는 과정, 곧 존재하기 위한 학습(learning to be)으로 간주되어야 한다.

2021년 11월 10일 유네스코는 교육의 미래 보고서인 "함께 그려 보는 우리의 미래: 교육을 위한 새로운 사회계약(Reimagining Our Futures Together: A new social contract for education)"을 출판하였다. 이 보고서는 2050년 이후 미래교육에 대한 전망과 제언을 제시하여 미래교육의 담론을 제시하였다.

교육은 공유된 이익을 위한 사회구성원 간의 암묵적인 합의라는 측면에서 사회계약이며, 그 출발점은 교육의 공공목적에 대한 공유된 비전이다. 교육을 위한 사회계약은 두 큰 기본원칙을 기반으로 체결된다. 첫째, 평생 동안 양질의 교육을 받을 권리를 보장하는 것으로 정보, 문화 및 과학에 대한 권리뿐만 아니라, 세대에 걸쳐 축적되어 지속적으로 변화하고 있는 인류의 집합적 지식자원에 접근하고 이에 기여할 권리를 포함한다. 둘째, 공공의 노력(public endeavour)과 공공선(common good)으로서의 교육을 강화하는 것이다. 공유된 사회적 노력으로서 교육은 공동의 목적을 구축하고 개인과 지역사회가 함께 번영할 수 있어야 한다. 교육을 위한 새로운 사회계약은 교육을 위한 공적 자금을 보장할 뿐만 아니라 교육에 대한 공개토론에 모든 사람을 포함시키려는 사회 차원의 약속을 포함한다.

이 보고서는 기후위기, 팬데믹, 인공지능(AI) 등 새로운 상황 속에서 교육의 미래를 조망하고 제언을 하고 있지만 그 기저에는 포르 보고서에서 주장한 인권으로서의 교육과 평생학습사회로의 전환을 내포하고 있다.

그러나 제도교육의 장소인 학교는 아직도 굳게 닫혀 있으며, 누구나, 언제, 어디서나 원하는 교육을 받을 수 있는 진정한 열린교육체제가 필요하다. 우리의 학교제도에서는 정해진 연령에 입학하여 졸업을 해야 하며, 대학교육을 받기 위해서는 반드시 입시라는 관문을 통과해야 하기 때문에 졸업 후 많은 시간이 경과하면 할수록 다시 교육을 받는 데 불리하다. 학교라는 트랙은 한번 벗어나면 다시 돌아오기에는 벽이 너무 높아서 교육수요자들이 생애주기에 따라 그리고 직업변동에 따라 원하는 학습기회를 갖기는 용이하지 않다.

1995년 교육개혁위원회의 5·31 교육개혁의 비전에서 제시하고 있는 누구나, 언제, 어디서나 원하는 교육을 받을 수 있는 진정한 열린교육체제를 구축하기 위해서는 많은 제도의 변화가 있어야 하고, 규제가 혁파되어야 하며, 사람들의 생각도 변화되어야 한다. 그리고 정부 차원의 관심과 자원배분정책 등에도 변화가 있어야 한다. 그야말로 교육수요자 중심의 평생학습을 실현하기 위한 열린교육체제를 구축할 필요가 있다.

이에 따라 1982년 12월 31일에 제정된 「사회교육법」을 1999년 8월 31일에 「평생교육법」을 전부개정(법률 제6003호)하여 평생교육체제와 제도를 구축하였다. 「헌법」에 보장된 바와 같이, 전 국민의 교육기회 확보에 대한 책무를 다하기 위해서 학습

소외계층에 우선적으로 눈을 돌려야 한다. 취약계층의 실질적 학습권 보장을 위하여 유아보육을 비롯한 전 생애에 걸친 학습기회를 보장할 수 있는 지원체제를 구축하여야 하며, 성인학습자를 포함하는 모든 국민이 일정 수준 이상의 기초학력을 달성할 수 있도록 하기 위한 국가적 책무를 적극 추진하여야 한다. 특히 성인의 학습권 보장을 위해서는 저소득 취약계층을 우선 대상으로 하여 학습비 등 각종 지원 체제를 제도화하여 지속적으로 실현해야 한다.

성인의 학습은 복지와 노동과 연계되어 운영될 때 그 실효성을 거둘 수 있다. 학습기간 동안 복지정책으로 사회안전망을 갖추어 학습 장애요인을 해결하고, 노동기간에는 장래에 학습할 수 있는 도구인 시간과 급여를 저축하는 제도가 상호 연계되어야 한다. 선진복지사회는 학습이 노동과 복지를 연결하는 고리로 작용하고 있다. 학습복지(Learnfare)는 사회를 유지하는 기본 원리로 작용한다.

정리 및 요약

1. OECD, UNESCO 등 국제기구에서 학교교육제도의 한계를 극복하기 위하여 삶의 전 단계에 걸쳐 태어날 때부터 죽을 때까지 교육의 수직적, 수평적 통합을 강조하였다.

2. UNESCO 보고서에서는 알기 위한 학습, 행동하기 위한 학습, 존재하기 위한 학습, 함께 살아가기 위한 학습 등 학습의 네 가지 기둥이 필요하다고 제안하였다.

3. 평생학습은 형식(formal), 비형식(non-formal), 무형식(informal) 교육을 포함하는 총체적 개념이다.

4. 자기주도적 학습(self-directed learning: SDL)은 학습자가 학습의 전반적인 과정을 학습자의 자율성에 기반으로 하는 학습으로 학습자가 학습 경험의 계획, 실천과 평가에 일차적 책임을 지는 학습이다.

5. 안드라고지(andragogy)는 기본적으로 아동들이 학습하는 것을 돕기 위한 기술과 과학을 뜻하는 페다고지(pedagogy)와 대비되는 개념으로 안드라고지는 성인들의 학습활동을 돕는 예술과 과학(the art and science of helping adults learn)이다.

6. 전환학습은 학습을 하나의 의미 부여 활동(a meaning making activity)으로 학습을 경험에서 시작하여 그에 대한 성찰로, 좀 더 구체적인 행위로 점차 진행하는 일련의 과정이다.

7. 여유는 삶의 여유(margin of life)는 삶의 부하(load)와 삶의 힘(power)의 비율이다. 더 큰 힘은 학습에 참여할 수 있는 여유(margin)를 의미한다.

8. 평생학습도시란 사회의 번영 및 안정, 개인의 행복에 있어서 학습이 중심 역할을 하는 도시로 모든 시민의 잠재력을 최대한 개발하기 위해서 인적, 물적, 금융 자원을 활용하는 도시를 의미한다. 평생학습도시는 개인의 삶의 질 제고와 도시 전체의 경쟁력 향상을 위해 주민 누구나 원하는 학습을 즐길 수 있는 학습공동체가 형성된 도시다.

9. 평생학습사회에 있어서 학습은 소유하기 위한 학습이 아니라 자신이 존재하기 위한 학습이다. 또한 직업교육과 경제성장을 위해 인간을 어떤 특정 지식에 평생토록 얽매이도록 훈련하기보다는 오히려 여러 전문직 간의 이동이 활발히 일어날 수 있도록 하면서 스스로 평생에 걸쳐 학습하고 자기 훈련하는 과정을 장려하는 사회다.

토론 과제

1　자신이 경험했던 결과가 본인이 학습하는 내용과 비슷했는지 아니면 다른 결과였는지. 학습에 도움을 주었는지 아니면 장애 요인이 되었는지 밝히시오.

2　주변 어른들이 새로운 지식과 정보를 습득하는 방법을 설명하고 효과적인 방법이 무엇인지 설명하시오.

3　본인의 학습 스타일이 주입식 교육방법인지 아니면 토론이나 협의해 의한 방법인지 사례를 들어 설명하고 다른 사람의 학습스타일의 장점과 단점을 밝히시오.

4　부모님이 새로운 디지털 기기를 사용하는 방법을 어떻게 학습하는지 설명하고, 이를 본인의 방법과 어떻게 다르고 어떠한 것이 효과적인지 그 이유를 밝히시오.

관련 사이트

국가평생교육진흥원(https://www.nile.or.kr/)
국가평생교육진흥원은 평생교육진흥 관련 업무를 지원하기 위하여 설립된 교육부 출연 기관으로, 국가적 차원의 평생교육진흥을 위한 지원사업, 평생교육 종사자 양성 · 연수, 평생교육 종합정보시스템 구축, 평생학습계좌제, 시 · 도 평생교육진흥원에 대한 지원, 평생학습도시 활성화, 학점은행제와 독학사학위제 운영 등 평생교육 영역의 과업을 수행하고 있다.

관련 자료

🎬 더 리더: 책 읽어주는 남자(The Reager, 2009)
글을 읽고 쓰지 못하는 주인공은 죄를 뒤집어 쓴 채 아우슈비츠에서 일했다고 무기징역을 받는다. 무기징역보다 더 무서운 것은 비문해, 자존심이 무너지는 것이 무서워 주인공은 무기징역을 택한다.

🎥◀ 빅쇼트(The Big Short, 2016)

2008년 있었던 금융위기를 다룬 실화를 줄거리로 한 경제공부 영화. 서브프라임 모기지론 사태가 일어나기 한참 전에 4명의 천재가 미국의 부동산 가치에 거품이 많이 끼어 있다는 걸 예측하고 월스트리트 유명 은행들과 큰돈을 걸고 계약을 체결한 내용을 담고 있다. 정보가 돈이 되는 현상을 극명하게 보여 주는 영화로 빅 쇼트, 공매도, 모기지론, CDC(부채담보부증권), CDS(신용부도 스와프) 등 금융용어를 설명한다. 금융문해의 중요성을 인식시키는 대표적인 영화이다.

CHAPTER

11

특수교육

• 주요 질문

Q1 교육현장에는 매우 다양한 학습자가 존재합니다. 이런 다양한 학습자가 교육현장에서 차별받지 않고 교육적 불평등을 최소화할 수 있는 방법에는 어떤 것이 있을까요?

Q2 미국은 전체 장애학생의 95%가 일반교육 현장에서 통합교육을 받고 있습니다. 우리나라의 통합교육 현실은 어떠할까요? 물리적인 통합을 넘어서서 심리적인 통합을 이루기 위해 어떤 노력이 교육현장에서 필요할까요?

Q3 전 세계적으로 유명한 아동 교육 방송 프로그램 중에는 '세서미 스트리트'가 있습니다. 이 프로그램에는 자폐 스펙트럼 장애 특성을 보여주는 '줄리아'라는 캐릭터가 등장합니다. 인간의 다양성 이해 측면에서 우리나라에서 제작하고 있는 교육방송과 TV 프로그램에 대해 고민해 봅시다.

특수교육

I 특수교육의 뜻

특수교육은 대상의 특수성을 지칭하는 단어가 아니고, 교육의 특수성을 의미하는 용어이다. 그럼에도 우리나라에서는 사회문화적으로나, 법률적으로 오랫동안 장애인들을 위한 교육으로 특정화 되어왔다. 대표적으로 「장애인 등에 대한 특수교육법」(2022. 7. 21. 기준)에서도 제2조 3항에서 특수교육대상자를 '제15조에 따라 특수교육을 필요로 하는 사람으로 선정된 사람'으로 정의하고 있지만, 제15조에서는 시각장애, 청각장애, 지적장애 등 장애의 범주를 나열함으로써 사실상 특수교육을 장애인에 대한 교육으로 한정하고 있다. 이로 인해 장애로 진단받지 못하면, 특수교육 관련 서비스를 받지 못하는 것이 현실이다. 이렇게 교육을 비롯한 복지 등 각종 공공서비스 영역을 수혜자의 필요 혹은 청구자의 권리에 기반하지 않고, 대상을 범주화한 후에 대상별로 서비스를 제공하는 행정중심적 관행들은 지속적으로 개선해야 한다. 하지만 동시에 '특수교육대상자'의 '특별한 교육적 요구'는 특정 유형의 장애인들이 경험하게 되는 '일상 생활이나 사회생활에서 받게 되는 제약'과 중첩되는 부분이 있다는 것도 인정해야 할 사실이다. 따라서 이 장에서는 장애인 교육을 중심으로 특수교육을 설명하나, '특수교육 ≠ 장애인 교육'이라는 것을 반드시 기억해야 한다

Ⅱ 장애의 개념

1. 장애 개념의 변화

역사 속에서 장애 개념은 각 나라에서 개별적으로 지속적인 변화를 거쳐 왔지만, 현대적 의미에서의 국제적인 장애 개념은 세계보건기구(WHO)에서 제시한 장애 및 건강 개념 모델을 통해서 알 수 있다. 1970년대 이전에 장애의 개념은 국제질병분류 (International Classification of Diseases: ICD)의 의료적 분류기준에 따라 장애를 분류하였고, 장애에 대한 대처도 의료적 치료가 주류를 이루었다. 장애를 질병이라고 생각했고, 장애는 질병의 치료를 통해 극복될 수 있는 것이었다. 그러나 만성질병 및 후유증의 증가로 인해 질병 그 자체뿐만 아니라 질병의 결과로 발생하는 여러 현상에 주목하게 되었다. 이로 인해 질병을 벗어난 개인적 혹은 사회적 영역에서의 불리함에 대한 명명 및 관리가 요구되었다. 이런 문제제기는 주로 재활복지 전문가들을 통해 이루어졌고, 1976년 ICD-9에서는 질병과 그로 인해 발생하는 불리함(handicap)을 구분하여 질병의 결과로 야기되는 현상을 사회적 불리라고 하였다. 그러나 여전히 이 개념은 ICD 분류에서 보조적인 개념으로 사용되었다(WHO, 1997).

장애의 사회적 원인에 주요 관심을 가진 여러 전문가에 의해 세계보건기구는 1980년에 ICIDH(international classification of impairments, disability, and handicaps)를 발표하고, 이후 이 ICIDH의 여러 가지 문제에 대한 비판을 수용하여 1997년의 ICIDH-2 분류방법은 제시하였다. 여기에서는 손상, 기능제약, 사회적 장애를 단선적인 인과관계가 아닌 상호관련성을 갖는 것으로 보았다. 또한 기능제약, 사회적 장애는 해당 사회의 문화에 따라 각각 다양하게 수용될 수 있다고 보았다. 이에 따라 사회환경에 의한 장애를 강조하기 위하여 사회적 맥락을 포함하였고, 사회적 맥락이 각 구성요소의 관계에 영향을 미치는 것으로 파악했다(WHO, 1997).

2001년 확정된 ICF(international classification of functioning, disability and health) 분류는 ICIDH-2에 대한 세계 각국의 의견을 수용하여 종합 및 정리하였다. 여기서는 개인을 둘러싸고 있는 상황적 요인이 각 구성요소의 관계뿐 아니라 각각의 구성요

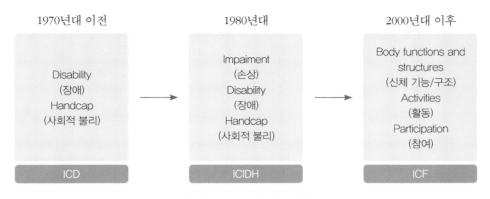

[그림 11-1] 장애 개념 변화

소에도 영향을 미치는 것으로 보고 있다. ICF는 신체적 손상에서 초래되는 개인적 측면과 사회적 활동 및 참여를 제한하는 환경적 측면을 동시에 고려하여 장애를 설명하는 보편주의적 접근(universalistic approach)을 시도한 분류법이라고 할 수 있다(신은경, 2004). 즉, 장애 개념이나 건강상태의 개념은 '신체기능과 구조의 손상이 활동에서 어떠한 제약을 경험하는지' 또는 '사회적 편견으로 인하여 어떠한 차별과 배제를 경험하는지' 등과 같은 외부 환경의 반응에 따라 달라질 수 있는 하나의 '역동적 상태'로 표현해 준다(임혜경, 박재국, 김은라, 장진순, 2015에서 재인용).

ICF 등장 이전에는 장애를 ICIDH로 설명하였는데, 이것은 신체장애가 능력상실

[그림 11-2] ICF와 ICIDH 구조 비교

로, 다시 능력상실이 사회적 불리로 가는 장애형성의 과정을 단선적으로 제시하는
모형이었다. 그런데 이 모형은 손상과 기능제약, 사회적 불리가 순차적으로 일어난
다는 가정을 세움으로써 이 순서를 따르지 않는 경우를 설명하는 데 한계가 있었다
(통계청, 2010).

- 손상이 있어도 기능에는 제약이 없을 수 있음(한센병으로 외관이 변했어도 능력에는 저하
  가 없을 수 있음)
- 손상이나 기능 제약이 없어도 사회적 불이익을 당할 수 있음(에이즈나 정신과치료 경험이
  있는 사람은 대인관계나 일터에서 불이익을 받을 수 있음)
- 손상이 있어도 기능에 제한이 없을 수 있음(보행기능이 낮은 개인이라도 보조도구를 이용
  하면 어려움 없이 이동 가능함)

 ## Ⅲ 특수교육 대상자 장애 유형

이런 복잡한 장애 개념의 변화와는 별개로 현재 우리나라에서는 법률을 통해 특
수교육 관련 서비스를 받을 수 있는 대상자의 선정에서 장애의 유형과 그 의미를 다
음과 같이 정리하고 있다.

「장애인 등에 대한 특수교육법」(약칭: 특수교육법) [법률 제18298호]
제15조(특수교육대상자의 선정) ① 교육장 또는 교육감은 다음 각 호의 어느 하나에 해당하
는 사람 중 특수교육이 필요한 사람으로 진단 · 평가된 사람을 특수교육대상자로 선정한다.
〈개정 2016. 2. 3., 2021. 3. 23., 2021. 12. 28.〉
  1. 시각장애
  2. 청각장애
  3. 지적장애
  4. 지체장애
  5. 정서 · 행동장애
  6. 자폐성장애(이와 관련된 장애를 포함한다)

　7. 의사소통장애

　8. 학습장애

　9. 건강장애

　10. 발달지체

　11. 그 밖에 두 가지 이상의 장애가 있는 경우 등 대통령령으로 정하는 장애

② 교육장 또는 교육감이 제1항에 따라 특수교육대상자를 선정할 때에는 제16조제1항에 따른 진단·평가결과를 기초로 하여 고등학교 과정은 교육감이 시·도특수교육운영위원회의 심사를 거쳐, 중학교 과정 이하의 각급학교는 교육장이 시·군·구특수교육운영위원회의 심사를 거쳐 이를 결정한다.

「장애인 등에 대한 특수교육법 시행령」 기준 [대통령령 제32722호, 2022. 6. 28., 일부개정]
제10조(특수교육대상자의 선정) ① 법 제15조제1항제11호에서 "두 가지 이상의 장애가 있는 경우 등 대통령령으로 정하는 장애"란 같은 항 제1호부터 제9호까지의 규정에 따른 장애가 두 가지 이상 중복된 장애를 말한다.
② 법 제15조제1항에 따라 특수교육대상자를 선정하는 기준은 별표와 같다.

■「장애인 등에 대한 특수교육법 시행령」[별표] 〈개정 2022. 6. 28.〉
특수교육대상자 선정 기준(제10조 관련)

1. 시각장애를 지닌 특수교육대상자

　시각계의 손상이 심하여 시각기능을 전혀 이용하지 못하거나 보조공학기기의 지원을 받아야 시각적 과제를 수행할 수 있는 사람으로서 시각에 의한 학습이 곤란하여 특정의 광학기구·학습매체 등을 통하여 학습하거나 촉각 또는 청각을 학습의 주요 수단으로 사용하는 사람

2. 청각장애를 지닌 특수교육대상자

　청력 손실이 심하여 보청기를 착용해도 청각을 통한 의사소통이 불가능 또는 곤란한 상태이거나, 청력이 남아 있어도 보청기를 착용해야 청각을 통한 의사소통이 가능하여 청각에 의한 교육적 성취가 어려운 사람

3. 지적장애를 지닌 특수교육대상자

　지적 기능과 적응행동상의 어려움이 함께 존재하여 교육적 성취에 어려움이 있는 사람

4. 지체장애를 지닌 특수교육대상자

　기능·형태상 장애를 가지고 있거나 몸통을 지탱하거나 팔다리의 움직임 등에 어려움을 겪는 신체적 조건이나 상태로 인해 교육적 성취에 어려움이 있는 사람

5. 정서·행동장애를 지닌 특수교육대상자

　장기간에 걸쳐 다음 각 목의 어느 하나에 해당하여, 특별한 교육적 조치가 필요한 사람
　가. 지적·감각적·건강상의 이유로 설명할 수 없는 학습상의 어려움을 지닌 사람
　나. 또래나 교사와의 대인관계에 어려움이 있어 학습에 어려움을 겪는 사람
　다. 일반적인 상황에서 부적절한 행동이나 감정을 나타내어 학습에 어려움이 있는 사람
　라. 전반적인 불행감이나 우울증을 나타내어 학습에 어려움이 있는 사람
　마. 학교나 개인 문제에 관련된 신체적인 통증이나 공포를 나타내어 학습에 어려움이 있는 사람

6. 자폐성장애를 지닌 특수교육대상자

　사회적 상호작용과 의사소통에 결함이 있고, 제한적이고 반복적인 관심과 활동을 보임으로써 교육적 성취 및 일상생활 적응에 도움이 필요한 사람

7. 의사소통장애를 지닌 특수교육대상자

다음 각 목의 어느 하나에 해당하여 특별한 교육적 조치가 필요한 사람
　가. 언어의 수용 및 표현 능력이 인지능력에 비하여 현저하게 부족한 사람
　나. 조음능력이 현저히 부족하여 의사소통이 어려운 사람
　다. 말 유창성이 현저히 부족하여 의사소통이 어려운 사람
　라. 기능적 음성장애가 있어 의사소통이 어려운 사람

8. 학습장애를 지닌 특수교육대상자

　개인의 내적 요인으로 인하여 듣기, 말하기, 주의집중, 지각(知覺), 기억, 문제 해결 등의 학습기능이나 읽기, 쓰기, 수학 등 학업 성취 영역에서 현저하게 어려움이 있는 사람

9. 건강장애를 지닌 특수교육대상자

　만성질환으로 인하여 3개월 이상의 장기입원 또는 통원치료 등 계속적인 의료적 지원이 필요하여 학교생활 및 학업 수행에 어려움이 있는 사람

10. 발달지체를 보이는 특수교육대상자

　신체, 인지, 의사소통, 사회·정서, 적응행동 중 하나 이상의 발달이 또래에 비하여 현저하게 지체되어 특별한 교육적 조치가 필요한 영아 및 9세 미만의 아동

11. 두 가지 이상 중복된 장애를 지닌 특수교육대상자

　다음 각 목의 구분에 따른 장애를 지닌 사람으로서 제1호부터 제6호까지의 규정에 따른 특수교육대상자에 대한 각각의 교육지원만으로 교육적 성취가 어려워 특별한 교육적 조치가 필요한 사람

가. 중도중복(重度重複)장애: 다음의 구분에 따른 장애를 각각 하나 이상씩 지니면서 각
　각의 장애의 정도가 심한 경우. 이 경우 장애의 정도는 법 제14조제1항에 따른 선별검
　사의 결과, 제9조제4항에 따라 제출한 진단서 및 「장애인복지법 시행령」 제2조제2항
　에 따른 장애의 정도 등을 고려하여 정한다.
　　1) 지적장애 또는 자폐성장애
　　2) 시각장애, 청각장애, 지체장애 또는 정서·행동장애
나. 시청각장애: 시각장애 및 청각장애를 모두 지니면서 시각과 청각에 의한 학습이 곤
　란하고 의사소통 및 정보 접근에 심각한 제한이 있는 경우

Ⅳ 특수교육과 통합교육의 이해

1. 특수교육에 대한 이해

특수교육의 개념이 무엇인가에 대해서는 여러 법률과 다양한 학자의 정의가 존재한다. 우리나라에서 특수교육에 실제적인 영향을 미치는 「장애인 등에 대한 특수교육법」 제2조 1호에서는 특수교육을 "특수교육대상자의 교육적 요구를 충족시키기 위하여 특성에 적합한 교육과정 및 제2호에 따른 특수교육 관련서비스 제공을 통하여 이루어지는 교육을 말한다."고 정의하고 있다. 또한 제2조 2호에서는 특수교육과 관련된 각종 서비스를 "특수교육대상자의 교육을 효율적으로 실시하기 위하여 필요한 인적·물적 자원을 제공하는 서비스로서 상담지원·가족지원·치료지원·보조인력지원·보조공학기기지원·학습보조기기지원·통학지원 및 정보접근지원 등을 말한다."고 정의하고 있다.

이런 법률적 정의와는 별개로 교육적 측면에서 특수교육의 핵심적인 특징은 다음의 세 가지로 볼 수 있다. 첫째, 특별한 교육적 요구, 둘째, 개별화교육 계획(또는 프로그램), 셋째, 특별한 교수방법과 관련 서비스이다. 특수교육은 일반적인 학생을 대상으로 하는 것이 아니라 장애 등을 이유로 특별한 교육적 지원을 요구하는 학생을 대상으로 이루어지는 활동이다. 또한, 특수교육대상자 개개인의 교육적 요구에 부합하기 위하여 수립된 계획(또는 프로그램)을 개별화 교육 계획(또는 프로그램)이

라고 한다. 그리고 특수교육은 일반적인 학생에게 적용되는 것과 동일해서는 안 된다는 의미에서 '특별한 교수방법'으로 실행된다. 특수교육대상자의 학습수행수준이나 특성에 부합하는 교육목표를 설정하고, 이 목표를 달성하기에 적합한 교육내용과 교육방법 및 평가 계획을 강구하여야 하는 데, 이를 '교육과정 수정' 또는 '교수 적합화'라고 한다(김동일 외, 2019).

2. 통합교육에 대한 이해

1) 통합교육의 정의

「장애인 등에 대한 특수교육법」 제2조 6호에서는 통합교육을 "특수교육대상자가 일반학교에서 장애유형 · 장애정도에 따라 차별을 받지 아니하고 또래와 함께 개개인의 교육적 요구에 적합한 교육을 받는 것을 말한다."고 정의하고 있다.

통합교육이란 장애학생과 비장애학생이 함께 생활하고 배움으로써 서로를 이해하고 상호협력하여 공동체 의식을 함양하고자 하는 교육환경을 의미한다(김동일, 손승현, 전병운, 한경근, 2010). 철학적으로는 다양한 학생, 가족, 교육자, 지역사회의 구성원들이 함께 수용하고, 소속감, 공동체의식에 기반한 학교나 다른 사회적 기관을 만들어 가는 것(Bloom, Perlmutter, & Burrell, 1999)을 의미한다.

과거에는 장애학생과 비장애학생이 서로 다르다는 것을 전제하고, 이들을 분리한 채 서로 다른 환경에서 교육하는 것을 당연한 것으로 여겼다. 따라서 과거의 통합교육은 특수교육을 받는 소수의 장애학생이 주류 집단으로서의 일반학급으로 들어오는 것을 뜻하였으며, 이는 '선 분리 후 통합'이라는 방향을 가지고 있었다. 하지만 오늘날의 통합교육은 '선 통합 후 필요에 따른 분리'라는 방식을 채택한다.

2) 통합교육의 역사적 흐름

오늘날 특수교육은 분리교육에서 통합교육으로의 패러다임 이동이라는 양상으로 구체화되고 있다. 통합교육의 움직임에 영향을 미친 역사적 배경에는 정상화의 원리(The principle of normalization), 탈수용시설화(Deinstitutionalization), 최소제한환경(Least restrictive environment), 주류화(Mainstreaming), 일반교육주도(Regular Education Initiative), 완전통합(Full inclusion) 등이 있다(권은애, 2008; 김태숙, 2009; 문은희, 2009).

첫째, 정상화의 원리는 장애인의 사회 통합을 향한 움직임의 가장 기본적인 원리로 1960년대 중반에 스칸디나비아에서 처음 주창 되었으며 후에 최소제한환경의 개념이 탄생하는 데 촉매 역할을 하였다. 정상화의 원리란 문화적으로 정상적인 개인의 행동 및 특성을 형성하고 유지하기 위해서는 가능한 한 문화적으로 정상적인 수단을 사용해야 한다는 철학적 믿음이다. 즉, 장애인을 위한 교육의 목적과 방법은 가능한 한 비장애인들을 위한 것과 같아야 한다는 의견으로 장애아동들의 사회적인 통합을 의미한다. 정상화의 원리에 의한 장애인을 위한 교육의 목적은 비장애인의 교육목적과 마찬가지로 좀 더 큰 사회에 적응하고 생활할 수 있게 하는 것이다. 또한 교육방법에는 장애인을 가능한 한 비장애인들의 교육환경과 비슷한 환경에 배치해야 한다는 것이다.

둘째, 탈수용시설화는 장애인들을 과거에는 시설에서만 수용하는 것이 보편적이었는데, 1960년대와 1970년대를 거쳐 장애인을 시설에 수용하는 것에 대한 강한 비판이 일어나며 시작되었다. 수용시설에서 적절한 교육이나 보호가 제공되지 못하는 사실이 알려지면서 이들을 다시 지역사회로 환원하고자 하는 움직임이 일어났고, 이로 인해 많은 장애인이 가족에게 돌아왔으며 지역사회 내에 그룹홈이라는 가정 같은 작은 시설들이 세워졌다. 또한 사회운동 일환으로 이들을 분리된 시설에서 지역사회로 이동시키기 시작하였는데 이러한 움직임을 탈수용시설이라고 부른다. 탈수용시설화로 인해서 더 많은 장애아동이 가정에서 성장하게 되었으며 지역사회 내의 작은 시설들이 보편화되기 시작했다. 이러한 움직임은 장애인의 사회통합에 큰 영향을 미쳤다.

셋째, 최소제한환경은 미국의 「장애인 교육법(The Individuals with Disabilities Education Act: IDEA)」에 명시된 법적 용어이며, 장애아동을 일반 또래, 가정, 지역사회로부터 가능한 한 최소한으로 분리시켜야 한다는 개념이다. 장애아는 가능한 한 일반학급에서 교육되어야 함을 요구하는 조항으로 연계적인 특수교육서비스 체계 하에 아동의 요구 정도에 따라 가장 적절한 통합된 환경을 제공하여야 한다는 것이다. 이는 장애아동이 자신에게 적절한 정도로 일반 또래들과 함께 교육받아야 함을 의미한

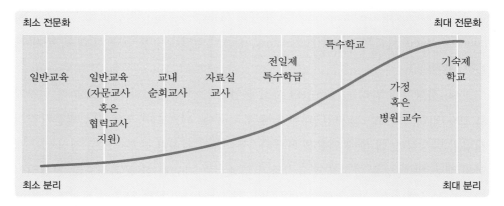

[그림 11-3] 최소제한환경의 개념적 도해

다. [그림 11-3]은 최소제한환경이 가지는 의미를 현대적으로 표현한 그림이다.

넷째, 주류화는 주로 학업 외적인 상황(휴식시간, 점심시간)에서의 한정적인 통합이 이루어지는 것을 의미하는 용어이다. 이는 일반교육 교실환경에의 배치를 의미하지만 특수교육 교실환경에서의 부분적인 참여를 인정한다. 따라서 각 아동의 특정한 상황에 기초하여 통합의 정도를 결정하기 때문에, 주류화가 장애아를 일반교실에서 교육시키도록 조장하지만 아직도 연계적인 서비스 체계 내에서의 대안적인 배치가 이루어진다.

다섯째, 일반교육주도의 개념은 1980년 대에 주창된 것으로 통합교육의 움직임을 더욱 가속화 했다. 이것은 특수교육이 아닌 일반교육이 장애아동 교육에 주도적 역할을 해야 한다는 것이다. 일반교육주도 옹호자들은 '주류화'와 관련된 이전의 시도들이 장애아동들을 통합하는 데에는 불충분하다고 비판함과 동시에 특수교육 서비스에 대해 비판하였다. 일반교육과 특수교육이라는 이중적인 구조 형태는 비기능적이고 비경제적이므로 하나의 교육체제로 통합하여야 하며 장애아동을 일차적으로 책임져야 할 사람은 일반교사로 보고 있다. 따라서 일반교육주도는 장애아동을 포함한 특수한 요구가 있는 다수의 아동을 일반교육환경으로 통합하자는 주장으로 일반교육이 모든 유형의 장애아동을 완전히 포함할 수 있다고 본다.

여섯째, 완전통합이란 1990년 이후 일반교육 주도 지지자들에 의해 제기된 논점들이 완전통합을 요구하게 되었고 이러한 완전한 통합의 개념이 장애아동의 배치에 영향을 끼치게 되었다. 완전통합은 장애종류나 정도에 관계없이 일반학교 교육환경에 완전히 통합하여야 한다는 관점으로 장애의 정도와 유형에 상관없이 모든 장애아를 일반교육 범위 내에서의 적절한 특수교육의 지원 제공이라는 체계를 가지고 일반학급에 종일 배치하는 것을 의미한다(박재국 , 강대옥, 2005).

완전통합의 일반적인 요소(Hallahan & Kauffman, 1994)는 다음과 정의된다. 첫째, 장애의 종류나 심각성에 관계없이 모든 장애아동은 일반교육의 모든 수업에 참여한다.즉, 어떠한 수업이라도 분리된 교실에서 이루어지지 않는다. 둘째, 모든 장애아동은 근접 학교, 즉 장애가 없을 때 다닐 학교에 다닌다. 셋째, 특수교육이 아닌 일반교육이 근원적으로 장애아동의 책임을 지는 것으로 가정한다.

미국 특수아동협회(Council for Exceptional Children: CEC)는 통합교육이 궁극적으로 성취해야 할 의미 있는 목표이고 특수아동은 가능한 한 일반학급과 지역사회에 통합되어야 하는 것이 사실이지만, 특수아동들을 위해서는 다양한 종류의 특수교육 서비스가 반드시 존재해야 한다고 주장함으로써 특수교육의 연계적인 서비스 체계를 공식적으로 지지하고 있다. 이것은 통합교육이 모든 장애 아동을 위한 궁극적인 목표라는 사실을 인정하면서도 개별 장애 아동 모두에게 가장 적절한 교육을 제공한다는 측면에서는 교육 현장의 현실적인 여건들을 고려하지 않은 체계 자체의 단일화가 아직까지는 시기상조라는 인식을 반영한 것이라고 할 수 있다.

3) 통합교육의 단계

통합교육을 위한 보편적 학습설계가 작동하려면 국가 정책 및 구현 프레임워크의 지원과 함께 교육 기관에서 학습 환경의 장벽을 줄이려는 노력이 필요하며, 이에 따라 통합교육이 이루어지는 교실에서는 합리적인 편의 제공을 포함하여 다단계적인 장애 지원 서비스를 제공해야 한다. [그림 11-4]의 통합교육 피라미드는 통합교육을 위해 요구되는 필요한 지원의 다양한 단계를 보여 준다. 통합교육 실무자들의 목표는 가능한 한 피라미드 아래로 방향을 이동하는 것이어야 한다.

(1) 1단계: 대다수의 학생을 위한 보편적 학습설계

보편적 학습설계(Universal Design)의 원칙을 기관의 주류 교육, 학습 및 평가 관행에 통합함으로써 대다수의 학생은 추가 지원 없이 성공적인 학습 경험을 할 수 있

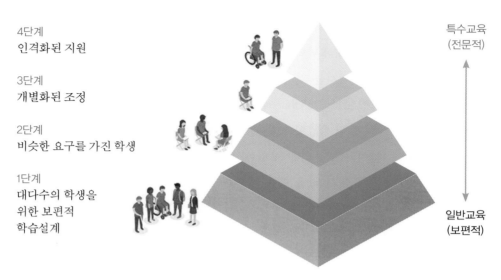

4단계
인격화된 지원

3단계
개별화된 조정

2단계
비슷한 요구를 가진 학생

1단계
대다수의 학생을
위한 보편적
학습설계

특수교육
(전문적)

일반교육
(보편적)

[그림 11-4] 보편적 학습설계에 의한 통합교육의 단계

다. 장애를 가진 모든 학생은 비록 그들의 필요가 주류에서 충족될 수 있다 하더라
도 여전히 자신들에게 요구 평가(Needs Assessment)를 받을 수 있는 기회가 주어져
야 한다는 점에 주목해야 한다.

(2) 2단계: 비슷한 요구를 가진 학생

어떤 경우에는 추가 지원을 필요로 하는 유사한 요구 사항을 가진 학생이 소그룹
환경에서 제공되는 지원을 받을 수 있다. 예를 들어, 소그룹 학습 지원 세션 및 평가
에 있어서 유사한 조정 요구 사항이 있는 학생을 위한 대체 장소에서의 시험이 있
다. 어떤 경우에는 이러한 지원이 전문 서비스(예: 장애 지원 서비스)의 요구 평가 결
과로 이루어진다. 또 다른 경우에는 소그룹 지원이 다수의 학생에게 제공된다(예:
학습 지원 서비스).

(3) 3단계: 개별화된 조정

개별적인 합리적 조정은 통합교육 기관의 매우 중요한 부분으로 남아 있다. 일부
학생은 학습 경험에 완전히 참여할 수 있도록 지원하는 보조공학 또는 시험 마감 시
한에 대한 유연성과 같은 개별 지원이 필요하다. 이러한 지원은 전문 서비스(예: 장
애 지원 서비스)를 통한 요구 사정의 결과로 실시된다.

(4) 4단계: 인격화된 지원

때때로 학생들은 3단계에 설명된 것과 같은 개별 조정 외에 더 인격적이고 전문적인 지원이 필요할 수 있다. 예를 들어, 특정 장애가 있는 학생은 교실이나 시험 환경에서 대독자 또는 대필자와 같은 인격적인 지원을 필요로 한다. 3단계의 지원과 마찬가지로 이러한 지원은 전문 서비스(예: 장애 지원 서비스)의 사정 평가를 통해 실시된다.

V 특수교육 요구학생을 위한 교수학습전략

1. 통합학급에서의 교수학습전략

1) 교육과정 수정

교육과정 수정이란 통합학급에서 장애학생과 비장애학생이 같은 학급에서 수업에 함께 참여할 수 있도록 장애학생의 개별적인 능력, 강점, 필요를 고려하여 교수목표 및 활동, 교수환경을 수정하는 것을 의미한다. 이를 위하여, 첫째, 학생의 특성과 현행 수준을 파악하고, 둘째, 일반교육과정의 기준과 환경을 분석한 후, 셋째, 학생의 수업 참여를 위한 개별화 교육목표 및 지원 계획을 수립한다. 넷째, 학생 평가를 통하여 개별화 교육목표의 달성여부를 점검한다(김동일 외, 2019).

2) 평가 조정

평가조정이란 평가의 본래 목적을 해치지 않는 범위 내에서 문항의 제시형태, 반응형태, 검사시간, 검사환경 등을 조정하는 것과 같이 평가 전, 중, 후에 이루어지는 일체의 노력을 의미한다. 장애학생이 평가에 참여하는 방법은 정규평가, 평가조정, 대안평가가 있다. 이 중에서 평가조정은 정규평가에 참여하기 어려운 학생을 대상으로 본래 정규평가에서 측정하려던 것을 해치지 않는 범위 내에서 필요한 조정을 하는 것을 말한다. 따라서 지필평가에서 원래 문항의 난이도를 낮추는 것은 평가조정이 아니라 대안평가에 해당된다. 대안평가는 평가조정만으로는 평가에 참여하지 못하는 경우에 요구되는 방법이다. 평가조정에 대한 예시는 다음과 같다(국립특수교육원, 2016).

- 국어
  - 묵자 사용 학습자의 평가는 자료를 확대하거나 광학·비광학기구를 활용하여 시행한다. (시각장애)
  - 지필평가 이외에 학생의 장애 특성에 따라 대필과 대독 평가 등의 대체 평가 방법을 활용한다. (시각장애)
  - 시각장애학생의 읽기 속도를 고려하여 지필평가 시 지문의 양 조절, 녹음 자료의 제공 및 시력 정도별 적정 시간 제공 등을 종합적으로 고려하여 평가한다. (시각장애)
  - 청각장애학생의 특성 및 수준, 다양한 의사소통 양식을 고려하여 듣기(말·수어 읽기)·말하기(말·수어하기), 읽기, 쓰기, 문법, 문학의 여섯 가지 영역을 유기적으로 연관지어 통합적인 평가가 되도록 하고, 그 내용을 교수·학습 방법을 개선하기 위한 자료로 활용 한다. (청각장애)

- 영어
  - 저시력 학생의 평가는 묵자와 저시력 기구를 활용하여 시행하되, 시각의 기능적 활용과 관련하여 읽기 속도 및 쓰기의 정확도를 고려하여 시행한다. (시각장애)
  - 시각장애학생에 대한 지필평가 시 읽기 속도를 고려하여 지문의 양 조절과 대체 자료 제공 및 시간 연장을 종합적으로 고려하여 평가한다. (시각장애)
  - 청각장애학생들은 듣기(말·수어 읽기), 말하기(수어하기), 읽기, 쓰기 영역을 평가하되 학생의 청력 수준과 구어 수준을 고려하여 평가 방법을 수정하여 제시할 수 있다. (청각장애)
  - 듣기 평가의 대안으로 대본 및 수어통역 서비스 등을 제공할 수 있다. (청각장애)

- 체육
  - 평가는 수업 목표 및 교수·학습 활동과 일관되어야 한다. 즉, 수업 목표 달성을 위해 지도된 교수·학습 활동과 평가 내용이 서로 다르지 않도록 일관성을 유지하여야 한다. 또한, 장애 특성을 고려하여 운동 능력 수준에 맞게 평가 내용을 재구성해야 한다. (시각장애, 지체장애)
  - 각 학교의 특성과 상황에 적합하게 평가 내용 및 방법, 절차, 시기 등을 계획하여 적용한다. (시각장애, 지체장애)
  - 평가 방법과 도구는 장애의 특성과 수준에 적합하게 재구성해야 한다.

3) 협력교수

브라우넬 등(Brownell et al., 2006)에 의하면 협력교수(co-teaching)는 교사 간 협력 (teacher collaboration)의 하위유형 중 하나로, 협력적 교수(collaborative teaching), 협동적 교수(cooperative teaching), 팀 티칭(team teaching)이라는 다양한 용어로 불린다(이지은, 2020). 협력교수는 일반적으로 두 명 이상의 교사가 한 학급에서 이질적인 학생들을 대상으로 교수 계획, 수업 실시, 평가하는 것을 의미한다. 프렌드와 쿡 (Friend & Cook, 2003)은 협력을 적어도 2명 이상의 전문가가 공통된 의사 결정에 자발적으로 참여하여 공동의 목적을 달성하기 위하여 직접적인 상호작용을 하는 하나의 형태로 정의한다. 바우언스 등(Bauwens et al., 1989)은 협력교수를 교육적으로 통합된 환경에서 학문적·행동 특성적으로 이질적인 집단의 학생들을 지도하기 위해서 일반교사와 특수교사가 대등한 관계로 함께 일하는 교육적 접근이라고 말한다. 이지은(2020)은 협력교수를 특수교사와 통합학급 교사가 동등한 위치에서 서로의 전문지식을 주고받으며 다양한 능력의 학생들을 가르치기 위해 공동으로 관리, 계획, 교수, 평가 등을 하는 일련의 교수 활동으로 정의하였다. 쿡과 프렌드(Cook & Friend, 1995)는 협력교수를 교수-지원 교수(one-teach, one-assist), 평행 교수 (parallel teaching), 스테이션 교수(station teaching), 대안적 교수(alternative teaching), 팀 교수(team teaching)의 다섯 가지 유형으로 구분하였다. 협력교수 유형의 특징과 장단점은 다음과 같다(전연주 2021).

(1) 교수-지원 교수

2명의 교사가 1개의 대집단을 대상으로 수업을 하면서 한 교사는 전체 집단을 대상으로 주도적으로 수업을 이끌어가고 나머지 교사는 학급 내를 순회하면서 교육적 지원이 필요한 개별 학생의 학습이나 수업 행동을 지원하는 형태이다. 교수-지원 교수는 모든 교과목과 행동 문제에 적용할 수 있고 개별적 지원을 제공할 수 있어 직접 지도하기에 용이하다. 또한 대집단을 대상으로 수업하는 교사와 개별 학생을 지원하는 교사의 역할이 분리되어 있어 다양한 학습 요구를 지닌 학생들에 대한 지도의 효과가 크며 다른 협력교수 유형보다 상대적으로 수업 계획을 위한 시간 소요가 적다는 장점이 있다. 이 모형으로 수업을 할 때 반드시 일반교사가 수업의 주무가 되거나 특수교사가 보조 역할을 하는 것은 정해져 있지 않으므로 수업 전에 두 교사의 역할에 대한 책임을 확실하게 하여야 한다(김보미, 2020). 사전에 두 교사의 역할에 대한 협의가 부족하거나 교사의 역할이 고정되어 있을 경우, 개별 학생을 지원하는 교사의 불만이 생길 수 있으며 개별지원 교사가 보조자의 역할로 전락할 수 있어 실제적인 협력교수의 의미가 적다.

(2) 스테이션 교수

2명의 교사가 서로 다른 수업내용으로 자신이 맡은 학습 스테이션을 준비하며, 학생들은 수업내용에 따라 두세 집단을 나뉘어 집단별로 한 스테이션에서의 학습이 끝나면 다음 스테이션으로 이동하여 모든 수업내용을 학습하는 형태이다(이소현, 박은혜, 2007). 각 스테이션은 수업내용에 따라 게임 활동, 이야기책 읽기, 혼자 공부하기 등 다양한 형태로 구성될 수 있다. 스테이션 교수는 교사 대 학생의 비율이 낮아서 활동 중심 교수 · 학습 상황에 적합하며 소집단 학습, 즉 모둠 활동으로 학생 간 사회적 상호작용의 기회가 증대된다. 또한 소집단 학습을 위한 독립된 학습 장소를 따로 마련할 경우, 독립적인 학습의 기회가 제공된다는 장점이 있다. 그러나 이 모형은 수업 계획을 위한 많은 시간과 노력이 소요되며, 두 교사가 수업 시간 동안 각 스테이션 학습시간을 비슷하게 맞추기 위해 계속해서 조율하여야 한다. 또한 모둠별로 스테이션을 이동할 때 교실이 소란스러워질 수 있어 두 교사는 수업 전에 소집단 활동을 위한 사전 기술 지도, 스테이션 이동을 위한 규칙과 스테이션 학습을 위한 기술 지도 등의 학생 행동 관리가 필요하다.

(3) 평행 교수

2명의 교사가 학급 학생들을 절반을 나누어 이질적인 능력의 두 집단으로 구성하여 동일한 학습 내용을 서로 다른 지도 방법으로 동시에 각 집단을 지도하는 형태이다. 예를 들어, 같은 내용을 한 교사는 토론식으로 지도하고, 다른 교사는 질의응답의 형태로 지도할 수 있다(국립특수교육원, 2016). 평행 교수는 교사 대 학생의 비율이 낮아져 반복 연습이 필요하거나 감독이 필요한 학습 내용을 전달할 수 있어서 국어, 수학 등의 교과목 지도에 용이하다. 토론수업에서 학생들의 참여를 촉진하기 위해서나 재교육 또는 복습, 시험 개관, 연습과 실제와 같은 활동들을 하기에 적합하다(김보미, 2020). 그러나 두 교사가 협력교수 수업 준비과정에서 수업의 난이도를 비슷하게 조율하는 등 충분한 공동 계획이 요구되며 수업 시간 동안 진행 속도를 지속해서 조율하여야 한다. 또한 두 교사의 동시적인 교수·학습 진행으로 교실 내 소음이 발생할 수 있으며 두 집단을 동시에 수업하기 위한 넓은 교실 공간이 필요하다. 학생 중 특정 교사의 지도를 선호하는 경우가 생길 수 있다.

(4) 대안적 교수

2명의 교사가 학급 학생들을 학습 능력에 따라 대집단과 소집단으로 구성하여 한 교사가 대집단을 지도하고 다른 교사가 소집단을 지도하는 형태이다. 예를 들어, 대집단은 막 배운 개념과 관련된 실제적인 연습을 하는 반면 소집단은 추가적인 직접 교수를 받거나 대집단은 숙제를 점검받는 동안 소집단은 교과와 관련된 어휘를 복습할 수 있다(김보미, 2020). 대안적 교수는 전체 학급과 학생 개인의 수업 속도를 맞출 수 있고 보충·심화 학습의 기회를 제공하여 개별 학생의 학습 수행 정도에 따라 적합한 난이도의 수업이 이루어질 수 있다. 또한 소집단 교사가 개별적 지원이 필요한 학생들을 지도함으로써 대집단 지도 교사가 수업에 집중하도록 도움을 제공한다는 장점이 있다. 그러나 특수교육대상학생이 장기간 소집단에서 배치되어 반복적으로 보충학습을 하도록 하는 경우 낙인 효과가 발생할 여지가 있으므로 다양한 학생들이 소집단 교수를 받을 기회가 있도록 계획해야 한다. 또한 교사의 역할을 융통성 있게 조절하여 두 교사가 번갈아서 대집단과 소집단을 교수하여야 한다.

(5) 팀 교수

2명의 교사가 학급 내 모든 학생을 대상으로 동등한 역할과 책임을 지니고 교수 역할을 공유하면서 동일한 학습 내용을 함께 교수하는 형태이다. 팀 교수에서 두 교사는 번갈아 가면서 수업 시간 동안 시범, 역할 놀이, 개념 교수 등 다양한 역할을 한다. 예를 들어, 한 교사가 프로젝터나 칠판에 받아 쓸 내용을 가르치면 다른 교사는 설명할 수 있다(김보미, 2020). 두 교사 간 상호 신뢰와 협력이 많이 요구되는 형식으로 처음 협력교수를 시작할 때보다는 서로 익숙해진 교사에게 권유되는 유형이다(김라경, 박승희, 2002). 두 교사는 협력교수 계획, 실행 단계를 통해 진정한 협력의 과정을 거치며 학생들은 두 교사가 수업하는 모습을 보고 협동하는 방법을 모델

링할 수 있다. 또한 토론이 필요한 수업, 복습, 역할극에 적절하게 활용할 수 있으며 다양한 교과목 지도에 용이하다는 장점이 있다. 그러나 교사 간 가장 높은 수준의 협력이 요구됨에 따라 다른 협력교수 유형보다 수업 준비를 위한 가장 많은 시간과 노력이 요구되므로 두 교사 간 사전 협의가 중요하며 철저한 준비가 선행되어야 한다. 또한 교사 간 학습 내용 전달 방법이 상이할 경우 학생들은 내용 이해에 혼란을 겪을 수 있다.

이와 같이 협력교수는 다섯 가지 유형으로 나뉘지만 한 차시 내에서 협력교수의 유형은 하나로 고정되는 것이 아니라 수업내용, 방법, 자료에 따라 복합적으로 사용될 수 있고(이지은, 2020), 한 가지 혹은 그 이상의 유형을 수업 시간 중 일부 동안만 운영할 수도 있다(세종특별자치시교육청, 2017). 즉, 수업의 도입 단계는 팀 교수로 진행하고, 전개 단계에서 순차적으로 평행 교수와 교수-지원 교수를 사용하고, 정리 단계에서 팀 교수로 수업을 마무리할 수 있다. 또한 각급 학교나 해당 지역사회의 물리적 환경과 공식적·비공식적 지원 형태에 따라서도 협력교수의 유형을 변형하여 적용할 수도 있다.

2. 교과별 교수학습전략

1) 국어교과

(1) 읽기 이해 교수전략

학습자의 읽기 이해를 돕기 위해, 글을 읽기 전 글의 제목이나 그림 등을 보고 앞으로 무슨 일이 일어날지를 생각해 보는 예측하기, 제목과 관련된 자유로운 생각을 나누어 보고 선행지식을 활성화시킬 수 있는 브레인스토밍 전략을 적용해 볼 수 있다. 또한, 글을 읽는 중에는 글의 구조를 파악하고, 중심내용을 찾아 볼 수 있다. 특히, 글의 유형에 따라 글의 구조를 파악하는 것이 내용 이해에 큰 도움을 줄 수 있는데, 설명글의 경우 서술식, 열거식, 비교-대조 구조를 이루고 있으므로, 중심 내용과 세부내용을 구분하여 그래픽 조직자를 활용하여 내용을 구조화할 수 있다. 이야기 글의 경우, 이야기문법요소(글의 주요 인물과 배경 주요 사건의 전개와 결말) 등을 세분화하여 파악할 수 있다. 또한 구조화된 이야기 도식에 정리하며 전체 이야기글의 흐름과 주요내용을 파악하고 글을 요약할 수 있게 한다. 글을 읽은 후에는 중심내용을 질문해 보거나 한 문장으로 요약해 보는 활동을 할 수 있다.

(2) 작문하기 교수전략

쓰기는 학생의 사고를 심화하고 확장하는 데 필요한 능력으로(Graham & Perin, 2007), 학습상황과 일상생활에서의 노트 필기, 숙제, 논술시험, 편지 쓰기 등의 쓰기기술이 더욱 많이 요구된다. 작문하기와 관련된 교수법으로 자기조절전략이 빈번하게 사용되는데, 자기목표설정, 자기교수, 자기점검, 자기평가, 자기강화와 같은 학생주도적 학습법을 쓰기에 접목시킨 것이다. 또한, 과정중심글쓰기(process approach to writing instruction)로 쓰기 전, 쓰기 중, 쓰기 후 활동까지 쓰기의 전반적인 과정과 각 단계에서 해야 할 과제들을 체계적으로 가르치는 쓰기교수법을 적용해 볼 수 있다. 쓰기 전에는 무엇을 쓸지 관련 자료를 읽거나 교사의 안내를 받거나 동료들과 자유롭게 주제에 대한 선행지식을 나누고, 쓰기 중에는 내용을 조직하고, 표현하며, 검토하고 고쳐쓰기를 한다. 특히 육하원칙에 따라 글을 쓰고, 자기조절전략교수와 결합하여 육하원칙 요소를 자기교수, 자기점검, 자기평가할 수 있다. 글을 쓴 후에는 자신의 글을 발표하거나 피드백 받는 과정을 거친다. 이 외에도 또래와 협동하여 글쓰기(peer assistance), 대체 전략(alternative modes of writing)으로 워드프로세서를 활용한 전략을 사용할 수 있다.

2) 수학교과

(1) 연산교수전략

직접교수는 수학교과에서 높은 효과를 보이는 것으로 알려진 중재방법이다. 교사의 주도적인 수업에 기초하고 있지만 수업내용의 조직적이고 계열적인 구성과 수업 시간전반에 걸친 교사와 아동간의 상호작용이 심도 있게 고려되었을 때 더욱 높은 효과를 기대할 수 있다. 직접교수는 '교사의 시범—구조화된 연습—비구조화된 연습'의 총 3단계로 구성할 수 있는데, 각 단계에서 교사의 역할은 아동의 학습 성취에 매우 중요한 영향을 미친다. '교사의 시범'은 주어진 목표를 달성하는 데 필요한 지식, 전략, 과정 등에 대해 교사가 구체적인 설명을 하는 단계로, 주어진 학습목표를 해결하는 데 필요한 사고의 과정을 구체적이고도 단순한 예를 통하여 교사가 직접 시범을 보여 주거나 모델을 제시하는 활동 단계이다. '구조화된 연습'은 학습자들이 배운 내용을 해결해 보도록 하는 단계로, 도움이 필요할 경우 교사의 설명과 피드백이 제공된다. '비구조화된 연습'에서는 주어진 목표를 달성하기 위하여 이미 학습한 지식 및 전략을 사용하여 일정한 절차에 따라 수학 문장제 문제를 이해하기 위한 단계로 지금까지 익힌 방법을 자기 스스로 해결하는 적용 혹은 응용 단계라고 할 수 있다.

　연산문제에서 교사는 연산과정을 직접 시범 보이고, 학생이 이를 해결할 수 있도록 피드백하는 과정을 거쳐, 학생 스스로 문제를 해결하게 할 수 있다. 또한 연산의 경우 자릿수, 올림과 내림 등의 해결해야 할 수학적 개념을 이해해야 하기 때문에 점선,색깔과 같은 시각적 단서를 활용할 수 있다.

(2) 수학문장제문제해결 교수전략

① 인지-초인지 전략
　인지−초인지 전략은 문제해결을 위해 계획을 세우고 답을 예측하고 수학적 계산을 한 후, 이를 검토하는 일련의 과정을 따라 전략을 사용하는 것을 뜻한다(Montague, 1997). 몬터규(Montague, 1992)는 수학적 문제해결을 위한 전략을 제시하였는데, 바로 읽기, 자기말로 바꾸기, 도식을 사용하여 시각화하기, 문제해결을 위한 계획으로 가설 세우기, 답을 예측하기 위해 어림잡기, 수학적 계산하기, 모든 것이 맞는지 확인하기 위해 검토하기 등으로 나누어진다고 하였다. 인지−초인지 전략은 수학문제의 언어적 형식을 그림 형식으로 변환하여 문제를 접근하는 방법인 도식활용 중재와 함께 사용되는 경우가 많으며, 이는 수학문장제를 보다 쉽게 분석하도록 학생들을 도울 수 있는 방법이다(김영표, 신현기, 2008).

② 핵심어 활용 전략
　핵심어 활용 전략은 문제를 해결 하는 데 도움이 되는 핵심적인 단어를 찾아서 핵심 단어들과 해당 연산을 연결시키는 방법을 통해 식을 세우고 문제를 해결하는 것을 말한다. 문장제 문제를 읽고 문제에 포함된 핵심어에 표시를 하고, 핵심 단어에 의미를 해석하여 수식으로 표현하는 것이다(이태수, 홍성두, 2007). 그러나 핵심어 자체에만 집착할 경우 문제에 나타난 다른 중요한 정보를 무시하는 오류를 범할 수도 있다(Mercer & Mercer, 1993). 덧셈 연산에는 '모두, 총, 합하면, 더하면' 등이 있고, 뺄셈 연산은 '남은, 얼마나 더, 빼면', 곱셈 연산은 '몇 배, 모두', 나눗셈 연산은 '한 사람당, ~개씩' 등과 같은 단어가 핵심어가 될 수 있다.

③ 시각적 표상전략

시각적 표상전략이란 문제에 제시된 여러 가지 단서를 그림이나 구체적 사물 및 도식을 활용하여 명제적 정보를 시각적 이미지로 변화시키는 것을 의미한다. 텍스트 내용, 구조, 개념관계 등을 설명하기 위해, 특히 사칙연산의 개념을 설명하기 위해서, 화살표, 도형을 적절하게 배치하여 관계를 시각적으로 표시한다(정대영, 하창완, 2011).

④ 또래활용 중재

또래교수(Peer Tutoring)는 또래교사(Peer Tutor), 또래학습자(Tutee)를 포함하는 중재로 또래가 교사의 역할을 담당하는 것이다(신진희, 2003). 특히 또래활용 중재에 포함된 또래지원 학습전략(Peer-Assisted Learning Strategies: PALS)은 푹스 외(Fuchs et al., 2000)에 의해 개발된 것으로, 강한 동기, 빠른 속도, 다양한 활동, 높은 수업 참여 수준, 자기구어화, 시각적 표상과 같은 원리를 포함한다. 수학 일기 및 대화식 저널 활용 중재, 문제 만들기 활동 등을 또래를 활용하여 진행할 수 있다.

3) 과학교과

(1) 설명식 교수전략

특수교육요구학생의 과학성취를 촉진하기 위해서는 과학적 용어에 대한 자세한 설명이 필요하다. 어려운 과학적 사실, 개념, 원리와 법칙, 이론 등의 과학지식을 학생이 이해할 수 있도록 어휘교수에 초점을 두고 교사가 과학적 사실과 개념을 설명해 준다. 짧은 시간의 많은 양을 제시해 줄 수 있지만, 교사 위주의 수업이 이루어져 학생들이 어려워하거나 지루해할 수 있기 때문에 마인드 맵, 의미지도, 의미특성분석표와 같은 그래픽 조직자를 적절히 활용할 수 있다.

(2) 탐구활동 중심 교수전략

과학수업에 적극적으로 참여할 수 있도록 탐구중심활동을 구성해야 한다. 탐구활동을 통해 학습자는 과학적 기술을 익힐 수 있다. 다양한 감각을 활용하여 관찰하기, 기준에 따라 비교하고 분류하기, 단위를 사용하여 측정하기, 현재의 지식으로 앞으로의 일을 예측하기, 결과에 따른 원인을 되짚어보고 추론하기, 발견한 것에 대한 개념을 명료화하는 의사소통하기, 궁금한 것을 알아보기 위해 탐구과정을 계획하고 조작하는 실험하기 등의 탐구 기술을 익힐 수 있다. 탐구활동을 학생이 직접 경험하여 과학적 개념을 정리할 수 있도록 다양한 실험을 직접 해 보고, 여러 양식으로 반응할 수 있는 학습지를 함께 제공해 줄 수 있다.

(3) 토론학습전략

최근의 과학교과에서는 과학과 기술, 사회의 상호 관련성을 강조하기 때문에, 과학과 관련된 일상생활이나 사회문제를 이해하고, 이에 대한 자료를 조사하고, 해결방안을 모색해 보는 토의과정을 진행할 수 있다. 예를 들어, 산성비, 오존층과 같은 주제에 대해 학생들이 탐구하고 추론할 수 있도록 교사는 개방적이고 사고를 이끄는 발문을 하고 활동을 안내해 줄 수 있다. 이때 주의하여야 할 점은 학생들이 토의 중에 과학적 오개념을 형성하지 않도록 해야 한다.

4) 사회교과

(1) 그래픽 조직자 활용 전략

그래픽 조직자(graphic organizer)는 텍스트의 내용, 구조, 주요 개념들을 시각적으로 보여 주는 학습전략이자 학습도구이다. 그래픽 조직자는 도형, 선, 화살표, 부호, 지도 등으로 구성되며 학습 목적에 따라 다양한 방식으로 표현된다. 사회과 교과에서 흔히 쓰일 수 있는 그래픽 조직자는 시각적 배열과 인지적 도식이 있다. 시각적 배열은 사실들을 시각적으로 적절한 위치에 배열함으로써 내용(혹은 개념)을 설명해 주는 것으로 타임라인이나 의사결정트리(decision tree), 흐름도(flow chart),

벤 다이어그램 등이 있다. 인지적 도식은 텍스트 내용, 구조, 개념관계 등을 설명하기 위해 선, 화살표, 도형의 배열 등을 사용하는 것으로 학생들이 텍스트로부터 관련정보를 확인하고, 핵심 개념들은 강조할 수 있도록 도와주는 시각적 도식이다.

(2) 학습안내노트

학습안내노트(guided note)는 학생들이 글을 읽거나 수업을 들으면서 학생들의 참여를 유도하는 교수전략이다. 중요한 사실들을 기입할 수 있는 밑줄이 그어져 있는 빈 공간이나 괄호, 단서를 제공하여 노트 필기를 돕는다.

(3) 기억술 전략

기억술 전략(mnemonic strategy)은 사실적 정보를 기억하는 가장 효과적인 방법 중 하나로 정보들의 각 행의 첫 글자를 따서 기억하는 두문자어 전략과 페그워드 기법 등이 있다(Minskoff & Allsopp, 2003). 첫 글자를 따서 기억하는 기억술은 정보에서 핵심이 되는 행이나 단어를 선정하여 각 첫 글자를 배열한 후 단어나 문장으로 만들어 기억하는 전략을 말한다(김윤옥, 박향미, 2004). 페그워드 기법은 어떤 정보의 순서를 암기할 때 숫자와 청각적으로 비슷한 페그워드들과 새로운 정보를 서로 관련 지어 암기하는 기법이다. 친숙하고 구체적인 시각적인 표상을 제공할 때 더 잘 기억할 수 있다.

(4) 조작활동 중심 전략

조작활동(hands-on activities) 중심 전략은 사회에서 다루는 어휘나 정보처리의 단위를 학습자가 이해할 수 있도록 좀 더 구체적이고 비언어적인 경험을 할 수 있도록 돕는다. 예를 들어, 등고선이라는 추상적인 개념을 익힐 때, 직접 등고선을 표시해 보거나 만들어 보는 구체적인 조작활동을 통해 개념을 보다 쉽고 명확하게 익힐 수 있다.

정리 및 요약

1 특수교육은 대상의 특수성을 지칭하는 단어가 아니고, 교육의 특수성을 의미하는 용어이다. 비록 아직까지는 특수교육을 장애인 교육으로 협소하게 생각하고 있지만, 이는 잘못된 것임을 기억해야 한다.

2 장애의 개념은 지속적으로 변화하고 있다. '신체기능과 구조의 손상이 활동에서 어떤 제약을 경험하게 하는지', '사회적 편견으로 인하여 어떤 차별과 배제를 경험하는지', '환경과의 상호작용에 따라 장애개념이나 건강상태의 개념이 달라질 수 있는지' 등의 측면에서 볼 때, 장애의 개념은 매우 역동적인 상태를 의미한다.

3 「장애인 등에 대한 특수교육법」에 따르면 특수교육 대상자인 장애유형에는 시각장애, 청각장애, 지적장애, 지체장애, 정서·행동장애, 자폐성장애, 의사소통장애, 학습장애, 건강장애, 발달지체, 그 밖에 두 가지 이상의 장애가 있는 경우 등 대통령령으로 정하는 장애가 해당한다.

4 특수교육을 규정하는 핵심요소에는 특별한 교육적 요구, 개별화교육 계획(또는 프로그램), 특별한 교수방법과 관련 서비스가 있다.

5 과거의 통합교육은 특수교육을 받는 소수의 장애학생이 주류 집단으로서의 일반학급으로 들어오는 것을 뜻하였으며, 이는 '선 분리 후 통합'이라는 방향을 가지고 있었다. 하지만 오늘날의 통합교육은 '선 통합 후 필요에 따른 분리'라는 방식을 채택한다.

6 통합교육의 움직임에 영향을 미친 역사적 배경에는 정상화의 원리, 탈수용시설화, 최소제한환경, 주류화, 일반교육주도, 완전통합 등이 있다

7 통합학급에서의 교수학습전략에는 교육과정 수정, 평가 조정, 협력교수 등이 있다. 특수교육요구학생들의 학업적 역량 증진을 위해서는 교과별 교수학습전략에 대해서도 잘 이해하는 것이 필요하다.

토론 과제

1 학창시절 학교에서 마주쳤던 특수교육요구학생들에 대해 자신은 어떤 마음으로 그들을 바라보았는지 회상해 보고, 특수교육요구학생들을 통합교육 현장에서 가르치게 된다면, 교사로서 어떤 역량을 갖추어야 할지 이야기해 봅시다.

2 교사생활을 하던 중에 사고로 인하여 장애를 얻게 된 동료교사가 있다면, 자신은 교육현장에 그 장애인 동료교사를 어떻게 도울 수 있을지 생각해 봅시다. 교육현장에서 요구되는 다양한 업무를 생각해 보고, 각 장애 유형별로 어떤 도움이 필요할지 구체적으로 토의해 봅시다.

 관련 사이트

국립특수교육원(https://www.nise.go.kr)
국립특수교육원은 우리나라 특수교육을 대표하는 국가기관으로 특수교육 연구 및 실태 조사, 연수 및 정보화 사업, 교육과정 및 교과서 개발, 진로 · 직업교육, 인권보호 및 장애인 고등 · 평생교육 지원 등에 이르기까지 다양한 연구와 사업을 추진하는 기관이다.

 관련 자료

고약한 결점(2017)
우리 모두는 결점을 가지고 있다. 주인공의 결점은 주목할수록 커 보이고 결점에서 벗어나기 위해 노력하지만 끊임없이 주인공을 괴롭힌다. 어느 날 아주 특별한 의사 선생님을 만나고 주인공은 결점 대신 자기 자신을 볼 수 있게 된다.

눈을 감고 느끼는 색깔여행(2008)

촉각과 후각, 미각을 이용해 색깔을 표현함으로써 시각장애인이 인지하는 공감각적인 색의 세계를 비장애인에게 전달해 주는 책이다. 시각 장애인 주인공 토마스가 여러 색깔을 감각적으로 표현하며 점자와 그림으로 색에 대한 이해도와 상상력을 높여 준다.

학교로 간 몬스터(2019)

귀가 잘 들리지 않는 클라라에게 몬스터는 서툴지만 나름대로 최선을 다한다. 큰 소리로 말하고, 화장실을 갈 때는 업어 주겠다고 하고, 또 재미있는 자석을 보여 주려고도 한다. 그런데 그럴 때마다 클라라는 깜짝 놀라고, 당황하고, 겁을 내고, 한 발 물러섰다. 몬스터의 마음은 이게 아닌데, 어째선지 클라라와 자꾸만 어긋나는 것 같다. 친구들을 통해 차츰 클라라와 어울리는 방법을 배워가는 몬스터. 몬스터와 클라라는 더 가까워질 수 있을까?

CHAPTER

12

교사론

소크라데스의 죽음(자크 루이 다비드의 유화)

노틀담 대성당의 양각
(이 성당에서 파리대학이 처음 개강함)

디지털 교재

• 주요 질문

Q1 제시한 사진은 교사에 대한 모습입니다. 과거와 비교해서 현재는 어떠한 변화가 있나요? 앞으로는 어떠한 변화가 있을까요?

Q2 교사 또는 교직의 바람직한 모습은 무엇일까요?

Q3 교직 준비를 위해 어떤 준비를 더 해야 할까요?

교사론

I 교사의 의미

교사는 다른 직업과 다른 특성을 지니며, 사회적 기대도 상당히 높은 것도 사실이다. 교직에 입문하고자 하는 예비 교원은 이러한 기대를 알고, 교사에게 요구되는 특성을 체화하도록 노력하여야 할 것이다.

교사에게 요구되는 능력과 태도를 체화하기 위해서는 필요한 능력과 태도를 알아야 할 것이다. 교사로서 종사하게 될 분야를 교직이라고 하는데, 교직은 다양한 덕목과 능력, 도덕성을 요구한다. 이러한 이유는 교사에 대한 우리 사회의 기대를 반영하기 때문이다. 질 높은 교사가 되기 위해서는 교직의 의미, 교직관, 교직의 전문성과 교직윤리, 교직관련 이슈, 교직주기에 대한 이해가 있어야 한다. 또한 미래사회변화를 반영하여 미래교육에 적응적인 교사가 되기 위한 준비도 필요하다.

교사는 교직에 종사하는 사람을 일컫는 말로 공교육의 성립과 함께 교사라는 용어가 사용되었다. 즉, 19세기 말 개화기 시기에 현대 학교의 원형이 만들어지고 이때 이후에 교직에 종사하는 사람을 교사로 부르게 되었다(김영봉 외, 2008).

교사와 유사한 단어는 선생, 스승, 은사, 사부, 교원 등의 용어가 있다. 일반적으로 현재 가르침을 주는 사람을 선생으로, 이의 높임말을 스승으로, 과거에 가르침을 받은 사람을 은사로, 가르쳐 주는 사람을 사부로 표현한다. 근대적 교육이 시작된

이후에 학교 교사를 '선생'으로 호칭하였고, 교원이라는 용어는 1895년 제정된 '한성사립학교관제'에 처음으로 등장한 용어이며, 교육공무원을 일컫는 말로 사용된다. 교사라는 용어는 1899년 '관립학교 교원 서임시 시험규정'에 처음으로 등장하였는데, Teacher라는 영어 단어가 일본을 통하여 들어오면서 교사로 번역되고 이후에 일반화된 것이다(최금진 외, 2015).

예비교사는 교사의 의미를 이해하고, 이를 실천할 수 있는 능력을 지녀야 하는데, 이러한 능력을 지니기 위해서는 교사의 의미를 잘 이해하여야 한다. '교육의 질은 교사의 질을 넘지 못한다'는 의미는 결국은 질 높은 교육의 출발은 질 높은 교사에게서 시작된다는 점이다. 따라서 교사의 역할이 중요한데, 전통적인 교육관에서는 교육의 주도권이 교사에게 있다는 생각을 반영한 것이며, 최근의 경향은 학생의 학습을 중요시하여 교사의 조력자적 역할을 중요하게 여기는 경향이 있지만, 그렇다고 교사의 중요성이 예전에 비해 덜하다는 의미는 아니다. 교사의 중요성은 시대의 변화에도 불구하고 변함이 없다.

교사의 중요성은 무엇보다도 학생에게 직접적인 영향을 미치기 때문이다. 따라서 다양한 자질이 필요하며, 교사에게 필요한 자질을 살펴보면 다음과 같다.

첫째, 학생에 대한 배려, 이해, 사랑이 필요하다.

둘째, 교육에 필요한 전문지식과 교수기술이 필요하다.

셋째, 올바른 윤리의식과 철학을 지니고 있어야 한다.

넷째, 시대의 변화를 알고, 지역사회와 협력할 수 있고, 이를 교육에 실천할 수 있는 능동성이 있어야 한다.

이와 같은 능력이 필요하지만, 좋은 교사는 어렵고 힘든 상황에서도 학생을 위해 헌신하는 모습으로 인식하는 경향이 있다. 따라서 일반인이 기대하는 모습도 보여줄 필요가 있는데, 이러한 헌신을 위해서는 교사의 열정만으로는 한계가 있으며, 앞에 제시한 자질이 있어야 학생을 올바르게 지도할 수 있을 것이다. 따라서 교직을 준비하는 예비교사는 인성, 전문성, 학생을 위한 헌신 등의 다양한 능력 신장을 위해 노력하여야 한다.

Ⅱ 교직의 의미

　　교사로서 종사하게 될 직업군을 교직이라고 하는데, 전통적으로 교직은 성(誠)이나 경(敬)과 같은 인격적 조건이 크게 강조되어 왔다. 이러한 이유는 교육이 인격적 완성을 강조하던 시대의 유산이었기 때문이다. 이러한 전통은 지금도 남아 있긴 하나, 오늘날은 학교교육의 수준에 따라 다소 다른 교사 자질이 요구된다. 유아의 경우 부모와 같은 돌봄의 기능이 중시되는 반면, 초등, 중등 수준에서는 인격적 통합과 높은 지식과 기술이 요구될 것이다. 그러나 모든 교직 종사자에게는 공통적으로 요구되는 것이 있다.

　　교직은 인간을 대상으로 하는 직업이다. 그런데 교사가 상대하는 인간은 미성숙할 뿐만 아니라 낮은 수준의 인지능력을 가진 경우가 많다. 교직은 미성숙한 인간인 아동 또는 청소년을 다루어야 하며, 이들의 발전을 이루어야 한다. 따라서 교직에 필요한 능력은 여러 가지가 있다. 인성, 전문성 헌신 등 여러 자질을 필요로 하며, 교직을 보는 관점에 따라 성직자, 전문가, 노동자 등에 따라 여러 관점으로 나누어 볼 수 있고, 고도의 윤리의식이 동반되는 특징이 있다.

　　교직에 종사하기 위해서는 교직의 의미를 이해하는 것이 중요한데, 교직의 의미는 다음과 같이 정리할 수 있다(박영진, 장성화, 2016).

　　첫째, 교직은 인간을 대상으로 하는 직업이다.

　　둘째, 교직은 특히 인간의 정신생활을 함께하는 직업이다.

　　셋째, 교직은 미성숙자를 상대로 하는 직업이다.

　　넷째, 교직은 봉사직이다.

　　다섯째, 교직은 국가와 민족에 지대한 영향을 준다.

　　여섯째, 교직은 사회발전에 있어 중대한 역할을 맡아야 하는 직업이다.

III ▶ 교직관

　교직은 인류의 역사와 함께 오랫동안 존재하던 직업이었기 때문에, 역사적 소산을 반영하여 다양한 관점으로 보는 시각이 생겼다. 가장 오래된 관점은 성직자 관점이며, 현대 사회에 이르러서 전문성이 부각되면서 전문직관이 생겨 났고, 임금을 받고 근로를 제공한다는 의미에서 노동직관이 형성되었다. 이러한 다양한 관점 중에서 교직이 어떠한 의미를 가지는지를 파악하는 바에 따라 교직에 대한 주관과 태도가 달라질 것이다. 가령 교직을 다음에 제시한 관점 중에서 성직관으로 볼 것인가, 노동직관으로 볼 것인가에 따라 교사를 대하는 학부모의 태도가 달라질 수 있을 뿐만 아니라 교사들이 동료 교사를 대할 때, 또는 교사가 스스로를 되돌아볼 때 각각 다른 의미 부여를 할 것이다. 이렇게 각각 다른 관점을 제시하는 교직관은 세 가지로 보는 시각이 대표적인데, 성직자관, 전문직관, 노동직관의 세 가지 관점이 있다.

　첫째, 성직자관이다. 서양의 경우 오랜기간, 성직자가 교사의 역할을 하였고, 동양의 경우도 군사부일체로 스승을 부모급으로 대한 것으로 볼 때, 교직을 성직으로 보는 관점은 매우 오래된 관점일 뿐만 아니라, 우리 사회에도 아직 견고하게 남아 있는 관점이다. 그러나 최근에는 교직을 성직으로 보는 관점이 약해지는 추세이다. 성직자들이 세속적인 삶과는 다른 삶을 살면서 금전적, 경제적 보상 등과는 무관한 삶을 사는 것처럼 교직도 세속적이지 않은 정신세계인 사랑, 헌신, 봉사 등을 강조한다. 이러한 점에서 교직을 성직자관으로 보는 것은 타당해 보인다.

　둘째, 전문직관이다. 교직을 전문가로 보는 관점이다. 교직을 수행하기 위해서는 다양한 전문성을 요하며, 전문가 집단의 준거가 되는 직능단체가 존재한다는 점에서 전문직관으로 보는 시각이 있다. 전문직관은 교직을 수행하기 위해서 다양한 전문가적 능력이 필요한 점에서 광범위하게 지지 받는 관점이다. 전문직 관점이 적용되기 위해서는 전문성과 윤리의식이 필요한데, 교직은 두 가지를 모두 충족한다. 교직의 전문직관과 관련된 가장 중요한 전문성은 학생지도에 대한 것이다. 학생을 잘 지도하기 위해서는 전공에 대한 지식뿐만 아니라 연수, 연구 등 현직활동도 활발히 하여야 한다. 이와 더불어 엄격한 윤리강령 및 이의 준수가 요구되고 있으며, 다양한 교직단체를 구성하여 활동하고 있다.

셋째, 노동직관이다. 교사가 임금을 받고 노동조합을 결성하는 점에서 노동직관으로 교직을 바라보는 관점도 타당한 관점으로 볼 수 있다. 노동자들이 노동조합을 결성하고, 근무조건, 임금 등의 개선을 위해 단결권, 단체교섭권, 단체행동권을 행사할 수 있다. 교직은 이중 파업과 관련된 단체행동권은 제한되어 있지만, 대부분의 다른 나라에서도 교직의 파업은 인정치 않고 있다는 점을 고려할 때 교직을 노동직관으로 보는 시각도 타당하다.

이 세 가지 관점은 교직을 바라보는 대표적인 관점이며, 이외에 공직자관(교직은 주로 공적인 업무를 수행함), 서비스관(학생 및 학부모, 지역사회에 대한 서비스) 등의 관점이 있으나, 본서에서는 가장 대표적인 세 가지 교직관을 중심으로 논의하였다.

교직을 준비하는 예비교사는 이러한 관점중에서 하나의 관점에 대해 이해하고 있어야 향후 교사로서의 자질을 어떻게 준비할 것인가에 대한 혜안이 생길 수 있다.

IV　교직의 전문성과 교직윤리

1. 교직의 전문성

교직은 장기간의 준비기간, 높은 지적 능력, 봉사성, 윤리강령, 전문직 단체 결성, 주로 학생을 대상으로 교육활동에 종사하는 등의 특징을 지녔다. 이러한 특징은 모든 전문직에서 나타나는 특징이기에 교직의 중요한 성격은 전문성으로 볼 수 있다.

교직에서는 다음과 같은 전문적인 능력을 길러야 한다.

첫째, 교과 내용과 관련된 전문성이 있어야 한다. 이에는 교과목에 대한 지식뿐만 아니라 일반교양, 교직과목에 대한 지식도 포함된다.

둘째, 학생의 발달을 이해하는 전문성이 있어야 한다. 인간발달 이론뿐만 아니라, 신체적 발달, 인지적 발달, 정서적 발달과 그에 따른 각 발달 시기별 특성을 이해하여 학생을 지도할 수 있는 능력이 있어야 한다.

셋째, 수업기술에 대한 전문성이 있어야 한다. 좋은 수업을 위해서는, 학습상황

조성, 교육내용의 조직, 지식전달기술, 평가기술 등이 필요하다.

넷째, 사회의 변화에 능동적으로 대응하는 전문성이 있어야 한다. 과거, 현재, 미래는 각기 다른 양태로 전개될 것이며, 학생과 학교의 특성 또한 사회의 변화와 함께 변화가 있을 것이다. 이러한 변화에 능동적으로 대처하는 자세는 성공적인 교직과 직접적인 관련이 있을 것이다.

다섯째, 지식관리자, 지식생산자로서의 전문성이 있어야 한다. 교사를 포함한 학교현장의 교원들은 새로운 지식을 생산하고, 연구할 수 있는 전문성이 있어야 한다. 특히 현장연구는 유초중고 현장에서 시시각각 바뀐 상황을 반영한 연구가 가능하기 때문에 교직의 전문성이 적극적으로 반영될 수 있는 분야이다.

2. 교직윤리

언론에서는 교직 종사자들의 비행 또는 일탈을 타 직업군의 비행에 비해 매우 엄히 다루는 경향이 있다. 이러한 경향이 나타나는 이유는 교직은 인격적으로 미성숙한 학생을 대상으로 하기 때문에 다른 직업보다 엄격한 윤리의식을 필요로 하기 때문이다. 교직에 대한 높은 윤리의식은 사회 일각의 교직에 대한 비난의 기준이 되는데, 교직이 지닌 윤리의식을 살펴보아야 교직에 대한 사회적 비난의 실체를 이해할 수 있을 것이다.

캣츠(Katz, 1972)는 직업의 특성상 발생할 수 있는 여러 가지 종류의 유혹을 잘 다루는 기준을 세울 수 있도록 도와주는 것이 '윤리강령'으로 정의하였다. 전문직으로 분류할 수 있는 직군은 자체적으로 윤리헌장을 가지고 있고, 엄격한 윤리의식을 요구하는데, 교직도 예외는 아니다. 교직윤리의 가장 중요한 점은 교육의 3주체인 학생, 동료교사, 학부모에 대한 윤리이고, 이외에 학교조직, 교직공동체, 국가 및 사회에 대한 윤리로 나누어 볼 수 있다(이윤식, 2007). 교직윤리를 3개의 부분으로 나누어서 살펴보면 다음과 같다.

첫째, 가장 중요한 윤리로 교육의 3주체인 학생, 동료교사, 학부모에 대한 윤리를 들 수 있다. 교사는 학생의 인권을 존중하고 사랑으로 대하여야 한다. 학교라는 교육공동체를 공유하는 동료교사를 존중하고, 견해차를 해소할 수 있는 자세와 관용의 자세를 보여야 한다. 학부모와 교사는 학생 지도를 위해 항상 긴밀히 협조하여야 한다는 점 등이 윤리의식으로 중요하다. 학부모는 학생 보호의 일차적인 주체일 뿐만 아니라 교사와 상호 협력적인 관계 속에서 학생을 지도하여야 한다는 점에서 학생교육과 관련된 정보를 공유할 필요성이 있다. 초임교사가 가장 어려워하는 점이 학부모와의 관계 형성인데, 학생지도의 동반자로 인식하여야 할 것이다. 때로는 학부모가 가지고 있는 교육관이 바람직하지 못할 경우도 있지만, 인내와 관용의 자세로 학부모를 인도하여야 할 것이다.

둘째, 학교조직 및 교육공동체에 대한 윤리이다. 교직사회에서 일어나는 하나의 사건도 전체 교직에 대한 비판의 재료가 되기 때문에 전체 조직에 피해가 가지 않도록 하여야 한다. 또한 교직에 종사한다면 교직공동체의 일원이라는 의식을 가지고 교직사회 발전에 이바지하여야 한다.

셋째, 개인, 사회, 국가에 대한 윤리를 들 수 있다. 교직 구성원은 학교와 지역사회에 우호적이고 협조적으로 연결시키는 원동력이고 국가 발전의 선도자라는 점을 알아야 한다. 따라서 교직 구성원은 지역사회의 발전을 위해 상호 협력하여야 하고, 국가 발전을 위하여 노력하여야 한다. 이러한 노력을 위해서는 먼저 교직 전문성을 높여야 하는데, 교직 전문성을 높이기 위한 현직연수나 대학원 진학 등의 노력을 하여야 하며, 변화하는 사회에 대한 열린 마음으로 교양을 쌓아야 할 것이다.

사회에서 바라는 교직의 높은 윤리의식을 반영하여, 교직윤리헌장을 제정하고 이를 실천하기 위해 노력하고 있다. 이와 함께 최근에는 학생인권이 중요한 문제로 부각되는데,「학생인권조례」를 각 시·도교육청별로 제정하여 운영하고 있으며, 교육과정에서 학생의 인권을 보장하기 위한 조례다.

2010년 10월 5일 경기도교육청에서 처음 공포해 해당 지역 학교에서 시행했다. 2011년 10월 5일 광주광역시, 2012년 1월 26일 서울특별시, 2013년 7월 12일에는 전라북도교육청이 공포해 시행 중이며, 교육청별로 학생인권조례를 제정하지 않은 곳도 존재한다.

학생인권조례는 차별받지 않을 권리, 폭력 및 위험으로부터의 자유, 교육에 관한 권리, 사생활의 비밀과 자유 및 정보의 권리, 양심과 종교의 자유 및 표현의 자유, 자치 및 참여의 권리, 복지에 관한 권리, 징계 등 절차에서의 권리, 권리침해로부터 보호받을 권리, 소수자 학생의 권리 보장 등으로 구성되어 있다.

생각해 보기

　　각 분야에서 큰 변화가 일어나고 있지만 우리 교실의 모습은 어디를 가든지 크게 차이를 보이지 않고 있다. 그렇다면 교육은 어떨까. 교육 영역은 변화가 매우 느린 영역이다. 학교 교실이나 대학 강의실을 한번 생각해 보자. 책상 배치나 칠판 또는 화이트보드, 교재, 연단 등 전형적인 교실의 모습을 떠올리게 된다. 어느 학교를 가든지 그 구조는 크게 차이가 나지 않는다. 교사나 교수가 가르치고 학생은 배우는 방식도 비슷하다. 공교육의 경우, 산업혁명 이후 만들어진 교육 시스템이 오늘날까지 큰 변화 없이 이어지고 있다.

　　온라인 교육업체 코세라(Coursera)의 공동창업자 대프니 콜러(Koller) 박사는 "300년 전의 교사를 잠재웠다가 오늘날의 강의실에서 눈뜨게 하면 '내가 있는 여기가 어디인지 정확히 알겠다'고 말할 것"이라고 했다.

　　300년 동안 거의 변화가 없었던 학교교육도 디지털 기술과 인공지능 등 4차 산업혁명 기술이 접목되면서 이제 거대한 변화를 예고하고 있다. 미래를 예측하는 미래학자들 중에는 극단적으로 학교가 사라질 것이라고 말하는 사람도 적지 않다. 전통적 개념의 교육은 학교라는 장소에서 교사는 가르치고 학생들은 배우는 것을 일컫는다. 하지만 4차 산업혁명을 거치면서 초지능, 초연결사회가 되면 학교교육의 양상은 완전히 달라질 것이다. 그렇다면 구체적으로 학교교육은 어떻게 변화할까.

　　첫째, 앞으로 물리적 공간으로서의 학교의 의미는 크게 변화할 것이다. VR 헤드셋으로 수업을 받고 있다. 우선 물리적 공간으로서의 학교의 의미는 크게 변화할 것이다. 학교는 공부하는 장소다. 하지만 공부를 하기 위해 꼭 학교에 가야 하는 것은 아니다. 미래에는 장소에 구애받지 않고 언제 어디서나 연결해 학습할 수 있게 될 것이다.

　　지금도 세계 어느 나라에 살건 인터넷에 접속할 수만 있으면 미국 MIT나 하버드대학교의 명강좌를 무크(MOOC)로 들을 수 있다. 무크는 'Massive Open Online Course'의 약자로 인원 제한 없이 (Massive), 모든 사람에게 공개되고(Open), 웹 기반으로(Online) 이루어지는 무료 강좌(Course)다.

　　e-러닝, 인터넷강의 등이 상용화된 것은 이미 오래전이다. 학교 교실에 모여서 하는 수업은 점점 줄어들 것이고 온라인 교육이나 재택 학습, 탐방 학습이 늘어날 것이다. 코세라(Coursera)는 2012년 스탠포드 대학교 컴퓨터공학과 앤드루 응(Andrew Ng)과 대프니 콜러가 비싼 대학등록금을 낼 형편이 안되는 사람들에게 양질의 교육 기회를 주기 위해 만든 온라인 강연 사이트로 시작돼 지금은 대표적인 글로벌 무크 회사로 자리 잡았다.

스탠퍼드대학교, 예일대학교, 런던대학교, 북경대학교, 칼텍 등 굴지의 명문대학들이 코세라 사이트를 통해 무크 강좌를 운영하고 있다. 위키백과사전에 의하면, 2018년 6월 3,300만 명이 회원으로 등록돼 있고 2,400개 이상의 강의를 제공하고 있다.

대개 4~6주 과정으로 누구나 무료로 들을 수 있지만 수료증을 받기 위해서는 과제나 시험을 치러야 하고 일정 금액의 돈을 내야 한다. 좋은 자료나 좋은 강의는 인터넷이나 유튜브 채널, 무크 강좌 등 부지기수로 많다. 개인의 의지와 노력, 약간의 노하우만 있으면 양질의 무료 강좌도 얼마든지 찾을 수가 있다.

둘째, 교수자인 교사, 교수의 역할에도 큰 변화가 일어날 것이라는 점이다. 세계미래학회(World Future Society)라는 단체가 있다. 미국에 있는 세계 최대 규모의 미래학 연구집단이다. 내로라하는 미래연구자는 대부분 회원으로 가입돼 있다. 세계미래학회는 미래학자들의 설문조사를 통해 2030년 경에 사라질 열 가지라는 제목의 보고서를 발표한 적이 있다.

사라지는 것 리스트에는 현재의 교육과정(Educational Processes)이 포함돼 있다. 공장에서 대량생산 방식으로 이루어지는 천편일률적인 교육모델이 사라지고 교사도 필요 없는 맞춤형 학습 시대가 열릴 것이라는 예측이다.

미국의 저명한 미래학자 토마스 프레이(Frey) 다빈치연구소장은 전 세계 대학의 절반은 20년 내 문을 닫을 거라는 비관적인 전망을 내놓기도 했다. 물론 이런 위기의 배경에는 4차 산업혁명과 인공지능 기술 발전 등이 있다.

미래학자들이 사라질 거라 예측한 직업으로는 의사, 변호사, 기자, 교수, 교사 등이 있다. 지금과는 완전히 달라질 미래 교육에서는 지금처럼 교육과정에 나와 있는 지식을 전달하는 교사나 교수의 역할은 찾아보기 힘들 것이다. 미래 교수자의 역할은 지식 전수가 아니라 왜 학습이 필요한지를 깨닫게 해 주고 스스로 학습하는 방법을 코칭해 주는 것이다. 이를테면 교사는 지식을 가르쳐주는 사람(teacher)이 아니라 학습을 지도하고 조언하는 사람(mentor, coach)으로 변화할 것이다.

셋째, 학교에서의 교수학습 방법의 변화를 들 수 있을 것이다. 최근 선진국에서는 '거꾸로 교육(Flipped Learning)'이 기존 교육에 대한 대안으로 실험되고 있다. 기존의 전형적인 교육 패턴은 학교에서 배우고 집에 가서 복습하고 다시 학교에서 표준화된 평가를 하는 것이었다.

그런데 거꾸로 교육은 말 그대로 거꾸로다. 공부는 집에서 하고 학교에 와서는 모르는 것을 물어보거나 어려운 것을 같이 토론해 보는 방식의 새로운 교육법이다. 온라인이나 클라우드에 미리 동영상 강의 자료를 올려놓으면 학생들은 원하는 시간에 접속해 개인 맞춤형으로 공부할 수 있게 해주는 정보통신기술(ICT)은 '거꾸로 교육'의 필요조건이다.

ICT는 앞으로 교육 현장에 점점 더 많이 활용될 것이다. 에듀테크(EduTech) 산업이 각광받고 있는 것은 이 때문이다. 기술발전으로 에듀테크 산업도 빠른 속도로 발전할 것이고, 교실 환경은 디지털 기반으로 재설계될 것이다.

전자책이 종이책을 대체하고, 오프라인 수업보다는 개인 맞춤형 온라인 수업, 주입식 집합교육보다는 집단지성, 협업, 공유학습 중심의 교육으로 변화할 것이다.

출처: 디지털투데이 (DigitalToday)(http://www.digitaltoday.co.kr), 2021.7.19.
4차 산업혁명, 팬데믹으로 인한 미래교육의 변화

V 교직 관련 이슈

1. 교육정책의 변화

인류는 다양한 혁명적인 변화를 겪었고, 향후에도 이러한 변화를 겪을 것이다. 이러한 변화에 적응하기 위해서 교직에서 지금까지도 변경된 다양한 정책과 모형이 도입되고 있다.

지금까지 도입되거나 시행된 정책들은 완전학습, 열린교육, 인성교육, 창의인성교육, 융합교육 등 다양한 형태로 이루어지고 있다. 이처럼 다양한 정책의 변화는 정치적인 이유와 시대적인 이유 때문으로 볼 수 있다. 교직에 종사하면서 다양한 정책의 변화가 있을 것인데, 이는 시대적, 정치적인 상황을 반영한 것으로 이해할 수 있을 것이다.

이러한 정책적인 변화가 바람직한 것인가, 그렇지 않은 것인가는 교직에 종사하는 개인의 신념에 따라 다르겠지만, 사회의 변화를 이해하고 이에 걸맞는 교육을 준비하는 자세를 계속적으로 견지할 필요가 있다.

2. 학습자 변화

지금의 학생은 과거 예비교사의 학창시절과 비교하여 매우 이질적이라는 이야기들을 한다. 많이 지적되는 사례는 과거의 학생에 비하여 개별화되었으며, 이기적이고, 협동심을 모른다는 의미가 주류를 이루고 있다. 실제 지금의 학생은 과거의 학생들과는 다르며, 앞으로의 학생은 현재의 학생과 또 다른 모습이 될 것이다. 이러한 변화는 학생에게만 일어나는 것이 아니라 사회 전반의 변화 양상이기도 하다. 따라서 학생은 계속적으로 바뀔 것이며, 변화의 영속선 위의 현재 학생이 지금의 학생이 될 것이다.

현재의 학교는 산업혁명 시기의 체제에 의해 탄생되었다는 것을 고려한다면, 과거보다 적응하지 못하는 학생이 증가하였다는 점은 자연스러운 현상일 것이다. 현재의 학습자는 개별적이며, 외동의 특징을 갖고 있고, 부모의 지나친 관심을 받는데다가, 입시위주의 교육 풍토에 지쳐 있을 가능성이 높다.

이러한 학습자의 특징을 이해하고, 학습자의 변화에 능동적으로 대처하는 교사는 학생의 관심과 사랑을 받을 수 있을 것이다. 따라서 교직을 원활히 수행하기 위해서는 학생의 변화에 주목할 필요가 있다.

3. 교실붕괴

교실붕괴라는 개념은 교사가 설자리가 없어진 교실을 의미한다. 90년대 후반부터 사용되기 시작한 용어로 '공교육 붕괴'라고도 불리는데, 교실붕괴라는 용어를 더 많이 사용하고 있다. 교직을 준비하는 학생들은 교실붕괴라는 용어가 갖는 의미를 쉽게 유추해 볼 수 있을 것이다.

교실붕괴의 원인은 여러 가지가 있지만, 대체적으로 입시위주의 교육, 집단위주의 학교 문화 등에 기인하고 있다. 이러한 원인으로 학생 중 일부가 교사의 지시 등에 순응하지 못하고, 수업시간에 원하는 교육목표를 도달하지 못하는 현상을 빚기도 한다.

이러한 현실에 직면한 교사는 교수방법, 학습자와의 친밀함, 개인상담의 방법을 활용하여 학생을 이해하는 자세를 가져야 교직소진을 경험하지 않을 것이다. 교실붕괴의 일차적인 책임은 교사에게 있다는 인식을 가지고 학생의 학습을 도와야 교실붕괴를 막을 수 있을 것이다.

또한 학교교육에 대한 학부모의 지나친 관여도 교실붕괴를 유발하는 요인으로 작용하는데, 교사의 전문성을 높여서 학부모를 이해시키고, 학생지도의 전문성을 높이는 자세로 극복하여야 할 것이다.

4. 학교평가 및 교원평가

학교평가는 1995년 '신교육체제 수립을 위한 교육개혁방안'에서 학교교육의 질적 향상과 책무성 이행을 위한 목적으로 도입되었다. 1997년부터 2011년까지 교육청이 주관하여 학교평가를 시행하여 학교평가에 대한 시 · 도교육청의 자율성이 법적으로 보장된 2012년부터 외부평가를 폐지하고 교육공동체의 참여 · 소통 · 협력을 바탕으로 한 학교자체평가를 1년 주기로 전면시행하고 있다.

교원평가는 학교 구성원인 교사를 대상으로 교사의 전문성을 증진시키고 책무성을 강화하기 위하여 업무수행에 대한 체계적인 정보와 피드백을 제공하여 교사의 질을 관리하는 것이다.

학교자체평가는 '학교가 학교교육활동을 스스로 평가한다'는 뜻으로, 그 개념은 교육학자마다 다양하게 정의하고 있으나, 학교교육과정 운영의 기본 매커니즘인 '계획-실천-평가-환류'라는 관점에서 생각하면, 학교자체평가는 '학교 혁신과 발전을 위하여 학교구성원들이 자율성과 책무성을 갖고 평가의 주체로서 학교교육의 전반을 확인하고 반성하는 실천적 교육활동'이다.

이러한 학교평가 또는 교원평가는 주어진 지표에 따라 평가를 실시하고 있는데, 학교평가 또는 교원평가 과정에서 갈등이 유발되는 경우가 있으며, 평가결과에 따라 인센티브 등의 차등이 주어진다. 그러나 평가과정에서의 갈등을 최소화하기 위해서는 지표의 성격에 맞는 평가가 이루어져야 하며, 평가의 본질적인 목적이 차등적인 대우에 있기보다는 발전을 위한 방안 마련, 교원의 자기개발에 있기 때문에 평가결과를 반영한 발전방안에 초점을 두어 갈등을 최소화하여야 할 것이다.

5. 사회의 변화를 반영한 교직의 변화

코로나 팬데믹으로 비대면 수업과 온라인 수업이 증가하자 학력격차에 대한 우려의 목소리가 나오고 있다. 이러한 우려의 배경은 부모의 사회경제적 지위에 따라 학생의 학업성취에 차이를 가져왔다는 지적에 기인하는데, 교직에 종사한다면 이러한 사회적인 변화를 반영한 교직의 변화에 적응할 필요가 있다.

이러한 사회변화에 따른 교직의 변화는 향후 새로운 기술이나 기법의 도입으로 더 많은 변화가 예고되고 있는데, 4차 산업혁명과 코로나 팬데믹으로 이러한 변화가 가속될 것으로 보인다. 이에 대한 자세한 내용은 미래사회 변화와 교직에서 자세히 기술하겠다.

6. 교직 주기

교직에 입문하는 교사는 시간이 지남에 따라 다양한 변화를 경험한다. 교직생활의 전체 기간을 통하여 다양한 영역에서 가치관, 신념, 태도, 지식, 기능 등의 많은 변화가 일어나는데 이를 교직주기 또는 교직발달로 부른다.

연구자마다 각기 다른 교직주기를 제시하고 있는데, 페슬러(Fessler, 1985)는 대학에서 교사가 되기 위한 준비를 하는 교직준비-교직입문-능력구축-열중과 성장-좌절-안전과 침체-교직쇠퇴-교직퇴직의 순으로 주기를 제시하고 있고, 권건일(2007)은 교직입문과 동시에 생존단계-강화단계-갱신단계-성숙단계의 4단계로 보고 있다.

다양한 교직주기에 대한 연구가 있으며, 이를 분류하는 방법도 다양하고, 교직에 입문하는 교사들의 변화도 다양하지만, 그동안의 연구를 종합하면 다음과 같은 교직주기를 보임을 알 수 있다.

첫째, 교직준비기이다. 이시기는 교사가 되기 위한 준비기로서, 교사교육을 받는 시기이다. 사범대학, 교육대학, 교직과정, 전문대학 유아교육과 등 다양한 교사양성과정이 존재하며. 대부분의 경우 3~4년의 교육을 필요로 하고, 일정자격을 갖추어야 교사자격이 부여된다. 또한 임용고시 준비 또는 사립학교 취업 등으로 교사가 되기 위해 노력하는 단계이다.

둘째, 교직입문기이다. 이 시기는 교사로 임용되어 교직에 적응할 뿐만 아니라 교직에서 성공적으로 적응하고자 하는 노력을 기울이는 시기이다. 이시기는 교사로서 자기 자신의 생존에 관심을 갖고 있으며, 동시에 염려, 불안, 지식과 경험의 부족에 의한 융통성 및 대처능력의 결여를 보인다. 하지만 가장 열정적으로 교직에 임하는 시기다.

셋째, 교직강화기이다. 교사로서의 능력을 발휘할 뿐만 아니라, 부족한 부분을 찾아서 새로 익히며, 동료교사와의 상호작용 등으로 능력을 키우는 단계이다. 이 시기에 대학원 진학이나 현직 연수 등을 통하여 자신의 능력을 키울 수 있을 것이다.

넷째, 교직좌절기이다. 이 시기는 교사로서 자리를 잡았지만, 자신이 하는 똑같은 일에 대한 회의와 실증을 느끼는 단계이다. 이 시기는 학교 안보다는 학교밖 활동을 통하여 반복되는 지루함을 극복할 수 있을 것이다.

다섯째, 교직 쇠퇴 및 퇴직기이다. 이 시기는 교직을 떠날 준비를 하고, 실제 퇴직을 맞이하는 단계이다. 이 시기에 교사는 자신을 스스로 교사로 인정하는 성숙함을 보이고, 또한 교육에 관한 학문적 이론을 접하는 등 자신의 능력에 대한 적용을 한다. 이후에 교직퇴직을 위한 준비를 한다.

7. 미래사회 변화와 교직

현재의 교직은 예전과는 다른 다양한 요구를 하고 있다. 그중 대표적인 것이 4차 산업혁명과 교육에 대한 요구일 것이다. 교직에 거는 기대 또는 요구는 시대별로 다른 양상을 보이고 있는 것이 주지의 사실이다. 산업혁명 시대에 교사에게 거는 기대와 4차 산업혁명으로 대표되는 지금 시점에서 교직에 거는 기대는 많은 차이가 있을 뿐만 아니라 각 시기별로 교사에게 거는 기대도 달랐다.

산업혁명 시대에 교사에게 거는 기대는 산업혁명이 지닌 의미와 같았다. 대량생산 및 지식의 주입이 교사에게 거는 기대였다면, 현재에 교사에게 기대되는 의미는 과거와 다르다. 이러한 변화는 교육과정의 변화와도 맥을 같이하고 있다.

교육과정 개정은 변화하는 시대적 요구를 교육적으로 수용하기 위한 방법으로 시행되었는데, 7차 교육과정 이후에 수시 개정 체계를 갖추고 교육과정의 변화를 겪고 있다.

제4차 산업혁명(The fourth industrial revolution)이란 독일에서 행정부를 중심으로, 기업, 노동조합, 대학이 제휴(coalition)하여야 미래 사회를 선도할 수 있다고 하여 처음으로 제안한 용어이다. 4차 산업혁명 개념은 다보스 포럼에서 슈왑(Schwab, 2016)이 이전의 개념과 다른 변화가 나타나며, 인공지능, 로봇, 모바일, 사물인터넷 등 현재 주목받는 과학기술의 융합으로 나타는 변화로 설명하였는데, 이미 우리 교육 현장은 4차 산업혁명을 교육에 적용하기 위하여 융합교육(STEAM) 등을 도입하고 창의성 교육을 강조하고 있다.

이러한 패러다임의 변화에서 주목할 부분이 있다. 이는 패러다임의 변화에 적응하지 유기체는 이니셔티브를 장악하지만, 그렇지 못한 존재는 도태되고 만다는 점이다. 이는 자연선택에 기반한 진화의 여정 중 하나일 것이다. 이러한 변화에 교사는 능동적으로 대처하여야 하는데, 사회의 변화는 교직을 수행하는 기간 내내 나타나며, 이러한 변화에 능동적으로 대처하는 교사는 변화의 주도권을 가지게 될 것이다.

예전에는 교육의 중심이 교사였다면, 현재 그리고 미래에는 교육의 중심이 학생이 되고 있다는 점도 변화의 양상 중 하나이다. 이러한 환경에서 각광받는 수업 방법이 플립러닝, K-MOOC(Korea-Massive, Open, Online, Course; 한국형 온라인 공개강좌), 융합교육, 메타버스활용교육, 인공지능의 도입 등이다.

메타버스(Metaverse)라는 용어는 1992년『스노 크래시』라는 SF 소설에서 처음 등장한다. 이 소설의 저자인 닐 스티븐슨(Stephenson)은 등장인물들이 메타버스라는 3차원의 가상 세계에서 활동하는 내용을 담고 있는 것에서 유래된 용어이며, 메타(meta)는 가상세계를, 버스(verse) 우주를 뜻하는 Universe라는 용어에 기반한다. 김상균(2020)은 메타버스에 대해 지구를 사이버 세상에 요약한 것으로 말하고 있는데, 이러한 지적에 의하면, 메타버스를 활용한 교육방법도 가능한 영역임을 알 수 있다. 계보경, 김은지, 한나라, 박연정, 조소영(2020)의 연구에 의하면 메타버스는 현실세계에서 다양하게 적용되면서 분화 발전할 것으로 보고 있다.

인공지능의 교육적 도입도 활발히 검토되는 분야이다. 박춘성, 김진희, 고광만(2021)의 연구에 의하면 인공지능의 교육현장 도입은 더욱 활발해질 것으로 예측된다.

교직에 입문한 이후 나타나는 이와 같은 변화에 능동적으로 참여하여 시대를 아우를 수 있는 능력을 겸비하여야 변화하는 미래의 주도권을 가질 수 있을 것이다.

정리 및 요약

1 교사가 되기 위해서는 교직의 의미, 교직관, 교직의 전문성과 교직윤리, 교직관련 이슈, 교직주기에 대한 이해가 있어야 한다.

2 교사에게 필요한 자질로 학생에 대한 배려, 이해, 사랑이 필요하며, 교육에 필요한 전문지식과 교수기술, 올바른 윤리의식과 철학, 시대의 변화를 알고, 지역사회와 협력할 수 있고, 미래의 변화에 대비하여야 한다.

3 교직은 인간을 대상으로 하는 직업이고, 정신생활을 함께하는 직업이며, 미성숙자를 상대로 하고, 봉사직이며, 국가와 민족에 지대한 영향을 주며, 사회발전에 있어 중대한 역할을 맡아야 한다.

4 교직관은 세 가지로 보는 시각이 대표적인데, 성직자관, 전문직관, 노동직관의 세 가지 관점이 있다.

5 교직은 교과 내용과 관련된 전문성, 학생의 발달을 이해하는 전문성, 수업기술에 대한 전문성, 사회의 변화에 능동적으로 대응하는 전문성, 지식관리자, 지식생산자로서의 전문성이 있어야 한다.

6 교직과 관련된 이슈로는 교육정책의 변화, 학습자변화, 교실붕괴, 학교평가 및 교원평가, 사회의 변화 반영 등이 지적되고 있다.

7 교직주기는 5단계로 나뉘는데, 교직준비기-교직입문기-교직강화기-교직좌절기-교직 쇠퇴 및 퇴직기이다.

8 미래의 교육 변화는 학생중심의 학습, 플립러닝, K-MOOK, 융합교육, 메타버스활용교육, 인공지능의 도입 등이 있다.

토론 과제

1 유치원부터 고등학교까지의 학창시절을 떠올려 보며, 멘토로 삼을 교사가 누구였는지, 그 이유는 무엇인지를 밝히시오.

2 교직종사자들의 비위나 부정 행위는 여타 다른 직군의 종사자들에 비해 비난의 수위가 높습니다. 이러한 현상이 왜 일어나는지를 설명하시오.

3 사회의 변화는 교육의 변화를 촉진하는 중요한 원인인데, 사회의 변화가 교육과 어떻게 관련이 있는지 사례를 들어서 설명하시오.

관련 사이트

한국교총 홈페이지: http://www.ekera.org/
한국교원단체총연합회는 교원윤리강령 등 교직 윤리를 가장 먼저 제안하였으며, 가장
많은 회원을 보유한 교직단체로 활동하고 있다.

메타버스관련 사이트: 제페토
네이버의 자회사인 SNOW에서 출시한 AR 아바타 기반 메타버스 플랫폼이다. 사진을 촬
영하거나 휴대폰 내 저장된 사진을 선택하면 가상 캐릭터인 제페토를 자동으로 생성해
준다. 외형은 자유롭게 커스터마이징할 수 있고, 제페토를 생성하면 부여되는 코드로 팔로우를 할 수
있다. 2020년 9월 Google Play 기준으로 5,000만 다운로드를 넘어섰다. 2020년 3월 16일 제페토는
네이버 Z로 분사한다.

 관련 자료

 🎬 레디 플레이 원(Ready Player One, 2018)
스티븐 스필버그 감독의 작품으로, 가상 세계에서 누구나 원하는 장소와
활동을 마음대로 할 수 있는 내용인데, 메타버스에 대한 이해를 높일 수
있다.

 🎬 홀랜드 오퍼스(Mr. Holland's Opus, 1996)
스티븐 헤렉 감독의 작품으로 교사로서의 자세와 교직의 사명감 등을 알
수 있는 영화이다.

참고문헌

제1장

김홍규(2021). 교육 과연 능력은 객관적으로 평가할 수 있는 것인가(http://www.
　　ohmynews.com/NWS_Web/View/at_pg.aspx?CNTN_CD=A0002708407).

성태제, 강대중, 강이철, 곽덕주, 김계현, 김천기, 김혜숙, 송해덕, 유재봉, 이윤미, 이윤식, 임
　　웅, 홍후조(2018). 최신 교육학개론. 학지사

안병환, 성낙돈, 구광현, 가영희(2018). 교육학개론. 동문사

이경숙(2017). 교육학개론. 정민사.

이신동, 강창동, 구자억, 김동일, 김복영, 김희규, 모경환, 박성옥, 박춘성, 이정기, 정대용, 정
　　윤경, 최철용(2020). 새로운 교육학개론. 학지사

이지헌, 송현종, 이두휴, 손승남, 이정화, 김희봉, 김영록, 이순덕, 곽유미, 임배(2018). 교육학
　　개론. 학지사

정범모(1968). 교육과 교육학. 배영사.

최금진 , 윤혜순 , 강상희 , 김주아 , 박선희 , 신동은 , 권성연 , 양유정 , 이혜원 , 장지현 , 조화
　　진 , 장주희 , 조성희(2015). 교육학개론. 양서원

최연구(2021. 7. 19.). 4차 산업혁명, 팬데믹으로 인한 미래교육의 변화. 디지털투데이.
　　(http://www.digitaltoday.co.kr/news/articleView.html?idxno=409980)

Peters, R. S. (1966). *Ethics and Education*. George Allen & Unwin.

제2장

김월회(2021). '첫발을 내딛는' 선도성을 가진 '보편문명국가'로서의 한국, 교수신문, 2021년
　　12월 7일. 홈페이지 www.kypsu.net (2021년 12월 30일 최종검색).

넬 나딩스, 심성보 역(2016). 21세기 교육과 민주주의. 살림터.

백형찬(2019). 대학과 단과대학: 유니버시티와 칼리지. 한국대학신문 홈페이지.

우메네 사토루, 김정환·심성보 역(1990). 세계교육사. 풀빛사.

윤종혁(1995). 한국 고대사회의 공동체주의 교육사상(1). 교육문제연구, 8집. 고려대학교 교육 문제연구소.

이만규(1988). 조선교육사 I. 거름사.

이수광(2021). 코로나 시대, 학교체제의 생태적 전환과제. 한국교육연구네트워크 5월 월례포 럼 발표문.

한국교육연구네트워크 편(2018). 진보주의 교육의 세계적 동향. 살림터.

홍희유, 채태형(1998). 조선교육사 I. 박이정.

환경부(2015). UN 지속가능발전목표(UN-SDGs) 세부목표 및 지표.

제3장

곽금주(2021). K-WISC-V 이해와 해석. 학지사

문선모(2004). 교육심리학. 양서원.

박숙희, 김영주, 조득창, 한윤영(2015). 대학생의 전공에 따른 창의인재역량 비교. 영재와 영 재교육, 14(2), 127-144.

서울대교육연구소 편(1995). 교육학용어사전. 하우동설.

송인섭(2000). 교육심리학. 양서원.

심우엽(2001). 교육심리학. 교육과학사.

이경화, 고진영, 최병연, 정미경, 박숙희(2009). 효과적인 교수-학습을 위한 교육심리학. 교육과 학사.

이경화, 최병연, 박숙희 역(2005). 창의력 계발과 교육. 학지사.

이병기(2013). 길포드의 지능구조모형에 의한 정보활용능력 검사도구 개발 및 타당성 연구. 한국문헌정보학회지, 47(2), 181-200.

정범모(1968). 교육과 교육학. 배영사.

Ausubel, D. P. (1968). Educational Psychology: A cognitive view. NY.

Bagley, W. C., Seashore, C. E., & Whipple, G. M. (1910). Editorial. Journal of Educational Psychology, 1, 1-3.

Bruner, J. S. (1961). The act of discovery. Harvard Educational Review, 31, 21-32.

Cronbach, L. J. (1954). Educational Psychology. Harcourt.

Csikszentmihalyi, M. (1988). Society, Culture and Person: a systems view of creativity. In Sternberg, E.(Ed.) (1993). The nature of creativity. Cambridge University Press.

Gardner, H. (1983). Frames of mind: The theory of multiple intelligences. Basic Books.

Gardner, H. (1993). *Multiple intelligences: The theory in practice*. Basic Books.

Gardner, H. (1999). *Intelligence reframed: Multiple intelligence for the 21st century*. Basic Books.

Gate, A. I. (1950). *Educational Psychology*. Macmillan Co.

Peters, R. S. (1966). *Ethics and Education*. George Allen & Unwin.

Skinner, B. F. (1958). Teaching Machines. *Science, 128*, 969–977.

Slavin, R. E. (1994). *Educational Psychology*. Allyn & Bacon Co.

Thorndike, E. (1903). *Educational Psychology*. Teachers College Press.

Wittrock, M. C. (1967). Focus on educational psychology. *Educational Psychologist*, 1–7.

Wittrock, M. C. (1970). Focus on educational psychology. In H. F. Clarizio et al. (Eds.), *Contemporary Issues in Educational Psychology*. Allyne Bacon.

제4장

교육부, 한국교육개발원(2018). OECD교육지표.

김신일(2015). 교육사회학(제5판). 교육과학사.

김현진(2008). 고교 평준화제도와 일반계 고등학교 2학년 학생의 사교육비 지출의 관계 실증 분석. 교육행정학연구, 13(1), 1–22.

정진호, 이규용, 최강식(2004). 학력 간 임금격차의 변화와 요인 분석. 한국노동연구원.

최돈민, 윤여각, 현영섭, 강대중, 이세정(2013). 가족구조가 중고등학생의 학업성취도에 미치는 영향. 교육학연구, 51(4), 119–153.

Berger, P. L., & Luckmann, T. (1966). *The Social construction of reality : A treatise in the sociology of knowledge*. Anchor Book

Bowles, S., & Gintis, H. (1976). *Schooling in capitalist America: Educational reform and the contradictions of economic life*. Haymarket Books.

Brookover, W. B. (1978). Elementary school social climate and school achievement. *American Educational Research Journal, 15*(2), 301–318.

Coleman, J. S. (1966). *Equality of educational opportunity*. U. S. Government Printing Office.

Dewey, J. (1889). *The School and society*. General Books.

Dos Santos, T. (1970). The Structure of dependence. *The American Economic Review, 60*(2), 231–236

Dreeben, R. (1977), 'The contribution of schooling to the learning of norms, In J. Karabel,

& A. H. Halsey (Eds.), *Power and ideology in education*. Oxford University Press.

Hargrives, D. H. (1972). *Interpersonal relations and education*. Routledge.

Jencks, C. (1972). *Inequality: A reassessment of the effects of family and schooling in America*. Basic Books.

Moore, R. (2010). *Education and society*, Polity Press, 손준종 역. 교육과 사회. 학지사.

Mortimore, P. (1997). Can effective schools compensate for society? In Halsey, A. H., Lauder, H., Brown, P. & Wells, A. S. (Eds.). (1997). *Education, culture, economy, society*. Oxford University Press.

Parsons, T. (1959). The School class as a social system: Some of its functions in American society. *Harvard Educational Review, 29*(4), 297-318.

Piketty, T. (2014). *Capital in the Twenty-First Century*. Belknap Press.

Rawles, J. (1971). *A Theory of justice*. Harvard University Press.

Rosenthal, R., & Jacobson, L. (1968). Pygmalion in the classroom. *The Urban Review, 3*(1), 16-20.

Smith, W. R. (1959). *An Introduction to educational sociology*. Houghton Mifflin.

Ward, L. F. (1883). *Dynamic sociology*. Appleton and Company.

Willis, P. E. (1977). *Learning to Labor: How working class kids get working class*. Columbia University Press.

Young, M. (Ed.) (1971) *Knowledge and control: New directions fo r the sociology of education*. Collier Macmillan.

제5장

강현석(2011). 현대교육과정 탐구. 학지사.

교육부(2015). 초등학교 교육과정(교육부고시 제2015-80호).

교육부(2016). 2015 개정 교육과정 총론 해설: 초등학교

교육부(2017). 2015 개정 교육과정 해설: 중학교.

김대현, 김석우(2020). 교육과정 및 교육평가(5판). 학지사

김호권, 이돈희, 이홍우(1982). 현대교육과정론. 교육출판사.

박도순, 홍후조(2006). 교육과정과 교육평가(3판). 문음사.

박승배(2007). 교육과정학의 이해. 학지사.

박천환, 박채형, 노철현(2017). 교육과정담론. 학지사.

서용석, 노철현(2019). 서울교육대학교 핵심역량 교육과정 개발을 위한 기초연구: 국가교육 과정과의 연계 방안을 중심으로. 한국초등교육, 30(4), 241-257.

소경희(2007). 학교교육의 맥락에서 본 '역량'(competency)'의 의미와 교육과정적 함의. 교육과정연구, 2(3), 1-21.

소경희(2017). 교육과정의 이해. 교육과학사.

이미경, 주형미, 이근호, 이영미, 김영은, 이주연, 김종윤(2016). 21세기 역량기반교육과정 개발 방향 연구: OECD Education 2030. 한국교육과정평가원.

이사영(2019). OECD DeSeCo 및 Education 2030 프로젝트 일 고찰: 학교교육에 주는 시사. 서울교육대학교 석사학위논문.

이홍우(2010). 증보 교육과정탐구. 박영사.

이홍우, 유한구, 장성모(2003). 교육과정이론. 교육과학사.

조재식(2005). 백워드(backward) 교육과정 설계 모형의 고찰. 교육과정연구, 23(1), 63-94.

진영은(2003). 교육과정: 이론과 실제. 학지사.

Bobbitt, F. (1918). *The Curriculum*. Houghton Mifflin.

Bobbitt, F. (1924). How to Make a Curriculum . Houghton Mifflin.

Boyd, W. (1952). History of Western Education (6th ed.). Adam & Charles Black. 이홍우, 박재문, 유한구(역)(1994). 서양교육사. 교육과학사.

Bruner, J. S. (1960). The Process of Education . Harvard University Press. 이홍우(역)(2017)(초판 1973). 브루너 교육의 과정. 배영사.

Bruner, J. S. (1986). Actual Minds, Possible Worlds . Harvard University Press.

Bruner, J. S. (1996). The Culture of Education. Harvard University Press.

Dewey, J. (1916). Democracy and Education: An Introduction to the Philosophy of Education. Macmillan. 이홍우(번역 · 주석)(1987). 민주주의와 교육. 교육과학사.

Eisner, E. W. (1979). The Educational Imagination: On the Design and Evaluation of School Programs. New York: Macmillan. 이해명(역)(2009). 교육적 상상력: 교육과정의 구성과 평가. 단국대학교 출판부.

Hirst, P. H. (1965). Liberal Education and the Nature of Knowledge. R. D. Archambault(ed.). *Philosophical Analysis and Education*. Routledge. 113-138.

Jackson, P. W. (1968). *Life in Classroom*. Holt, Rinehart & Winston.

Marsh, C. J., & Willis, G. (2006). *Curriculum: Alternative approaches, ongoing issues* (4th. ed.). Prentice-Hall.

OECD (2002). *Definition and selecting of competencies(DeSeCo): Theoretical and conceptual foundations*. Strategy paper.

OECD (2018). *The Future of Education and Skills: Education 2030*. Flyer.

Peters, R. S. (1966), Ethics and Education, London: George Allen & Unwin. 이홍우(역)

(1980). 윤리학과 교육. 교육과학사.

Peters, R. S. (1973). The Justification of Education. In R. S. Peters (Ed.). *The Philosophy of Education*. Oxford University Press.

Pinar, W. F., Reynolds, W. M., Slattery P., & Taubman, P. M. (Eds.). (1995). Understanding Curriculum. Peter Lang. 김복영, 박순경, 조덕주, 석용준, 명지원, 박현주, 소경희, 김진숙 역(2001). 교육과정 담론의 새지평. 원미사.

Tyler, R. W.(1949). Basic Principles of Curriculum and Instruction. The University of Chicago Press. 이해명(역)(1987). 교육과정과 수업의 기본원리. 교육과학사.

Wiggins, G., & McTighe, J. (2005). *Understanding by Design* (expanded 2nd ed). Association for Supervision and Curriculum Development.

한국교육과정학회 편(2017). 교육과정학 용어 대사전. 학지사.

제6장

고려대학교교육문제연구소(2018). K 교육학. 박영스토리.

박경, 최순영(2002). 심리검사의 이론과 실제. 학지사.

박도순(2000). 문항작성방법론. 교육과학사.

백순근(1998). 수행평가의 이론과 실제. 원미사.

성태제(2011). 현대교육평가. 학지사.

황정규(1999). 학교학습과 교육평가. 교육과학사.

Bloom, B. S. (1956). *Taxonomy of educational objectives Handbook 1: Cognitive Domain*. David Mckay.

Bloom, B. S. (1970). Toward a theory of testing which includes measurement, evaluation, and assessment. In M. C. Wittrock & D. E. Wiley (Eds.), *The evalucation of instruction* (pp. 25-50). Holt.

Cronbach, L. J. (1990). *Essentials of psychological testing*. Harper & Collins.

Gronlund, N. E. (1971). *Measurement and evaluation in teaching*. Mcmillan.

Krathwohl, D. R, Bloom, B. S., & Masia, B. B. (1964). *Taxonomy of educational objectives Handbook 2: Affective Domain*. Mckay.

Mager, R. F. (1962). *Preparing objectives for programmed instruction*. Feardon.

Scriven, M. (1967). The methodology of evaluation. R. W. Tyler, R M. Gagne, & M. Scriven (Eds.), *Perspectives of curriculum evaluation* (pp. 39-83). Rand McNally.

Simpson, E. J. (1966). The classification of educational objectjves, psychomotor domain. *Illinois Teacher of Home Economics, 10*, 110–144.

Stake, R. E. (1967). The countenance of educational evaluation. *Teachers College Record, 68*, 523–540.

Stufflebeam, D. L. (1974). Alternative approaches to educational evaluation. In W. J. Popham (Ed.), *Evaluation in education: Current applications* (pp. 95–144). McCutchan.

Stufflebeam, D. L., & Shinkfield, A. J. (1985). *Systematic evaluation*. Kluwer, Nijhoff Publishing.

Thorndike, E. L. (1918). The nature, purpose, and general method of measurement of educational products. *In the seventeenth year book of the National Society for the Study of Education* (pp. 16–24). Public School Publishing Company.

Tyler, R. W. (1949). *Basic principles of curriculum and instruction*. The University of Chicago Press.

제7장

김명환 외(1988). 신간 교육행정 및 교육경영. 형설출판사.

김준권, 김정일, 김종헌, 김의석, 이기룡, 이범석(2011). 교육학개론. 양서원

김창걸(1990). 교육행정학 및 교육경영. 형설출판사

김팔식, 오만록(2002). 현대교육학개론. 형설출판사.

김희용, 노재화, 방선욱, 손선희, 신붕섭, 이병석(2011). 교육학개론. 양서원

남정걸(1995). 교육행정 및 교육경영. 교육과학사.

노종희(1992). 교육행정학: 이론과 연구. 문음사.

박병량(2005). 학교·학급경영. 학지사

박선영, 박종국, 박주연, 최옥련, 최창섭(2010). 교육학개론. 원미사

서정화(1989). 교육인사행정. 세영사.

신중식, 강영삼(2001). 교육행정, 경영론. 교육출판사.

신철순(1995). 교육행정 및 경영. 교육과학사

오성삼(2011). 핵심 교육학개론. 양서원.

윤정일, 송기창, 김병주, 나민주(2015). 교육행정학원론. 학지사

이명기, 홍재호, 이영재, 한승록, 이달우, 임연기, 양병찬, 이병승, 이재규, 최준렬, 우종하, 김영복(2011). 교육적 사유와 안목을 넓히기 위한 교육학개론. 학지사

이지헌, 송현종, 이두휴, 손승남, 이정화, 김희봉, 김영록, 이순덕, 곽유미, 임배(2018). 교육학

개론. 학지사

이형행, 권영성(2010). 교육학개론. 공동체.

정일환(2003). 교육행정학. 양서원

정태범(2000). 학교경영론. 교육과학사.

주삼환, 신재흡(2006). 학교경영의 이론과 실제. 학지사.

Campbell, R. F., Corbally, J. E. Jr., & Ramseyer J. A. (1977). *Introduction to Educational Administration* (5th ed.). Allyn and Bacon Inc.

Castetter, W. B. (1992). *The personnel function in educational administration* (5th ed.). Macmillan Publishing Company.

Graham, G. (1972). *An Introduction to Education.* Thomas Y. Crowell Company.

Greenfield, T. B. (1978). Reflection on Organization Theory and the Truths of Incrreconciable Realities. *Educational Administration Quarterly, 14*(2).

Hanson, E. M. (1991). *Educational Administration and Organizational Behavior* (3rd ed.). A Division of Simon & Schuster Inc.

Hoy, W. K., & Miskel C. G. (1996). *Educational Administration: Theory, research and practice* (5th ed.). McGraw-Hill.

Knezevich, S. J. (1975). *Administration of public education* (3rd ed.). Harper and Row Publishers.

Owens, R. G. (1987). *Organizational behavior in education.* Prentice-Hall.

Sergiovanni, T. J., Buflingame, M., Coombs F. S., & Thurston, P. W. (1987). *Educational Govemrnce and Adminstration* (2nd ed.) Prentice-Hall.

Weick, K. E. (1976). Educational organizations as loosely coupled systems, *Administrative Science Quarterly, 21.*

제8장

김보경(2018). 학교수업 설계를 위한 교육방법 및 교육공학. 학지사.

나일주, 조은순 편(2016). 교육적 탐구(pp. 87-107). 박영사.

박성익, 임철일, 이재경, 최정임(2011). 교육방법의 교육공학적 이해(제4판). 교육과학사.

박성익, 임철일, 이재경, 최정임, 임정훈, 정현미, 송해덕, 장수정, 장경원, 이지연, 이지은 (2012). 교육공학의 원리와 적용(pp. 13-52). 교육과학사.

성태제, 강대중, 강이철, 곽덕주, 김계현, 김천기, 김혜숙, 송해덕, 유재봉, 이윤미, 이윤식, 임 웅, 홍후조(2018). 최신 교육학개론(제3판). 학지사.

임철일(1996). 교수공학적 교수설계이론의 특성과 가능성. **교육공학연구**, 12(1), 155-168.

조규락, 김선연(2006). **교육방법 및 교육공학: 교육공학의 3차원적 이해**. 학지사.

Galbraith, J. K. (1967). *The new industrial state*. Houghton Mifflin.

Heininch, R., Molenda, M., Russell, H., & Smaldino, S. (1999). *Instructional media and technolgies for learning* (6th ed.). Prince Hall.

Reigeluth, C. M. (1983) (Ed.). *Instructional design theories and models: An overview of their current status*. Lawrence Erlbaum Pub. 박성익, 임정훈(역) (1933). **교수설계의 이론과 모형**. 교육과학사.

Seels, B. B., & Richey, R. C. (1994). *Instructional Technology: The definition and domains of the field*. Association for Educational Communications and Technology.

제9장

김계현, 김동일, 김봉환, 김창대, 김혜숙, 남상인, 천성문(2020). **학교상담과 생활지도(3판)**. 학지사.

김규식, 고기홍, 김계현, 김성회, 김인규, 박상규, 최숙경(2019). **상담학 개론**. 학지사.

김인규(2018). 국내 상담자격의 현황과 발전방안. **한국심리학회지: 상담 및 심리치료**, 30(3), 475-493.

박성희, 김광수, 김혜숙, 송재홍, 인이환, 오익수, 은혁기, 임용우, 조봉환, 홍상황, 홍종관(2006). **초등학교 생활지도와 상담**. 학지사.

이장호(1986). **상담심리학 입문**. 박영사.

이재창(2005). **생활지도와 상담**. 문음사.

이형득, 김정희(1983). Peer Group Counseling의 효과에 관한 일 연구. **지도상담**, 8, 41-63. 계명대학교 학생생활연구소.

정원식, 박성수(1978). **카운슬링의 원리**. 교육과학사.

정원식, 박성수, 김창대(1999). **카운슬링의 원리**. 교육과학사.

주지선, 조한익(2014). 또래상담자의 또래상담 교육과 활동 경험에 대한 연구 -포커스 그룹 인터뷰를 중심으로-. **상담학연구**, 15(6), 2557-2579.

한국교육개발원(2017). **가정형 위(Wee) 센터 매뉴얼**. 한국교육개발원.

황매향(2009). 학업문제 유형분류의 탐색. **상담학연구**, 10(1), 561-581.

Corey, G. (2003). **심리상담과 치료의 이론과 실제(제6판)**. (조현춘, 조현재 역). 시그마프레스. (원전은 2001년에 출판).

May, R. J., & Rademacher, B. G. (1980). Making the helping network for students. *Journal of College Student Personnel, 19*, 367.

Shertzer, B., & Stone, S. C. (1980). *Fundamentals of counseling* (3rd ed.). Houghton Mifflin company.

제10장

교육개혁위원회(1995). 신교육체제 수립을 위한 교육개혁 방안. 교육개혁위원회.

교육부(2000). 평생교육법령 해설자료.

김신일 외 (2019). **평생교육론**. 교육과학사.

최돈민 외(1998). 평생학습 실현을 위한 열린교육 체제 연구. 한국교육개발원.

최돈민(2009). 경쟁력제고와 사회 통합을 위한 유럽연합의 평생학습 전략과 시사점. **평생교육학연구**, 15(4), 163-183.

Baum, J. (1978). An exploration of widowhood: Implications for adult educators. *In Proceedings of the Annual Adult Education Research Conference*. San Antonio.

Caffarella, R. S. (1993). Self-directed learning. In Merriam, S. B. (Ed.)., An update on adult learning theory. *New Directions for Adult and Continuing Education, 57*. Jossey-Bass.

Candy, P. C. (1991). *Self-directer learning*. Jossey-Bass.

Dave, R. H. (1976). *Foundations of lifelong education*. UNESCO.

Delors, et al. (1996). Learning: The treasure within. Report to UNESCO of the International Commission on Education for the twenty-first century. UNESCO.

Dewey, J. (1938). *Experience and education*. Collier Books.

DfEE (1998). *Learning Towns Learning Cities*. DfEE.

European Commission (2000). Presidency Conclusion. Lisbon European Council 23 and 24 March 2000.

European Commission (2001). Making a European area of lifelong learning a reality. EC.

Eurydice (2000). *Lifelong learning: The contribution of education systems in the member States of the European Union*. EURYDICE European Unit.

Faure, E. (1972). *Learning to be: The world of education today and tomorrow*. UNESCO.

Grow, G. O. (1991/1996). Teaching learners to be self-directed. *Adult Education Quarterly, 41*(3), 125-149.

Hartree, A. (1984). Malcolm Knowles' theory of andragogy: A critique. *International Journal of Lifelong Education, 3*(3). 203-210.

Hutchins, R. M. (1968). *The learning society*. Frederick A. Praeger Publishers.

Illeris, K. (2002). *Three dimensions of learning*. NIACE.

Knowles, M. S. (1980). *The modern practice of adult education: From the pedagogy to andragogy*. Association Press.

Knowles. M. S. (1975). *Self-directed learning*. Association Press.

Kolb, D. A. (1984). *Experimental learning: experience as the source of learning and development*. Prentice Hall.

Lengrand, P. (1970). *An introduction to lifelong education*. UNESCO.

Longworth, N., & Davis, K. (1996). *Lifelong learning*. Kogan Page.

Longworth, N. (1999). *Making lifelong learning work: Learning cities for a learning century*. Kogan Page.

Main, K. (1979). The power-load-margin formula of Howard Y. McClusky as the basis for a model of teaching. *Adult Education, 30*(1), 19-33.

McClusky, H. Y. (1963). Course of the adult life span. In W.C. Hallenbeck (Ed.), *Psychology of adults*. (10-19). Adult Education Association of the U. S. A.

McClusky, H. Y. (1970). A dynamic approach to participation. in community development. *Journal of Community Development Society, 1*(1), 25-32.

McClusky, M. R. (1973). Perspectives on simulation and miniaturization. *Simulation & Games, 4*(1). 19-36.

Merriam, S. B., & Brockett, R. G. (1997). *The profession and practice of adult education: An introduction*. Jossey-Bass.

Mezirow, J. (1991). *Transformative dimensions of adult learning*. Jossey-Bass.

Mezirow, J. (2000). Learning to think like an adult. core concepts of transformation theory. In J. Mezirow, & Associates (Eds.), *Learning as transformation: critical perspectives on a theory in progress* (3-33). Jossey-Bass.

OECD. (1973). *Recurrent education: A strategy for lifelong learning*.

OECD. (1996). *Employment and growth in the knowledge-based economy*.

OECD. (1996). *Lifelong learning for all: meeting of the Education Committee at Ministerial level*, 16-17.

OECD. (1997). Industrial competitiveness in the knowledge-based economy: The new role of governments.

OECD. (2001). *Cities and regions in the new learning economy*.

Stevenson, J. S. (1981). Construction of a scale to measure load, power, and margin in life. *Nursing Research, 31*(4), 222-225.

Tennant, M. C. (1991). The psychology of adult teaching and learning. In J. M. Perters & P.

Jarvis. et al. (Eds.). *Adult education: Evolution and achievements in a developing field of study.* (pp. 191-216). Jossey-Bass.

UNESCO. (1997). *5th International conference on adult education. Final Report.*

UNESCO. (2011). *International standard classification of education 2011.*

UNESCO. (2021). *Reimagining Our Futures Together: A new social contract for education.*

World Bank. (1999). *Knowledge for development.* Author.

Yarnit, M. (2000). *Towns, cities and regions in the learning age: A survey of learning communities.* LGA Publications.

제11장

국립특수교육원(2016). 장애학생 평가조정 매뉴얼.

국립특수교육원(2016). 협력교수 지원을 위한 매뉴얼: 장애 학생 통합 교육 교수·학습자료.

김동일, 고은영, 고혜정, 김우리, 박춘성, 손지영, 신재현, 연준모, 이기정, 이재호, 정광조, 지은, 최종근, 홍성두(2019). 특수교육의 이해. 학지사.

김동일, 손승현, 전병운, 한경근(2010). 특수교육학개론: 장애·영재 아동의 이해. 학지사.

김라경, 박승희(2002). 협력교수가 일반학생과 학습장애학생의 사회과 학업 성취도에 미치는 영향. 초등교육연구, 15(2), 19-46.

김보미(2020). 협력교수 기반 인성교육프로그램이 통합학급 학생들의 인성발달 및 장애학생에 대한 태도와 장애학생의 수업참여행동에 미치는 영향. 이화여자대학교 교육대학원 석사학위논문.

김영표, 신현기(2008). 장애학생의 수학적 문장제 문제해결에 관한 교수방법의 중재 효과: 메타 분석. 특수교육저널: 이론과 실천, 9(1), 413-437.

문은희(2009). 장애아동 통합교육의 개선방안 연구. 조선대학교 석사학위논문.

박재국, 강대옥(2005). 장애유아통합교육. 서현사.

세종특별자치시교육청(2017). 초·중등학교 통합교육 실행 가이드북 I(초·중등학교 공통).

신은경(2004). 국제기능장애건강분류(ICF)의 국내 활용방안. 장애와 고용, 14(2), 25-38.

이소현, 박은혜(2007). 특수아동교육(2판). 학지사

이지은(2020). 초등학교 통합학급 교사와 특수교사의 협력 교수 경험 분석. 창원대학교 대학원 박사학위논문.

이태수, 홍성두(2007). 문장제 문제에 대한 일반아동과 저성취아동 및 수학학습장애아동의 중재반응 특성 비교 분석. 정서·행동장애연구, 23(1), 187-210.

임혜경, 박재국, 김은라, 장진순(2015). ICF에 기반한 장애인의 환경요인과 사회참여의 관계. 특수교육 저널: 이론과 실천, 16(1), 87-110.

정대영, 하창완(2011). 그래픽 구성도 작성 전략 중심의 읽기 수업이 읽기 학습장애 고등학생
　　의 읽기 유창성과 이해력에 미치는 영향. 학습장애연구, 8(1), 43-63.

통계청(2010). 사용자를 위한 ICF 활용 길잡이.

Bauwens, J., Hourcade, J. I., & Friend, M. (1989). Cooperative teaching: A Model for general
　　and special education integration. *Remedial and Special Education, 10*(2), 17-22.

Bloom, L. A., Perlmutter, J., & Burrell, L. (1999). The general educator: Applying
　　constructivism to inclusive classrooms. *Intervention in School and Clinic, 34*(3), 132-136.

Brownell, M. T., Adams, A., Sindelar, P., Waldron, N., & Vanhover, S. (2006). Learning
　　from collaboration: The role of teacher qualities. *Exceptional Children, 72*(2), 169-186.

Cook, L., & Friend, M. (1995). Co-teaching guidelines for creating effective practices.
　　Focus on Exceptional Children, 20(3), 1-12.

Friend, M., & Cook, L. (2003). *Interactions: Collaborative skills for school professionals* (4th
　　ed). Longman.

Fuchs, D., Fuchs, L. S., & Burish, P. (2000). Peer-Assisted Learning strategies: An
　　evidence-based practice to promote reading achievement. *Learning Disabilities
　　Research & Practice, 15*(2), 85-91.

Graham, S., & Perin, D. (2007). A meta-analysis of writing instruction for adolescent
　　students. *Journal of Educational Psychology, 99*(3), 445-476.

Hallahan, D. P., & Kauffman, J. M. (1994). *Exceptional children: Introduction to special
　　education* (6th Ed.). Allyn and Bacon.

Minskoff, E. H., & Allsopp, D. (2003). *Academic success strategies for adolescents with
　　learning disabilities and ADHD*. Paul H. Brookes.

World Health Organization. (1997). ICIDH-2: International classification of impairments,
　　activities and participation: a manual of dimensions of disablement and functioning:
　　Beta-1 draft for field trials June 1997: includes basic Beta-1 field trial forms.

제12장

계보경, 김은지, 한나라, 박연정, 조소영(2020). 메타버스의 교육적 활용. 가능성과 한계. 한
　　국교육학술정보원 이슈리포트. RM 2021-6.

권건일(2007). 교육학개론. 양서원.

김상균(2020). 메타버스 디지털 지구 뜨는 것들의 세상. 플랜비디자인.

김영봉, 김경수, 김병재, 나항진, 박선미, 박영래, 박혜경, 이덕산, 이명숙(2008). 신교육학개

론. 서현사.

박영진, 장성화(2016). 최신교육학의 이해. 동문사.

박춘성, 김진희, 고광만(2021). 인공지능을 활용한 창의성 연구방법의 가능성 탐색. 영재와 영재교육. 20(4), 81-96.

이윤식(2007). 교직과 교사. 학지사.

최금진, 윤혜순, 강상희, 김주아, 박선희, 신동은, 권성연, 양유정, 이혜원, 장지현, 조화진, 장주희, 조성희(2015). 교육학개론. 양서원

최연구(2021). 4차 산업혁명, 팬데믹으로 인한 미래교육의 변화. 디지털투데이. 2021. 7. 19. http://www.digitaltoday.co.kr/news/articleView.html?idxno=409980

Fessler, R. (1985) A Model for Teacher Professional Growth and Development. In Burke, P. J. & Heideman, R. G. (Eds.), *Career-Long Teacher Education*, 181-193. Charles C. Thomas.

Katz, L. G. (1972). Developmental stage of preschool teacher. *The Elementary School Journal*, 73(1), 50-61.

Peters, R. S. (1966). *Ethics and Education*. George Allen & Unwin.

Schwab, K. (2016). *The Fourth Industrial Revolution: what it means, how to respond*. Paper Presented at World Economic Forum Annual Metting 2016.

찾아보기

🔵인🔵명

Allport, G. 72
Althusser, L. 87
Aristotle 61
Ausubel, D. 62

Bandura, A. 76
Bernstein, B. 103
Blau 101
Bloom, B. 152, 157, 159
Boring, E. 66
Bourdieu, P. 103
Bowles, S. 87, 102
Bruner, J. 62

Carey, L. 221
Cattell, J. 66, 72
Charcot, J. 73
Coles, R. 69
Comenius, J. 36
Cronbach, L. 63, 151, 177
Csikszentmihalyi, M. 70, 72

Dewey, J. 62, 39, 259
Dick, W. 221
Duncan 101
Durkheim, É. 81, 82

Erasmus, D. 36

Fessler, R. 323
Freud, S. 73

Galton, F. 62
Gardner, H. 67, 69
Gate, A. 63
Gintis, H. 87, 102
Goldman, E. 70
Goleman, D. 69
Gronlund, N. 162
Guilford, J. 66

Hall, S. 62
Hargreaves, D. 91
Hippokrates 72
Hutchins, R. 274

Illeris, K. 267, 268

Jacobson, L. 105
James, W. 62
Jencks, C. 102

Kant, I. 20

Katz, L. 316
Knowls, M. 263
Kolb, D. 259, 260
Krathwohl, D. 159

Lengrand, P. 252
Locke, J. 62

Mager, R. 161
Marx, C. 86
Masia, B. 159
Maslow, A. 73
Mayer, J. 69
McClusky, H. 266
Mezirow, J. 265

Neill, A. 19
Nietzsche, F. 37

Pavlov, I. 62, 74, 75
Pestalozzi, J. 36
Peters, R. 21, 61
Piaget, J. 62
Piketty, T. 106

Rabelais, F. 36

Raven, J. 60, 66
Rogers, C. 73
Rosenthal, R. 105
Rousseau, J. 20, 36

Salovey, P. 69
Scriven, M. 154
Sheldon, W. 72
Shinkfield, A. 151
Skinner, B. 62, 64, 75
Slavin, R. 64
Spearman, C. 66
Spencer, H. 39
Stake, R. 180
Sternberg, R. 67, 71
Stufflebeam, D. 151, 179

Thorndike, E. 62, 75, 152
Thurstone, L. 66
Torrance, E. 70, 71
Tyler, R. 151, 161, 178

Urban, K. 71

Vygotsky, L. 39

Watson, J. 75

Weber, M. 86
Wechsler, D. 67, 68
Willis, P. 91
Wittrock, M. 62, 64
Wundt, W. 62

Y
Young, M. 92

고광만 325
곽금주 68
김상균 325
김진희 325
김청택 68

문선모 62

박경 174
박도순 167
박숙희 71, 72
박춘성 325
박혜원 68
백순근 167

서봉연 68
서울대교육연구소 74
성태제 156, 164, 167, 169, 175

송인섭 72
심우엽 65, 69

이경화 61, 62, 64, 71, 73
이병기 66
이창우 68

정범모 20, 61

최병연 71
최순영 174
최충 47

한국교육심리학회 64
한국임상심리학회 68
황정규 156, 164, 169

3원지능이론 65
3학4과 32
4차 산업혁명 25
4차 조선교육령 51
5.31 교육개혁 274, 276
7자유과 32
7재 46

ISD 모형 222

K-MOOC 325
K-WAIS 68
KWIS 68
K-WISC-Ⅲ 68
K-WISC-Ⅴ 68

OECD 41, 55

SOI 모형 66

TTCT 71

WAIS 68
WAIS-R 68
WISC 68
WISC-Ⅲ 68
WISC-R 68

WPPSI 68

ZPD이론 65

갈등이론 86
갑오개혁 50
강화스케줄 75
강화이론 74, 75
검사-재검사신뢰도 176
결정적 지능 67
경당 44
경로분석 102
경학 50
경험학습 259
계속교육 258
고등 정신능력 68
고전검사이론 169
공간지능 69
공격성 모방 학습 76
공동선 43
공직자관 315
관찰법 168
관찰학습이론 76
교사 24, 311
교수매체 220
교수설계 225
교수설계 체제이론 221
교수체제설계 222
교실붕괴 55, 321
교원 311
교육 분야의 발전경험 공유사업 55
교육강국 42
교육공학 218
교육과정 수정 295
교육내용 24
교육만능주의 39

교육목표 161
교육목표분류학 157
교육비전 2050 43
교육심리 61
교육심리학 61, 62, 63, 64
교육의 목적 23
교육의 비유 17
교육의 사회학 83
교육의 어원 16
교육의 요소 24
교육의 의미 15
교육의 정의 19
교육적 사회학 83
교육정책의 변화 320
교육평가 151
교육평가모형 178
교직 관련 이슈 320
교직 쇠퇴 및 퇴직기 324
교직 윤리 316
교직 주기 323
교직강화기 324
교직관 314
교직의 의미 313
교직의 전문성 315
교직입문기 324
교직좌절기 324
교직준비기 323
교회학교 36
구술검사 167
구인타당도 175
국가주의 교육 37
국민학교 51
국자감 45
국정교과서 24
국제교육도시연합 271
국제학생성취도검사 55

귀인이론 74
규준지향평가 155
기능주의 이론 84

나폴레옹 학제 37
낭가 전통주의 교육 44
내면화 85
내용타당도 174
내재적 동기 74
내재적 목적 23
노년기 64
노동직관 314, 315
노작교육 39
논리-수학지능 69
논문형 검사 167
능력지향평가 156

다중지능 65, 69
다카르 선언 41
단계별 자기주도학습 262
단군신화 43
대리강화이론 76
대응이론 87
대인관계지능 69
동형검사신뢰도 176
들로르 보고서 254, 275

마음의 틀 67
만인교육 41
만인을 위한 평생학습 253
메타버스 325
면접법 168
명경과 48
모니터시스템법 37
목표 중심 평가 178
목표이론 74

무형식 학습 256
문답학교 33
문명주의 개혁 49
문항 분석 169
문항난이도 169
문항내적합치도 177
문항반응이론 171
문항변별도 170
문항추측도 170
문항특성곡선 171
문헌공도 47
문화자본 103, 104
민속방법론 90

반분신뢰도 177
발달 64
발달영역 64
배재학당 49
보상적 평등주의 96
보편주의적 접근 285
본산학교 33
부적강화 75
비디오 시청 실험 76
비형식 학습 256

사회이동 98
사회적 자본 270, 272, 273
사회학습이론 76
사회화 82, 85
상징적 상호작용론 90
생물생태학적 이론 65
생물학적 이론 65
생태적 세계시민주의 교육 54
서답형 문항 165
서비스관 315
선인 제도 44

선택형 문항 165
섬학전 47
성격 72
성균관 45
성년식 18
성인교육 256
성인교육학 257
성인기 64
성인식 32
성장지향평가 156
성직자관 314
세계성인교육대회 251
세계시민교육 52, 56
수도원 33
수행평가 166
순환교육 252, 257
순환적 이동 99
시민주의 원칙의 교육철학 57
시행착오설 75
식년시험 48
신 교육사회학 83, 92
신뢰도 176
신자유주의 교육개혁 40
신체운동지능 69
신흥교육국 42
실기시험 169
실험 · 실습법 168
심동적 영역 160
심리적 구인 65
심리측정이론 65
심리측정학적 관점 66

아동기 64
아동의 세기 39
안드라고지 263, 264
언어지능 69

에듀케이션 16, 17
에어치홍 16
여유이론 266
역사적 유물론 86
영유아기 64
예수회교단 36
예술 18
완전통합 292
외재적 동기 74
외재적 목적 23
요인위계이론 65
우니베르시타스 34
운영 중심 평가 179
원산학사 49
원초아 73
유교자본주의 42
유네스코 40
유동적 지능 67
유형론 72
육영공원 49
융합교육 325
은사 311
음악지능 69
이원목적분류표 162
인간중심주의 성격이론 73
인공지능 325
인문주의 교육 35
인적 자본 273
인정교과서 24
인지발달이론 65
인지적 영역 157
인지주의적 관점 76
인천 세계교육선언 41
일반교육주도 292
일요학교 36
입시 중압감 55

자기결정성이론 74
자기성찰지능 69
자기주도적 학습 261
자기충족적 예언 105
자기효능감이론 74
자선학교 37
자아 73
자연지능 69
장애인 등에 대한 특수교육법 286
재능 68
저항이론 91, 103
전문가 중심 평가 180
전문직관 314
절일제 48
정보처리이론 65
정상화 291
정신분석론 73
정의적 영역 159
정적강화 75
제4차 산업혁명 325
제술과 48
조선교육심의회 51
종교개혁 36
종속이론 86
주류화 292
주형 18
준거 관련 타당도 175
준거지향평가 155
지능 65, 66, 67
지능 이론 65
지능검사 67
지속가능개발목표 42
지속가능발전교육 52

지속가능발전목표 2030 52, 56
지위획득모형 101
지필평가 163
진단평가 153
진보주의 40
질적 연구 89

차별학제 50
참여자 중심 평가 180
창의력 70, 71
창의성 70
창의성의 체계적 관점 70
천도론 48
청소년기 64
체액설 72
초등의무교육 51
초자아 73
총평 152
총합평가 154
최소제한환경 291
측정 152

콜레기움 34
콜맨 보고서 95, 102

타당도 신뢰도 174
탈수용시설화 291
토론법 168
통합교육 290
통합교육의 단계 293
특성론 73
특수교육 289
특수교육대상자 선정 기준 287

페다고지(pedagogy) 16, 263
평가 152
평가 조정 295
평생학습도시 269
포르 보고서 274
포트폴리오 167
풍월도 44

학교공동체 53
학교평가 및 교원평가 322
학교폭력 55
학교풍토 105
학생 24
학생인권조례 317
학습 74, 254
학습권 252
학습도시 270
학습동기 73
학습이론 74
학습자 64, 321
한국교육심리학회 78
해석적 접근 88
행동주의적 관점 75
향교 46
현상학 89
협력교수 297
형성평가 153
홍익인간 51
화랑도 44
황감시 49
황국신민화 교육 50

저자 소개

박춘성(Park Choonsung)
서울대학교 교육학 박사
전 한국과학창의재단 연구원
　　한국교육개발원 연구원
현 상지대학교 미래라이프대학 평생교육상담학과 교수
　　한국영재교육학회 회장
　　한국창의력교육학회 부회장
　　한국교육심리학회 이사

〈주요 논문〉
창의성의 영역 일반성과 영역 특수성의 학문별 차이점 규명−교육학, 경영학, 공학의 창의성
　　키워드를 중심으로(한국창의력교육학회, 2022)
학령기 아동의 외현화 및 내재화 문제와 또래, 가족, 교사관계, 교육프로그램 만족도 간의 구
　　조적 관계(영재교육연구소, 2022)

홍성두(Hong Sungdoo)
서울대학교 특수교육전공 박사 졸업
전 홀트학교 교사
　　대전대학교 중등특수교육과 조교수
현 서울교육대학교 유아 · 특수교육과 교수

〈주요 저 · 역서〉
특수교육 심리진단과 평가(공저, 학지사, 2022)
중재반응을 위한 증거기반 읽기교수(공역, 학지사, 2018)

노철현(Roh Cheolhyeon)
서울대학교 대학원 교육학 박사
전 한국방송통신대학교 연구원
　　한국인격교육학회 회장
현 서울교육대학교 초등교육과 교수
　　한국통합교육과정학회 이사
　　한국교육철학학회 이사

〈주요 저서〉
교육과정담론(공저, 학지사, 2017)
칸트와 교육인식론(교육과학사, 2010)

박숙희(Park Sookhee)
숙명여자대학교 교육학 박사(교육심리 전공)
전 한국 교육개발원 영재교육연구실 Post-Doc.(한국연구재단 지원)
　　한국창의력교육학회 9대 회장
현 협성대학교 교수, 교육혁신원장, 교수학습지원센터장
　　한국영재교육학회 학술위원장
　　한국인격교육학회 부회장

〈주요 저·역서〉
학교폭력 예방 및 학생의 이해(공저, 공동체, 2021)
심리학개론(공저, 양서원, 2017)
아동상담(공저, 공동체, 2017)
영재교육(공역, 박학사, 2009)
창의성계발과교육(공역, 학지사, 2004)

조한익(Cho Hanik)
충남대학교 교육학과 교육심리 및 교육과정전공 박사 졸업
전 University of Alabama 연구교수
현 경상국립대학교 교육학과 교수

〈주요 저서〉
학습문제해결 학습컨설팅(공저, 박영스토리, 2018)
교육심리학(학지사, 2014)

이주영(Lee Juyoung)
서울대학교 교육학과 교육상담전공 박사 졸업
전 대학생활문화원 전임상담원
    호남대학교 상담심리학과 조교수
현 단국대학교 상담학과 부교수

〈주요 저·역서〉
청소년상담학개론(공저, 학지사, 2020)
상담이론과 실제(공역, 사회평론아카데미, 2012)

권창미(Kwon Changmi)
안동대학교 교육공학과 교육공학전공 박사 졸업
현 안동과학대학교 간호학과 조교수

〈주요 저서〉
대학생활과 진로탐색(공저, 학지사, 2016)

백정하(Baek Jeongha)
한양대학교 교육학과 졸업
현 한국대학교육협의회 고등교육연구소장

〈주요 저서〉
대학리셋: 대학혁신 10대 이슈(공저, 화산미디어, 2021)
한국 교육정책 현안과 해법(공저, 교육과학사, 2013)
고등교육의 이해: 이론과 실제(공저, 학지사, 2009)

최돈민(Choi Donmin)

한양대학교 대학원 교육학과 박사 졸업

전 한국교육개발원 연구위원

    한국평생교육학회장

    한국비교교육학회장

    한국교육학회 부회장

현 상지대학교 평생교육상담학과 교수

〈주요 저서〉

평생교육론(공저, 교육과학사, 2019)

비교교육학과 교육학 (공저, 양성원, 2018)

持續可能な包攝型社會への生涯學習(공저, 大月書店, 2011)

인적자원의 확충과 보호(공저, 나남출판, 2005)

윤종혁(Yoon Jonghyeok)

고려대학교 대학원 교육학박사학위

전 한국교육개발원 부원장

    교육부 교육정책연구심의위원회 위원

현 한국교육개발원 선임연구위원

    대통령자문 민주평화통일자문회의 자문위원

    한국교육학회 부회장

    한국비교교육학회 수석부회장

    안암교육학회 회장

〈주요 저서〉

일본의 세계시민교육: 실천과 방향(공저, 학지사, 2021)

비교교육학: 이론과 실제(공저, 교육과학사, 2012)

교육의 이해
Introduction to Education

2024년 1월 20일 1판 1쇄 인쇄
2024년 1월 30일 1판 1쇄 발행

지은이 • 박춘성 · 홍성두 · 노철현 · 박숙희 · 조한익
　　　　　이주영 · 권창미 · 백정하 · 최돈민 · 윤종혁
펴낸이 • 김진환
펴낸곳 • ㈜ 학지사
　　　　04031 서울특별시 마포구 양화로 15길 20 마인드월드빌딩
대표전화 • 02-330-5114　　팩스 • 02-324-2345
등록번호 • 제313-2006-000265호

홈페이지 • http://www.hakjisa.co.kr
인스타그램 • https://www.instagram.com/hakjisabook

ISBN 978-89-997-3034-4　93370

정가 23,000원

출판미디어기업 학지사
간호보건의학출판 학지사메디컬 www.hakjisamd.co.kr
심리검사연구소 인싸이트 www.inpsyt.co.kr
학술논문서비스 뉴논문 www.newnonmun.com
교육연수원 카운피아 www.counpia.com